AutorInnenkollektiv für Nestbeschmutzung
Schweigepflicht. Eine Reportage

UNRAST

Für Unterstützung & Anregung danken wir Willi Bischof, Gjalt und Aukje Zondergeld, Dörte Münch, Marion Risters, Marc Beus, Frank Renkewitz, Gerd Krauß, Marc Engels, Ralf Schröder, Gerd Simon, der StuVe Erlangen, dem FH-AStA, dem Antifa-Projekt der FH, den Fachschaften Philosophie und Chemie, der Linken Liste und vielen anderen.

Wir verwenden in diesem Text neutrale Bezeichnungen für gemischt-geschlechtliche Personengruppen. Wenn hier dennoch oftmals nur die männliche Form auftaucht, liegt das an den patriarchalen Verhältnissen in SS, RWTH und Gesellschaft

AutorInnenkollektiv für Nestbeschmutzung

Schweigepflicht. Eine Reportage

Der Fall Schneider und andere Versuche,
nationalsozialistische Kontinuitäten in der
Wissenschaftsgeschichte aufzudecken

UNRAST

Die Deutsche Bibliothek – CIP-Einheitsaufnahme

Schweigepflicht : eine Reportage ; der Fall Schneider und andere
Versuche, nationalsozialistische Kontinuitäten in der Wissenschaftsgeschichte aufzudecken / AutorInnenkollektiv für Nestbeschmutzung.
– 2. Aufl. – Münster : Unrast, 1996
    ISBN 3-928300-47-4
NE: AutorInnenkollektiv für Nestbeschmutzung

AutorInnenkollektiv, Schweigepflicht. Eine Reportage
2. korr. Auflage, November 1996
ISBN 3-928300-47-4
© UNRAST-Verlag, Münster
Umschlaggestaltung: photon, Tom Heyken, Münster
Satz: UNRAST-Verlag, Münster
Druck: Rosch-Buch, Hallstadt

Inhalt

„*Wenn es einmal anders käme und das Schicksal der Besiegten läge in meiner Hand, so ließe ich alles Volk laufen und sogar etliche von den Führern, die es vielleicht doch ehrlich gemeint haben könnten und nicht wußten, was sie taten. Aber die Intellektuellen ließe ich alle aufhängen, und die Professoren einen Meter höher als die anderen; sie müßten an den Laternen hängen bleiben, solange es sich irgend mit der Hygiene vertrüge.*“

Victor Klemperer (1936)

AUFTAKT

Vorstellung

Ein Professor sieht anachronistische Züge – die DDR versteht sich von selbst – Darius blickt dem Untier ins Gesicht.

Prof. König, in diesem Buch oft unser Widerpart als der Legitimator für die Rheinisch-Westfälische Technische Hochschule (RWTH), vertritt die Auffassung, die Geschichte deutscher Vergangenheitsbewältigung sei deutlich in drei Phasen zu unterteilen. In der ersten Phase, der Nachkriegszeit bis in die sechziger Jahre hinein, seien die einstigen Nazis weitgehend integriert worden, weil sie einerseits zu viele und zu einflußreich, aber auch kaum verzichtbar gewesen seien. In der zweiten Phase, von 1968 bis 1989, habe gewissermaßen die Folgegeneration dagegen rebelliert, und weil diese Rebellion sich gegen die eigenen Eltern richtete, sei sie zu emotional und irrational gewesen. Nun aber, in der dritten Phase, seien die einstigen RebellInnen selbst die Elterngeneration, die wenigen Altnazis, die noch leben, seien alt und im Grunde bedeutungslos. So könne erst heute, aus der Distanz der Spätgeborenen, die wahrhaft rationale und deshalb wissenschaftliche Vergangenheitsaufarbeitung stattfinden.

Doch was 1995 an der RWTH geschah, will sich so recht nicht in dieses Schema fügen, ist – so König selbst – *„typisch eher für eine überholte Form der Auseinandersetzung mit dem Erbe der Diktatur".* Mit allen Mitteln versuchte die Hochschule, in ihrem Jubiläumsjahr die Auseinandersetzung mit ihrer Nazivergangenheit zu unterdrücken. Rektor Habetha zog es vor, sich mit infamsten Behauptungen herauszureden, statt die Konflikte – etwa nach dem Vorbild der Deutschen Bank – zeitgemäß zu integrieren, wie es Prof. König so gerne gesehen hätte. Aber auch die KritikerInnen der Hochschule waren nicht immer bereit, sich der kalten Sachlichkeit zu verschreiben. Die Tätigkeit des einstigen SS-Mannes Schneider war kein unbedeutender Teil am Verbrechen des Nationalsozialismus, und die Nazis waren nicht nur etwas, das tausende Buchstaben in den Geschichtsbüchern verursacht hat. So war auch unser bisweilen emotionales Engagement nach Prof. Königs Schema anachronistisch.

Allerdings gehören wir zur letzten Generation, die noch einzelne ZeugInnen aus der Nazizeit erleben kann, und insofern läßt sich hier ein Phasenübergang markieren. Wir sind aber auch schon diejenige Generation, für die selbstverständlich die Realitäten der westdeutschen Nachkriegszeit existierten, mit denen unsere Eltern schon aufgewachsen waren. Irgendwo gab es zum Beispiel eine DDR, aber dort war schwer hinzugelangen, und wozu auch? Uns waren die westlichen Nachbarländer – schon geographisch – viel näher, Alex und viele unserer FreundInnen wohnen selbst in den Niederlanden oder Belgien.

Manche von denen, die die Auseinandersetzungen um den Fall Schneider lieber distanziert betrachteten, als an ihnen teilzunehmen, stellten die These auf, die Streitpunkte lägen in Wirklichkeit ganz woanders, etwa gehe es eigentlich nur um die undemokratischen Strukturen der Hochschule. Andere machten es sich noch einfacher und schlossen wohl von sich selbst darauf, unser Problem sei mangelnde Anerkennung, unsere Publikationen eher Hilferufe.

Was wir im Jahr seit der Enttarnung Schneiders taten, was uns motivierte und was wir herausfanden, schildert dieses Buch. Daß dabei keine 'wissenschaftliche' Publikation entstehen würde, war klar, wollten wir doch mit jenem Wissenschaftsbetrieb brechen, dessen TheoretikerInnen *„zwar die Schwanzhaare des Untiers zu zählen vermögen, ihm aber noch nie ins Gesicht geblickt haben"* (C. Boff).

Natürlich hat unsere Arbeit auch aktuelle Bezüge. Sie hatte für uns immer etwas damit zu tun, sich dagegen zu wehren, daß nach 1989 an die Zeit vor der deutschen Teilung angeknüpft wird. Unser politisches Bewußtsein entwickelte sich mit den großen Friedensdemonstrationen, und es erlangte eine andere Dimension, als einstige Friedensclowns, wie Wolf Biermann – ich hatte ihn schon als Kind mit meinen Eltern im Audimax gehört –, im Golfkrieg 1991 die Trommeln für den 'gerechten Krieg' rührten und in Deutschland eine Welle rassistischer und antisemitischer Anschläge begann. In dieser Zeit kam ich zur Fachschaft[1], Thomas und Alex zum Zeitungsprojekt *Ein Loch in der Zensur (LiZ)*. Einen Höhepunkt erreichte der Protest gegen dieses neue, d.h. wieder alte Deutschland 1993 im Kampf gegen

---

[1] Eine Fachschaft ist die Gesamtheit der StudentInnen eines Faches, an der RWTH oft mehrerer Fächer zusammen. Auf einer Vollversammlung wird ein Fachschaftskollektiv gewählt, das oft ebenfalls einfach 'Fachschaft' genannt wird. Häufig sind mit 'Fachschaft' auch die Räumlichkeiten gemeint.

die Demontage des Asylrechts, an dem auch wir StudentInnen uns beteiligten. Im selben Jahr wurden auch weitgehende Maßnahmen vorbereitet, um die Studiengänge straffer zu organisieren und diejenigen rauszuschmeißen oder abzukassieren, die nicht in der vorgegebenen Zeit mit dem Studium fertig würden. In dieser Zeit der Streiks und Demonstrationen an den Hochschulen kam Tina zur Fachschaft. Im Engagement für den Erhalt ihres Studienfaches, der Komparatistik (Vergleichende Literaturwissenschaft), wurden wir 1994 schließlich mit den Gerüchten um die SS-Vergangenheit eines Altrektors unserer Hochschule konfrontiert. Zusammen mit Thomas und Alex, die vom LiZ zur Fachschaft gekommen waren, und vielen anderen begannen wir die Recherche und die Auseinandersetzung, die im Folgenden geschildert werden.

Wir haben dabei darauf verzichtet, neben den von diversen Wissenschaftlern angekündigten Bänden ein weiteres Werk zu verfassen, in dem entlang der Biographie eines doppelgesichtigen Schneider-Schwerte wissenschaftlich trocken recherchiert wird, oder in dem die Publikationen des einen mit denen des anderen verglichen werden. In unserem Buch sollte Schneider nicht wie zum letzten Triumph einmal mehr im Mittelpunkt stehen, sondern der aktuelle Streit um die Recherche selbst und um die langjährige MitwisserInnenschaft an unserer Hochschule. Statt falsche Objektivität zu suggerieren, erzählen wir bewußt aus unserer Perspektive. So bildet das Jahr zwischen den ersten Presseberichten im April 1995 und den ersten Versuchen einer abschließenden Bewertung 1996 den zeitlichen Rahmen, innerhalb dessen die Leserinnen und Leser unsere Recherche und unsere Diskussionen nachvollziehen können.

Standortbestimmung

Eine Technische Hochschule hat keinen Strom – die Polizei schützt Rüben – Thomas feiert Erntedank.

1994 wurde die RWTH 124 Jahre alt. Das bevorstehende große Jubiläum im folgenden Jahr warf bereits erste Schatten voraus, und uns war klar, daß eine recht unerträgliche Selbstbeweihräucherung ins Haus stand. Ein Dutzend Hochschullinker setzte sich zusammen, um die Idee eines Lesebuchs zu besprechen, das der offiziellen Geschichtsklitterung zumindest ein paar kritische Seitenhiebe versetzen könnte.

Wie empfindlich die Hochschule auf jede Störung ihrer Jubeltage reagieren würde, machten die studentischen Überlieferungen über das letzte, das hundertjährige Jubiläum deutlich. Damals, 1970, hatte der noch linke AStA[2] die Einladung zur Feierstunde dazu genutzt, eine radikale und provokante Kritik an der Hochschule zu formulieren. Der AStA-Vorsitzende hatte seine Festrede mit der Bemerkung eröffnet, hundert Jahre Forschung im Dienste des Kapitals seien kein Grund zu feiern.[3] Und schon war ihm der Strom abgedreht, das Rederecht entzogen worden. Der hochoffizielle Zensurfall war durch die Presse gegangen und hatte die Feststimmung dadurch ein klein wenig vermasselt. Der damalige Rektor hieß Hans Schwerte: eine angesehene Persönlichkeit – so hieß es zumindest – war er doch der einzige Rektor, den die 1965 neu gegründete Philosophische Fakultät[4] in dieser technik-dominierten Hochschule jemals hat stellen können. Auch sonst soll er sich durch eine scheinbar liberale Gesinnung hervorgetan haben, die ihn auch in den Augen kritischer StudentInnen vom restlichen schwarzbraunen Sumpf der Wissenschaftsanstalt abgehoben haben soll.

Nun, vierundzwanzig Jahre später, waren in Aachen weder Schwerte noch eine größere Anzahl kritischer StudentInnen verblieben. Niemand hätte damit gerechnet, daß der hochgeehrte Altrektor sich als hochrangiger SS-Stratege entpuppen und die allgemeine Ruhe vor der 125-Jahresfeier empfindlich stören würde. Auch wir hätten es kaum für möglich gehalten, als wir erstmals über die entsprechenden Gerüchte informiert wurden. Doch ich greife der Geschichte vor.

Von der Idee, ein Lesebuch zur Hochschulgeschichte zu schreiben, abgesehen, waren die 125 Jahre fast nirgends ein Thema kritischer Auseinandersetzungen. Uns war klar, daß die Hochschulgeschichte geschönt ist, daß die NS-Zeit ebenso ausgeblendet wird wie die Kontinuität wissenschaftlicher Verbrechen vor 1933 und nach 1945. In

---

[2] Allgemeiner StudentInnen-Ausschuß, sozusagen die vom StudentInnenparlament gewählte 'Regierung' der StudentInnenschaft.

[3] Der vollständige Text der Rede ist unseres Wissens leider nicht überliefert.

[4] Die Hochschule ist nach verschiedenen Fächergruppen in Fachbereiche unterteilt. Der Fachbereich 7 der RWTH, der (veraltet) Philosophische Fakultät genannt wird, umfaßt die Geistes- und Gesellschaftswissenschaften. Er ging durch Abspaltung aus der Fakultät für Allgemeine Wissenschaften hervor. Die Verwaltung eines Fachbereiches ist das Dekanat.

ihren Selbstdarstellungen erschien die Hochschule nahezu als 'nazifreie' Zone. Der überwiegend deutschnationale Geist der ProfessorInnenmehrheit habe, so wurde behauptet, der NSDAP keine Anknüpfungspunkte gegeben. Die nach den Nürnberger Rassegesetzen als jüdisch eingestuften HochschullehrerInnen seien lediglich von den NazistudentInnen vertrieben worden. Auch sei die Hochschule ja eine *technische* und somit von aller Politik denkbar weit entfernt gewesen. Sicher, ein wenig Rüstungsforschung habe es schon gegeben, wie immer. Darauf könne mensch doch sogar stolz sein. Das Institut für Aerodynamik feierte seine Beteiligung am Bau der Nazi-'Wunderwaffe' V2[5] noch Anfang der 90er Jahre als technische Meisterleistung. Dieser Umgang mit der eigenen Vergangenheit war das typische deutsche Herauswinden und Weitermachen im Stil der 50er Jahre.

Eigene Recherchen anzustellen, war jedoch auch für die meisten von uns zunächst kein Thema. Zwar zeigte ein Blick ins 'Braunbuch'[6], daß es auch an der Philosophischen Fakultät Altnazis gegeben hatte: den Soziologen Gehlen und den Politologen Mehnert. Doch beide spukten nur noch als Geister durch die ansonsten als liberal geltenden Institute. Auch wurde die Fakultät erst in den 60er Jahren gegründet, so daß die Suche nach relevanten NS-Strukturen hier wohl ins Leere laufen würde.

Unser Alltag in der Fachschaft Philosophie war ohnehin von anderen Auseinandersetzungen bestimmt. Der Hochschulstreik gegen die Verschulung und Verkürzung des Studiums war vorbei, und es galt Bilanz zu ziehen. Seit Jahren war die Entwicklung hin zu einer verschärften Selektion nach Leistungsfähigkeit und wirtschaftlicher Verwertbarkeit an den Hochschulen zu beobachten. Anstelle des ohnehin niemals verwirklichten Lippenbekenntnisses zur 'Chancengleichheit für alle' wurde immer offener die Elitebildung gefordert.

---

5 Die in der Schlußphase des Zweiten Weltkrieges in Peenemünde konstruierte Rakete mit dem Propagandanamen 'Vergeltungswaffe 2' wird – nicht nur in Aachen – als Durchbruch zur modernen Raketentechnologie gefeiert, obwohl im Zuge ihrer Fabrikation zahllose KZ-Häftlinge ermordet wurden.

6 Nationalrat der Nationalen Front des Demokratischen Deutschland, Dokumentationszentrum der Staatlichen Archivverwaltung der DDR (Hg.): Braunbuch. Kriegs- und Naziverbrecher in der Bundesrepublik, Berlin 1965, S. 304f. Im *Braunbuch* waren die Namen tausender Altnazis aufgelistet, die in der Bundesrepublik (wieder) Karriere gemacht hatten. Aus diesem Grunde war es in der BRD verboten.

Autoritäre Tendenzen waren unübersehbar. Die Burschenschaften, jene im Stile des 19. Jahrhunderts kostümierten studentischen Männerbünde in der Braunzone zwischen CDU und Neofaschismus, fühlten sich wieder im Aufwind. Besonders aber erschreckte uns, daß immer mehr StudentInnen in den verschärften Bedingungen eine Verbesserung ihrer Chancen auf dem Arbeitsmarkt sahen und das natürlich letztlich auf Kosten derer, die im gleichen Zuge unter die Räder gerieten. Damit verbunden waren politische Gleichgültigkeit und die Identifikation vieler mit ihren LehrerInnen, Instituten, Fakultäten und der 'uns alle' umfassenden Hochschulgemeinschaft, mit dem 'Standort Deutschland' und der 'Nation Europa'. Zwar war all dies in unserer Fakultät noch nicht so weit fortgeschritten, wie in den technischen Fächern, dennoch wäre es ein paar Jahre früher gewiß nicht in diesem Maße ignoriert worden, daß im Juli 1994, wegen eines Plakates gegen den § 218, gleich mehrfach Fachschaftsfenster eingeworfen wurden. Die Hochschulleitung nahm dies zum Anlaß, mit einem Aushangverbot für alle Plakate zu drohen: *„In den vergangenen Wochen mußten bereits vier Fensterscheiben – der von ihnen als Plakatfläche genutzten Fensterfront – erneuert werden. Es muß davon ausgegangen werden, daß die Fensterscheiben ausschließlich aufgrund der Plakatierung regelmäßig eingeschlagen werden. Die Kosten für den Austausch der Fensterscheiben liegen inzwischen bei 2.000.- DM. Da eine Übernahme weiterer Kosten von meiner Seite nicht vertretbar ist, kann leider die Plakatierung an den Fensterscheiben nicht mehr gestattet werden. Ich bitte, die noch vorhandenen Plakate umgehend zu entfernen und eine weitere Plakatierung zu unterlassen."*[7]

Auch die polizeiliche Beschlagnahme eines Solidaritätsplakates gegen die immer stärker werdende Repression gegen KurdInnen[8] wurde an der Hochschule allgemein hingenommen. Für die meisten Fachschaftsleute war es die erste derartige Begegnung mit der Staatsmacht, und so war sie der Anlaß, sich einmal grundsätzlich mit den Formen

---

[7] Rektorat an die Fachschaft, 14.7.94. Die Ausgaben der RWTH betrugen im Jahr 1994 nach eigenen Angaben übrigens 1 092 097 600 DM.

[8] Aus Protest gegen das PKK-Verbot hatten wir ein Symbol der kurdischen Befreiungsbewegung ERNK ausgehangen. Mit dem Hinweis *„Dieses Plakat ist verboten"* wurden von uns die Hintergründe des Verbots erläutert (so etwa das außenpolitische Interesse der BRD an einer Unterstützung ihrer NATO-Partnerin Türkei, aber auch die weitergehende rassistische Formierung der Gesellschaft nach der faktischen Asylrechtsabschaffung).

der Zensur und den Möglichkeiten, offensiv damit umzugehen, auseinanderzusetzen.

Hinzu kam das, was den Alltag der Fachschaft mehr als vieles andere bestimmt: die aufreibende Arbeit in den akademischen Gremien, die Neubesetzung des Lehrstuhls für Politische Wissenschaft und das schier endlose Berufungsverfahren Komparatistik,[9] die Einführungsarbeit für StudienanfängerInnen, die regelmäßige Beratung, die Finanzen.

Anfang November 1994 schien ein neues Fachschaftskollektiv, das sich um die Vertretung der Studierenden und die politische Arbeit kümmern würde, nicht mehr zustande zu kommen. Einzelne Leute forderten sogar, die Fachschaft in einen 'unpolitischen' Servicebetrieb umzuwandeln, der Stundenpläne und BAföG-Anträge erklären, aber keine Politik machen sollte. Die Politik der Unpolitik führte der AStA seit Jahren mustergültig vor: Die StudentInnenvertretung war von einer 'unpolitischen' Liste übernommen worden. Ihre Phantasie erschöpfte sich im wesentlichen darin, den AStA auf eine Art SchülerInnenmitverwaltung zurückzustutzen und die inhaltliche Leere ihrer Flugblätter mit dem Nachdruck von Mensa-Speiseplänen zu überbrücken. Dadurch erhielt die Gruppe einen derartigen Zulauf, daß sie größenwahnsinnig wurde und als eine populistische Liste zur Kommunalwahl antrat, zum Glück für alle Beteiligten jedoch nicht gewählt wurde. Seitdem beschränkt sie sich wieder darauf, der Hochschulleitung nichts Böses nachsagen zu lassen.

Um dem entgegenzuwirken, gesellten sich eine Handvoll autonomer StudentInnen zu Mitgliedern des alten Kollektivs, die sich eher zur JUSO-Hochschulgruppe und den AnarchosyndikalistInnen zählten und mit der neuen Unterstützung einen weiteren Versuch politischer Fachschaftsarbeit wagen wollten. Diese Zusammensetzung, an anderen Hochschulen oft Grund für schier unlösbare Konflikte, war für uns eine spannende und erfolgreiche Mischung. Die Folge war ei-

---

[9] Berufungsverfahren werden die Verfahren zur Neubesetzung von ProfessorInnen-Stellen genannt. Eine *Berufungskommission* schlägt normalerweise drei BewerberInnen für die *Berufungsliste* vor, die dann nacheinander vom Fachbereichsrat und vom Senat beschlossen werden muß, bis sie dem Wissenschaftsministerium als *Berufungsvorschlag* vorgelegt wird. Das Ministerium beruft dann in der Regel nach Listenreihenfolge die erste noch zur Verfügung stehende Person. Komparatistik ist das Fach Vergleichende Literaturwissenschaft.

ne Bereicherung unserer Themenvielfalt und nicht, wie häufig, das Auseinanderdividieren in Fraktionen. Allerdings waren die Arbeitsschwerpunkte verschieden: hochschulpolitische Gremienarbeit, der Versuch, unabhängig von der Hochschule antifaschistische und antirassistische Politik zu betreiben, die Fachschaftsräume zu einem offenen Treffpunkt für politische Gruppen und einzelne Menschen – Studierende oder nicht – zu machen. Die im Vorjahr entschlafene Fachschaftszeitung *philfalt* entstand neu; wir eröffneten ein Infocafé, das mit Zeitschriften, Infoveranstaltungen, Tee und Kaffee die politische Kultur Aachens bereichern wollte; wir bauten um und malten alles bunt an...

An den Wochenenden trieben wir uns auf einem unscheinbaren Acker am Rande der Stadt herum. Hier, zwischen dem raffinerieähnlichen Klinikum, der mittelalterlichen Aussätzigen-Station Melaten und der niederländischen Grenze, plante die Hochschule einen Freisetzungsversuch mit gentechnisch veränderten Rüben. Die Gentechnik-AG Aachen (GAGA)[10], die sich seit einiger Zeit kritisch mit dieser Technologie auseinandersetzte, mobilisierte zu regelmäßigen Sonntagsspaziergängen am künftigen Versuchsacker. So fand sich Woche für Woche ein bunter Haufen bekannter Aktiver und neuer Gesichter in Melaten ein. Es war der lebendigste und vielleicht auch radikalste Widerstand, dem die Hochschule seit langem ausgesetzt war – und für alle, die mitmachten, endlich wieder ein Protest, der sich deutlich vom drögen Marschieren vieler sonstiger Demos abhob.

Es wurde so getan, als würde Blumensamen ausgestreut, denn in einem wilden Blumenfeld hätten sich die Genrübchen nicht gut entwickeln können und schon gar nicht kontrollieren lassen. Dieser symbolische Akt allein genügte, den Versuchsleiter in helle Panik zu versetzen. In der Lokalpresse beschuldigte er die DemonstrantInnen der Sabotage und sah seinen noch nicht begonnenen Versuch schon jetzt in Frage gestellt. Nun ja, in Frage stellen wollten wir das Projekt ja. Die GAGA hatte öffentlich gemacht, wie sehr der Versuch mit den Interessen der Biotechnikkonzerne verknüpft war. Immerhin waren die Rüben speziell auf den Einsatz des Unkrautvernichtungs-

---

10 Die Abkürzung „spielt auch gleichzeitig auf einen Inhalt der Gentechnik an, den *genetischen Code* in Form einer Basenfolge, hier: *Guanin, Adenin, Guanin, Adenin*" (Gentechnik-Reader, hrsg. v. GAGA, c/o FS I/1 an der RWTH, Aachen 1994).

mittels BASTA[11] abgestimmt, was einem der am Versuch beteiligten Konzerne eine Monopolstellung verschaffen würde. Es stimmte einfach nicht, wenn der Versuchsleiter das Experiment als ökologisch-alternative Pioniertat ausgab. Zwar ging es um die Abschätzung der Risiken, die beim Einsatz der Genrüben in der Landwirtschaft entstehen könnten. Doch galt es ja auch, den großflächigen Einsatz von manipuliertem Saatgut abschätzbar zu machen, auch was die zu erwartende Kritik daran betrifft. Der Aachener Versuch würde das Alibi bieten, die massenhafte Verwendung manipulierter Rüben als bedenkenlos hinstellen zu können. Und genau dies machte den Versuch so eminent wichtig – für die Konzerne und für die Hochschule, die im Bereich Biotechnologie ein wenig den Anschluß verloren hatte. Immer mehr geriet auch sie nun in den Mittelpunkt der Kritik. Und was uns überraschte: Auch in der ansonsten meist hochschultreuen Lokalpresse fand die GAGA Gehör.

Der Acker diente als Fußballplatz, und ein großes, in den Boden gehacktes „Genrüben Nein!" zierte weithin sichtbar die Landschaft. In zahllosen Veranstaltungen und Diskussionen wurde eine grundlegende Kritik an der Gentechnologie entwickelt. Mehrere tausend AachenerInnen sprachen sich per Unterschrift gegen den Versuch aus. Die Hochschule reagierte verstört und beorderte berittene Polizei an den Versuchsacker. Öffentlichkeitswirksam bot sie einen Dialog mit den VersuchsgegnerInnen an – ein Dialog, dessen Ergebnis von vornherein feststand: Die RWTH ließ keinen Zweifel an ihrer Bereitschaft aufkommen, den Versuch notfalls gewaltsam durchzusetzen. Eine Kritik darf eben nur dort geübt werden, wo sie keine Folgen haben kann. Daß die Sonntagsspaziergänge nach der Pflanzung der manipulierten Rüben fortgesetzt und der Versuch weiterhin in Frage gestellt wurden, wertete die Hochschule als mangelnde Dialogbereitschaft. Eines schönen Morgens schließlich fand sie ihr Versuchsfeld verwüstet vor. Und als am folgenden Sonntag statt eines Spaziergangs ein Erntedankfest angesagt war, hatte die Polizei freie Hand, wahllos einige der TeilnehmerInnen herauszugreifen. Mit sichtlichem Vergnügen machte sie davon Gebrauch. Die RWTH trat mit Strafanzeigen noch ein wenig nach.

---

11 BASTA ist eines der giftigsten Totalherbizide, hergestellt vom Chemieverbund AgrEvo-Hoechst-Schering, der auch Anteile am größten deutschen Saatguthersteller KWS besitzt.

Wir nahmen an diesen Auseinandersetzungen teil, bezogen öffentlich gegen die Hochschule Position und waren auch von den Repressionen betroffen. Und während all dies nebeneinander her und ineinander verwoben unsere Arbeit bestimmte, drangen immer wieder, Bröckchen für Bröckchen, Gerüchte über die Nazi-Vergangenheit eines Altrektors an unser Ohr.

Gerüchte

Sagen Sie es nicht weiter, es wissen schon alle – ein Student ist gut informiert – Tina erfährt Hintergründe.

Die Geschichte, wie wir auf den Fall Schneider stießen, fängt ganz woanders an, nämlich bereits 1993 in den muffigen Gremien der RWTH. Hier gibt es einerseits den Fachbereichsrat, das Gremium, das über die Belange der Fakultät zu entscheiden hat – und andererseits noch einzelne Kommissionen, die diesem Gremium unterstehen. Eine solche Kommission war die Berufungskommission Komparatistik. Hier sollten StudentInnen, wissenschaftliche und nichtwissenschaftliche MitarbeiterInnen und Professoren über den Nachfolger oder die Nachfolgerin des 1992 pensionierten Professors für Vergleichende Literaturwissenschaft, Hugo Dyserinck, beraten. Doch schon ziemlich bald verhärteten sich die Fronten: Die Professoren favorisierten mehrheitlich eine Bewerberin, die auch schon seit der Pensionierung Dyserincks diesen Lehrstuhl vertrat, während die StudentInnen und Dyserinck selbst lieber den Literaturwissenschaftler Earl Jeffrey Richards als Nachfolger gesehen hätten, der früher schon einmal Seminare in Aachen abgehalten hatte. In dieser Situation begann ich 1993 mein Studium – und zwar das der Komparatistik.

Nach einer Vollversammlung aller KomparatistikstudentInnen, die sich noch einmal für Richards ausgesprochen hatte, beschloß ich, nun auch in der studentischen Vertretung dieses Faches, dem Seniorat Komparatistik, mitzuarbeiten. Wir wandten uns mit unseren Bedenken direkt an das nordrhein-westfälische Wissenschaftsministerium. Dort lag auch mittlerweile der Vorschlag der Berufungskommission aus Aachen vor. Auf dem ersten Platz der Vorschlagsliste stand die von den Professoren favorisierte Bewerberin, auf dem zweiten Platz Richards, gefolgt von einer weiteren Wissenschaftlerin. Anfang Juni erhielten wir ein Antwortschreiben aus Düsseldorf, in dem es hieß, daß unsere Bedenken gegen die Erstplazierte geprüft würden. Einen Tag später entschied diese sich, doch lieber an eine andere Uni zu gehen als nach Aachen. Nun hätte üblicherweise der Zweitplazierte, also Herr Richards, zur Berufung angestanden, doch wir hatten uns zu früh gefreut. Plötzlich hieß es mysteriös, es seien *„in der Zeit seit der Beschlußfassung in der Philosophischen Fakultät Aussagen bekannt geworden, die die Vertrauensbasis der damaligen Personalentscheidung berühren"* [12], weshalb die Professoren im Fachbereichsrat die Liste zur erneuten Beratung vom Ministerium zurück haben wollten. Die StudentInnen zeigten wenig Verständnis für dieses Vorhaben. Zum Unmut über die weitere Verzögerung des Verfahrens kam die Befürchtung, es werde in Professorenkreisen über die Abschaffung des Faches diskutiert, denn damit war schon früher einmal gedroht worden.

Nicht einmal unsere gewählten VertreterInnen im Fachbereichsrat wurden über die Zusammenhänge informiert, und so konnten wir nicht wissen, worum es eigentlich ging. Denn hier begann der Fall Schneider.

Bei einem späteren Termin mit dem Prodekan Debus[13] drängten wir ihn, uns endlich mitzuteilen, was denn nun gegen die Berufung Richards' spräche. Die Behauptung, ein Schreiben an den Dekan, in dem Richards – etwas unüblich – sich selbst neuerlich als idealen Nachfolger des pensionierten Professors Dyserinck anpreist, mache seine Berufung unmöglich, konnten wir nicht glauben. Vor die Alternative gestellt, uns endlich die wahren Hintergründe zu nennen oder eine schriftliche Aufforderung dazu zu empfangen, zog es Debus vor, zumindest Darius als Fachbereichsratsmitglied ein paar Anhaltspunkte zu geben. Unter vier Augen und mit deutlichem Hinweis auf die Schweigepflicht[14] rückte Debus dann mit dem Inhalt jener Gerüchte heraus, von denen er angenommen hatte, sie wären allen Mitgliedern des Fachbereichsrates bekannt gewesen: Professor Dyserinck habe den amerikanischen Bewerber Richards gebeten, im Berlin

---

12 Veröffentlicht erst in der Pressemitteilung von Debus bzw. der RWTH vom 14.5.95.

13 Dekan oder Dekanin ist ein Professor oder eine Professorin, der/die die Geschäfte der Fakultät leitet. Sein/Ihr Büro ist das Dekanat, der/die Stellvertreterln wird ProdekanIn genannt.

14 Debus informierte nur Darius, weil der als Mitglied des Fachbereichsrates an die Schweigepflicht in akademischen Gremien gebunden sein sollte.

Document Center[15] Unterlagen über die Nazivergangenheit eines „ehemaligen hohen Hochschulangehörigen", genauer eines Rektors, der von der Philosophischen Fakultät gestammt hatte, zu beschaffen. Richards habe sich also – legte Debus nahe – dafür instrumentalisieren lassen, Druckmittel zu besorgen, mit denen nun offenbar die Fakultät erpreßt werden solle. Aber nicht nur das: Da jener Rektor sein Amt zu der Zeit innehatte, als Johannes Rau Wissenschaftsminister war, sei zu befürchten, daß möglicherweise eine Kampagne gegen Ministerpräsident Rau zur bevorstehenden Landtagswahl vorbereitet würde.

War das nur ein neuerliches Gerücht in der Reihe verschiedenster absurder Behauptungen, die gegen Richards vorgebracht worden waren? Oder sollte wirklich etwas daran sein? Beides, Intrige oder vertuschte NS-Vergangenheit eines Rektors, wären Skandale, die man nicht auf sich beruhen lassen dürfte. Darius war nicht bereit, diese Informationen für die Studierenden alleinverantwortlich zu behalten, und weihte uns in die Geheimnisse ein. Zu unserem Erstaunen erinnerte sich ein ehemaliger Student Dyserincks tatsächlich daran, von Dyserinck schon einmal eine Geschichte über einen Altrektor mit Nazivergangenheit gehört zu haben. Müller oder ähnlich gewöhnlich soll er geheißen haben, SS-Obersturmbannführer oder etwas Ähnliches gewesen sein, und zwar im Persönlichen Stab Himmlers.

Was das aber mit dem Berufungsverfahren zu tun haben sollte, war wohl auch ihm schleierhaft. An der Erpressung sollte Richards ja, wenn überhaupt, nur sekundär beteiligt sein, und der SS-Rektor wäre ja ein völlig anderer Fall. Gemeinsam mit dem Seniorat wurde also beschlossen, weiter auf eine ordentliche Durchführung des Berufungsverfahrens zu drängen und sich mit einem weiteren Brief an das Ministerium zu wenden, der sich – *„ganz abgesehen davon, daß diese Dinge doch wohl einer Untersuchung zugeführt werden sollten"* – dagegen verwahrte, daß die Gerüchte um Richards Beteiligung an einer Erpressung schon vor jeglicher Bestätigung zum Anlaß genommen wurden, *„um seine Berufung zu verhindern"*.

Parallel dazu befragten zwei Studenten den Aachener SPD-Landtagsabgeordneten Karl Schultheis, ob er die Geschichte – so abstrus sie sei – überhaupt für denkbar halte. Spätestens die Mit-

---

[15] BDC, amerikanisches Archiv in Berlin mit umfangreichen Aktenbeständen aus der NS-Zeit. Im Zuge der Wiedervereinigung ging es in deutschen Besitz über.

wisserschaft Raus, nur weil er zu jener Zeit Wissenschaftsminister war, hielt der Abgeordnete aber für äußerst unwahrscheinlich. Ein Minister würde ja nicht derartige Informationen über jeden Hochschulrektor besitzen. Falls wir aber zu Bestätigungen für die Gerüchte kämen, sollten wir ihn umgehend unterrichten, das könne man ja nicht auf sich beruhen lassen.

Hinweise

Zwei Bücher machen einen Anfang – eine Lücke gibt Auskunft – der alte Rektor wurde nicht geboren – Alex sieht den Verdacht begründet.

In den folgenden Monaten wurde deutlich, daß sich in der Hochschule und im Ministerium niemand ernsthaft für die Angelegenheit interessierte. Oder, um genau zu sein, uns kam so langsam der Verdacht, einige Leute interessierten sich sehr wohl, allerdings im Sinne der weiteren Geheimhaltung. So einigte sich das zu Beginn des Wintersemesters 1994/95 gewählte Fachschaftskollektiv, zu dem jetzt auch Thomas und ich gehörten, darauf, die politische Dimension der Geschichte und das bürokratische Verfahren bewußt nicht mehr zu trennen, sondern gerade in deren Verknüpfung den ersten Hinweis zur Aufklärung zu sehen.

Prof. Debus hatte ja gesagt, er sei davon ausgegangen, daß die 'Gerüchte' sämtlichen Mitgliedern des Fachbereichsrates bekannt gewesen wären. Spätestens seit unserem Brief wußte das Wissenschaftsministerium davon. Einzige Konsequenz war jedoch die Streiterei um die Liste der BewerberInnen für den Komparatistiklehrstuhl. Warum? Wir führten uns die Situation, so wie sie sich uns darstellte, noch einmal vor Augen: Das Berufungsverfahren für die Nachfolge Professor Dyserincks war von Anfang an schwierig gewesen. Da Prof. Dyserinck, und mit ihm als einzigem Professor sein Fach, an der RWTH mehr als nur unbeliebt waren, konnte das noch als normal gewertet werden. Als dann die Bewerberin, die die Liste anführte, eine andere Stelle angenommen hatte und Dyserincks Wunschkandidat Richards zur Berufung anstand, spielten plötzlich die Gerüchte um den Altrektor eine Rolle. Zur Frage, was Richards in diesem Zusammenhang genau vorzuwerfen sei, schwieg Debus sich aus. Daß Dyserinck ganz gut Bescheid wußte, erfuhren wir über Umwege von ihm selbst. Eher widerwillig, so erzählte uns der ehemalige Student Dyserincks, habe jener sich einige Informationen aus der Nase ziehen lassen. Dyserinck stand mit Richards in Kontakt, so könnte auch der informiert gewesen sein. Richards sollte zudem schon über die braune Vergangenheit des Romanisten Hans Robert Jauß[16] recherchiert haben. Also könnten die Aachener Professoren fürchten, so etwas habe der Bewerber ein weiteres Mal vor, und der daraus folgende Skandal könnte gar für das Land Nordrhein-Westfalen unangenehm werden. So lag der Schluß nahe, Richards' Berufung solle genau deshalb verhindert werden. Das klang allerdings ein bißchen zu einfach, fast nach Hollywood, als daß wir es glauben wollten.

Wenn es, allem Anschein zum Trotz, anders war, wenn tatsächlich etwas Schwerwiegendes gegen Herrn Richards vorliegen sollte, wie Prof. Debus vorgab, warum war das nicht den Mitgliedern im Fachbereichsrat in so glaubwürdiger und offener Weise mitgeteilt worden, daß überflüssiger Streit vermieden und eventuelle Erpressungsversuche hätten aufgedeckt werden können? Wie sollten Dyserinck und Richards mit ihrem Wissen ein falsches Spiel treiben, wenn die Westen und Gewissen unserer Professoren rein waren?

Sollte es doch so einfach sein, daß die vielleicht schon seit längerem eingeweihten Aachener Professoren, keinen nazi-jagenden Amerikaner in ihrer Umgebung wissen wollten, um vor unangenehmen Enthüllungen sicher zu sein? Wer immer welches Spiel spielte, konnte es nur, solange des Altrektors Vergangenheit im Verborgenen lag. Wir beschlossen also, selbst Licht ins Dunkel zu bringen.

Zunächst war unsere Informationsbasis ziemlich mager. Den Angaben Prof. Debus' zufolge, mußte es sich um Hans Schwerte handeln. Über dessen Biographie wußten wir bisher nur, daß er etwas mit der SS zu tun gehabt haben sollte. Dyserincks Student hatte weitere Details erfahren. Über ihn kamen wir auf den Hauptsturmführer, die Niederlande und erfuhren wir den wirklichen Namen

---

16 Richards selbst schreibt unter der Überschrift 'Die Schatten der Literaturwissenschaft' am 14.5.1996 in der Frankfurter Rundschau: *„Jauß meldete sich [...] mit zwanzig Jahren freiwillig zu Waffen-SS. Der SS-General Gottlob Berger würdigte Jauß' Tapferkeit durch das Deutsche Kreuz in Gold. [...] Nach seiner Beförderung zum Hauptsturmführer wurde Jauß als drittranghöchster Waffen-SS-Offizier bei der Division Charlemagne eingesetzt, die gegen die Befreiung Berlins durch die Rote Armee gekämpft hat. Jauß' SS-Lebenslauf war so bestechend, daß ihm seit Mitte der achtziger Jahre permanent die Einreise in die USA versagt ist."*

Schwertes: Schneider. So konnten wir uns die ersten wesentlichen Indizien in der Hochschulbibliothek besorgen.

Der niederländische Historiker In 't Veld hat in seinem Werk 'De SS in Nederland' zwei dicke Bände voll niederländischer SS-Akten zusammengetragen[17]. Wir fanden darin eine Kurzbiographie von Hans Ernst Schneider. Bisher lauteten unsere Informationen jedoch, er habe E. Schneider geheißen, und da jener Hans Ernst Schneider in diesem Buch so häufig vorkam, offensichtlich also eine nicht unbedeutende Rolle im Wirken der SS in den Niederlanden gespielt hatte, fiel es uns zunächst schwer zu glauben, daß dieser Schneider der spätere Hans Schwerte sein sollte. Unser Informant erinnerte sich jedoch, daß Hans Ernst tatsächlich der richtige Vorname sei. Wir schlugen die Biographie noch einmal nach. Sie wies deutliche Parallelen zu der von Hans Schwerte auf, die wir im Hochschuljahrbuch *alma mater* von 1965, dem Jahr, in dem Schwerte nach Aachen kam, gefunden hatten. Hans Ernst Schneider war in Königsberg geboren, Schwerte wollte dort immerhin Abitur gemacht haben. In beiden Biographien waren die Studienorte identisch. Schneider gab Literatur- und Kunstgeschichte, Philosophie und Prähistorie als Studienfächer an, daß Schwerte als Literaturwissenschaftler in Aachen gelehrt hatte, wußten wir ja. Zwischen 1934 und 1945 zeigte die Biographie Schwertes jene tausendjährige Lücke, die wir im Laufe des Jahres noch bei so manchem Aachener Professor finden sollten.

Waren Schneider und Schwerte identisch, so waren diese Ähnlichkeiten keine dumme Nachlässigkeit, sondern Notwendigkeit: Wer eine Hochschulkarriere anstrebt, muß die angegebenen Studienorte genau kennen. Wahrscheinlich wird nirgendwo mehr getratscht als an Hochschulen, und eine wissenschaftliche Fachgemeinde ist letztlich zu klein, als daß nicht schon kleine Unstimmigkeiten bemerkt würden. Genau das ist auch mit ein Grund, warum es nicht möglich gewesen wäre, völlig unbemerkt die Identität zu wechseln. Im Gegenteil, Schneider mußte eine ganze Maschinerie von Abhängigkeiten und Mitwisserschaften zu seiner Unterstützung und Tarnung aufgebaut haben, ebenso wie wir es von bekannteren Fällen der BRD-Geschichte gehört hatten.

---

17 N.K.C.A. In 't Veld (Hg.): De SS en Nederland. Documenten uit SS-archieven 1935-1945. 's-Gravenhage 1976.

Um den Verdacht gegen Schwerte weiter zu erhärten, riefen wir am 11. April 1995 beim Standesamt in Hildesheim an, dem angeblichen Geburtsort Schwertes. Thomas erkundigte sich, ob am angegebenen Datum (3.10.1910) ein Hans Schwerte dort geboren sei. Es handele sich um eine Erbschaftsangelegenheit. Nein. Im gesamten Zeitraum von 1907 bis 1911 sei in Hildesheim kein Hans Schwerte geboren. Es seien auch keine Akten, etwa durch Kriegseinwirkung, verloren gegangen. Aus formalen Gründen sollten wir die Anfrage noch einmal schriftlich stellen.[18]

Hans Schwerte war also nicht, wie er behauptete, in Hildesheim geboren, das stand jetzt fest. Ein deutlicher Hinweis, aber noch nicht genug, um an die Öffentlichkeit zu gehen. Wir baten daher einen Freund, der durch seinen Doktortitel gleich viel wichtiger klingt, beim ehemaligen Berlin Document Center anzufragen. Wir fragten sowohl nach Schneider als auch nach Schwerte, haben aber bis heute noch keine Antwort.

---

[18] Diese Anfrage ist beim Standesamt in Hildesheim nie angekommen, da wir dummerweise, aber nicht ganz untypisch für uns, versäumt hatten, eine Briefmarke aufzukleben. Weil eine schriftliche Antwort aus Hildesheim später nicht unwichtig gewesen wäre, sollte uns dieses Mißgeschick, dem wir zunächst wenig Bedeutung zumaßen, noch ärgern.

FRÜHLINGSERWACHEN

Enttäuschung

*Endlich wieder ganz er selbst – eine Verschwörung zum
8. Mai – der Konvent widerspricht nicht – Thomas nimmt eine
Geschichtsstunde.*

Der 8. Mai stand bevor. Der 50. Jahrestag der deutschen Kapitulation
wurde bestimmt von einem erschreckend offiziell wirkenden Schlußstrich unter die Nazi-Vorgeschichte des wiedervereinigten Deutschlands. Wir hatten nicht erst jetzt den Eindruck, daß die eine oder andere Lehre aus dem Faschismus hinter dieser Schlußlinie verschwinden würde. Die Abschaffung des Asylrechts, die Sammellager und
Abschiebeknäste, die Wiedereinführung des Krieges als Fortsetzung
der Politik mit anderen Mitteln, der offen formulierte Führungsan-
spruch in Europa, der mit aller Selbstverständlichkeit hingenommene
Einfluß der Neuen Rechten in Politik und Medien... All dies und
nicht nur dies schien uns den Beginn einer neuen Politik zu markieren, in die nun auch Bruchstücke des Faschismus eingebaut würden,
wo immer dies effektiv erschien. Und Effektivität gehört, aus der Perspektive der Macht betrachtet, zweifelsohne zu den vorrangigsten
Zielen.

Wir hatten diese Entwicklung mit unseren Protesten begleitet,
ohne ihr wirklich etwas entgegensetzen zu können. Und wir hatten
festgestellt, wie sehr sich diese Auseinandersetzungen gerade im Vorfeld des 8. Mai an vorgegebenen Schemata orientierten, die für uns
eigentlich nicht mehr zutrafen. Was bedeutete dieser 8. Mai? Und genauer: Was bedeutet er für *uns*? Alex schrieb dazu: *„Wenn ich mich –
vor 28 Jahren in Deutschland geboren – ernsthaft mit dem 8. Mai ausein-
andersetze, ist nur eins eindeutig: Der platte Dualismus 'bist Du links,
nennst Du es Befreiung, bist Du rechts, sagst Du Niederlage' bringt nicht
weiter, sondern lenkt in Wahrheit von der eigentlichen Problemstellung
ab. Denn egal für welche Seite ich mich in diesem Dualismus entscheiden
würde, ich würde den Gedanken, daß es ein Volk der Deutschen gibt, für
das dieses Datum eine gemeinsame historische Bedeutung hat (inklusive
aller Nachgeborenen, die mit einem deutschen Paß geschlagen sind) aner-*

*kennen. Ein erstaunliches Phänomen ist in diesem Zusammenhang, daß
auch viele Linke, die sonst den Nationalismus ablehnen und bekämpfen,
sich in der Kollektivschuld wieder unter dem Dach der Nation einfinden.
'Die Deutschen' oder gar 'Wir sind befreit worden', sagen auch Linke, die
nicht viel mehr Jahre zählen als ich selbst. Was erst einmal vordergründig
die Freude über die Zerschlagung des NS-Regimes ausdrückt, setzt tatsächlich eine falsche und sogar bedrohliche Zäsur, einen Abschluß des 'deutschen Sündenfalls', der ja auch uns heute entlastet, denn – wir sind ja befreit. Die grausame, gerade weil ganz menschliche Realität des Nationalsozialismus verkommt so zum Gleichnis. Die kühle, strategisch-militäri-
sche Entscheidung der Bombenangriffe auf Dresden wird so zum Marty-
rium stilisiert, und der 8. Mai wird zum Karfreitag der Deutschen. Nach
Auschwitz lebt es sich so gut wie nach der Sintflut.*

*Aber ich bin nicht befreit worden, niemand ist für mich am Kreuz
oder unter Bomben gestorben. Den 8. Mai so zu sehen, heißt, den Nationalsozialismus als geschichtliche Episode mit Happy-End zu betrachten, so
wie die Leute im Kino mit dem Ende eines Filmes, in dem die StatistIn-
nen wie die Fliegen starben, zufrieden sind, wenn nur der Held überlebt.*

*Eine Verzerrung der Tatsachen ist es auch zu behaupten, 'die Deut-
schen' hätten keine Möglichkeit gehabt, sich selbst zu befreien, sondern
hätten ausharren und auf die Befreiung durch die Alliierten warten müssen. Die Bevölkerung in Deutschland war nicht wie von einer Krankheit
vom NS befallen, sie war der Nationalsozialismus. Die Menschen, die hier
lebten, machten, daß es einen nationalsozialistischen Staat gab. Manche
machten ihn zu einem Staat, in dem manche Widerstand leisteten, viele
machten ihn zu einem, in dem sie schwiegen und zusahen, daß es sie selbst
nicht so hart traf. (Das ist heute ja nicht anders.) Alle taten ihr Teil dazu,
daß die Zeit genauso war, wie sie war, sie hatten sich so entschieden."*[19]

Während Alex diesen Artikel formulierte, hatte ich für meinen
Teil eine seit Jahren aufgeschobene Recherche begonnen. Ich rekon-
struierte das NS-Lagersystem im Raum Aachen, all die kleinen, vergessenen Kriegsgefangenen-, ZwangsarbeiterInnen-, Sammel-, Depor-
tations-, Arbeitserziehungs- und Polizeihaftlager. Praktisch jede Stadt,
jedes Viertel, jedes Dorf konnte ein solches Lager aufweisen. Es war
der unterste, engmaschigste, alltäglichste, sichtbarste und wohl gerade
deshalb auch am meisten verdrängte Ausläufer der Internierungs- und
Vernichtungsmaschinerie. Allein im Raum Aachen, so erfuhr ich zu

---

[19] Ein Loch in der Zensur (LiZ), Nr. 54, Mai 1995, S. 5.

meinem Erstaunen, betrug die Zahl der Internierten weit mehr als 10.000 Menschen, von denen mehr als 2.000 ihre Gefangenschaft nicht überlebten, ohne daß die nach ihrer Deportation Ermordeten mitgerechnet wären. Eine Aufarbeitung hatte es 50 Jahre lang nicht gegeben. An diesem Punkt, so dachte ich, würde sich jede weitere Debatte um einen Schlußstrich von selbst erübrigen, oder: Hier wurde klar, daß nicht nur eine hoch oben agierende Führung, sondern die Bevölkerung den Nationalsozialismus zu dem machte, was er war. Inmitten dieser Arbeit war es, als ein Freund mich mit der offenbar kurz zuvor im Radio gemeldeten Nachricht empfing, der ehemalige Aachener Hochschulrektor Hans Schwerte habe sich an jenem Tag, dem 27. April 1995, als SS-Hauptsturmführer Schneider selbst angezeigt.

Ich versuchte, die übrigen Fachschaftsleute zu erreichen. Die meisten hatten es schon gehört. Was tun? Wann treffen? Wie reagieren? Daß etwas geschehen mußte, war allen klar. Wir kannten die Vorgeschichte, kannten das professorale Getuschel über 'Schwertes' wahre Identität, kannten den Druck gegen den 'Nestbeschmutzer' Richards. Uns war nicht entgangen, daß sich die Situation in dieser Woche zugespitzt hatte: die Recherchen der Aachener Lokalpresse, die Hektik im Rektorat, die Ministeriumskarossen vor dem Hauptgebäude. Doch was genau war passiert? Was bedeutete es, wenn das Radio von einer Selbstanzeige Schneiders sprach? Und warum gerade jetzt?

Die offizielle Presseerklärung der Hochschulpressestelle gab kaum Auskunft. Schon in der Überschrift wurde der Skandal zu einer *„Personalsache Hans Schwerte"*[20] heruntergespielt. Eine kurze Schilderung seiner SS-Tätigkeit wirkte eher harmlos: *„Er war nach eigenen Angaben während des NS-Regimes zuletzt als SS-Hauptsturmführer im Amt 'Ahnenerbe' tätig und vom Herbst 1940 bis 1942 in den Niederlanden der Dienststelle des Höheren SS- und Polizeiführers unterstellt. Danach war er nach Berlin zurückbeordert worden. Seine Tätigkeit bezog sich seiner Aussage zufolge ausnahmslos auf 'volkskundliche' Bereiche, von der Prähistorie bis in die damalige Gegenwart, wozu auch Verlagsgründung, Zeitschrift, Film sowie Forschergruppen gehörten. Seine Arbeit sei in der Veröffentlichung von Michael H. Kater 'Das Ahnenerbe der SS 1935-1945. Ein Beitrag zur Kulturpolitik des Dritten Reiches' beschrieben worden. "*

---

[20] Stellungnahme der Hochschule zur Personalsache Hans Schwerte, gez. Toni Wimmer, 27.4.95.

Ebenso kurz wurde die Nachkriegskarriere abgehandelt: *„Hans Schwerte wurde nach Promotion (1948) und Habilitation (1958)[21] in Erlangen am 19. August 1965 auf den Lehrstuhl für Neuere Deutsche Literaturgeschichte an der RWTH Aachen berufen. Von 1970 bis 1973 war Schwerte Rektor der Hochschule. Am 1. Januar 1974 übernahm er das Amt des Landesbeauftragten für die Pflege und Förderung der Beziehungen zwischen den Hochschulen von Nordrhein-Westfalen, Belgien und den Niederlanden, das er über seine Emeritierung[22] (1978) hinaus bis 1981 innehatte. Schwerte hat für seine zahlreichen Ehrungen Verzicht angekündigt. Der inzwischen 85jährige Altrektor und Ehrensenator[23] der RWTH galt als renommierter Literaturwissenschaftler und Faust-Experte, der Pionierarbeit bei der Einführung der Datenverarbeitung in die philologische Forschung leistete. Er lebt seit 1982 in Süddeutschland.“*

Abschließend erklärte sich die Hochschule für *„zutiefst bestürzt über diese grobe Täuschung und den massiven Vertrauensbruch.“* Sie beteuerte: *„Das Gerücht über eine falsche Namensführung Schwertes war 1994 der Hochschulleitung bekannt geworden und mit allen der RWTH zur Verfügung stehenden Mitteln überprüft worden“* Und: *„Dabei fanden sich keinerlei Bestätigungen für diese Gerüchte.“*

Die Presseerklärung war gerade noch rechtzeitig 'rausgegangen, um einer Sendung des niederländischen Fernsehmagazins *Brandpunt* zuvorzukommen, in der Schneiders Identität enthüllt werden sollte. Sendetermin war der 29. April. Dieser Hintergrund fehlte in der Erklärung vollständig.

Die Fernsehreporter Steven de Vogel und Ton van Dijk hatten wenige Tage zuvor versucht, 'Schwerte' mit den Ergebnissen ihrer Recherche zu konfrontieren, doch hatte er sie an der Tür seiner oberbayerischen Wohnung abgewimmelt. Am 26. April hatten die Journalisten Rektor Habetha interviewt oder, wie dieser sich auszudrücken pflegte, mit *„aggressiven Fragen“* sozusagen angegriffen. Der aufgeregte Rektor schlug beim Düsseldorfer Wissenschaftsministerium Alarm. Dort riet man ihm, zunächst einmal 'Schwerte' über

---

[21] Promotion ist das Erlangen der Doktorwürde, Habilitation die Voraussetzung zum Antritt einer Professur.

[22] Entpflichtung von der Lehrtätigkeit, entspricht der Versetzung in den Ruhestand bei anderen BeamtInnen.

[23] Hoher Ehrentitel der Hochschule, hauptsächlich an ihre Altrektoren verliehen.

die bevorstehende Enttarnung zu informieren, was er sodann erledigte. 'Schwerte' bestätigte, was nicht mehr länger unter der Decke zu halten war und kündigte an, daß bereits ein Brief an den Kanzler[24] der Hochschule mit einer genauen Schilderung seiner Nazi-Karriere unterwegs sei. Nach dem Eintreffen dieser enthüllungsbedingten Selbstanzeige fuhr der Rektor ins Ministerium, um die weitere Strategie zu beraten; man einigte sich auf das Verfassen obiger *„Stellungnahme zur Personalsache Hans Schwerte"*.

So jedenfalls lautete die offizielle Version, die der Rektor anläßlich seiner Wiederwahl kundtat. Peinlicherweise stand diese ausgerechnet für den 28. April an – dem Tag, an dem sein Amtsvorgänger in den Niederlanden und der BRD für Schlagzeilen sorgte.

Die Umstände der Rektorwahl skandalös zu nennen, wäre wohl noch verharmlosend. Zunächst hatte Habetha seine *„persönliche Betroffenheit"* [25] so routiniert zum Ausdruck gebracht, wie von einem Amtsträger seines Ranges gemeinhin erwartet wird. Sodann klagte er tief erschüttert, daß das Ansehen seiner Anstalt nun wohl *„als geschädigt angesehen werden"* müsse, womit er den Grund seiner Betroffenheit wohl recht ehrlich benannte. Eine *„zentral gesteuerte"* Verschwörung gegen die Hochschule und Deutschland witternd, ging er nun in die Offensive und stellte die Enthüllung in einen Zusammenhang mit dem bevorstehenden 8. Mai und dem geplanten 125jährigen Anstaltsjubiläum. Die Enthüllung wurde so, noch vor ihrer Ausstrahlung im niederländischen Fernsehen, zum antideutschen Störmanöver, und die Hochschule erschien als Opfer *„aggressiver Fragen"*. Nicht Schneiders NS-Karriere war der Skandal, sondern ihr Öffentlichwerden. Die Frage, welche Rolle die Hochschule in diesem Skandal gespielt hatte, blieb tabu. Kategorisch forderte der Rektor, nun keine weiteren Fragen mehr zu stellen und seine Erklärungen nicht zu diskutieren. Das für die Rektorwahl zuständige Gremium aus VertreterInnen der ProfessorInnenschaft, sonstigen MitarbeiterInnen und studentischem Fußvolk gehorchte: *„Der Konvent widerspricht nicht"*, heißt es im Protokoll. *„Herr Dücker* [der Vorsitzende] *dankt dem Rektor für seine Ausführungen und hebt besonders dankbar die dargelegte Haltung von Rektor und Rektorat in der Handhabung der delikaten Angelegenheit*

---

[24] Der Kanzler ist für das Wissenschaftsministerium Verwaltungschef an der Hochschule und als solcher Mitglied des Rektorats.

[25] Die Zitate sind dem Protokoll der Konventsitzung vom 28.4.95 entnommen.

hervor. Sodann leitet Herr Dücker zur Tagesordnung der Konventsitzung über." Lediglich ein einzelner Student durchbrach das Schweigen. Er hatte von unserem Anruf in Hildesheim gehört, der 'Schwertes' Nichtexistenz gezeigt hatte, und brachte dies zur Sprache. Der Rektor antwortete kurz und ausweichend, auch das Rektorat habe dort angefragt, doch sei lediglich *„ein Schreiben mit Datenschutzbemerkungen zurückgekommen, das keinen brauchbaren Hinweis in dieser Sache selbst enthalten habe"*, und der Konventsvorsitzende forderte gehorsam, *„diesen Komplex aus dem Fragenkatalog herauszuhalten, da er nicht im unmittelbaren Zusammenhang mit der Rektorwahl steht"*. Erneut blieb die Schweigepflicht unwidersprochen. Entsetzt berichtete unser Freund von diesem Geschehen.

Die Professorenschaft zeigte sich nicht minder 'betroffen' als der Chef. Doch welchen Professor – es waren nur Professor*en* – die Presse an diesem Tag auch fragte: Sie fand niemanden, der nicht bereits seit Wochen oder Monaten von den 'Gerüchten' um 'Schwerte' wußte. *„Doch ich hielt sie für infame Unterstellungen"*[26], beteuerte etwa der einflußreiche Geschichtsprofessor Maximilian Kerner. Einigkeit bestand darin, in 'Schwerte' einen raffinierten Einzeltäter zu sehen, der *„mit uns allen ein falsches Spiel getrieben"* habe[27], wie es der beliebte Germanistikprofessor und 'Schwerte'-Nachfolger Buck stellvertretend für viele ausdrückte. Ein Einzeltäter? Ein falsches Spiel? Betroffenheit? Nichts gewußt, wie immer in Deutschland? Es war anders, wir wußten es ja.

Schon nach den ersten Radiomeldungen hatte die *Aachener Volkszeitung (AVZ)* mit 'Schwerte' telefoniert. Bereitwillig präsentierte dieser eine absurde Mischung aus Halbwahrheiten, Ausflüchten und Lügen. Der SS-Hauptsturmführer setzte sich als Antifaschist und Nazi-Opfer in Szene. Es war ekelhaft. Er kokettierte mit Zugeständnissen, spielte mit dem Unwissen der JournalistInnen. Er behauptete, im Jahr 1933 *„kurze Zeit beim Sozialistischen Studentenbund"* gewesen zu sein[28], vergaß jedoch zu erwähnen, daß mit dem sozialistischen ein *national*sozialistischer Bund gemeint war (was jedoch auch wir erst nachträglich erfuhren). Anschließend, so spann er die Legende fort,

---

[26] Aachener Nachrichten (AN) 28.4.95.

[27] ebd.

[28] AVZ, 28.4.95.

„floh" der vermeintliche Linke „sozusagen in den Arbeitsdienst". Kein Wort von seiner zeitweiligen Mitgliedschaft in der Schlägertruppe SA. „1935 promovierte ich und schrieb sehr viel. Worauf mir die Gauleitung Berufsverbot androhte. Durch Zufall begegnete ich einem SS-Mann, der von einem Gedicht von mir begeistert war. Was heute kaum jemand weiß: Die SS haßte damals die Braunen. Dieser Mann nahm mich zum Schutz vor dem drohenden Verbot 1938 in die SS auf." Eine der schlimmsten NS-Gliederungen als Hort für verfolgte Intellektuelle! Selbstverständlich war Schneiders Arbeit im SS-Verein Ahnenerbe dann auch „eine richtige germanische Spielwiese, wenn ich das so sagen darf. Von der Prähistorie über das Mittelalter bis zur Gegenwart wurde das germanische Element gestärkt. [...] Aber es ging natürlich auch um Siedlungsfragen, um diesen Blödsinn Volk ohne Raum oder so." Zumindest dies war neu, verbarg sich doch hinter den „Siedlungsfragen" der Nazis alles andere als harmloser Blödsinn, nämlich ein bevölkerungspolitisches Umsiedlungs-, Vertreibungs- und Vernichtungsprojekt gigantischen Ausmaßes. Der Interviewer hakte nicht nach, ließ sich jedoch von 'Schwerte' versichern, er habe von Menschenversuchen des Ahnenerbes „keine Ahnung" gehabt und auch sonst „keinen Menschen getötet". Den Namenswechsel – warum dann eigentlich? – schilderte 'Schwerte' in Anekdotenform, wies auf die mögliche Arbeitslosigkeit im Falle einer Selbstenttarnung während der Generalamnestie für untergetauchte Nazis in den 50er Jahren hin und lobte die Treue seiner MitwisserInnen. Ja, sicher waren „meine Frau, einige Freunde und meine Kinder" eingeweiht. Wer waren diese „Freunde"? Welche Rolle haben sie gespielt, vor und nach 1945? Der Reporter stellte die Fragen nicht, und 'Schwerte' hätte sie wohl kaum beantwortet. Statt dessen kam er von selbst noch einmal auf das Thema zurück und erklärte: „Ich wußte nur, ich wollte raus aus dieser unseligen NS-Zeit. Da habe ich einem Freund per Handschlag gesagt, daß so etwas nie wieder passieren darf und das deutsche Volk einen radikalen neuen Anfang machen muß. Daran habe ich ja auch mitgewirkt." Der Namenswechsel als antifaschistische Aktion eines verfolgten Sozialisten, der in der inneren Emigration der SS überwintert hatte...

Ein Opfer wollte 'Schwerte' bis heute geblieben sein, von „anonymen Anrufen" belästigt und „durch das dreiste Auftreten eines niederländischen Fernsehteams [...] zwei Stunden lang durch Dauerklingeln an der Haustür und Anrufe terrorisiert." Und überhaupt: „Ich hatte mich gerade etwas hingelegt. Das Herz meldet sich bei der ganzen Aufregung."

So absurd, so an den Haaren herbeigezogen, so unverschämt diese Version war – wir wußten zu wenig, um die Lücken finden, die Lügen aufzeigen zu können.

Fürs erste half uns unser Freund Gerd, ein Geschichtsstudent im Fachschaftskollektiv, über unsere Unwissenheit hinweg. Er hatte nächtelang über einer Seminararbeit zur NS-Besatzungspolitik in den Niederlanden gesessen, hatte die zentrale Machtposition der SS im besetzten Land herausgearbeitet und hatte auch dem Ahnenerbe ein Kapitel gewidmet, welches er allerdings aus Platzgründen hatte entfernen müssen, nun jedoch wieder aus seinem Computer hervorkramte. Selbstverständlich hatte er auch das 1974 vom Historiker Michael Kater verfaßte Standardwerk über das Ahnenerbe[29] gelesen – das Buch, das auch 'Schwerte' in seiner 'Selbstanzeige' als Literaturtip anführte.

Gerd referierte: Mit Hilfe ihrer seriös angehauchten *Lehr- und Forschungsgemeinschaft Das Ahnenerbe e.V.* habe die SS systematisch versucht, den kulturellen und wissenschaftlichen Bereich zu unterwandern und zu beherrschen. Der Verein unter Himmlers Präsidentschaft gab jedoch nicht nur eine Reihe mehr oder weniger ernstzunehmender wissenschaftlicher Zeitschriften heraus und gründete zahllose 'Forschungsstätten' für so aufregende Themen wie *„Volkserzählung, Märchen und Sagenkunde"*, *„Hausmarken und Sippenzeichen"*, *„Wurtenforschung"*[30] oder *„germanisches Bauwesen"*. Das Ahnenerbe fungierte auch als Spitzelorganisation im Kultur- und Wissenschaftsbereich. Es ließ Bücher durch den SD[31], den berüchtigten *Sicherheitsdienst* der SS, verbieten, setzte WissenschaftlerInnen unter Druck oder korrumpierte sie mit Führungsrängen der SS. Ein Großteil seiner Tätigkeit, so unterstrich Gerd, beschränkte sich allerdings auf den

---

[29] Michael H. Kater: Das „Ahnenerbe" der SS 1935 – 1945. Ein Beitrag zur Kulturpolitik des Dritten Reiches.- Hrsg. vom Institut für Zeitgeschichte. Stuttgart 1974.

[30] Wurten (Warften) sind künstliche Siedlungshügel zum Schutz vor Hochwasser.

[31] Ursprünglich Nachrichtendienst gegen abweichende Strömungen in der NSDAP. Ab 1936 war der SD offizieller Nachrichtendienst des Deutschen Reiches unter Leitung von Reinhard Heydrich. Im Reichssicherheitshauptamt (RSHA) war der SD seit 1939 zusätzlich mit Geheimer Staatspolizei (Gestapo) und Polizei zusammengeschlossen. Dem SD unterstanden beispielsweise auch 'Einsatzgruppen', die Massenerschießungen in den östlichen besetzten Gebieten durchführten.

Kleinkrieg gegen konkurrierende NS-Organisationen, die, wie etwa das *Amt Rosenberg*[32], ebenfalls einen Hegemonialanspruch auf das Geistesleben anmeldeten.

Mit dem deutschen Überfall auf die Niederlande und andere aus SS-Sicht 'germanische' Länder änderte sich die Rolle des Ahnenerbes. Das Ziel der SS war die Schaffung eines 'germanischen Reiches', einer Art nationalsozialistischen Kerneuropas, das die deutsche Herrschaft über einen vereinigten europäischen Machtblock gewährleisten sollte. Selbstverständlich sollten auch die Niederlande in dieses germanische Reich eingefügt werden. Die niederländische National Socialistische Beweging (NSB), die unter ihrem Führer Mussert ein eigenes groß-niederländisches Reich anstrebte, wurde von der SS zurückgedrängt, die das besetzte Land systematisch unter ihre Kontrolle brachte. Hierzu gehörte neben dem Aufbau einer niederländischen SS und der Rekrutierung von Freiwilligen für 'germanische' Waffen-SS-Divisionen auch die Unterwanderung des kulturellen und wissenschaftlichen Lebens. Letzteres besorgte das Ahnenerbe, als dessen Koordinator für die Niederlande Hans Ernst Schneider wenige Monate nach dem 'Westfeldzug' nach Den Haag versetzt wurde. Er arbeitete offenbar derart effektiv, daß er zwei Jahre später mit einer eigenen Abteilung, dem 'Germanischen Wissenschaftseinsatz' mit noblem Dienstsitz in Berlin belohnt wurde. Schneider setzte von hier aus seine Arbeit fort, allerdings nun für alle besetzten 'germanischen Randländer', wie es im offiziellen SS-Jargon hieß.

Schneider als strategisch und politisch arbeitender SS-Funktionär – das widersprach seiner Selbstdarstellung, als politisch Verfolgter lediglich ein paar Jahre auf einer germanentümelnden Spielwiese gehockt zu haben. Doch wie relevant war er tatsächlich? Wie war sein 'Germanischer Wissenschaftseinsatz' einzuschätzen und welche Bedeutung hatte das Ahnenerbe wirklich? Gerd zog, den Experten Kater zusammenfassend, eine nüchterne Bilanz. Was das Ahnenerbe betrifft, so sei es im Machtgerangel mit der Konkurrenz aufgerieben worden und habe selbst in der SS um seine Anerkennung fürchten müssen. Ähnlich müsse auch der Germanische Wissenschaftseinsatz bewertet werden. Und in Schneider könne mensch allenfalls einen mittelpräch-

---

[32] Alfred Rosenberg, 1946 in Nürnberg hingerichtet, war u.a. ab 1934 *„Beauftragter des Führers für die Überwachung der gesamten geistigen und weltanschaulichen Schulung und Erziehung der NSDAP".*

tigen SS-Funktionär sehen, der gewiß mehr Einfluß hatte, als er der Lokalzeitung gesagt hatte; politisch relevant sei er jedoch ebenso sicher nicht gewesen. Gerade für die letzte Phase vor Kriegsende zeige Kater klar, daß auch Schneider in taktischen Grabenkämpfen stecken geblieben sei und seine Beziehungen zur Ahnenerbe-Führung immer mehr eingebüßt habe. Kater habe gründlich gearbeitet, führe zahllose Dokumente an, auch in bezug auf seine Einschätzung Schneiders. Eine bessere Forschung zu diesem Thema gebe es nicht.

Sicher, das dürfte stimmen. Und doch: Warum verwies 'Schwerte' ausgerechnet auf dieses Buch, während er zur gleichen Zeit seine Vergangenheit durch haarsträubende Interviewäußerungen vernebelte? Das paßte nicht zusammen. Vielleicht stand auch in Katers Buch nicht alles, spekulierten wir, ohne es selbst wirklich zu glauben. Und überhaupt, wir hatten anderes zu tun, als dem Ahnenerbe hinterher zu forschen. Wir mußten erst einmal Klarheit in das Chaos allein dieses Tages bringen.

Ständig kamen neue Fakten über Schneiders NS-Vergangenheit auf den Tisch.[33] Zum einen war dies seine Verstrickung in die Beschaffung von Gerätschaften für die Dachauer Menschenversuche des SS-Arztes Rascher. Im Rahmen der 'wehrwissenschaftlichen Zweckforschung' des Ahnenerbes hatte dieser für die Luftwaffe Unterkühlungs- und Überdruck-Versuche an KZ-InsassInnen durchgeführt. Der Tod der Testpersonen gehörte zum Versuchsplan, denn es ging um die Erforschung der Überlebenschancen in 20 Kilometern Höhe und bei simulierten Sturzflügen. Dokumente belegten, daß Schneider sich im Frühjahr 1942 für eine Weiterführung der Experimente einsetzte, als Raschers Abkommandierung nach Dachau offiziell auslief. *„Er würde das auf seine Kappe nehmen"*, hatte Schneider einem unteren SS-Chargen telefonisch mitgeteilt. Eine Mordanklage schien in greifbare Nähe zu rücken: *„Dr. Schneider war viel zu dicht an den Geschehnissen dran, um nichts von den medizinischen Experimenten in Dachau gewußt zu haben. Diese Versuche aber waren eiskalter Mord"*, erklärte ein Sprecher der zuständigen Staatsanwaltschaft in Ludwigsburg. Andere Dokumente legten auch eine Verstrickung in die Skelettsammlung des Straßburger Ahnenerbe-Mediziners Prof. August Hirt nahe, der die Schädel ermordeter russischer Gefangener dazu benutzt hatte, die

---

[33] Für diesen Abschnitt vgl. AN, 29.4.95; AVZ, 29.4.95 und 13.5.95.

Schädelformen *„dieses charakteristischen Untermenschentums"* zu studieren. Bereits 1967 hatte die Ludwigsburger Zentralstelle für die Verfolgung nationalsozialistischer Gewaltverbrechen in diesem Zusammenhang auch gegen Schneider ermittelt – ergebnislos, galt er doch als verschollen. Auch tauchten Belege für seine Tätigkeit im *Persönlichen Stab des Reichsführers-SS*[34] Heinrich Himmler und Beziehungen zum SD in Den Haag auf. Die Frage wurde gestellt, ob und wenn ja, wie weit er in die Judendeportationen verstrickt war, deren Durchführung seiner übergeordneten Dienststelle, dem 'Höheren SS- und Polizeiführer in den besetzten Niederlanden'[35], oblag. Weitere Berichte betrafen seine Mitwirkung an antisemitischer Hetze und an der Plünderung der Bibliothek des Schriftstellers Lion Feuchtwanger in Salzburg. Selbst Schneiders Zeitung *Die Weltliteratur* erfuhr eine verspätete Kurzrezension. Offenbar entstammten viele dieser Neuigkeiten der *Brandpunt*-Sendung, die wir in all dem Chaos schlicht und einfach verpaßt hatten. Auf jede dieser Enthüllungen reagierte die Hochschule allenfalls mit neuen Ausflüchten, die von Mal zu Mal absurder erschienen.

Nestbeschmutzung

Wir sehen manches anders – eine große Koalition geht auf Distanz – Alex fühlt sich fehl am Platze.

Noch an diesem Tag der ersten Zeitungsberichte trafen wir uns in der Fachschaft. In den ersten Reaktionen der Hochschulleitung und einzelner Professoren in der Presse zeichnete sich schon ab, daß die Hochschule vor allem Schadensbegrenzung im Sinn hatte. Die Strategie war zunächst, die getäuschten Opfer zu mimen und gleichzeitig in vermuteten NestbeschmutzerInnen die wahren Schuldigen zu suchen. Wir fürchteten, es könnte gelingen, so das ganze Ausmaß des Skandals doch noch recht schnell unter den Teppich zu kehren, obwohl in

---

34 Aus dem Adjutanten-Stab Himmlers gebildetes Hauptamt der SS, das die wichtigsten Verbindungsleute zu den Himmler unterstellten Organisationen, den übrigen Parteigliederungen sowie den staatlichen Stellen umfaßte. Der Persönliche Stab bildete damit die Zentrale der SS. Darüber hinaus umfaßte er mehrere andere SS-Organe, die nicht in den Bereich eines anderen Hauptamtes paßten. Hierzu gehörte auch das Amt Ahnenerbe.

35 Der höchste Vertreter Himmlers in den Niederlanden, vgl. S. 73.

einem Artikel der *Aachener Volkszeitung* zumindest über die Merkwürdigkeiten im Berufungsverfahren Komparatistik berichtet wurde.

Wir wollten einfach mal versuchen, in einem Flugblatt unsere Sicht der Dinge, trotz aller noch offenen Fragen, darzustellen. Etwas mulmig hatten wir uns entschlossen, erst einmal die Hollywood-Variante 'Guter Ami, böse Deutsche' anzunehmen. Daß die Betroffenheit, die die Professoren nun zur Schau stellten, geheuchelt war, wußten wir schließlich. Ein über die Einsicht, daß Wirklichkeit und Filmschnulzen selten kompatibel sind, hinausgehendes Argument gegen Richards hatten wir noch nicht gehört. Und was macht es schließlich, die eigenen Fragen laut zu stellen, wenn mensch noch keine Antworten hat? Besser als nichts, war die einhellige Meinung. Es war wenig Aufwand und den Versuch wert. So kamen wir ein wenig halbherzig zu einem – in der Wirkung brillanten – Flugblatt:

„In bezug auf die Darstellung des Falls 'Schneider' in der Presse und durch die offiziellen Hochschulorgane bzw. persönliche Äußerungen einiger Professoren stellen wir erhebliche Gegensätze zu unserem eigenen Erleben während der letzten Monate fest.

Da wir sehr wohl von den Gerüchten um den ehemaligen Rektor und Professor an unserer Fakultät wußten, sie auch angemessen ernst genommen haben, jedoch in unseren Nachforschungen noch nicht weit genug waren, um eine Veröffentlichung verantworten zu können, wollen wir auch jetzt nicht so tun, als könnten wir neue Erkenntnisse über H. E. Schneider liefern. Vielmehr möchten wir auf die Situation an der Hochschule eingehen, seit wir von der Sache erfahren haben und diesbezüglich einige Fragen stellen.

Das Gerücht, ein ehemaliger Rektor der TH habe eine noch nicht veröffentlichte SS-Vergangenheit, kam an unsere Ohren im Rahmen des Berufungsverfahrens im Fach Komparatistik im August 1994. In einem Gespräch äußerte der damalige Prodekan Prof. Debus[36], er werde mit der Geschichte über die Vergangenheit eines Rektors erpreßt, der während Ministerpräsident Raus Amtszeit als Wissenschaftsminister Rektor war und das letztlich auch die Position Raus gefährde. Diese Informationen wurden auch an den Aachener Abgeordneten Karl Schultheis weitergegeben, am 28.2.95 folgte ein Brief der Fachschaft Philosophie an das Wissenschaftsministerium in Düsseldorf. Unsere Informationsarbeit

---

[36] Zum Beginn des Wintersemesters 1994/95 übernahm Prof. Debus das Amt des Dekans. Sein neuer Prodekan (Stellvertreter) wurde Prof. Michelsen.

wurde von allen Seiten als störend empfunden. Das wurde uns oft genug mehr als deutlich gemacht.

Die eigenen Recherchen erwiesen sich trotz der nicht gerade förderlichen Stimmung an der Hochschule als nicht so schwierig, wie Rektor Habetha die seinigen darstellt. So reichte zum Beispiel ein Anruf beim Standesamt der Stadt Hildesheim aus, um festzustellen, daß dort weder am 3.10.1910 noch im gesamten Jahrgang 1910 ein Hans Schwerte geboren wurde. Die schriftliche Bestätigung dieser Aussage wurde uns zugesagt.

Uns bleiben hier noch einige Fragen offen, vor allem auch in bezug auf die ausstehende Berufung Prof. Richards' an den Lehrstuhl Komparatistik. Ob und wenn ja wer durch wen erpreßt werden sollte, können wir nicht sagen. Tatsache scheint jedoch, daß sowohl die Professoren in der Berufungskommission (insbesondere Prof. Debus, Prof. Stetter, Prof. Jäger, Prof. Kerner)[37] als auch Prof. Dyserinck von mindestens den Gerüchten wußten und deren Wahrheitsgehalt bestimmt besser beurteilen konnten als wir. Tatsache scheint auch zu sein, daß diese Gerüchte dazu benutzt werden sollten, die Berufung des amerikanischen Prof. Richards zu verhindern. Es stellt sich für uns so dar, daß in der Berufungskommission gefürchtet wurde, Prof. Richards, der schon die NS-Vergangenheit des Romanisten Prof. Jauß aufgedeckt hat[38], könne sich auch der Biographie Schwertes annehmen.

Daß solche Vermutungen 'Befürchtungen' sind, die die Berufung von Herrn Richards gefährden und nicht vielmehr dazu führen, daß die Chance der Aufklärung durch einen kompetenten Wissenschaftler begrüßt und genutzt wird, ist für uns der eigentliche Skandal.

Wir denken, daß die Selbstanzeige Schneiders und die Recherchen des niederländischen Fernsehteams nicht losgelöst von den aktuellen Vorgängen an der TH zu sehen sind, sondern vielmehr als Flucht nach vorn, zur Schadensbegrenzung. Gerade in den letzten Wochen wurde von allen möglichen Seiten heftig recherchiert. Es war klar, daß die Sache so oder so

---

[37] Die hier Genannten wurden ausgewählt, weil sie zentrale Funktionen in der Fakultät innehatten. Debus war ja davon ausgegangen, alle Anwesenden im Fachbereichsrat hätten Bescheid gewußt. Wir beschränkten uns vorsichtshalber auf die Nennung einiger Funktionsträger. Versehentlich wurden sie als Mitglieder der Berufungskommission bezeichnet, waren aber Mitglieder verschiedener Gremien, wie wir in späteren Veröffentlichungen korrigierten.

[38] Wie wir später feststellten, sind wir mit dieser Formulierung ein wenig übers Ziel hinaus geschossen. Richards hatte die NS-Vergangenheit von Jauß keineswegs enthüllt, sondern lediglich öffentlich auf bereits bekannte Fakten hingewiesen.

bald ans Licht kommen würde. Die Selbstanzeige war für die Hochschule die eleganteste Lösung.

So haben sich also in aller Kürze die Geschehnisse um Schwerte alias Schneider in den letzten Monaten dargestellt. Wir haben hier nach bestem Wissen und Gewissen zusammengetragen, was wir mitbekommen haben, weil uns an der Aufklärung dieser Dinge gelegen ist. Es ist uns bewußt, daß wir vieles von dem, was wir hier sagen, im Zweifelsfall nicht werden beweisen können und doch wollen wir die Öffentlichkeit damit konfrontieren, damit geklärt werden kann, was wahr ist, und ausgeräumt, was gelogen ist.

Auf jeden Fall wollen wir all jenen unsere Verachtung ausdrücken, die vorgaben, mit uns im Geiste der Freiheit und Humanität zu forschen und einen Teil unseres Lebensweges in diesem Sinne zu begleiten und in Wahrheit vielleicht über Jahre hinweg den SS-Mann Schneider deckten. Wir wollen jetzt wissen:

- *Wer an der Hochschule wußte oder ahnte etwas von Schwertes Vergangenheit und seit wann?*
- *Warum wurde geschwiegen?*
- *Warum wurde seitens des Rektorats und des Wissenschaftsministeriums nicht energischer nachgeforscht? Die Ausführungen Prof. Habethas hierzu halten wir für fadenscheinig. Demzufolge können wir über die nun vielfach ausgedrückte Bestürzung nur müde lächeln.*
- *Wie konnte es H. E. Schneider gelingen, in die Position des Rektors der RWTH Aachen zu kommen?*
- *Wer war ihm bei dieser Hochschulkarriere behilflich?*
- *Wie kann es sein, daß einige Studenten und Studentinnen der Fachschaft in wenigen Tagen mehr über Schneider herausfinden konnten, als Prof. Habetha seit August 1994 bzw. die Hochschule seit 1967?*
- *Stimmt es, daß Prof. Dyserinck seit 1967 von den Gerüchten wußte? Warum ist er erst jetzt – wie wir vermuten, mit den niederländischen Journalisten – an die Öffentlichkeit gegangen?*

Für diejenigen unter uns, die Germanistik studieren, ist die Möglichkeit, am Germanistischen Institut der TH mit ruhigem Gewissen z.B. deutsch-jüdische Literaturgeschichte oder den Faust zu studieren, endgültig genommen.

Wir fordern jetzt die lückenlose Aufklärung all dieser Fragen sowie nötigenfalls personelle Konsequenzen an der TH. Wer von dieser Sache wußte und nichts oder wenig zu ihrer Aufklärung getan hat, hat in einem öffentlichen Amt nichts zu suchen!"

Wir hatten angenommen, unsere Publikation würde der Presse, wie so oft, keine Zeile wert sein und die Professoren würden, wenn überhaupt, mit dem üblichen herablassenden Achselzucken reagieren. Weit gefehlt. Diesmal muß der Stachel wohl tief unter die Haut gegangen sein.

Die Lokalblätter druckten das Flugblatt am Montag, dem 1. Mai, weitgehend im Wortlaut. Noch am selben Tag kam der aufgeregte Prof. Stetter in die Fachschaft, der wegen des Skandals seinen Korea-Aufenthalt unterbrochen hatte. Er war erbost, daß er die Vorwürfe gegen ihn erst aus der Presse erfahren habe. Wir mußten ihm Recht geben, denn wir hatten versäumt, die Flugblätter rechtzeitig auch an die darin genannten Professoren zu schicken. Ziemlich sauer zog Stetter wieder ab.

Prof. Stetter und Prof. Jäger, die beide in unserem Flugblatt genannt waren, sind Germanisten und gelten, wie ehemals 'Schwerte', als 'Linke'. Das heißt an der Hochschule meist SPD-nah und hat mit dem, was wir mit 'links' meinen, nicht viel zu tun. Doch immerhin können sich Studierende erinnern, daß Prof. Jäger nach dem Mordanschlag von Solingen nicht einfach kommentarlos seine Vorlesung abgehalten hat, was unseres Wissens eine Ausnahme war. Um so interessanter war die Entwicklung des Verhaltens der beiden in der folgenden Zeit.

Für Dienstag war eine Vollversammlung der Studierenden der Germanistik angesetzt, die sich mit dem Fall Schneider befassen sollte. Für uns waren Studierendenvollversammlungen immer selbstverständlich ohne professorale Beteiligung abgehalten worden, nicht zuletzt, um das repressionsfreie Reden für alle Studierenden zu gewährleisten. Als wir, wie meistens ein bißchen zu spät, mit drei VertreterInnen in der Versammlung ankamen, überraschte uns die Anwesenheit der Herren Professoren nicht wenig. Wir wurden von unseren StudienkollegInnen belehrt, die Versammlung habe soeben eine Erklärung beschlossen, in der sie sich von der Fachschaft distanziere. Die anwesenden Studierenden fanden unseren Angriff gegen die Professoren ungerechtfertigt. Sie hatten die Professoren im Studienalltag nicht als rechte Socken erlebt, von denen mensch erwarten würde, daß sie Altnazis deckten. Wir konnten unsererseits nicht verstehen, daß sie uns, als KollegInnen, nicht dennoch einen Vertrauensvorschuß gewährten, der zumindest vor der Distanzierung zu einem Gespräch mit uns geführt hätte. Nun sahen wir uns also recht unerwartet einer Art Tribunal gegenüber, in dem die Professoren als Staatsanwälte und die StudentInnen als RichterInnen die NestbeschmutzerInnen aburteilten. In seinem ausführlichen Plädoyer nahm Prof. Jäger unser Flugblatt sprachlich auseinander, mokierte sich über einzelne Formulierungen und hielt sich natürlich lange an dem dummen Fehler auf, daß wir geschrieben hatten, die genannten Professoren seien Mitglieder der Berufungskommission und nicht verschiedener Gremien des Fachbereichs. Zuvor, so erfuhren wir, hatte er sich schon in einer Vorlesung über den Bericht in den *Aachener Nachrichten* ausgelassen, in dessen Überschrift es hieß: *„'Mitwisser' geraten jetzt unter Druck"*. Die Anführungszeichen legten tatsächlich nahe, daß das Wort 'Mitwisser' wörtlich aus unserem Flugblatt zitiert wäre. Das ging dem Herrn Jäger entschieden zu weit. Er drohte der Fachschaft mit einer Verleumdungsklage und versuchte dann auf der Vollversammlung, uns die namentliche Verantwortung für das Flugblatt abzuringen.

Wir wehrten uns nach Kräften. Wir hatten schließlich geschrieben, daß wir unser ganz persönliches Erleben darstellen wollten, da wir der offiziellen Version nicht trauen könnten und Licht in die Sache bringen wollten. Und wenn sich zum Beispiel herausstellen sollte, daß, wie nun allseits gemunkelt wurde, Dyserinck mit seinem Wissen um 'Schwerte' erpresserisch Einfluß auf die Berufung nehmen wollte, wäre das dann nicht verachtenswert? Jäger und Stetter schwiegen eine kurze Weile. Diese Version, die in diesen Tagen auch in der Presse forciert wurde, wäre, nachdem nun einmal so viel ausgeplaudert war, keine schlechte Lösung für die Hochschule und die ins Gerede gekommenen Professoren gewesen. Der ohnehin als Querulant verschriene und zudem emeritierte Prof. Dyserinck gab nun wirklich den perfekten Sündenbock ab, und hätte ihn die öffentliche Meinung erst abgeurteilt, dürfte sich das Problem Richards damit wohl auch gelöst haben. Allein auf dieses Pferd wollten die Herren jedoch nicht setzen. Vielleicht durch die gegen uns aufgebrachte Stimmung der Studierenden ermutigt, legten die beiden den Grundstein zu einer Hetzkampagne, die später nicht geahnte Blüten treiben sollte. Im Nachhinein kann mensch über diese seltene Dokumentation professoraler Hilflosigkeit schmunzeln, doch in der Situation selbst ist uns die Geschichte schon ziemlich auf den Magen geschlagen. Jäger warf uns nämlich vor, wir hätten unser Papier erst geschrieben, nachdem schon alles in der Zeitung gestanden habe, und folgerte daraus messerscharf, unser Anruf in Hildesheim sei nur ausgedacht.

Später erfuhren wir, daß diese Meisterdetektive nichts besseres zu tun hatten, als – mit ihren Mitarbeiterinnen als Zeuginnen – in Hildesheim anzurufen und nachzufragen, ob sich dort Aachener StudentInnen nach Hans Schwerte erkundigt hatten. Als dieses verneint wurde, wähnten sie uns in der Falle und sich aus dem Schneider. Stetter rief in der Fachschaft an, berichtete seinen Fahndungserfolg – mußte sich aber von uns aufklären lassen, daß wir, was immer auch in Hildesheim behauptet würde, dort am 11. April angerufen und die veröffentlichte Auskunft erhalten hätten. Am nächsten Tag lasen wir in den *Aachener Nachrichten (AN)*, wir hätten eben diese Aussage zurückgenommen. Der daraufhin zur Rede gestellte Journalist versicherte uns, so habe Stetter es ihm berichtet. Dieser verteidigte sich dennoch, mensch habe ihn falsch zitiert. Er habe nicht, wie in der Zeitung stand, behauptet, „die Studierenden", sondern lediglich „ein Student" habe das Dementi abgegeben. Es habe sich dabei um Herrn Goldstein gehandelt, den er persönlich kenne. Dieser eine Student hatte, wie bereits gesagt, durchaus im Namen des Kollektivs gesprochen aber nichts dementiert. Und Goldstein hieß er übrigens auch nicht.

Einigen von uns kamen Zweifel, ob – wenn überhaupt eine Hochschule – die RWTH der richtige Platz für uns sei. Für einen Teil von uns bedeutet StudentIn zu sein zunächst einmal, einen Status zu haben, der Freiräume eröffnet, die wir mit einem selbstbestimmteren Leben füllen können, als beispielsweise in einem klassischen Lohnabhängigenverhältnis. Doch gehen wir mit unserer Einschreibung auch den Kompromiß ein, für diese Freiräume Teil einer widerlichen, elitären Institution zu werden, und geben ihr damit auch noch die Möglichkeit, gerade dadurch, daß sie uns in ihren Reihen duldet, auf tolerant zu machen. Für uns alle roch dieser Kompromiß seit Mai 95 noch etwas fauler als sonst, doch die persönlichen Konsequenzen daraus waren verschieden. Einigen war sofort klar, daß sie in Aachen zumindest nicht mehr Germanistik studieren wollten. Das hatte weniger mit Schneider persönlich zu tun, als vielmehr mit aktuellen Widersprüchen, aus denen sich wenig Motivation ergab, mit diesen Professoren und Studierenden weiter zu lernen und zu diskutieren. Uns war zum Beispiel noch eine Vorlesung im Kopf, in der es um die Rezeption Nietzsches im nationalsozialistischen Deutschland ging. In der Diskussion mit einem ganz offensichtlich für Nietzsche eingenommenen Studenten vertrat Prof. Breuer die Auffassung, daß SchriftstellerInnen auch eine Verantwortung für die Wirkung ihrer

Literatur hätten.[39] Später wurde Prof. Breuer in der französischen Zeitung *Le Point* zitiert: „*Es stimmt, es gab seit langer Zeit Gerüchte über eine braune Vergangenheit Schwertes. Aber diese gesamte Germanistengeneration hatte mehr oder weniger eine braune Vergangenheit. Das reichte nicht, sie zu verdammen.*"[40] Diese Auffassung ließ sich wohl kaum mit der kritischen Haltung zum Fall Nietzsche vereinbaren.

Andererseits schien einigen von uns die Reaktion, das gesamte Germanistische Institut mit Blick auf Schneider zu meiden, zu weitgehend. In der Hektik dieser turbulenten Tage voller Versammlungen und Presserummel blieb uns wenig Zeit, über diese Probleme ausführlich zu reden, doch lassen sie sich am Schluß unseres zweiten Flugblatts zum Fall Schneider gut nachvollziehen: „*Ist unser Wissenschaftsbild nun erschüttert? In unserem ersten Flugblatt war von Konsequenzen für das Studium die Rede. Andere von uns vertreten die Ansicht, daß der Fall Schneider für uns die Wissenschaft nicht mehr als bisher in Frage stellt. Niemals können wir sicher sein, daß diejenigen, die gute Gedanken (Bücher) veröffentlichen, auch demgemäß leben, dies gilt insbesondere für die Veröffentlichungen aus der Zeit 'Schwertes'. Doch verändern sich Bücher nicht einfach durch die aktuellen Enthüllungen. In der Literaturwissenschaft bleibt uns die Pflicht, Schwertes Publikationen nun, 'mit anderen Augen', kritisch zu lesen. Unser Bild der Wissenschaftsverwaltung hingegen hat eine tiefe Erschütterung erfahren.*"

Über die Wissenschaft und ihre VerwalterInnen sollten wir noch einiges Erschütterndes erfahren.

Konferenz

Ein treuer Freund bricht das Schweigen – er weiß, daß er weiß – Fortsetzung folgt – Tina wartet noch.

Am 4. Mai, einen Tag nach der Germanistik-Vollversammlung, fand um neun Uhr eine öffentliche Konferenz des Germanistischen Institutes statt. Bereits um 8.45 Uhr platzte der Hörsaal, der etwa 150 Personen faßt, aus allen Nähten: Neben den Professoren und Insti-

---

[39] Konkret ging es hier um den alten Streit, ob Nietzsches Schriften den Nationalsozialismus vorweggenommen haben, also Gedanken enthalten, die wir heute faschistisch nennen würden, oder ob Nietzsche (zu Unrecht) durch die Nazis vereinnahmt wurde.

[40] Le Point vom 17.6.95.

tutsmitarbeiterInnen waren auch PressevertreterInnen und zahlreiche StudentInnen, auch aus anderen Fakultäten, anwesend. Nur Dekan Debus und selbstverständlich die Hochschulleitung glänzten durch Abwesenheit.

Die Redeleitung übernahm Prof. Stetter in seiner Eigenschaft als geschäftsführender Direktor des Germanistischen Instituts. Zu Beginn regnete es Erklärungen der einzelnen Professoren, in denen sie mitteilten, sie seien von 'Schwerte' getäuscht worden, sie hätten die Gerüchte zwar gehört, aber dem „ehrenwerten Kollegen" eine solche Vergangenheit nicht zugetraut, und andere Rechtfertigungsfloskeln. Stetter war mit der Redeleitung eindeutig überfordert oder aber hatte sich vorgenommen, einen entsetzlich schlechten Moderator abzugeben – jedenfalls kamen lange Zeit nur Professoren und andere DozentInnen zu Wort. Für konkrete Fragen danach, wer wann was gewußt habe, blieb zunächst wenig Raum. Oft 'übersah' Stetter diejenigen, von denen er unangenehme Fragen befürchtete. Die Fragen, die gestellt wurden, sammelte er erst einmal, so daß immer fünf Fragen nacheinander beantwortet wurden, die Antworten aber meist kurz und unbefriedigend ausfielen. Die Versammlung schien sich recht bald darauf einigen zu wollen, daß sie, die armen Betrogenen, nun die gespaltene Psychologie Schwerteschneiders vor allem unter ästhetischen Gesichtspunkten und nach allen Regeln der Kunst wissenschaftlich analysieren wollten. Grundlage ihrer Analyse war 'Schwertes' Habilitationsschrift mit dem Titel *Faust und das Faustische*, in der er sich als einer der ersten kritisch damit auseinandergesetzt haben sollte, welche ideologischen Inhalte mit welchen Mitteln in der Literatur transportiert werden. Dieses 'ideologiekritische Werk' werteten sie als Beweis seiner Läuterung. Das ändere nichts an ihrer Absicht, mit ihrem alten Kollegen zu brechen. Sein Fehler sei vor allem in der Verheimlichung seiner Vergangenheit zu sehen.

Wir hielten dagegen, nicht die Entdeckung, daß es in der Nazizeit Nazis gegeben habe, sei der Skandal, sondern wie hier und heute damit umgegangen würde. Wenn es den Versuch einer Erpressung gegeben hätte, sei es für uns nicht einsichtig, wie völlig unbelastete Personen mit der Vergangenheit eines anderen erpreßbar wären. Menschen mit reinem Gewissen könnten ohne Not einen Erpressungsversuch öffentlich machen. Die Gerüchte hätten schnell aufgeklärt werden können. Die rückhaltlose Offenlegung ihrer Verstrickungen in den Nationalsozialismus, einhergehend mit einem klaren Bekenntnis zur

Parteinahme für die Opfer, sollte einer fortschrittlichen Hochschule nicht zur Schande gereichen. Daß so etwas nicht möglich war, bis heute nicht möglich ist, lag nicht an Versuchen äußerer Einflußnahme, sondern an den herrschenden Strukturen und der TäterInnen rehabilitierenden Gesinnung innerhalb der Hochschule. In diesem Zusammenhang sind auch die stümperhaften 'Recherchen' der Hochschulleitung zu sehen.

Die Herren Professoren hörten das nicht gerne. Wir konnten uns einen Spaß daraus machen, den ziemlich wütenden Prof. Jäger als Politbarometer zu benutzen. Wenn er sich aufgeregt Luft zufächelte, lagen wir politisch richtig, aber noch nicht konkret bei den Aachener Problemen. Je röter sein Gesicht wurde, desto näher kamen wir diesen. Wenn er aufsprang und uns wütend ansah, hatten wir einen wunden Punkt gefunden. Dann galt es, das vielleicht nur nebenbei Geäußerte gut zu behalten, denn die Aufregung deuteten wir als einen Hinweis, in welche Richtung wir weiter fragen mußten.

Auch wenn wir diejenigen waren, die ihre Kritik am schärfsten formulierten, so waren wir doch nicht die einzigen, die unbequeme Fragen stellten. Nach der Erfahrung vom Vortag waren wir darauf vorbereitet gewesen, daß die Mehrheit den Beteuerungen der Professoren glauben und uns Vorwürfe machen würde. Wir hatten uns daher besser auf diese Veranstaltung vorbereitet. Doch zu unserer großen Überraschung war die Stimmung inzwischen zumindest so weit umgeschlagen, daß auch andere das Verhalten der Hochschule kritisierten und unsere Forderungen nach Aufklärung der Strukturen, die es 'Schwerte' ermöglicht hatten, als angeblich Linksliberaler in Aachen Fuß zu fassen, unterstützten. Nach dem Frust über die Germanistik-Vollversammlung gab uns die Stimmung in dieser Veranstaltung wieder neuen Schwung und Anlaß zum Optimismus.

Das war jedoch nicht die einzige Überraschung, die diese Konferenz für uns bereithielt: Prof. Beck hatte die Einigkeit unter den anwesenden DozentInnen gebrochen, da er sich noch immer klar zu seinem Freund und Kollegen 'Schwerte' bekannte. Seines Wissens habe Schneider nur ein bißchen sehr germanische Germanistik gemacht, und erst, wenn man ihm, Beck, nachweisen würde, daß Schneider mit den Menschenversuchen des Ahnenerbes zu tun gehabt habe, würde er ihn fallenlassen. Jäger protestierte. Die Mitgliedschaft in der SS wäre doch wohl schlimm genug.

Was für eine Meinung habe denn Beck von seinem eigenen Fach, wenn er es für völlig losgelöst von der Gesellschaft, in der es betrieben wird, ansähe. Arbeiten, wie die Schneiders, seien die ideologische Grundlage für die millionenfache Vernichtung menschlichen Lebens gewesen, ergänzten wir. Prof. Beck, sichtlich nervös, sah sich in die Ecke gedrängt. Gegen 10.45 Uhr platzte ihm der Kragen. Seine KollegInnen nannte er „Heuchler" und gab zu, bereits seit mehreren Jahren genaues Wissen um die Vergangenheit 'Schwertes' zu besitzen und nicht nur Gerüchte zu kennen. Außerdem gehe er davon aus, daß auch die übrigen Angehörigen des Germanistischen Instituts über gleichartiges Wissen verfügt hätten.

Im Hörsaal brach ein heftiger Tumult aus. Nun drohten die Fragen tatsächlich unangenehm zu werden. Verständlicherweise sorgte es für ziemlichen Ärger, als Stetter um elf Uhr die Diskussion auf ihrem Höhepunkt abbrechen wollte, mit der Begründung, der Raumantrag sei nur bis elf Uhr gestellt worden, jetzt werde der Hörsaal anderweitig benötigt. Merkwürdig nur, daß augenscheinlich niemand den Raum betreten wollte. Auch auf den Kompromißvorschlag, doch wenigstens so lange weiterzumachen, bis wirklich jemand den Raum für andere Zwecke nutzen wolle, ließ der Herr Redeleiter sich nicht

Germanistisches Institut der RWTH
Prof. Dr. Christian Stetter
Geschäftsführender Direktor

Institutsversammlung

Die für den 11. 5. vorgesehene Institutsversammlung wird nicht durchgeführt.

Wir - die Professoren des Instituts - halten eine Fortsetzung der Diskussion des Falles Schwerte/Schneider mit den Studierenden für erforderlich. Dies im Rahmen einer Institutsversammlung zu tun setzt u. E. jedoch eine hinreichende rechtliche Klärung der in diesen Fall involvierten Straftatbestände voraus.

Aachen, den 5. 5. 1995   (Prof. Dr. Christian Stetter)

ein. Gegen den allgemeinen Protest brach er kurz nach elf Uhr die Diskussion ab und erklärte, es werde in der folgenden Woche eine Fortsetzungsveranstaltung geben. Mit diesem Versprechen ließen sich die aufgebrachten Menschen mißmutig vertrösten, doch hätten sie Stetter besser nicht geglaubt: Bereits einen Tag später ließ er im Institut Aushänge anbringen, auf denen mitgeteilt wurde, eine weitere Diskussion, zumindest eine öffentliche, werde erst nach Klärung der juristischen Straftatbestände stattfinden. Diese Folgeveranstaltung hat es bis heute nicht gegeben.

Obwohl Prof. Beck sicherlich mehr Gründe als Stetter gehabt hätte, sich einer weiteren Diskussion zu entziehen, antwortete er in einem sechsseitigen Papier auf eine der Fragen aus unserem ersten Flugblatt:

„Warum ich im Fall Schwerte nichts gesagt habe

Nachdem hierfür eine Erklärung zu geben mehrfach die Aufforderung an mich herangetragen worden ist, nachdem zumal die AN (9. Mai) darüber schrieb, einer meiner Kollegen habe öffentlich, wenn auch 'ohne Becks Namen zu nennen', insinuiert[41], daß ich mit meinem Schweigen womöglich eine Straftat begangen hätte, für die der Staatsanwalt zuständig wäre, erkläre ich hiermit offen und in einem offenen Brief die Gründe für meine Handlungsweise.

Zuvor: Ich sehe nicht, warum ich meine über zweijährige Kenntnis vom Identitätswechsel des Herrn Schneider/Schwerte ex post[42] zur 'Kunde vager Gerüchte' o.ä. herunterstufen sollte, da ich doch den Beweis selbst nicht vor Augen gehabt hätte.

Wissen definiert sich für mich durch eine Information (Kenntnis eines Sachverhalts), bei dem ausreichend Gründe vorliegen, ihn für wahr zu halten, wobei es gleichgültig ist, ob der Informationsträger offiziell beglaubigt ist (denn auch dies machte für mich eine Information nicht eo ipso[43] zu einer glaubwürdigen) oder nicht. Auch ein Gerücht kann glaubwürdig sein oder nicht.

Mein Wissen habe ich weder von Herrn Schwerte selbst (den ich seit 1972 kenne) noch von einem Herrn aus der Komparatistik, vielmehr von einigen von mir geschätzten Kollegen, an deren Versicherung, daß die

---

[41] durchblicken lassen.

[42] im Nachhinein.

[43] von selbst.

'Gerüchte' leider gut begründet seien, ich keine Zweifel zu hegen Anlaß hatte. Jeder Kollege mag es mit Erklärungen nach außen halten, wie er es verantworten will – ich meinerseits werde von meiner 'Mitwisserschaft' hier so wenig wie im Fall Schwerte Gebrauch machen, wenigstens nicht den, daß ich die Namen derer nennte, die meiner ziemlich sicheren Einschätzung nach dem Gerücht um Schwerte/Schneiders SS-Vergangenheit und Identitätswechsel (wie ich) Glauben schenkten. Hinweise über von Schneider begangene Verbrechen habe ich nicht bekommen – ich kam zu der Auffassung, daß hier niemand etwas Konkretes wußte, und so steht es offenbar noch heute. Im anderen Fall hätte ich damals (d.h. schon vor über 2 Jahren) wohl Anzeige erstattet.

Nicht recht erfindlich bleibt mir, wie jemand – bei zugestandener Kenntnis aber absolutem Nichtglauben – die Verbreitung so ungeheuerlicher 'Gerüchte' hat so untätig geschehen lassen können, da es sich doch um einen so überaus geschätzten Kollegen handelte, der hier in infamster Weise verleumdet worden wäre. Und ich gestehe, daß es mir schwerfällt, den Gedanken von mir fernzuhalten, man habe Schwerte vielleicht doch schon nicht mehr so ganz des Schutzes durch ein persönliches Eintreten für wert gehalten. Jedoch – es steht mir nicht an, hier Vermutungen über andere zu äußern – ich habe ja allein mich zu verteidigen, denn auf mich zeigen die Finger einer moralischen, wo nicht gar schon juristischen Anklage.

Der erste Grund, warum ich von meiner Kenntnis nichts weitergab, war also die gegenüber meinen Informanten zugesagte Verschwiegenheit. Er war der schwächste der Gründe, denn ich hätte, wie bereits angedeutet, mich auch an ein gegebenes Ehrenwort nicht gebunden gefühlt, hätte ich Kenntnis oder auch nur begründeten Verdacht gehabt, daß es sich bei Sch. um einen 'SS-Schergen' oder 'Verbrecher' handeln könne, wie das heute einigen so leicht über die Lippen kommt, als wüßten sie tatsächlich mehr.

Ich habe vom relativ hohem Dienstrang Schneiders in der SS gewußt – nichts über dessen Teilnahme oder direkte Verwicklung in Handlungen, die über das hinausgingen, was freilich schon die Mitgliedschaft in der Organisation des Verbrechens bedeutete. Unkenntnis der Ausrottung der Juden in Europa kann Sch. nicht glaubwürdig für sich beanspruchen – hat er m. W. auch nicht. Wissen oder wissentliche Vor- oder Mitarbeit an Menschenversuchen in den KZs, wie sie ihm zur Last gelegt werden, leugnet Schwerte – mag sich jeder darüber sein Urteil bilden, entscheidend ist allein ein staatsanwaltschaftliches Ermittlungsergebnis.

Niemand kann die möglichst vollständige und schonungslose Aufklärung aller Vorwürfe mehr wünschen als einer, der sich mit Hans

Schwerte verbunden fühlte und noch immer fühlt - wie ich. Ich gestehe, daß ich zwar mit Zuversicht, aber auch mit Zittern den Untersuchungsergebnissen entgegensehe. Noch immer kann ich Schwerte, so wie ich ihn fast 25 Jahre gekannt habe, eines Verbrechens nicht für fähig halten. Und - man gestatte mir einmal dies: - sehe ich auf die Menschennatur mit ihren Undurchsichtigkeiten und Abgründen - so müßte ich wohl sogar sagen: Selbst wenn er persönlich teilgehabt haben sollte an den Untaten der Organisation, der er angehörte, so hätte er doch mit seinem 'zweiten' Leben ein mir kaum mehr verhofftes Beispiel für die Verbesserlichkeit menschlicher Natur gegeben - angesichts so vieler Unverbesserlichkeit, die ich kennengelernt habe. Dafür geniere ich mich nicht zu sagen: dafür schulde ich Hans Schwerte Dank, nicht Schelte.

[...] Nun bleibt aber doch: Schneider/Schwerte hat sich nach dem Krieg schäbig aus der Verantwortung gezogen. Auch wenn ich statt 'schäbig' allenfalls 'feige' - oder richtiger: 'in allzu menschlicher Sorge um sein Eigenes' sagen würde, so bleibt immerhin zumindest der Vorwurf der Täuschung.

Jedoch - wissen wir nicht mehr, daß in den meisten Ländern Europas nach dem Zusammenbruch der NS-Herrschaft Zehntausende, schuldig oder nicht, ohne normale Gerichtsverfahren gelyncht oder hingerichtet wurden (vom Osten nicht zu reden: für Frankreich allein wurden Zahlen um 30.000 genannt)? Und hat es nicht sogar völlig Unschuldige getroffen, die mit der SS zu tun hatten (wie Raoul Wallenberg) oder sogar ranghohe Mitglieder waren (wie Gerstein)?

Wer wirft hier den ersten Stein, wenn einer, gerecht oder ungerecht, seine Haut zu retten, floh, sich unsichtbar machte?

Dennoch: Schwerte hätte ja spätestens dann 1956 seine alte Identität straflos wieder zurück haben können! - Er hätte nicht uns alle weiterhin hinters Licht führen müssen.

Das ist sicher nicht zu leugnen. Wie aber, wenn er, jetzt mit seiner ganzen Kraft für ein besseres wirken wollend, in Forschung und Lehre eine wichtigere Aufgabe für sich gesehen haben sollte als - sagen wir: - als Bibliotheksangestellter? Wie energisch und vielfältig sein Einsatz für den Neubeginn in Deutschland, für eine neue humane und demokratische Kultur gewesen ist, und wie schließlich auch erfolgreich, das wurde ihm noch kurz vor dem 'Crucifige!'[44] mit vielen 'Hosiannahs' allenthalben bestätigt. - Und nun habe das alles keinen Wert mehr? Ein Mensch, der

---

[44] „Kreuzigt ihn!"

einmal gesündigt hat, soll sich nun wenigstens nicht mehr aufspielen (gut!), soll sich gefälligst klein machen (?), soll sich selbst bezichtigen, auch wenn ihm das in der Möglichkeit, außer Bekenntnissen noch etwas Wichtiges, Praktisches zu leisten sehr einschränkt? Vielleicht. Das wäre jedenfalls ein schönes Beispiel für Gesinnungsethik contra Verantwortungsethik – nur: wo sonst noch bekennen wir uns dazu?

Was bleibt, wäre die Naivität Schwertes, an die Fortführbarkeit seiner Dissimulation[45] zu glauben. Aber war's wirklich so naiv? Wär's ihm nicht um ein Haar – oder sage ich besser: um die Mesquinität[46] einer inneruniversitären Intrige? – doch gelungen? [...]

Allerdings: Schwerte hat uns alle hinters Licht geführt – aber Schmach und Schande trifft – wenn, dann doch den Betrüger, nicht die Betrogenen. Nicht also die Landesregierung, die Niederländer oder Belgier; und nicht die so lange Zeit getäuschten Hochschulen sind in ihrer Glaubwürdigkeit erschüttert. (Wo kämen wir da hin??)

Und nicht die Glaubwürdigkeit unserer Forschung oder Lehre, wenn sie denn ehrlich betrieben wurde und wird, sehe ich erschüttert, wie das auch schon von vielen eilfertig (sogar im eigenen Kreise!) behauptet wird. Unser Ansehen mag von einer Presse, der es zuweilen ja schon unterlaufen ist, daß es ihr weniger um Erkenntnis und Wahrheitsfindung, als um Vermarktung von Sensationen geht, als ramponiert ausgegeben werden. Ich jedenfalls sehe keinen Grund für ein schlechtes Gewissen.

Ich habe geschwiegen, weil ich einen zu erwartenden, aber m.E. ungerechtfertigten Ansehensverlust unseres Landes und der Hochschule und übrigen Institutionen nicht wollte. Und ich unterstelle dieses nicht unehrenhafte Motiv auch einem Teil der übrigen 'Mitwisser'.

Jedenfalls dominierte dieses Motiv vor dem Wunsch, um einer halbjahrhundertjährigen, heute wenig Nutzen mehr versprechenden Wahrheit willen, auf einem 86-jährigen Greis herumzutrampeln, um am Fall eines wohl der letzten überlebenden Untergetauchten der Öffentlichkeit noch einmal ein Exempel für die Echtheit unserer moralischen Läuterung zu demonstrieren.

Doch hier sei kein Mißverständnis: Wir können stolz darauf sein, daß unsere Studenten sich über den SS-Mann so einhellig empören. Indes: den Menschen Schwerte kennen sie nun alle nicht mehr, und nicht mehr das, was er, der heute seine Schuld und Mitverantwortung nicht leugnet, nach

---

45 Verheimlichung, Verstellung.
46 Armseligkeit.

1945 wo nicht gutgemacht, so doch Gutes gemacht hat. Und sie können nicht wissen, daß er am Ende daran, daß sie sich empören, einigen Anteil haben könnte, er, der wie wenige seine Studenten über die Gründe des Furchtbaren nachdenken lehrte.[...]"

Das war, nach all dem Toben der Professoren, endlich eine inhaltliche Stellungnahme. Mit dem geäußerten Inhalt freilich konnten wir uns nicht einverstanden erklären. Die Wahrheit schien für Beck kein Gut an sich, sondern mußte Nutzen bringen. Im vorliegenden Fall hätte sie dem Aufbau des neuen, 'demokratischen' Deutschlands im Wege gestanden und dessen Institutionen einen Ansehensverlust eingebracht, den Beck hatte vermeiden wollen. Schweigen als Aufbauhilfe, das war ja nicht originell, sondern im Nachkriegsdeutschland durchaus üblich.[47]

Am Ende erschien 'Schwerte' einmal mehr als moderner Demokrat, der erst die Grundlage unserer Empörung über den Fall Schneider geschaffen habe. Doch war es nicht vielmehr so, daß sich die Funktionäre des alten Regimes in den Ruinen Berlins per Handschlag darauf verständigt hatten, als Funktionäre des neuen Systems weiter zu arbeiten – eines effizienteren und flexibleren Systems, das auch deshalb KritikerInnen seiner Ideologie nicht massakrierte, um vor einem erneuten Zusammenbruch geschützt zu sein? Für dieses System hatte 'Schwerte' seine Ideologiekritik entwickelt. In diesem System erschien er als überragendes Vorbild und wir, die seinen Mythos in Frage stellten, als seine ErbInnen. Daß es hingegen immer Menschen gegeben hat, die sich gegen den Faschismus engagierten, weil sie statt mit abstrakten akdemischen Modellen sehr konkret, etwa mit dem ausgebrannten Flüchtlingsheim in ihrer Nachbarschaft, konfrontiert waren, kam in dieser Logik nicht vor. Ein Handeln außerhalb der Institutsmauern gab es nicht.

Presserummel

Die RWTH ist nicht die Mafia – langsam erinnern sie sich – Darius entdeckt Widersprüche.

Nach der Enthüllung fühlten wir uns irgendwie überrannt. Plötzlich war schon alles in den Medien erschienen, im Radio, in den Zeitungen, im Fernsehen. Aber war das wirklich alles? Nein, die heftigen Reaktio-

---

[47] Vgl. Seite 236, die Auseinandersetzungen um Hermann Lübbe.

nen auf unser erstes Flugblatt deuteten an, daß die Auseinandersetzung gerade erst begonnen hatte. Und so stand auf einmal das WDR-Fernsehen vor der Tür, fragte nach unseren Recherchen in Hildesheim und stellte dann in der *Aktuellen Stunde* sein Interview mit Alex und Thomas den Ausflüchten des Rektors und der Wissenschaftsministerin Anke Brunn entgegen. Nach einigen Wochen kam auch das ZDF-Länderjournal und bemühte den Umstand, daß 'Schwerte' nun das 1983 verliehene Bundesverdienstkreuz aberkannt wurde, als Aufhänger für einen völlig verspäteten Bericht, der aber doch immerhin zeigte, daß es noch ein Medieninteresse an dem Fall gab.

Wir wollten also irgendwie weitermachen, soviel war klar. Aber weiter als kleine stänkernde Minderheit mit den ProfessorInnen in nichtöffentlichen Gremien sitzen, machte wenig Sinn. Es war ja gerade diese Gremienstruktur, die es ermöglicht hatte, daß die Vergangenheit 'Schwertes' so lange nicht öffentlich wurde. Die Antwort konnte nur sein, die Öffentlichkeit umfassend zu informieren und einzubeziehen.

Wir verfaßten weitere Flugblätter, in denen wir unsere Fragen und Erkenntnisse dokumentierten. Außerdem veröffentlichten wir unsere Rechercheergebnisse im *Loch in der Zensur* und in unserer Fachschaftszeitung *philfalt*. Um noch eine breitere Öffentlichkeit zu erreichen, bezogen wir die etablierten Medien mit ein und versandten die Flugblätter als Pressemitteilungen. War es die Taktik der Hochschule, nur das Nötigste nach außen dringen zu lassen – etwa eine Darstellung der angeblichen Recherchen des Rektorats – so konnten wir ihnen genau wegen ihrer Schweigsamkeit einen Strich durch die Rechnung machen, denn so war die Presse zunächst auf unsere Darstellungen angewiesen und brachte sie um so ausführlicher.

Das funktionierte einigermaßen, obschon häufig entscheidende Aussagen sinnverfälschend wiedergegeben oder zensorisch abgeschwächt wurden. Noch im April 1996 wurde uns vorgeworfen, wir hätten im ersten Flugblatt Professoren als 'Mitwisser' diffamiert, obwohl die *Aachener Nachrichten* den Begriff in einer Überschrift hinzugesetzt hatten. Im nächsten Flugblatt hatten wir geschrieben, *„daß der Fall Schneider für uns die Wissenschaft nicht mehr als bisher in Frage stellt"*, aber *„unser Bild von der Wissenschaftsverwaltung* [...] *eine tiefe Erschütterung erfahren"* habe. Die *Aachener Volkszeitung* machte daraus: *„Unser Bild von der Wissenschaft hat eine tiefe Erschütterung erfah-*

ren". Wir mußten also unsere Formulierungen so wählen, daß möglichst keine Verdrehungen zu erwarten waren.

Es zeigte sich überdies, daß gerade die Lokalpresse nicht die uns wichtigsten Aussagen wörtlich zitierte, sondern die am pfiffigsten formulierten, z.b. die Überschrift *„Ist die RWTH aus dem Schneider?"* Die Konsequenz lag auf der Hand: Wir sorgten dafür, daß die für die Zeitungen attraktivsten Sätze auch die wichtigsten Inhalte transportierten. So griffen wir das SPD-Wahlkampfmotto *„Die Mafia in Europa zerschlagen"* in einem offenen Brief ans Ministerium auf. Den Satz *„Wie wollen Sie denn die Mafia in Europa zerschlagen, wenn Sie schon vor der RWTH kapitulieren?"* brachte die *AN* auf der ersten Lokalseite in der Reihe 'Auch das gibt's', wo Kurioses vorgestellt wird, was sicherlich viele LeserInnen findet. Die *AVZ* wählte immerhin die Überschrift *„Fachschaft spricht von Kapitulation"*.

Bei uns lief bald das Telefon heiß. Anscheinend hatte sich herumgesprochen, daß in der Fachschaft eine Gegenposition zu der der Hochschulleitung zu erfahren war – für spektakuläre Berichte natürlich unverzichtbar. So war es ausgerechnet das damals recht neue (und inzwischen wieder eingestellte) Magazin *Tango*, das dem *Stern* auf noch etwas niedrigerem Niveau zu konkurrieren versuchte, welches ständig bei uns anklingelte und brisante Informationen hören wollte. Als wir die Gier der Presse nach schnellebigen Skandälchen schon gründlich satt hatten, meldete sich ein Redakteur der *Zeit*, der im Gegensatz zu seinen KollegInnen keine Telefonbefragung durchführte, sondern lediglich vereinbarte, wann er sich mit uns treffen könne, wenn er aus Hamburg komme. Das schien die journalistische Alternative zu sein: Der Mann war schon gut informiert, konnte gezielte Fragen stellen. Sein Artikel zeigte uns dann später die 'intellektuelle' Aufarbeitung des Falles: literarische Verweise auf Max Frisch, berechtigte Verhöhnung der neuerlich brodelnden Aachener Gerüchteküche, Fragen an die Psychologie Schwertes, aber politisch ohne jedes Interesse. Es war gewiß der unterhaltsamste Beitrag, aber auch der überflüssigste. Und ist der Verweis auf Frisch wirklich origineller, nur weil er nicht so nahe liegt wie der Verweis auf Faust, 'Schwertes' Habilitationsthema, dem beispielsweise *Die Zeit TV* kalauernd entlehnte, Schneider habe *„seine Seele einmal dem Teufel verkauft"*?

Die Presse bekam aber auch eine wichtige Funktion darin, den Professoren Äußerungen abzuringen, die wir niemals erhalten hätten. Einige von ihnen fühlten sich zu Stellungnahmen veranlaßt, und die offiziellen Repräsentanten konnten Interviews kaum ausschlagen. Wir sammelten deshalb alle Artikel und filterten die neuen Informationen heraus. In einer umfassenden Chronologie verorteten wir alle Aussagen, die wir fanden, und zwar danach, wann sich etwas ereignet haben sollte, und danach, wann diese Information bekannt wurde. Schon bald bemerkten wir dabei, wie sich innerhalb der ersten Tage Aussagen veränderten. Hatten anfangs noch alle behauptet, erst kürzlich überhaupt von Gerüchten gehört zu haben, so fanden sich bald immer frühere Termine, zu denen 'Schwertes' Identitätswechsel bekannt gewesen ist – bei einzelnen Professoren, am Germanistischen Institut, bei der Hochschulleitung und im nordrhein-westfälischen Wissenschaftsministerium.

Bezeichnend sind auch die Hinweise auf die Bekanntschaft des Ministerpräsidenten und damaligen Wissenschaftsministers Rau mit Schwerte. Am 29.4.1995, also am zweiten Tag der Zeitungsberichte, hieß es in der *AVZ* unter der Überschrift „Johannes Rau kann es nicht fassen": *„NRW-Ministerpräsident Johannes Rau, zu Zeiten von Schwertes Rektorat Wissenschaftsminister, zeigte sich gestern tief enttäuscht: 'Ich kann es nicht fassen, wie man mit einer solch verdeckten Biographie leben kann.' Er habe Schwerte als einen 'liberalen und sehr engagierten Rektor' kennengelernt. Engere Beziehungen zu dem Wissenschaftler habe er nicht gepflegt, versicherte Rau. Er habe ihm lediglich zwei oder drei Briefe – 'beispielsweise zur Emeritierung' – geschrieben."*

Ein paar Seiten weiter hieß es auf der Schwerte-Sonderseite, 'Das Ministerium geht auf Distanz': *„Niemals sei Prof. Hans Schwerte Beauftragter des Wissenschaftsministeriums gewesen, ließ der heutige Ministerpräsident und ehemalige Wissenschaftsminister Johannes Rau gestern über seinen Sprecher Dr. Wolfgang Lieb eine entsprechende Meldung der RWTH dementieren. Der Rektor sei 'Beauftragter der Hochschulen eben für die Hochschulen in Nordrhein-Westfalen, den Niederlanden und Belgien' gewesen. Die Ernennungsurkunde habe ein Gruppenleiter unterschrieben. Die Berufung Schwertes sei noch unter Paul Mikat erfolgt. Lieb: 'In den Unterlagen des Wissenschaftsministeriums hat es nicht die geringsten Anzeichen für die Vergangenheit gegeben. In den Jahren, als Johannes Rau das Ministerium führte, gab es nicht die geringsten Anzeichen.'"*

Am 3.5.95 war dann ganz anderes zu lesen: *„ 'Wir sind vorgeführt worden'. Johannes Rau erinnert sich an Hans Schwerte: 'Beliebter Rektor'* [...] *Gestern morgen räumte er* [Rau] *gegenüber der AVZ-Chefredaktion in Düsseldorf ein, gar mit Schwerte einen Staatsbesuch bei der* *niederländischen Königin absolviert zu haben. In jenem Land, in dem der Altrektor einst SS-Uniform trug und für das er in den 70er Jahren von Rau als Berater zur Koordinierung der Hochschulaktivitäten Nordrhein-Westfalens, Belgiens und der Niederlande berufen wurde.*

Jetzt erinnert sich Rau: 'Er war der liberalste, bei den Studenten beliebteste Rektor.' Die ganze Sache sei so 'schrecklich, gerade weil es um die Niederlande geht'."

In der selben Ausgabe wurde auch 'Schwerte' über seine Kontakte zur Landesregierung befragt:

„[AVZ:] Haben Sie noch Kontakte zu NRW-Innenminister Schnoor? Früher waren Sie mit ihm als Hochschul-Staatssekretär im Wissenschaftsministerium doch oft zusammen in Urlaub.

Schwerte: Woher wissen Sie das denn? Nein, seitdem er Innenminister ist, besteht kein Kontakt mehr.

[AVZ:] Wie war ihr Verhältnis zu Rau?

Schwerte: Ein sehr gutes und sehr persönliches. Mir tun heute Rau und Schnoor wirklich leid. Sie müssen denken, daß ich ein richtiges Schwein war."

Ermittlungen

Indizien für den Versuch einer Erpressung – wer immer lügt, dem glaubt man gern – Frau Lengauer nennt sich jetzt Hase – Alex liest vor.

Endlich regte sich auch die Studierendenschaft. Die Linke Liste[48] hatte die ansprechbaren StudierendenvertreterInnen ins Ché-Haus[49] eingeladen. Eine Resolution wurde vorbereitet, die auf den für die nächste Woche anstehenden Vollversammlungen der Fachschaften verabschiedet werden sollte. Zudem einigten wir uns darauf, daß wir sie auch in der darauffolgenden Senatssitzung[50] vorlegen wollten. In unserer Fachschaft wurde dieser Text von der Vollversammlung beschlossen:

---

[48] Hochschulpolitische Gruppe an der RWTH.

[49] Das Ché-Haus heißt offiziell Alexander von Humboldt-Haus und ist das Clubhaus der ausländischen Studierenden der TH. Seit es im Mai 1968 von Studierenden besetzt wurde, heißt es Ché-Haus. Wir nutzen dieses Haus oft und gerne für unsere Treffen und Veranstaltungen.

[50] Der Senat ist das zentrale Gremium der Hochschule. Im Senat sind das Rektorat, die DekanInnen, VertreterInnen der ProfessorInnen, der wissen-

„Der Fall Schneider ist ein Fall RWTH Aachen
Die Person Schneider ist als Kriegsverbrecher ein Fall für die Justiz.
In Aachen gilt es jedoch ebenfalls, Konsequenzen zu ziehen.

Die Tatsache, daß Gerüchte über die dunkle Vergangenheit 'Schwertes' seit Jahrzehnten in Professorenkreisen kursieren, folgenlos kursieren!, ist ungeheuerlich. Und es steht zu befürchten, daß die obersten Spitzen der RWTH, bis hinein ins Rektorat, diese Gerüchte kannten, ihnen aber nicht nachgegangen sind.

Wir sind nicht bereit, im 50. Jahr der Befreiung vom Hitlerfaschismus, uns durch Verschweigen, Vertuschung oder gar Deckung von Nazi-Tätern mitschuldig zu machen. Wir wollen die deutsche Geschichte, die historische Einmaligkeit des Holocaust, nicht durch ein, zwei Seiten Anmerkungen zum Jubelheft '125 Jahre TH' bewältigen, genauer gesagt: übergehen.

Die lückenlose Aufdeckung des Falles 'Schneider/Schwerte', der auch ein 'Fall RWTH Aachen' ist, muß eine Selbstverständlichkeit für jede/n Demokraten/in sein.

Wir erklären:

Wer sich diesem Fall nicht stellt, sondern die Machenschaften Schneiders und die Verstrickung der RWTH unterschlägt, verhöhnt in unerträglicher Weise die Opfer des Faschismus, die auch ganz direkt Opfer unseres früheren Rektors sind.

Wir, die Studierendenvollversammlung des Fachbereichs Philosophie fordern, heute, am 9. Mai 1995:
* *Aussetzung der Vorbereitungen zu den 125-Jahr-Feierlichkeiten bis zur lückenlosen Aufklärung des Falles Schneider/RWTH Aachen*
* *Einsetzung einer unabhängigen, international besetzten Untersuchungskommission"*

Trotz der problemlosen Einigung auf diesen Text war es keine einfache oder gar harmonische Vollversammlung, was nach der Germanistik-Vollversammlung auch nicht zu erwarten war. Ganz deutlich war aber, daß die Stimmung in Teilen der Studierendenschaft nach der Institutskonferenz umgeschlagen war. Einigen hatte das Verhalten der dort anwesenden Professoren und anderer Lehrender deutlich gemacht, daß unsere Vorwürfe nicht so weit hergeholt waren, wie sie

---

schaftlichen MitarbeiterInnen, der nicht-wissenschaftlichen MitarbeiterInnen und der StudentInnen sowie die Frauenbeauftragte und der oder die AStA-Vorsitzende vertreten.

zunächst gedacht hatten. Prof. Becks 'Geständnis' mußte auch die letzten überzeugt haben. Unsere Richtigstellung des angeblichen Dementis, das Prof. Stetter über die *Aachener Nachrichten* verbreiten ließ, sprach auch nicht für dessen Glaubwürdigkeit, machte allerdings die Verwirrung bei der großen Masse der ziemlich schlecht informierten StudentInnen perfekt. So hagelte es die auf Vollversammlungen üblichen Vorwürfe: Wir würden zu wenig informieren, daher seien unsere Aktionen für die Studierenden nicht mehr nachvollziehbar. Aber auch, daß wir uns in unseren Flugblättern, vor allem in dem ersten, im Ton vergriffen hätten und so nicht mit den Professoren umgehen könnten. Uns nervt das Um-jeden-Preis-gute-Benehmen der aktuellen Studierendengene-ration schon länger. Nach den Aktionen von Jäger und Stetter war es kaum zum Aushalten, zumal die StudentInnen es nun zwar befürworteten, kritische Fragen zu stellen, davon habe mensch sich auch nie distanziert, aber doch nicht in diesem Ton. Wir fanden den Ton nicht vergriffen, sondern der Situation angemessen, und es schien uns nicht zuletzt Verdienst unserer Arbeit zu sein, daß Beck sich selbst und die KollegInnen so schwer belastet hatte.

Am folgenden Tag trat der Fachbereichsrat zusammen. Diese Sitzungen sind unterteilt in einen öffentlichen und einen nichtöffentlichen Teil, so daß sowohl der Schein der Demokratie als auch der notwendige Spielraum für Willküakte gewahrt bleiben. Der öffentliche Teil behandelte auch den Fall Schneider. Prof. Debus, der gerne von sich als 'der Dekan' spricht, sich von den Kollegen 'Spectabilis' nennen läßt, von denjenigen StudentInnen, die dumpf genug dafür sind, 'Spectabilität'[51], da 'Spectabilis' die vertrauliche Koseform dieser vergilbten Ehrbezeichnung zum Ausgleich mangelnder Persönlichkeit ist, jener Professor Debus also, ließ sich von den untertänigen Professoren zunächst einmal seine Unfehlbarkeit und deren Dankbarkeit bescheinigen. War es doch zu Zänkereien zwischen dem nordrheinwestfälischen Wissenschaftsministerium und der Hochschule, vor allem der Philosophischen Fakultät, gekommen. Wie zuvor unter den Professoren des Germanistischen Instituts war auch hier schnell das Bündnis des Schweigens gebröckelt: Da sich alle Parteien unangenehmen Fragen ausgesetzt gesehen hatten, versuchten sie durch Vorwürfe gegen die jeweils anderen, von sich selbst abzulenken. Das hatte

---

[51] 'Ansehnlichkeit', (veraltet) Anrede an den oder die DekanIn (Duden-Fremdwörterbuch).

zu peinlichen und äußerst widersprüchlichen Rechnereien geführt, wer nun wen wann offiziell oder inoffiziell informiert habe. Das Ministerium wollte um jeden Preis die Ministerin aus der Sache heraushalten, die Hochschule hatte auf beleidigt gemacht, da mensch das Ministerium zwar frühzeitig informiert habe, jedoch nicht ernstgenommen worden sei. Offensichtlich übersahen die Streithähne, daß beide Parteien im günstigsten Falle gute fünf Monate vor der Öffentlichmachung über sehr konkrete Hinweise verfügten und mit denselben, aus noch nicht geklärten Gründen, skandalös umgegangen waren.

Richtig in die Nesseln hatte sich aber Prof. Debus gesetzt. In einer Erklärung hatte er geschrieben, er erkenne *„Indizien für den Versuch einer Erpressung"*[52]. Wie es so seine Art ist, hatte er sich konkrete Erläuterungen gespart und ausreichend Raum für Spekulationen gelassen. Der Presse und den meisten Professoren und Studierenden war klar gewesen, daß Debus auf ein Telefongespräch zwischen Prof. Breuer[53] und Prof. Dyserinck angespielt hatte, in dem Dyserinck gesagt haben soll, es werde *„eine Bombe hochgehen"*, wenn der Senat, dessen Mitglied Breuer zu dem Zeitpunkt war, die Berufungsvorschläge für die Komparatistik wie vorgesehen verabschieden würde. Diese Bombe, so sollte interpretiert werden, sei die Enthüllung der Doppelidentität 'Schwertes'. Dyserinck sagte später, er könne sich nicht an den genauen Wortlaut des Gespräches erinnern, habe aber die Absicht gehabt, vor dem massiven Protest der Studierenden gegen die mögliche Senatsentscheidung zu warnen. Debus hatte in seiner Erklärung nahegelegt, Dyserinck habe die Absicht gehabt, die Erstplazierung von Professor Richards zu erzwingen: *„Seit dem Zeitpunkt der Beratung im Senat wurde von außerhalb der demokratisch legitimierten Hochschulgremien versucht, das Verfahren in seinem weiteren Ablauf zu behindern. Ziel der Behinderung war, die Berufung der Erstplazierten zu verhindern. Dies geschah vor dem Hintergrund der Tatsache, daß die Erstplazierte auf der Berufungsliste einen Ruf an eine andere Hochschule erhalten hatte und dem Ministerium somit nur begrenzte Zeit zur Verfügung stand, um eine Berufung der Erstplazierten nach Aachen umzusetzen. Die Behinderungen waren schließlich erfolgreich. Diese Tatsache ver-*

---

[52] Presseerklärung der Philosophischen Fakultät vom 2.5.1995.

[53] Hier ist der Geograph Prof. Helmut Breuer gemeint, nicht der oben angesprochene Germanist Prof. Dieter Breuer.

anlaßte den Fachbereichsrat zur Feststellung, daß das Vertrauen in das Berufungsverfahren völlig erschüttert sei, und zur Aufforderung an die Ministerin für Wissenschaft und Forschung, die Berufungsliste zur erneuten Beratung an die Fakultät zurückzugeben. Dies ist bislang nicht geschehen.

Die Fakultät fordert die vollständige Aufklärung aller Einflußnahmen, die das Ziel hatten und haben, das Berufungsverfahren in eine bestimmte Richtung zu beeinflussen. Als Dekan der Philosophischen Fakultät erkenne ich Indizien für den Versuch einer Erpressung."

Unter dieser schwammigen Formulierung konnte auch der Verdacht der Erpreßbarkeit der Ministerin verstanden werden, was heftigen Widerspruch aus Düsseldorf provozierte.

Gegenüber dem Fachbereichsrat erklärte der ob der Schelte aus dem Ministerium arg gebeutelte Prof. Debus, er habe das Mißverständnis klären können und sich auch belehren lassen, daß die Erpressung, für die er dennoch Indizien sehe, juristisch korrekt eine Nötigung sei. Erpressen kann mensch nur Geld, nicht aber ProfessorInnenstellen, konnten wir erfahren. So stand der Vorwurf weiterhin im Raum und war keinem und keiner der anwesenden Stimm- und Redeberechtigten eine Nachfrage wert – Herrn Dyserinck, wie wir später hörten, aber eine Anzeige gegen Prof. Debus.

Statt dessen wurde über die nun zu leistende Aufklärungsarbeit debattiert. Wer soll aufklären, was soll aufgeklärt werden, wie soll aufgeklärt werden? Weitestgehend war das Professorium sich einig: Am besten läßt mensch möglichst wenig nach außen dringen, also muß eine fakultätsinterne Kommission die Arbeit übernehmen. Und schwupps – da war sie auch schon, bestehend aus den Professoren König und Kuhlmann, die außer der offenbar grenzenlosen Loyalität gegenüber Fakultät und Hochschule der Umstand, erst seit kurzer Zeit Mitglieder des Aachener Klüngels zu sein, für diesen Job geradezu prädestinierte. „Für den historischen Sachverstand" erwägten die Herren, den historischen Kollegen Schwabe, wo nötig, zu Rate zu ziehen. Geforscht werden sollte nach den Details aus Schneiders Vergangenheit, allerdings nur nach jenen, die nichts juristisch Relevantes in sich bargen, denn das sei „eine Sache für Ludwigsburg"[54].

Zum Zwecke der Recherche wollte mensch das zu erforschende Objekt selbst befragen. Debus hatte ihm sogar schon einen Brief ge-

---

[54] Zentralstelle für die Verfolgung nationalsozialistischer Gewaltverbrechen.

schrieben, den er auch der Versammlung nicht ersparte. Die Anrede *„Sehr geehrter Herr Kollege Schwerte"* versuchte er, ohne um Erklärung gebeten worden zu sein, dadurch zu rechtfertigen, daß 'Schwerte' nun einmal viele Ehrungen, gar das Bundesverdienstkreuz erhalten habe. 'Schwerte' war nicht gerade durch besondere Offenheit in bezug auf seine Vergangenheit aufgefallen, doch das störte die Professoren offensichtlich nicht. Auch die SS-Mitgliedschaft schien kein Grund, auf Distanz zu gehen. ZeugInnenbefragung ist eine Methode der Wissenschaft, und wissenschaftlich und emotionslos sollte nun das erforscht werden, was die Standardliteratur der Hochschulbibliothek seit Jahrzehnten bereithält. Da half es nichts, daß sich die Professoren Böttcher und Hörning ein wenig flegelhaft ihrer 68er Zeit erinnerten und forderten, mensch müsse nun alle die Erstberufenen der in den 60ern gegründeten Philosophischen Fakultät mal unter die Lupe nehmen. Dazu stünden ja ausreichend Akten im Hochschularchiv, war die eher beiläufige Antwort. „Ja", lachte Böttcher, „wenn sie nicht verfeuert sind." Die Versammlung zog es vor, zur Tagesordnung zurückzukehren. Eine Peinlichkeit, die in der Öffentlichkeit diskutiert wurde, reichte aus. Kein Grund, die alte Geschichte mit dem Heizkraftwerk neben dem Archiv aufzurollen. Alles Gerüchte...

Darius verwies auf die Resolution der Studierendenschaft. Darin werde eine unabhängige und international besetzte Untersuchungskommission gefordert. Von dieser nicht gerade revolutionären, aber nichtsdestotrotz berechtigten Forderung waren Böttcher und Hörning so angetan, daß sie Gesichter machten, als würden sie einen lebenslangen Schluckauf davontragen. Es war nicht der letzte studentische Diskussionsbeitrag, der von einem oder mehreren Professoren als die eigene Idee verkauft wurde, meist wenn allein schon aus zeitlichen Gründen die Brisanz verflogen war.

Die studentische Resolution ging am 11.5. 95 in den Senat. Dort gab Rektor Habetha noch einmal seine Chronologie der Ereignisse zum Besten:

„Mai/Juni 1994: Der Rektor erfährt im Redaktionsausschuß des 125-Jahr-Bandes[55] von dem Gerücht, daß Altrektor Schwerte nicht Herr Schwerte sei.

Juni 1994: In der nächsten Sitzung des Redaktionsausschusses wird nachgetragen, daß der richtige Name von Schwerte Hans Schneider sein soll.

---

[55] Gemeint ist die Jubiläumsfestschrift der RWTH.

Juni 1994: Überlegungen im Redaktionsausschuß, wie mit dem unglaublichen Gerücht umzugehen sei. Es wird beschlossen, den Lebenslauf von Herrn Schwerte nachzuverfolgen. Außerdem herrschte die Meinung, daß ohne ein verbindendes Glied Nachforschungen über Hans Schneider nicht viel Sinn haben würden, während eine eventuelle falsche Identität auch am Namen Schwerte festzumachen sein müsse. Es können bestenfalls Vorermittlungen durchgeführt werden, da das Ministerium zuständig ist. Folgendes geschah:"...

Die angesprochenen 'Vorermittlungen' waren so haarsträubend, daß Studierenden im ersten Semester eine auf solchen Recherchen beruhende Seminararbeit um die Ohren gehauen worden wäre. Wo eine Nachfrage nach Schneider sinnvoll gewesen wäre, zum Beispiel im ehemaligen Berlin Document Center, erkundigte sich die Hochschule allein nach Hans Schwerte. In Hildesheim, wo es völlig unsinnig war, fragte sie jedoch nach Hans Schneider. Offensichtlich hatte mensch für den Fall des Falles Recherchen simuliert, jedoch nicht zu wirklichen Ergebnissen gelangen wollen.

Darüber hinaus gab das Rektorat nur die halbe Wahrheit an die Öffentlichkeit. So hatte zum Beispiel Professor Schwabe im Auftrag des Rektors bereits am 8.7.94 eine Anfrage ans Standesamt Hildesheim geschickt. Der Inhalt dieses Briefes wurde nie zitiert, die Antwort aus Hildesheim vom 21.7.94 soll jedoch gelautet haben, *„aufgrund der Bestimmungen des § 61 PStG"* dürfe man *„die gewünschte Auskunft nicht erteilen."* Da wir unsere Augen und Ohren überall haben, wissen wir jedoch inzwischen, daß dieser Brief aus Hildesheim eine bisher unterschlagene Passage enthält, in der es sinngemäß heißt, daß die Weitergabe personenbezogener Daten zwar nicht möglich sei, durchaus jedoch eine Auskunft über nicht existierende Personen, da für diese auch kein Datenschutz bestehe. Um uns selbst noch einmal zu versichern, schickten wir eine weitere Anfrage nach einer fiktiven Person nach Hildesheim. Prompt kam auch hier die erwartete Antwort: *„Ein Geburtseintrag Josef Karlemacher konnte unter dem angegebenen Datum hier nicht ermittelt werden."* – Doch weiter im Text des Rektors:

...„Überprüfung der Personalakte Schwerte durch den Rektor, später auch durch den Kanzler: Keinerlei Hinweise, die das Gerücht bestätigen könnten.

24.6.94: Anfrage betr. Hans Schwerte an das Bundesarchiv – Abteilung Potsdam (ehemaliges Berlin Document Center)

28.7.94: Antwort betr. Hans Schwerk
4.8.94: erneute Anfrage betr. Hans Schwerte
5.10.94: Antwort 'Eine Überprüfung der NSDAP-Mitgliederkartei hinsichtlich SCHWERTE verlief negativ.'"

Bereits zu diesem Zeitpunkt war für die Hochschule die Strategie, im Zweifel für den Angeklagten, verbieten wir also den NestbeschmutzerInnen das Maul, abgemachte Sache. Der Rektor berichtete: *„Es wird von der Unschuldsvermutung ausgegangen, solange keine Belege für das Gegenteil vorgelegt werden; die oben beschriebenen Ermittlungen sollen abgewartet werden; Herr Schwerte als alter angesehener Kollege soll nicht angesprochen werden; Professor Dyserinck soll einbestellt werden, weil sich dieser durch Äußerungen gegenüber einem Verwaltungsangehörigen als Verbreiter des Gerüchts gezeigt hatte. [...] Herr Dyserinck wird sehr deutlich aufgefordert, zu dem von ihm verbreiteten Gerücht Stellung zu nehmen und entweder Beweise vorzulegen oder sich zu entschuldigen, da er sonst mit dem Vorwurf der Verleumdung rechnen müsse."* [56]

Im weiteren Verlauf der Senatssitzung konnte ich den gesamten Text unserer Resolution vorlesen. Das ist nicht selbstverständlich, da das Rederecht nur in Ausnahmen und auf Antrag eines Senatsmitglieds an Nichtmitglieder vergeben wird. Der Senat verabschiedete im Anschluß selbst eine zumindest im Punkt 'Untersuchungskommission' ähnliche Senatsresolution, die auch nach Düsseldorf geschickt wurde. Dem aufgebrachten Ministerium ging das zu weit. Am 12. Mai fiel die Pressesprecherin Monika Lengauer per Fax über die Fakultät und die Hochschule her, wobei sie in ihrer Wut an mancher Stelle den Überblick verlor und zum Beispiel den Senat mit einer Ansammlung von GermanistInnen verwechselte. Doch um solche Feinheiten ging es auch gar nicht, vielmehr mußte die Polemik herhalten, damit trotz mangelnder Sachkenntnis auch auf dieser Seite kräftig gepoltert werden konnte. Wir wollen nicht behaupten, diese Strategie wäre uns fremd oder wir hielten sie gar für nicht legitim, sondern müssen zugeben, daß es uns schwer fiel, das Grinsen zu verkneifen, obwohl wir uns des Eindrucks nicht erwehren konnten, daß es in Düsseldorf durchaus beabsichtigt war, die Studierenden im Streit gegen die Hochschule zu instrumentalisieren. So hatte das Ministerium die bösen Worte ausdrücklich auch uns über den AStA zukommen lassen.

---

[56] Alle Zitate aus: Protokoll der Senatssitzung der RWTH vom 11.5.1995.

Ministerium für Wissenschaft und Forschung
des Landes Nordrhein-Westfalen

Leiterin des Pressereferats

Völklinger Straße 49
40221 Düsseldorf
Telefon
(0211) 896-4273/4

Datum
12. Mai 1995

Mein Name ist Hase, ich weiß von nix. Es ist wohl an der Zeit,
der Philosophischen Fakultät auch öffentlich zu sagen, daß ihre
Versuche, sich aus der Affäre zu ziehen, gelinde gesagt, nicht
ganz koscher sind, in jedem Fall aber unprofessionell.

— Einen Fehler zu machen, ist eine Sache. Fehler kann man korri-
gieren.

Einen Fehler zu machen – und die Verantwortung auf andere zu
schieben, ist eine unerwachsene Attitüde und der Wahrheit ver-
pflichteter Professoren unwürdig.

Die Hochschule hat Dinge zunächst behauptet und dann rasch wieder dementieren müssen – weil sie jeder Grundlage entbehrten und
das Gegenteil seitens des Ministeriums rasch zu belegen war:

1. Die Ministerin erfuhr von dem Gerücht Schwerteschneider am
    19. November 1994, keinen Tag früher. Das ist aktenkundig.

    Die Hochschule hat ihren Vorwurf zurückgenommen, sie habe
    die Ministerin bereits im Sommer informiert.

2. Dementieren mußte die Hochschule auch den nebulös formulier-
    ten Vorwurf der "Erpreßbarkeit" der Landesregierung. Auch
    diesen Versuch, Verantwortung "nach oben" abzuschieben,
    konnte sie nicht durchhalten.

Teletex 2114688emwfd · Telefax (0211) 896-4348
Öffentliche Verkehrsmittel: Rheinbahn Linien 709 · 719 bis Haltestelle Georg-Schnelhoff-Platz; S-Bahn S8 · S11 bis Haltestelle Völklinger Straße

60

Heute nun tritt die Hochschule, konkret: der Senat, großspurig
auf mit der "Aufforderung" an das Ministerium, "eine unabhängige, externe, international besetzte Kommission zur Untersuchung des Falles Schwerte/Schneider ... " einzusetzen. Aufforderung? Germanisten sollten wissen, daß eine Aufforderung appella-
tiv ist - ein Appell an die Ministerin ist gar nicht angebracht.
Denn auch dies weiß der ehrwürdige Senat: Die Ministerin hat am
8. Mai - also Montag dieser Woche - in Aachen öffentlich angekündigt, daß sie einen unabhängigen, externen Gutachter mit der
Aufarbeitung des Falles Schwerte/Philosophische Fakultät beauftragt. Dabei ist auch die Philosophische Fakultät Gegenstand der
Untersuchung.

Monika Lengauer

Trotz der Schelte gingen auf der nächsten Senatssitzung, vierzehn Tage später, die Beratungen um die Untersuchungskommission weiter. Wir hatten einen längeren Text verfaßt, der sich mit den Einzelheiten der uns vorschwebenden Kommission und deren Untersuchungsgegenständen auseinandersetzte: *„Für die Akzeptanz der Kommission ist die Transparenz ihrer Arbeit unabdingbar. Wir denken daher, daß sie sich im Zeitraum ihres Bestehens in regelmäßigen Abständen den Fragen der Öffentlichkeit stellen und den Stand der Untersuchungsergebnisse kundtun muß.[...]*

Es muß auch um die Frage seiner [d.h. Schneiders] *Kontakte zu anderen Personen des öffentlichen Lebens und an den Hochschulen gehen. H.E. Schneider war vor 45 kein unbekannter Mann, Hans Schwerte war es nach 45 auch nicht. Es ist unmöglich, daß er nicht von einigen erkannt wurde. Hier stellt sich die Frage nach Seilschaften und Kontinuitäten in der unmittelbaren Nachkriegszeit und deren Auswirkungen bis heute.[...] Der 'Fall Schneider' zeigt, daß 50 Jahre nach der Befreiung vom Nationalsozialismus noch kein Weg gefunden wurde, mit der Erfahrung des Holocaust umzugehen, vielleicht keiner gefunden werden kann. Die Wunden, die er gerissen hat, können nicht heilen. Von den unmittelbaren Tätern und Täterinnen und den überlebenden Opfern werden bald nicht mehr viele am Leben sein.*

Die Verantwortung, die aus dem Wissen um das Geschehene erwächst, darf nicht mit ihnen sterben. Wir wollen uns dieser Verantwortung stellen.[...]

In diesem Sinne verstehen wir die Arbeit der einzusetzenden Kommission und in diesem Sinne wollen wir diese Arbeit unterstützen."

So viel vorweg: Diese ministerielle Kommission wurde tatsächlich eingesetzt. Sie arbeitete für uns und die Öffentlichkeit im Verborgenen, allein in den politischen und wissenschaftlichen Strukturen, die unter anderem ihr Untersuchungsgegenstand hätten sein sollen. Obwohl, wie wir später hörten, unsere Recherche und deren Ergebnisse dort sehr wohl zur Kenntnis genommen wurden, hat sich nie einer der Herren die Mühe gemacht, mit uns Schmuddelkindern Kontakt aufzunehmen.

Unsere Forderungen, an eine ganz anders geartete Kommission, waren sehr moderat formuliert, denn uns war es in dieser Situation wichtig, so weit wir noch Möglichkeiten sahen, auf diese Entscheidungen Einfluß zu nehmen. In den Medien nahm das Interesse rapide ab, innerhalb der Fakultät hatte mensch sich darauf geeinigt, den Fall

Schneider auf ein bißchen Wissenschaftsgeschichte zu reduzieren, die in den nächsten Semestern in Ruhe und Frieden bearbeitet werden sollte. Die Hochschulleitung hatte ihr Soll erfüllt, indem der Senat 'Schwerte' die vor 4 Jahren verliehene Ehrensenatorwürde aberkannte, und bereitete sich nun auf ein ungetrübtes Jubiläum vor. Die meisten Studierenden konnten die Aufregung „um einen alten Mann" von Anfang an nicht nachvollziehen. Das Klima war also wie geschaffen dafür, nun alle kritischen Nachfragen im allgemeinen Gedenkfeiertrubel untergehen zulassen. Denn es war 1995 und es war Mai.

SOMMERSEMESTER

Königliches Selbstgespräch

Wasserwerfer gegen Rechts – das Gedächtnis hat ein Ende –
Thomas referiert Scheinheiligkeiten.

Zwischen all diesen Ereignissen lag der Jahrestag der Zerschlagung des
NS-Regimes. Wir merkten es am gehäuften Auftreten faschistischer
Propaganda. Überall in der Stadt – und wieder einmal auf unseren
Fenstern – fanden wir Aufkleber der 'Jungen Nationaldemokraten'.
Im Univiertel flatterten kleine Zettelchen mit Jammerparolen über
die 'deutsche Niederlage' von einem Hochhausdach und auf dem Ko-
pierer des AStAs tauchte ein scheinbar zufällig liegengelassenes Einla-
dungsschreiben zu einem fiktiven Nazi-Treffen auf. Wie sich herausstellte, wollten Aachener Neonazis die örtliche Antifa damit auf einen Autobahnrastplatz locken, um sie dort in aller Ruhe abfotogra-
fieren zu können.

In der Nähe der Fachschaft fanden wir einen schwarzbemantelten
Burschenschafter von der neofaschistischen 'Libertas Brünn'[57], der
ein ekelhaft revisionistisches Flugblatt unters Volk brachte. Der Bur-
sche stellte sich dabei derart geschickt an, daß es uns selbst zu dritt
nicht gelang, seinen Papierpacken und das Käppi seiner Uniform zu
erbeuten. Als wir sodann mit Eimern als Wasserwerfer anrückten,
war er verschwunden, doch wir ernteten Beifallsbekundungen der
ausländischen ImbißbesitzerInnen. Unweit dieser Stelle trafen wir
nun zwei weitere Flugblattverteiler. Erstaunt nahmen wir zur Kenntnis, daß sie selbst im platschnassen Zustand nicht von ihrem Vorhaben lassen konnten, den Vorbeigehenden aufgeweichtes Papier anzu-
bieten.

Offiziell beschränkte sich der Jahrestag in Aachen auf eine Ge-
denkfeier des Stadtrates in prominenter Runde. Wie wir hörten, ge-

---

[57] Die Burschenschaft 'Libertas Brünn' gehört der rechtsextremen 'Burschen-
schaftlichen Gemeinschaft' innerhalb des Dachverbandes 'Deutsche Burschenschaft' (DB) an. Sie ist in die neofaschistische Szene der Region eingebunden
und verfügt über Kontakte zu zahlreichen VordenkerInnen und FunktionärInnen der 'Neuen Rechten'.

lang es dem jung-dynamischen Vorzeigepolitologen Prof. Helmut König, den Fall Schneider völlig unverkrampft in seine Gedenkrede zu integrieren:

„Daß allerdings die Vergangenheit auch ein halbes Jahrhundert nach ihrem Ende noch unvermindert aktuell sein kann", so entnahmen wir später seinem Manuskript, *„erleben wir beispielhaft in diesen Tagen hier in Aachen. 50 Jahre lang hat Hans Schwerte [...] erfolgreich verheimlichen und verleugnen können, daß er in Wirklichkeit der SS-Hauptsturmführer Hans Ernst Schneider war. Hans Schwerte wird dies sicherlich gerade anders sehen, nämlich so, daß er in Wirklichkeit nicht Hans Ernst Schneider, sondern der Hans Schwerte ist, als den man ihn kannte und schätzte: ein von Liberalität, Toleranz und Offenheit geprägter Gelehrter.*

Seine früheren Kollegen, Studenten, Schüler fühlen sich hintergangen, betrogen, getäuscht. Die Hochschule ist beschämt und blamiert. Nach 50 Jahren hat die NS-Vergangenheit alle eingeholt, zum denkbar ungünstigsten Zeitpunkt. Denn die Öffentlichkeit ist wegen der vielen Gedenktage hochgradig sensibilisiert, und der Institution, die Schwerte/Schneider drei Jahre lang repräsentierte, ist ihr Jubiläum gründlich verdorben. Eine Woge der Erregung geht durch die Hochschule. Ein Gespinst von Verdächtigungen, Behauptungen, Gerüchten, Vorwürfen, Selbstvorwürfen, Dementis breitet sich aus: Wer hat wann was geahnt, gewußt, gesagt, getan, gedacht...

Aber lassen wir diese Ebene der nur allzu gut verständlichen menschlichen Enttäuschungen beiseite und werfen statt dessen einen Blick auf die politische und strukturelle Dimension des Falles. Es ist in meinen Augen nicht so, daß die Wandlung von einem überzeugten Nazi zum überzeugten und überzeugenden Demokraten von vornherein unmöglich wäre. Wir bleiben nicht der, der wir als 28- oder 35jähriger waren. Es gibt ein Recht auf den politischen Irrtum und das Recht auf einen neuen Anfang. Kein Recht allerdings gibt es auf Mord und Völkermord.

Ob im juristischen Sinn strafbare Handlungen vorliegen, wird die Justiz zu klären haben. Aber auch wenn sich herausstellen sollte, daß Hans Ernst Schneider unschuldig ist, – ein Mann mit dieser Vergangenheit darf nicht der oberste Repräsentant einer Hochschule sein. Das ist ein Gebot der politischen Moral. Ein ehemaliger SS-Obersturmführer [sic!] kann den Geist, der hier wehen soll, nicht glaubwürdig vertreten, gleichgültig, in wen er sich verwandelt hat. Es fehlt ihm dafür die nirgendwo festgeschrie-

bene, aber doch unabdingbare Voraussetzung: die Beglaubigung durch die eigene Biographie.

Der Fall ist ein spätes Lehrstück der Vergangenheitsbewältigung in der Bundesrepublik, typisch eher für eine bereits überholte Form der Auseinandersetzung mit dem Erbe der Diktatur. [...] Den Mitgliedern der Aachener Hochschule geht es im Fall Schwerte/Schneider im übrigen nicht besser und nicht schlechter als es anderen in der Bundesrepublik insgesamt mit ihrer Vergangenheit ging. Man wollte verständlicherweise mit diesen unangenehmen und lange zurückliegenden Dingen lieber nichts zu tun haben. Das hat dazu geführt, daß die Hochschule, nicht wider besseres Wissen, aber doch wider bessere Wissensmöglichkeiten den Hinweisen und Andeutungen nicht nachdrücklich genug nachgegangen ist. Und das darf man nun vielleicht doch als Ausdruck davon sehen, daß sie der ganzen Zeit und dem ganzen Problem ihres Verhältnisses zu ihrer eigenen Vergangenheit unter dem NS-Regime nicht nachgespürt hat. So gesehen sind die gegenwärtigen Turbulenzen nur die folgerichtige Quittung für die Neigung, die eigenen Verstrickungen in die Verbrechen des Nationalsozialismus und die Frage nach personellen Kontinuitäten über 1945 hinaus insgesamt auszublenden.

Es kann daraus nur eine Konsequenz geben. So wie in der Bundesrepublik insgesamt nach und nach unter Überwindung großer innerer Widerstände die NS-Vergangenheit in den Blick genommen wurde, so sollte auch die Aachener Hochschule den Fall ihres ehemaligen Rektors Schneider/Schwerte zum Anlaß nehmen, rückhaltlos ihre eigene Rolle unter dem Nationalsozialismus und die Frage struktureller und personeller Kontinuitäten nach 1945 zum Gegenstand ihrer Aufklärungsarbeit zu machen. Dafür ist es spät, aber nicht zu spät."

Was aus der vollmundig geforderten Aufklärung werden sollte, würden wir sehen. Zweifellos enthielt Königs Rede eine elegant formulierte, in der Sache aber harte Kritik an der Hochschulleitung. Zugleich aber schimmerte ein gewisses Verständnis für das jahrzehntelange Schweigen durch. Wie es schien, stießen hier zwei Formen des Krisenmanagements aufeinander: eine Hochschule, die noch heute im Stil der 50er Jahre mit Ausflüchten reagiert und sich, wie König durch die Blume formuliert hatte, wie ein Elefant in einem 'hochgradig sensibilisierten' Porzellanladen bewegt. Auf der anderen Seite beherrschte der gerade erst von Berlin nach Aachen gewechselte König die Methoden eines modernen, politisch korrekt formulierten, durchaus kritischen, aber dennoch im Kern verständnisvoll loyalen Umgangs mit dem Schweigen der Hochschule. Weitaus erfolgreicher als der Hochschule gelang es ihm, die Wogen der öffentlichen 'Erregung' zu glätten, was ihn fortan zu einer nahezu unantastbaren Instanz, einem Heiligen der RWTH, werden ließ. Und dabei war es doch nur die professionellere und effektivere, eben königliche Version der Schadensbegrenzung.

Seiner Rede hatte Prof. König ein Gedicht Primo Levis vorangestellt, eines Mitglieds der italienischen Resistenza. Im Arbeitslager Buna-Monowitz[58] war er den Selektionsblicken des Chemikers Pannwitz ausgesetzt, der prüfen sollte, ob Levi in seiner chemischen Abteilung einsetzbar oder für die vernichtende Arbeit bei der Montage einer Gummifabrik vorzusehen sei, also zwischen seiner Noch-Verwertbarkeit oder seinem Zu-Vernichten entschied. Levi spürte, wie er unter diesen Blicken, die wie durch eine trennende Scheibe auf ihn sahen, zum Objekt selektiver Beurteilung wurde.

Vollständig erlebte er die Entmenschlichung in der Krankenbaracke, in der er mit anderen Häftlingen nach der Flucht der Nazis zurückblieb und mit ihnen um eines Stückes Brot willen auf den Tod eines Mitgefangenen wartete. Primo Levi hatte überlebt und geschrieben:

„Ihr, die ihr gesichert lebt,
In behaglicher Wohnung;
Ihr, die ihr abends beim Heimkehren
Warme Speise findet und vertraute Gesichter:
Denket, ob dies ein Mann sei,
Der schuftet im Schlamm,
Der Frieden nicht kennt,
Der kämpft um ein halbes Brot,
Der stirbt auf ein Ja oder Nein.
Denket, ob dies eine Frau sei,
Die kein Haar mehr hat und keinen Namen,
Die zum Erinnern keine Kraft mehr hat,
Leer die Augen und kalt ihr Schoß
Wie im Winter die Kröte.

---

58 *„Der Vorstand* [der IG Farben] *hatte Millionen Reichsmark in die Buna-Fabrik 'IG-Auschwitz' investiert, weil man auf die billige Arbeitskraft von Häftlingen aus dem Hauptlager erpicht war. [...] Um die Wege kürzer zu machen, baute die IG schließlich ihr eigenes Lager, das berüchtigte Monowitz"* (Bernd Greiner: Die Morgenthau-Legende. Zur Geschichte eines umstrittenen Plans.- Hamburg 1995).

Denket, daß solches gewesen.
Es sollen sein diese Worte in eurem Herzen.
Ihr sollt über sie sinnen, wenn ihr sitzet
In einem Hause, wenn ihr geht auf euren Wegen,
Wenn ihr euch niederlegt und wenn ihr aufsteht;
Ihr sollt sie einschärfen euern Kindern.
Oder eure Wohnstatt soll zerbrechen,
Krankheit soll euch niederringen,
Eure Kinder sollen das Antlitz von euch wenden. "[59]

„*Haben wir die Mahnungen Primo Levis beherzigt?*", fragte König und antwortete selbst: „*Wenn wir an die unübersehbare Fülle von Gedenkveranstaltungen in den letzten Tagen, Wochen, Monaten und Jahren denken, wird man diese Frage nur mit einem Ja beantworten können.*"
Doch Primo Levi hatte nicht gefragt, wie viele Gedenkveranstaltungen im Jahr 1995 abgehalten würden – Gedenkveranstaltungen zudem, die immer deutlicher darauf hinausliefen, einen Schlußstrich unter die NS-Geschichte zu ziehen. Schon Königs Fragestellung in der Vergangenheitsform („*Haben wir beherzigt...?*") deutet auf die Absicht hin, einen solchen Schlußstrich zu ziehen. Sie mit „*Ja*" zu beantworten, ist der Schlußstrich.
Nach und nach sollten wir bemerken, daß auch heutige WissenschaftlerInnen eine Art 'Pannwitzblick' beherrschten: das auszuwählen, was für eine Modernisierung der Vergangenheitsbearbeitung verwertbar war. Und Professor König sollte bemerken, daß wir, die seiner SchülerInnengeneration angehören, uns von ihm und seinen KollegInnen abwandten.

Ahnenerbe

Himmlers Liebling – Hans Ernst Schneider geht neue Wege –
die CDU geht mit – Tina lädt vierhundert Leute ein.

Eigentlich war es der WDR, der den niederländischen Historiker Gjalt Zondergeld zuerst in den Blickpunkt des öffentlichen Interesses gerückt hatte: Die *Aktuelle Stunde* zeigte ein Interview mit dem Amsterdamer Dozenten, der seine Doktorarbeit über den friesischen

---

[59] vgl. Primo Levi: Ist das ein Mensch?- 4. Aufl. München 1995, S.9.

Sprachenkampf geschrieben und dabei auch Hans Ernst Schneider ausführlich behandelt hatte.

Auch der Geschichtsstudent Till hatte diesen Fernsehbeitrag gesehen und die Idee gehabt, Zondergeld für einen Vortrag nach Aachen einzuladen. Dieser Vorschlag ging in der Aufregung der ersten Wochen unter. Vielleicht lag es daran, daß wir Till nicht weiter zugehört hatten und auch nicht wußten, wie wir Zondergeld erreichen sollten. So vergaßen wir diese Idee erst einmal, doch als uns Hilfe bei der Durchführung einer solchen Veranstaltung angeboten wurde, sagten wir begeistert zu. Das einzige, was wir im Vorfeld des Vortrages organisieren mußten, war ein Hörsaal. Der Rest der Vorbereitungen wurde uns von Michi, der auch am kritischen Lesebuch zur RWTH-Geschichte mitarbeitete, abgenommen, wofür wir gerade in dieser doch äußerst stressigen Zeit sehr dankbar waren. Als Termin legten wir den 23. Mai fest.

Ungünstigerweise planten die Grünen für den gleichen Tag eine Podiumsdiskussion mit Rektor Habetha, Dekan Debus, den beiden Journalisten des Magazins *Brandpunt* Steven de Vogel und Ton van Dijk – und eigentlich auch mit uns. Wir hatten hierfür auch schon zugesagt, denn ursprünglich war die Podiumsdiskussion für einen früheren Termin angesetzt, der aber abgesagt werden mußte, weil der Rektor verhindert war. Unseretwegen waren die Grünen nicht bereit, den Termin erneut zu verschieben, weshalb wir ihnen absagten.

Nun gab es also parallel zwei Veranstaltungen zum gleichen Thema. Wir besorgten für den Vortrag von Dr. Zondergeld einen Hörsaal, in dem etwa 250 Leute Platz hatten. Wegen der Parallelveranstaltung dachten wir nicht, daß er voll werden würde, zumal doch einige Leute eine Podiumsdiskussion einem von der Fachschaft Philosophie organisierten Vortrag vorziehen würden. Deshalb war unsere Überraschung und Begeisterung um so größer, als wir sahen, wie viele Leute an diesem Abend doch zu unserer Veranstaltung in die Hochschule gekommen waren. Es war ein überwältigendes Bild, mehr als 400 Menschen in diesem vermeintlich so großen Hörsaal zu sehen, der sich jedoch als für diese Veranstaltung viel zu klein entpuppte.

Der Vortrag war ein voller Erfolg. Zondergeld begann seine Ausführungen mit der Struktur und dem Selbstverständnis der SS:

„Die SS-Ideologie sollte eine Art besonderes Nazitum sein – die Verkörperung der Nazi-Weltanschauung. Wesentlich für die nationalsozia-

listische Weltanschauung war natürlich das Prinzip der rassischen Über-
legenheit der Arier; besser gesagt, der Germanen, der sogenannten nordischen Rasse. Das Ziel von SS und Polizei war nicht die Bekämpfung der
'normalen Kriminellen', sondern die Ausschaltung der sogenannten politischen Gegner: Kommunisten, Sozialisten, kirchliche Oppositionelle, Juden, 'Zigeuner' und Freimaurer.

Diesen Auftrag konnte nur eine Staatspolizei erfüllen, die in ihren
Reihen 'Männer besten deutschen Blutes hat und die sich ohne jeden Vor-
behalt mit der das Großdeutsche Reich tragenden Weltanschauung identifiziert' (Himmler). Die verschiedenen Teile der SS-Dienste waren eingeteilt in sogenannte Hauptämter. Eines dieser Hauptämter war der Persönliche Stab des Reichsführers-SS unter Führung des SS-Gruppenführers Karl
Wolff, 'Wölfchen', wie Himmler ihn nannte. 'Wölfchen' stand bereits
vor dem Kriege in engstem Kontakt mit bestimmten Nazikreisen in den
Niederlanden. Sein persönlicher Mithelfer für die niederländischen Kontakte war Hans Ernst Schneider.

Der Persönliche Stab Himmlers bestand teils aus ganz normalem Stab-
spersonal (Büroleute, Sekretäre, Adjutanten) und teils aus besonderen Dien-
sten mit speziellen Aufträgen, an denen Himmler ein persönliches Interesse
hatte – so z.B. der 'Lebensborn' und die Stiftung 'Das Ahnenerbe'.

Das Ahnenerbe war die Lieblingsorganisation Himmlers. Es hatte die
Aufgabe, 'Raum, Geist, Tat, und Erbe des nordrassischen Indogermanen-
tums zu erforschen, die Forschungsergebnisse lebendig zu gestalten und
dem Volke zu vermitteln. Der Nationalsozialismus wird von hierher
[vom Ahnenerbe] seine geschichtliche Begründung erhalten, freilich in
einer grundlegenden Umwertung fast aller Jahrhunderte und der sie tragenden Erscheinungen. Erste Aufgabe des Ahnenerbes liegt in der Samm-
lung und Herausgabe aller bisher noch unerhört zerstreuten Quellen zum
germanischen Erbe: Sagas, antike und frühchristliche Schriftsteller, Ru-
neninschriften, Ausgrabungsmaterial usw.' Himmler wollte im Ahnenerbe jungen, verschütteten Talenten außerhalb der Universitäten eine
Stellung geben, wo sie eine neue SS-eigene Wissenschaft bilden sollten:
Junge, dynamische und ehrgeizige Wissenschaftler wie Hans Ernst
Schneider, die neue Wege gehen wollten.

Schneider schloß sich 1933, wie viele andere abenteuerliche Opportu-
nisten, der SA an, damals die wichtigste Nazi-Organisation. Er arbeitete
bei der Deutschen Arbeitsfront als völkischer Volkstumsforscher. Er spe-
zialisierte sich auf deutsche Märchen und Volkstanz. Im April 1937, als
deutlich war, daß nicht die SA, sondern die SS Karrierechancen bot, wur-

de er Mitglied der SS und zugleich der NSDAP. Im Februar 1938 bekam er eine Stellung beim Rasseamt des Rasse- und Siedlungshauptamtes[60] unter Führung des 'Bauernführers' Walter Darré. Nach einem halben Jahr wechselte er im Oktober 1938 zum Ahnenerbe, das schon unter der Führung Wolfram Sievers' stand. 1938 machte er im persönlichen Auftrag Himmlers zwei Reisen als Referent in die Niederlande und auch eine Reise nach England.

Er begegnete in den Niederlanden dem völkischen Kreis innerhalb der NSB, der Nationalsozialistischen Bewegung unter Führung Anton Musserts. Dies war die größte niederländische faschistische Partei. Innerhalb der NSB gab es die extrem rassistische, antisemitische und prodeutsche Gruppe 'Der Vaaderen Erfdeel'. Schneider versuchte, diese prodeutschen Gefühle zu verstärken.

Nach dem deutschen Überfall auf die Niederlande war Schneider schon am 20. Juni 1940 wieder in Den Haag, um dort im persönlichen Auftrag Himmlers eine Abteilung des Ahnenerbe zu formieren. Anfang August ließ er sich als Zentralreferent des Ahnenerbe in den Niederlanden nieder. Er organisierte sehr rasch einen Verlag, der nicht weniger als fünf Zeitschriften herausgab, sowie mehrere Bücher und Broschüren. Im großen und ganzen waren diese Zeitschriften spezialisiert auf all das, was auch das Ahnenerbe in Deutschland tat. Schneider reorganisierte 'Der Vaaderen Erfdeel' in der 'Volksen Werkgemeenschap' (Völkische Arbeitsgemeinschaft), einer direkten niederländischen Abteilung des Ahnenerbes. Das Ziel der Völkischen Arbeitsgemeinschaft war Propagandaarbeit für die SS-Idee des Großgermanischen Reiches und damit die Aufhebung der niederländisch-deutschen Grenze, also der Anschluß.

Diese Propaganda sah auf den ersten Blick ganz harmlos aus. Aber wenn man Schneiders Zeitschriften liest, sieht man genau, daß dies alles in eine bestimmte Ideologie paßt, daß alles rassistisch ist. So hat er mehrere Bücher herausgegeben mit Fotos von jungen Leuten, unter denen stand, dies seien alles 'germanische Stämme' usw. Man kann sagen, das sollte die schöne, die harmlose Seite des Nationalsozialismus sein. Das ist die propagandistische Seite, die sehr wichtig war. Schneider hat in den niederländi-

---

[60] Für die Entwicklung und Koordination der rassistischen Ideologie und Politik der SS zuständiges Hauptamt der SS, die als nationalsozialistischer Führerorden auf Grundlage rassistischer Auslese verstanden wurde. Für die Durchführung der auf Massenvernichtung beruhenden rassistischen Bevölkerungspolitik im Zweiten Weltkrieg wurden noch zusätzliche Hauptämter geschaffen.

schen Zeitschriften niemals selbst etwas geschrieben. Er hat für Gelder ge-
sorgt, er hat die Leute zusammengebracht, er hat die Ideen angebracht,
aber selber hat er nicht einmal darin publiziert.

Sehr erfolgreich war Schneider auch bei Kontakten zu bestimmten
deutschfreundlichen Professoren der Universitäten in den Niederlanden,
wie Groningen, Amsterdam und Leiden. In Groningen hatte er einen
sehr guten Kontakt zu Prof. Dr. Kapteyn. Dieser war Germanist, Anglist
und Friesist. Kapteyn wurde 1940 unter deutschem Druck Rektor der
Universität Groningen. Er stand in engstem Kontakt mit dem Beauftrag-
ten der Provinz Groningen, Dr. Hermann Conring, dem Repräsentanten
von Reichskommissar[61] *Seyß-Inquart in Den Haag. Conring ist nach*
dem Krieg nicht bestraft worden, sondern war viele Jahre bis 1970 Bun-
destagsmitglied für die CDU. Vielleicht war auch Conring nicht unbetei-
ligt an der Ernennung Kapteyns zum Rektor. Auf jeden Fall hat Kapteyn
auf Gesuch Schneiders seinen Einfluß bei der Ernennung des niederländi-
schen Archäologen A. Bohmers zum Dozenten in Groningen ausgeübt,
der für das Ahnenerbe gearbeitet hat. Nach dem Krieg blieb er noch viele
Jahre Mitarbeiter an der Groninger Universität.

Auch in Amsterdam hatte Schneider Kontakte zu verschiedenen Pro-
fessoren, insbesondere zu Professor Snijder, einem Archäologen, der später
Führer der niederländischen Abteilung des Ahnenerbes wurde.

Neben den Kontakten zu Conring waren auch die zu dem Hamburger
Germanisten Prof. Dr. Borchling für Schneider von Bedeutung. Er blieb
nach dem Krieg Professor in Hamburg und war auch noch oft in den
Niederlanden. Er hat Schneider bestimmt sehr gut gekannt.

Eine enge Zusammenarbeit verband Schneider auch mit dem ostfriesi-
schen Geographen und SD-Agenten Dr. Lang. Dieser schrieb zahlreiche
Reporte für Sievers, Schneider, Rauter und den SD-Führer in Berlin.
Auch Lang, der während des gesamten Krieges in den Niederlanden gear-
beitet hatte, wurde nach Kriegsende nicht bestraft, sondern arbeitete als
Geograph in Hamburg und war als Ehrenmitglied der Friesischen Aka-
demie noch oft in Leeuwarden (NL).

---

61 Beauftragter der Reichsregierung bei der Angliederung der besetzten Gebiete,
    vergleichbar einem Gouverneur. Für die Niederlande war dies der ehemalige
    österreichische Bundeskanzler Arthur Seyß-Inquart. Ihm unterstanden die vier
    'Generalkommissare für Verwaltung und Justiz', 'zur besonderen Verwen-
    dung', 'für Finanz und Wirtschaft' sowie 'für das Sicherheitswesen'. Letzterer
    war identisch mit dem Höheren SS- und Polizeiführer in den Niederlanden,
    Hanns Albin Rauter.

Im Frühjahr 1942 wurde die Universität Leiden zum ersten Mal definitiv von den deutschen Besatzern geschlossen, weil die meisten Professoren nicht an der Nazifizierung der Uni mitarbeiten wollten. Sievers und Schneider haben danach versucht, die Universität zur Frontuniversität zu machen, das heißt zur SS-Universität, was ihnen allerdings nicht gelang.

Als Ahnenerbe-Referent war Schneider während seiner Arbeit in den Niederlanden eingeteilt beim Persönlichen Stab Rauters, dem Höheren SS- und Polizeiführer – dem höchsten Repräsentanten Himmlers in den Niederlanden. Rauter war verantwortlich für den gesamten Einsatz der SS in den Niederlanden und deshalb auch für die Deportation der Juden. Ungefähr 105 000 niederländische Juden sind ermordet worden. Es ist unwahrscheinlich, daß Schneider davon nichts gewußt hat.

Mitte Oktober 1942 wurde er von Sievers ins Hauptquartier des Ahnenerbes in Berlin zurückberufen. Er wurde zum Obersturmführer befördert, später zum SS-Hauptsturmführer. Er bekam einen neuen Auftrag: die Führung des 'Germanischen Wissenschaftseinsatzes'. Dies war eine neue Abteilung, die den gesamten historischen, volkstümlichen und rassischen Bereich des Ahnenerbes umfaßte. Nicht weniger als 70 Organisationen, Dienste und Zeitschriften kamen nun unter die Leitung Schneiders. Neben den niederländischen Organisationen kamen auch noch solche in Flandern, Wallonien, Dänemark, Norwegen, Schweden, Finnland, der Schweiz, Frankreich und Deutschland dazu. Schneider war Wolfram Sievers unmittelbar untergeordnet, der persönlich Heinrich Himmler unterstand. Man kann sagen, daß Schneider ab Oktober 1942 in diesem Kreis der dritte Mann der SS war.

Im Januar 1943 hatte Schneider bestimmte medizinische Geräte aus der Universität Leiden nach Dachau transportieren lassen. Dort sind sie vermutlich bei sogenannten medizinischen Experimenten unter Leitung von Dr. Rascher gebraucht worden. Es wäre natürlich lächerlich anzunehmen, daß solch ein intelligenter Mann wie Schneider nicht gewußt hätte, wozu das alles diente. Man hat nämlich aus dem Krankenhaus in Leiden auch die Baracken für Dachau geholt.

Sievers, Himmler und der Kurator des Ahnenerbes, Professor Wüst, sind oftmals bei grausamen Experimenten Raschers anwesend gewesen. Wäre es dann anzunehmen, daß Schneider davon keine Ahnung gehabt hätte? Rascher war einer der bekanntesten Mitarbeiter des Ahnenerbes und hat im Oktober 1942 in Nürnberg vor einer stattlichen Versammlung örtlicher Ärzte auch über seine Experimente einen Vortrag gehalten. Im Dezember 1942 hat einer seiner Mitarbeiter auf einer wissenschaftli-

chen Tagung ebenfalls darüber berichtet. 1944 hat Rascher in einer angesehenen medizinischen Fachzeitschrift in einer Art und Weise über Experimente mit einem Blutstillmittel im KZ Dachau geschrieben, bei der jeder aufmerksame Leser sofort Verdacht schöpfen konnte. Für die Experimente wurden hunderte Menschen getötet.

Weiterhin ist es natürlich selbstverständlich, daß ein überzeugter SS-Mann wie Schneider gewußt hat, was dies alles bedeutete – die eigene Propaganda gegen die minderwertigen Rassen, gegen die Juden, für die germanische Rasse und gegen die Freimaurer. Im Gegensatz zu der zum Beispiel in der 'Zeit' geäußerten Auffassung, daß die Tätigkeiten des Ahnenerbes gar nicht so wichtig waren und von der SS und der NSDAP niemals für voll genommen wurden, war Himmler durchaus sehr interessiert an der Arbeit von Sievers und seinen Leuten. In den Niederlanden war das Ahnenerbe deshalb wichtig, weil es letztendlich die einzige heimatkundliche Organisation nationalsozialistischer Prägung war.

Bis April 1945 waren Schneider und Sievers noch immer mit ihren Arbeiten beschäftigt. Danach war Toresschluß. Sievers wurde inhaftiert, in Nürnberg zum Tode verurteilt und 1951 gehenkt. Schneider war verschwunden, angeblich gefallen in Berlin. Nun wissen wir mehr darüber. Schneider ist immer ein intelligenter und kluger Mensch gewesen, der sich gut anpassen konnte. So kann man sein progressives Verhalten nach dem Krieg erklären. Solch einem Mann war es möglich, die 60er Jahre an der Uni mit Ruhm und ohne Schaden zu überstehen. Er scheint mir ein typischer Nationalsozialist zu sein: ohne Gewissen, ohne Ehrlichkeit und ohne menschliche Statur."

Nicht nur für uns war dieser Vortrag die erste umfassende Darstellung dessen, was Schneider vor 1945 getan hatte. Zondergelds Wertung hob sich auch deutlich von dem ab, was ansonsten über den Fall Schneider zu hören war.

Erstaunlich war, wer sich für unsere Veranstaltung interessierte: Es waren einige StudentInnen anwesend und wenige DozentInnen, dafür aber sehr viele Leute, von denen wir annahmen, daß sie mit der Hochschule und ihrem Umfeld eigentlich sehr wenig bis gar nichts zu tun hatten. Weniger verwunderlich war da vielleicht schon zu sehen, wer denn nicht zum Vortrag über die Tätigkeit Hans Ernst Schneiders in den Niederlanden erschienen war – besonders die Herren Historiker zeichneten sich durch Abwesenheit aus.

Am nächsten Morgen waren wir mit Gjalt Zondergeld zum Frühstück verabredet. Hier wollten wir in einer weniger hektischen Atmosphäre als am Vortag mit ihm Ergebnisse unserer bisherigen Recherche besprechen und seine Einschätzungen zu dem ganzen Fall hören. Er fragte uns, was wir vorhätten, wie wir weiter im Fall Schneider verfahren wollten. Wir antworteten, daß wir gerne selbst in die Archive fahren würden, um Akten einzusehen und fragten, ob er wisse, wie schwierig es sei, ins Kriegsdokumentationszentrum RIOD[62] in Amsterdam zu kommen. Bei dieser Frage fingen Zondergelds Augen an zu leuchten – er meinte, das wäre nicht weiter schwierig, er säße im Vorstand des Freundeskreises des Instituts und ein ehemaliger Student von ihm sei der Archivleiter. Mit ihm würde er unser Anliegen klären, und wir sollten uns melden, wenn wir nach Amsterdam kommen wollten. Wir könnten dann auch bei ihm übernachten, und er würde uns alles zeigen. Mit diesen Möglichkeiten hatten wir gar nicht gerechnet. Zum ersten Mal wurde uns von nicht studentischer Seite Unterstützung angeboten.

Den Vortrag hatten wir auf Kassetten aufgenommen, um ihn später in gedruckter Form zu veröffentlichen. Dies geschah erstmals in Form eines 'Fortsetzungsromans' in der Fachschaftszeitung *philfalt*. Auch hier sorgten die Ausführungen Zondergelds für reges Interesse: Immer wieder fragten Leute in der Fachschaft nach, ob es schon eine neue *philfalt* gebe, weil sie den Vortrag weiterlesen wollten. Häufig hörten wir von StudentInnen, sie hätten den Vortrag leider versäumt. Andere sagten, daß sie sich erst nachdem sie vom Erfolg des Vortrags gehört hatten, genauer für dessen Inhalt interessierten.

Academicus

Eine offene Tür verträgt keine Kritik – das Maß ist voll –
Darius unterrichtet Geschichte.

Daß wir den sogenannten 'Dies Academicus' nicht mochten, war nicht erst in diesem Jahr so. Populärpsychologisch wäre anzunehmen, dies hänge quasi schon mit 'frühkindlichen Prägungen' zusammen, genauer mit der Situation, wenn StudienanfängerInnen erstmals ins Vorlesungsverzeichnis der Hochschule sehen und dort mehrfach Hinweise auf „*dies*" finden, und einfach nicht verständlich wird, worauf sich dies denn bezieht. Auch wer beim weiteren Nachdenken dar-

---

[62] Rijksinstituut voor Oorlogsdocumentatie

auf kommt, es handle sich wohl doch um Latein, wundert sich, warum ein 'Tag' extra im Vorlesungsverzeichnis angekündigt wird.

Am ersten Vorlesungstag wird den meisten aber dann doch klar, daß Dies gewissermaßen die eigenen Feiertage der Hochschule sind. In Aachen haben StudentInnen immerhin erkämpft, daß zu solchen Vorlesungsfreien Tagen auch die Einführungstage für StudienanfängerInnen gehören. Der Dies im engeren Sinne, also derjenige, der gemeint ist, wenn jemand einfach von „dem Dies" spricht, ist aber der Dies Academicus, der eitle Nationalfeiertag der RWTH.

In den neunziger Jahren wurde der Dies Academicus zu einem Tag der offenen Tür erklärt, an dem die städtische Bevölkerung und explizit die studierwilligen SchülerInnen der Schulen im Umkreis gnädigerweise ein paar Züge der exklusiven, aber miefigen Hochschulluft schnuppern dürfen. Dabei wird natürlich ganz auf Image-Werbung gesetzt: Die Technische Hochschule führt spektakuläre Gerätchen und Versuche vor, aber der größte Fachbereich, die Philosophische Fakultät mit den Geistes- und Gesellschaftswissenschaften, wird nahezu verschwiegen bzw. schämt sich selbst zu sehr seiner Existenz, als daß er seine Arbeit demonstrierte. Selbstkritische Töne bleiben dabei stets außen vor. Rüstungsforschung, Gentechnik etc. sind höchstens Terrain für weitere Pionierleistungen. Die Auseinandersetzung damit, daß beispielsweise der Frauenanteil bei den rund 400 ProfessorInnen mittlerweile unter einem Prozent liegt, wird getrost dem Infostand der Frauenbeauftragten überlassen, als ob diese dafür verantwortlich wären. An diesem Dies sollten wir aber merken, daß nicht nur Selbstkritik ausbleibt, sondern auch studentische Kritik an der Hochschule gänzlich unerwünscht ist.

Den Dies hatte die Hochschule ganz im Sinne ihres Jubiläumsjahres gestaltet. Bereits im Herbst 1994 hatte die Hochschulleitung allseits darum gebeten, bei Veranstaltungen und Publikationen im Jubeljahr möglichst immer das eigens entworfene Jubiläumslogo „1870-1995. 125 Jahre RWTH" zu verwenden, am besten in den korrekten Rot- und Blautönen. Bald nach der Enttarnung Schneiders wurde auch ein Entwurf des Veranstaltungsprogramms des Dies versandt, der immerhin eins deutlich machte: Einen Fall Schwerte/Schneider hatte es in der Hochschulgeschichte nicht gegeben.

In der StudentInnenschaft hingegen bildete sich Widerstand dagegen, daß die Hochschule ihren Werbetag begehen wollte, als wäre nichts geschehen. Die Hochschule solle vielmehr in sich gehen und erörtern, was die Hintergründe waren, die den Fall ermöglicht hatten. Schließlich fanden sich ein paar Leute zusammen, die ein Plakat gegen die Feierlichkeiten entwarfen. Es zeigte den einstigen Rektor Schwerte, der ja auch die Hundertjahrfeier 1970 geleitet hatte, mit Sektglas in der Hand. Darüber prangte das Jubiläumslogo „*125 Jahre RWTH*" mit dem deutlichen Zusatz „*sind kein Grund zum Feiern!*". Ganz im Geiste der vom Rektorat gewünschten Corporate Identity wurde außer dem Logo die Farbgebung blau auf Umweltschutzpapier übernommen, wie auch das Dies-Programm gestaltet war. Als Herausgeberin des Plakates wurde (gefährlich, gefährlich!) eine Initiative „*DIrekte ESkalation*" genannt, und weil ja der Fall Schneider angeblich als Bombe hochzugehen gedroht hatte, fügte jemand winzig hinzu: „*Bombenstimmung an der RWTH*", samt einem millimetergroßen Bombensymbol.

Unangenehmerweise waren im Dies-Programm gleich mehrere fragwürdige Veranstaltungen angekündigt. Da sollte über die Errungenschaften dank Gentechnik referiert werden, jemand anderes kündigte seinen Vortrag zur Bevölkerungspolitik mit der alten Republikaner-Parole „*Das Boot ist voll*" an. Da beide Vorträge parallel stattfinden sollten, schien es schwer zu werden, auf beiden zu protestieren. Ich selbst hatte zudem in einer weiteren Parallelveranstaltung den spannenden Job, als Hilfskraft Dias von antiken Inschriften in Philippi zu zeigen. Dann fiel der Gentechnik-Vortrag aber doch aus, *„wegen Gewaltandrohungen"*, wie ein Aushang wissen ließ.

Als dann der Dies kam, dekorierten wir erst einmal die Fenster unserer Fachschaft mit den 'Schneider-Plakaten'. Unterdessen war die Hochschule damit beschäftigt, eben solche Plakate von ihren Gebäuden zu entfernen – in der Nacht war der Kernbereich der Uni großflächig damit tapeziert worden. Es gab einige Diskussionen, wie wir uns im weiteren Tagesablauf verhalten sollten. Den Dies boykottieren, vielleicht einen Hinweis aufhängen, daß es bis zu uns nur einen Sprung weit ist? Nein, es war ja ganz schönes Wetter, warum also in der Bude hocken: Wir machten einen Stand im Hof des Kármán-Auditoriums (Hörsaalgebäude), wo der Dies stattfand, und verteilten vor allem unsere Publikationen zum Fall Schneider. Außerdem begannen wir mit vielen kleineren Aktionen, die dem einseitigen Werbetag ein paar subversive Akzente verpassen sollten. So waren etwa bis abends noch im ganzen Gebäudekomplex Wegweiser zum 'H.-E.-Schneider-Institut' zu finden.

In einer kleinen Gruppe zogen wir los und suchten eine günstige Stelle, von der ein mehrere Meter langes Transparent herabgelassen werden konnte. Wegen kosmetischer Bauarbeiten zum Jubiläum kam das Hauptgebäude, das wir eigentlich dafür vorgesehen hatten, leider nicht in Frage, also suchten wir ein hoch gelegenes Fenster im Sammelbau, jenem Hochhaus, auf das alle vom Dies aus blickten. Weil die Fenster nicht zu öffnen waren, mußten wir schließlich aber doch auf das Dach steigen. Von dort hatten aber nicht nur wir einen phantastischen Überblick über den Unibereich und die Innenstadt, sondern wären so nahe vor den Fenstern der Pressestelle im obersten Geschoß des Hauptgebäudes gerade für den 'Erkennungsdienst', selbst wunderbar zu sehen gewesen – wenn denn jemand auf das sonst öde Dach gesehen hätte. Glücklicherweise konnten wir aber unbehelligt das Transparent mit dem einen Ende am Dach befestigen und dann hinunterwerfen. Beim Hinuntereilen verzichteten wir auf den Aufzug und wechselten in ein Nebentreppenhaus, um der gewiß herbeieilenden Hochschulwache[63] nicht direkt in die Arme zu laufen. Unten an-

---

[63] Während zivilisierte Hochschulen mit einem Schließdienst auskommen, leistet sich die RWTH als wildeste und westlichste Hochschule der BRD eine Truppe von Hilfssheriffs. Uniformiert, aber unbewaffnet, machen sie den Eindruck, als rekrutierten sie sich aus pensionierten Schreibstubenpolizisten.

gekommen, mußten wir leider feststellen, daß das Transparent nicht genug abgerollt und deshalb nicht lesbar war. Würde es jetzt einkassiert werden, bevor überhaupt jemand den Spruch gelesen hatte? Wir warteten ab, doch auch nach einer guten Weile war nichts weiter geschehen. Also stiegen erneut ein paar Leute hinauf, zerrten und zurrten am Stoff, bis sich das Transparent abrollte. Nun aber hatte es sich zu sehr verdreht, und weil das von oben niemand sehen konnte, mußte der Weg ein drittes Mal unternommen werden, bevor der Text „125 Jahre technikgeil und skrupellos" weithin sichtbar wurde.

An dem eigentlich für unsere Fachschaft vorgesehenen Platz im Inneren des Kármán-Auditoriums hängten wir lediglich weitere Schneider-Plakate auf. Diese sollten, weil die Fachschaft Biologie fürchtete, damit in Verbindung gebracht zu werden, nach deren Wunsch sofort ein wenig verschoben werden. StudentInnen von ihrer besten Seite. Das war schon einmal eine netter Auftakt.

Deutlicher wurde das krampfhafte Verhältnis zu unserer Kritik an unserem Stand im Hof, an dem natürlich unter anderem auch solch ein Plakat hing. Zwei Männer steuerten auf unseren Stand zu und versuchten, das Plakat wegzureißen. Unsere Proteste ignorierten sie, so daß sich Alex schützend vor das Plakat stellen mußte. Einer der Herren erklärte, er sei Stellvertreter des Kanzlers, und: „Wenn Sie hier Inhalte vertreten, die bei der Hochschulleitung nicht auf Gegenliebe stoßen, müssen Sie damit rechnen, daß sie entfernt werden!" Wir bedankten uns für diese aufschlußreiche Darstellung der Meinungsfreiheit an der RWTH, weigerten uns natürlich weiterhin, das Plakat zu entfernen, und fügten ihm statt dessen handschriftlich diesen entlarvenden Satz hinzu.

Da blieb also noch der Vortrag mit dem bezeichnenden Titel „*Das Boot ist voll*". Schon im Vorfeld des Dies Academicus hatten Studierende bei Prof. Beier, der den Vortrag halten sollte, angefragt, was es mit diesem Titel auf sich habe, ob er ihn nicht lieber ändern wolle. Das wollte er offensichtlich nicht. Auch sah er keinen Anlaß, sich sonst irgendwie zu erklären. Er war fest entschlossen, eine hierzulande als Republikanerwahlkampfspruch bekannte Parole seinem Vortrag zur Bevölkerungspolitik voranzustellen, ohne sie in irgendeiner Weise zu hinterfragen oder kommentieren.

Abb. aus: Riepe, Du schwarz – ich weiß, Peter Hammer Verlag, 1992

Was tun? — Circa 20 Leute versammelten sich mit Megaphon, Trommeln, Trillerpfeifen und einem noch leeren Transparent samt Sprühdose vor dem Hörsaal. Als Prof. Beier mit dem Vortrag beginnen wollte, erhob sich gleichzeitig der Lärm der Trommeln und Pfeifen. Das Transparent wurde aufgespannt, ein Mensch sprühte darauf: „Das Maß ist voll!".

Einmal kam an diesem Tag also richtig Leben in den Dies. Mit dem damaligen AStA-Vorsitzenden Carsten Preusche im Schlepptau, tauchte Rektor Habetha im Eingang auf. Das anfängliche Entsetzen in seinem Blick wich dem puren Unverständnis. „Das Maß ist voll? Was meinen die denn?" Die Parallele zum Veranstaltungstitel war deutlich genug, daß ihm ein Licht hätte aufgehen sollen. Zudem wurde eine Erklärung vorgelesen, die die Kritik am Titel wie am Thema Bevölkerungspolitik als solchem erklärte:

„Der Referent, der Mediziner und Reproduktionsbiologe Prof. Henning Beier, hat sich den Titel 'Das Boot ist voll' ausgesucht.

'Nicht glücklich' ist der AStA als Mitveranstalter des Dies Academicus mit dem Titel, ergab eine Anfrage im StudentInnenparlament der RWTH, nach der wohl auch das Rektorat den Referenten gebeten hatte, sich den Titel nochmals zu überlegen. Doch Prof. Beier würde 'nur Statistiken' auflegen, so daß man weiter nichts unternahm.

Der Titel kann nicht anders verstanden werden als eine Bewertung zur Weltbevölkerung, die gerade im Hinblick auf das Fach des Redners den Aufruf zur Dezimierung der Weltbevölkerung nach sich zieht. Die Umsetzung ist sozusagen eines der Beschäftigungsfelder der Reproduktionsmediziner. Eine ABM-Maßnahme? [...]

Die aus den Industrieländern exportierte Bevölkerungspolitik aus 'sozialer', wenn nicht gar 'ökologischer Verantwortung' löst keines der Probleme der 'Dritten Welt', denn diese sind nicht hausgemacht, sondern waren und sind europäischen Ursprungs. Abhängigkeitsverhältnisse, Verschuldung, Entwicklungsprogramme wurden sämtlich in Europa konzipiert und basieren entsprechend auf eurozentrischen Normen. [...]

Über verschiedene Positionen zum Thema kann man reden. Dies jedoch unter dem Tenor 'Das Boot ist voll' anzukündigen, bedeutet, daß es hier nichts mehr zu diskutieren gibt. Dem schließen wir uns an und fordern auf, sich anderweitig über Bevölkerungsentwicklung, Reproduktionsmedizin und Gentechnik zu informieren."

Prof. Beier packte seine Sachen. So widerstandslos, daß es den Anschein haben konnte, er sei für den frühen Feierabend dankbar.

Eine andere Aktion sorgte für länger anhaltenden Wirbel. Thomas hatte den alten Stempel des 'Deutschen Instituts der Technischen Hochchule Aachen' aus einem Buch kopiert, vergrößert und mit dem Zusatz *„Achtung, Sie betreten sogleich den antisemitischen Sektor. Hier beginnt der Germanische Wissenschaftseinsatz!"* an den Eingang des Kármán-Auditoriums bzw. des Germanistischen Instituts gehängt.

Obwohl wir diesen Eingang von unserem Stand aus im Blick hatten, war plötzlich, nach etwa zwei Stunden, das Schild weg, und niemand von uns wußte, wer es entfernt hatte. Alex und Thomas fragten also zwei Mitarbeiterinnen des Instituts, ob sie näheres wüßten, allerdings ohne genauere Informationen zu erhalten. Schließlich erklärten sie, das Plakat gehöre der Fachschaft, und verlangten dessen Aushändigung – ohne Erfolg. In einem Brief erklärt der Institutsleiter, Prof. Stetter, am folgenden Tag, die Fachschaft habe mit dem Plakat *„dieses Institut wörtlich als 'antisemitisch' bezeichnet"* und behauptet, *„an diesem Institut fände 'germanischer Wissenschaftseinsatz' statt. Mehrere Mitarbeiter des Instituts haben mit Mitgliedern der Fachschaft Philosophie wegen dieses Vorfalls gesprochen und können a) diese Mitglieder identifizieren, b) bezeugen, daß sie die Verantwortung für das Plakat übernommen haben. Es ist klar, daß sie mit dieser Plakataktion die Lehrenden und Mitarbeiter des Germanistischen Instituts a) verleumdet haben, b) ihnen gegenüber üble Nachrede geübt haben."*

Wir diskutierten eine Weile, wie wir darauf reagieren sollten. Da es uns ja nicht um Beleidigung, sondern um Protest gegen das Vertuschen des Falles Schneider gegangen war, sahen wir keinen Anlaß zur Entschuldigung. Wir schrieben Stetter zunächst einen ironischen

Brief, in dem wir die Authentizität seines Schreibens bezweifelten, zumal er es falsch datiert hatte. Darauf reagierte Stetter mit der wiederholten falschen Angabe, es sei vom „antisemitischen Institut" die Rede gewesen, obwohl diese eindeutige Festlegung, der „antisemitische Sektor" meine das Institut, allein von ihm stammt. Mindestens ebenso naheliegend war es, das Plakat auf die Jubiläumsausstellungen in den Seminarräumen zu beziehen.

Stetter fährt fort, *„Uns ist mit Sicherheit bekannt, daß das Mitglied des Fachschaftskollektivs Herr Thomas Müller (Matr.-Nr.: ...) sich mehreren Mitarbeiterinnen des Germanistischen Instituts gegenüber als Urheber des betreffenden Plakats zu erkennen gegeben hat, und entsprechendes trifft, soweit wir dies gegenwärtig haben nachprüfen können auch für Frau Alexandra Lünskens (Matr.-Nr.: ...) zu."* Stetter schickte hier einen Brief an „die Fachschaft", in dem er nicht nur diese Namen, sondern auch die Matrikelnummern der beiden angab, also jene persönlichen Ziffern, die beispielsweise verwendet werden, wenn Klausurergebnisse anonym ausgehängt werden sollen. Diese Anonymität hatte Stetter Alex und Thomas damit gegenüber der Fachschaft entzogen, obwohl er nicht wußte, wie die Fachschaft genau strukturiert ist, wer also diese persönlichen Daten alles lesen kann. An diese Daten konnte er nur darüber gelangt sein, daß die Mitarbeiterinnen die beiden anhand der Bibliothekskartei und der darin vorhandenen Fotos identifiziert hatten. Die Kartei, die angeblich für die Bücherausleihe angelegt wird, dient also (vermutlich widerrechtlich) auch dazu, die eigenen Institutsmitglieder juristisch zu verfolgen. Weil aber wichtige andere Dinge anstanden, verfolgten wir diese Vorgänge bisher nicht weiter.

Ich plädierte aber dafür, in der Fachschaftszeitung eine Erklärung zur Frage, ob das Institut verleumdet wurde, abzugeben. Kerngedanke deren war, daß das Plakat sich ja gerade auf das historische 'Deutsche Institut' beziehe und die Fragen *„Ob das Germanistische Institut auch heute noch antisemitisch ist und inwiefern Kontinuitäten vom Deutschen Institut her bestehen, [...] nicht beantwortete, sondern erst aufwarf."* Diese Fragen bezüglich des Instituts überhaupt in Betracht zu ziehen, sei allerdings erst wirklich schlimm, meinten daraufhin weitere Professoren der Germanistik.

Ein paar Tage nach dem Dies ließ Dekan Debus mich zuhause anrufen. Es seien wichtige Dinge geschehen, und wir sollten dringend vorbeikommen, und zwar am nächsten Morgen. Obwohl dieses Herbeizitiertwerden uns eine Zumutung schien, war immerhin Tina bereit mitzukommen – vielleicht hatte sich ja in Sachen Komparatistik etwas getan.

Voller Spannung erschienen wir – viel zu früh am Tag – im 'Amtszimmer des Dekans', wie Debus sein Büro immer gerne nannte. Doch welche Enttäuschung! Es gab nichts Neues, sondern wir sollten uns zu dem Plakat am Germanistischen Institut erklären. Wie sich herausstellte, hatte Debus das Plakat allerdings noch gar nicht gesehen, allein die Klagen seiner Kollegen kannte er. Unser Auftritt war dann auch gar nicht das, was Debus erhofft hatte. Bevor wir uns auf weitergehende Aspekte einlassen würden, erklärte ich dem Dekan, er werde von uns keine Auskünfte darüber erhalten, wer für das Plakat verantwortlich sei oder von wem es stamme, ja wir würden gegebenenfalls nicht einmal unsere eigene Unschuld verraten. Da konnte Debus nun seine Enttäuschung kaum verhehlen.

Wir waren aber bereit, ein wenig das Plakat zu erklären. Es sei doch deutlich zu erkennen gewesen, daß es um die geschichtlichen Aspekte ging, schließlich sei der Stempel des 'Deutschen Instituts' mitsamt seiner drei Hakenkreuze abgebildet gewesen. Was das denn für ein Stempel sei, fragte Debus, der offenbar nur den hinzugesetzten Text kannte. Der Stempel stamme aus einem etwas älteren, doch ohne weiteres zugänglichen Buch der Hochschulbibliothek, eben aus Zeiten des Deutschen Instituts. „Wann soll denn das gewesen sein?", fragte Debus eigenartiger Weise. „Wohl zu der Zeit, als so üblicherweise Hakenkreuze in den Büchern waren", antwortete ich verständnislos, doch das brachte Debus gänzlich aus dem Konzept. Wütend schnaubte er, „Ereifern Sie sich nicht so", was an der Realität doch reichlich vorbeiging, denn Tina und ich hatten völlig die Ruhe bewahrt und waren eher selbst verwundert, wie konsequent wir unsere völlige Sachlichkeit durchgehalten hatten. Daß er es selbst war, der in Aufregung geriet, als er zeigte, daß er noch immer nicht die geringste Ahnung von den Geistes- und Gesellschaftswissenschaften der RWTH zur NS-Zeit hatte, hatte er gar nicht gemerkt.

Gegen Terror

Nicht alle Rechten sind alt – der Kanzler schmeißt die Faschisten raus – Aachen liegt im Wilden Westen – Alex studiert noch immer.

Gerade so als wollte sich die RWTH im Nachhinein noch zu Schneider und seiner rechten Propaganda bekennen, lud sie für den 6. Juli 1995 im Rahmen der Ringvorlesung[64] *„Wertewandel – Verlust der Normen oder Orientierungssuche?"* den neu-rechten Philosophen Günter Rohrmoser ein. Der Stuttgarter Professor ist eine jener Figuren, die unter dem Deckmantel der Wissenschaftlichkeit rechtsextremen Überzeugungen den Weg in die bürgerliche Gesellschaft ebnen.

Im Konservativismus finden die 'Neuen Rechten'[65] die Ansatzpunkte, im akademischen Habitus die Legitimation. Das Ergebnis ist, daß ausgrenzende und in der Konsequenz tödliche Ideologien – fernab von glatzköpfigen Schlägerbanden – dem bürgerlichen Geschmack angepaßt werden.

So weit sieht sogar schon der NRW-Verfassungsschutz: *„Die Publikationen der 'Nouvelle Droite'[66] insbesondere von Alain de BENOIST, spielen eine wesentliche Rolle bei dem Versuch, rechtsextremistisches Gedankengut ideologisch zu modernisieren. Träger dieser oft auch als rechte Kulturrevolution bezeichneten Gedanken sind Schriften wie Criticon, Junge Freiheit, Nation Europa und Europa vorn. Die größte Verbreitung hat die Junge Freiheit, die seit Anfang 1994 in Potsdam wöchentlich herausgegeben wird. Ihre Redakteure stehen den REP nahe. Die Schranken*

---

[64] Eine Reihe von Vorlesungen, bei der jeweils verschiedene DozentInnen referieren. Meist sind auch ReferentInnen von außerhalb eingeladen. Diese Ringvorlesung 'Wertewandel...' ist nicht zu verwechseln mit der Ringvorlesung 'Von der Diktatur zur Demokratie', von der später die Rede sein wird.

[65] Sammelbegriff für den Versuch einer Modernisierung des Neofaschismus. Die 'Neue Rechte' stellt eine partei- und gruppenübergreifende Strömung dar. Sie bemüht sich um eine intellektuelle Untermauerung des Neofaschismus und strebt eine kulturelle und politische (Vor-)Herrschaft an. Hierbei knüpft sie an die 'Konservative Revolution' der 20er und 30er Jahre an, bei der es sich um verschiedene faschistische Strömungen außerhalb der NSDAP handelte. Eines ihrer wichtigsten Organe ist die Wochenzeitung *Junge Freiheit*.

[66] frz.: Neue Rechte.

zwischen Konservativen, 'Neuen Rechten' und Rechtsextremisten werden bewußt verwischt."[67]

Der Verfassung, die hier vor ihm geschützt wird, steht Rohrmoser nicht in allen Punkten ablehnend gegenüber. Bietet sie ihm doch die Grundlage seines völkischen Nationalismus, indem sie die Staatsbürgerschaft von der Abstammung abhängig macht. Diesen Blut-und-Boden-Volksbegriff kombiniert Rohrmoser mit dem Konstrukt einer fundamental-christlichen kulturellen Volksgemeinschaft. Auf dieser Grundlage bereitet er den Boden für die Ausgrenzung von Menschen anderer Religionsgemeinschaften und MigrantInnen. Gleichzeitig zementiert er die, christlich begründete, patriarchale Gewalt. Seine Thesen verbreitet er in den schon genannten Zeitschriften *Junge Freiheit* oder *Nation Europa* oder der Zeitschrift *Mut*[68].

Rohrmoser ist Gründungsmitglied des Studienzentrums Weikersheim e.V., über das Claus Leggewie schreibt: „*Befreundete Blätter wie der 'Rheinische Merkur' oder die erzklerikale 'Deutsche Tagespost' aus Würzburg stufen das Weikersheimer Kollegium gern als 'Vorhut der Mitte' ein; die meisten Unionsmitglieder und -führer erblicken in diesen aufgeregt-apokalyptischen Versammlungen jedoch eher die rechtsextreme Retourgarde der Partei. [...] Insbesondere dem quirligen, kein verbales Scharmützel auslassenden und podiumsfesten Sozialphilosophen Rohrmoser schien die Kohl-CDU nicht auf der Höhe der Zeit: Die Jahre seit 1969 auf den ungewohnten Oppositionsbänken seien vertan worden; statt sich geistig-ethisch zu profilieren, habe sich die Union in einen taktischen, situationsbezogenen Opportunismus und in einen diffusen Populismus geflüchtet. Kurzum: für ihn drohte die CDU [...] einen psychologisch-emotional längst eingetretenen Epochenwechsel zu verpassen und sich mit dem Liberalismus auf eine ideologische Basis zu stellen, deren Tage längst gezählt seien. Statt dessen müsse die Union die 'neuen Themen' be-*

---

[67] NRW-Verfassungsschutzbericht 1993, nach *Ein Loch in der Zensur* Nr. 56. Juli/August 1995.

[68] Daß inzwischen immer häufiger SozialdemokratInnen in *Mut* schreiben, spricht nicht für die Zeitung, sondern macht deutlich, daß mensch sich erstens (spätestens jetzt) ernsthaft Sorgen um die SozialdemokratInnen machen sollte und zweitens, daß die eingangs geschilderte Strategie der 'Neuen Rechten' zum Teil erfolgreich ist. Heimliche Rechte, die offen faschistische Parolen anrüchig oder übertrieben finden, können in der 'Neuen Rechten' eine neue politische Heimat finden. Für den rechten Flügel der Sozialdemokratie ist das ebenso interessant wie für frustrierte, aber gut erzogene CDUlerInnen.

setzen und politisch gestalten, ihre eigene Tabuisierung des Konservativismus durchbrechen und sich als christlich-national-konservative Partei neu profilieren. [...] 1985 erregte Günter Rohrmoser auf diese Weise viel Aufsehen, als er die CDU an der Macht als 'geradezu vulgär-materialistisch und primitiv-marxistisch' aus- und niedermachte."[69] In einem Interview sagt Rohrmoser über sich selbst: „Rohrmoser z.B. ist in der politischen Urteilskraft, die dem Kanzler von Natur aus zur Verfügung steht, zweifellos ein Rechter, den man gar nicht weit genug von sich weisen kann."[70]

Nun, die RWTH, genauer Prof. Kerner, hat ihn eingeladen. Seit Bekanntwerden dieses Vorhabens hatte es Proteste gegeben. Das Stadtmagazin *Klenkes*, die Zeitung der Fachschaft Mathe/Physik/Informatik, *Was'n los?*, und das *LiZ* hatten kritisch über Rohrmoser berichtet. Am 4. Juli, zwei Tage vor dem geplanten Vortrag, richteten die Fachschaft Mathe/Physik/Informatik und wir einen offenen Brief an Rektor Habetha, um ihn vielleicht auf diesem Wege zur Vernunft zu bringen:

„Sehr geehrter Rektor Habetha,

auf Einladung des Außeninstitutes der RWTH Aachen soll am dieswöchigen Donnerstag der Rechtsaußen-Philosoph Rohrmoser den Vortrag 'Wertewandel und Wertezerfall' halten.

Gerade im Jahr des 125-jährigen Bestehens der RWTH, in dem der frühere Rektor Schwerte als SS-Hauptsturmführer Schneider enttarnt wurde, zeigt sich einmal mehr die Durchsetzung der RWTH mit rechtsextremen Tendenzen.

Sie als Rektor repräsentieren diese Hochschule, die sich sonst ihrer Weltoffenheit und ihres hohen AusländerInnenanteils rühmt. Dies widerspricht der Tatsache, daß mit einem solchen Vortrag ein Forum zur Verbreitung rechts-nationalen Gedankenguts geschaffen und sicher auch genutzt wird. Eine Hofierung solcher Personen sollte an der Hochschule keinen Platz haben.

Wir fordern Sie hiermit auf, für die Absage dieses Vortrags Sorge zu tragen.

Beiliegend Artikel aus der Zeitschrift Klenkes und der Fachschaftszeitung Mathematik/Physik/Informatik zur Person Rohrmosers, in denen die ins rechtsextreme Lager aufgehende Persönlichkeit des Referenten dar-

---

[69] Claus Leggewie: Der Geist steht rechts. Ausflüge in die Denkfabriken der Wende. Berlin 1987, S.50ff.

[70] ebd. S.55.

gestellt wird.

Mit freundlichen Grüßen

Fachschaften Philosophie und Mathematik/Physik/Informatik an der RWTH Aachen"

Die Veranstaltung finde auf jeden Fall statt, zitierte das Radio den Rektor.

Mit FreundInnen aus der Stadt-Antifa, dem AStA der Fachhochschule[71], dem Antifa-Projekt der Fachhochschule und diversen anderen linken Gruppen der Stadt setzten wir uns zur Besprechung zusammen. „Rohrmoser kein Forum bieten", war schnell als Konsens gefunden. Uns allen war klar, daß gerade Hochschulen mit ihrem Schein der Objektivität und Wissenschaftlichkeit, gefährliche Schnittstellen zwischen Konservativen und Neuen Rechten sind. Wenn mensch Rohrmoser mit Berufung auf Redefreiheit auftreten läßt, wird ihm die Möglichkeit gegeben, seine rassistischen Brand-Sätze zur Themenvorgabe für Konservative zu machen. Jede scheinbar noch so objektive Untersuchung geht von Voraussetzungen, Definitionsmengen aus. Wenn die Definitionsmenge Rassismus ist, ist das Ergebnis rassistisch. Also sollte Rohrmoser besser gleich gar nicht reden. Wir faßten einmal mehr keinen klaren Plan, sondern verabredeten schlicht das gemeinsame und entschlossene Erscheinen. Die meisten der vielleicht dreißig AntifaschistInnen hockten sich am bewußten Termin gleich in die ersten Reihen des ansonsten nicht besonders gut gefüllten Hörsaals, andere verteilten sich im Raum. Kanzler Jürgen Keßler fand die üblichen weihevollen Worte, mit denen Hochschulgastvorträge eingeleitet werden. Als Rohrmoser dann ans Rednerpult schritt, riefen einige von uns Dinge wie: „den wollen wir nicht hören", und schon war ein leichter Tumult im Gange. Zwei Menschen verlasen den Text über Rohrmoser, der in der *Was'n los?* und dem *LiZ* erschienen war. Wenn Rohrmoser sprechen wollte, klopften wir auf die Tische, so daß er nicht zu hören war. Daraus ergab sich einiges Hin- und Hergeschrei zwischen uns, dem Rest des Publikums und den Veranstaltern. Wir wurden dabei vom hochschuleigenen Fotograf

---

71 Außer der Technischen Hochschule RWTH gibt es in Aachen noch die Fachhochschule (FH), sowie Abteilungen der Katholischen Fachhochschule Nordrhein-Westfalen (KFH) und der Kölner Musikhochschule. Wir arbeiten häufig mit den StudentInnen der FH Aachen zusammen, deren Vertretung sehr viel politischer ist als der AStA der RWTH.

fotografiert. Daß Rohrmoser die StörerInnen als „Faschisten" bezeichnete, nahm Kanzler Keßler zum glücklichen Anlaß, „alle Faschisten" aufzufordern, den Raum zu verlassen. „Herr Rohrmoser, der Kanzler möchte, daß Sie gehen", tönte es aus einer hinteren Reihe. Rohrmoser wetterte, wir würden den „Gegenterror schon noch zu spüren" bekommen. Beweis genug für die Notwendigkeit der Aktion.

Die Veranstaltung wurde abgebrochen, Gerüchten zur Folge zogen einige Unentwegte auf das Haus der offen faschistischen Burschenschaft 'Libertas Brünn'. Wir hatten nicht gedacht, daß es so leicht sein würde. Nicht einmal unsere fast einen halben Meter lange und gut gefüllte Wasserpistole hatten wir einsetzen müssen. Noch am selben Abend schickten wir als Fachschaft eine Solidaritätsbekundung mit den erfolgreichen 'StörerInnen' an die Presse. Die Hochschule tobte. Umgehend schickte die Pressestelle eine Mitteilung:

„Im Zeitraum von zwei Wochen wurden insgesamt drei Veranstaltungen der RWTH Aachen von einer kleinen Chaotengruppe aus der Studentenschaft gestört. Während des Dies academicus mußten so zwei Vorträge mit anschließender Diskussion zum aktuellen Freilandversuch mit gentechnisch veränderten Rüben sowie zum Bevölkerungswachstum ausfallen. Auch eine geplante Institutsbesichtigung wurde kurzfristig wegen angedrohter Gewaltanwendung aus dem Programm des Tages gestrichen. Leidtragende der jüngsten Störungen waren die Gäste des Außen-Instituts, das zu einem Vortrag mit dem Stuttgarter Hochschulprofessor Dr. Günter Rohrmoser eingeladen hatte. Bereits am Vorabend der Veranstaltung hatten die Fachschaften I/1 und VII/1[72] den Rektor aufgefordert, den Vortrag im Rahmen der Reihe 'Wertewandel - Verlust der Normen oder Orientierungssuche?' ausfallen zu lassen. Im Hörsaal machte dann eine etwa 15köpfige Gruppe durch pausenlose Zwischenrufe und Sprechchöre das Referat unmöglich.

Die Hochschule wird nunmehr Anzeige wegen Hausfriedensbruch erstatten. Sie prüft ferner konkrete ordnungsrechtliche und polizeiliche Maßnahmen, um künftigen Ausschreitungen dieser Art zu begegnen. Auch hochschulinterne Instrumente werden entwickelt, diese Rechtsbrecher und Störer – zum Beispiel durch Exmatrikulation[73] oder Hausverbot – mit Sank-

---

[72] Die Fachschaft 1/1 ist die Fachschaft Mathematik/Physik/Informatik, 7/1 ist unsere Fachschaft Philosophie.

[73] Exmatrikulation ist die Abmeldung von der Hochschule. Exmatrikulieren kann mensch sich selbst, z.B. nach Beendigung des Studiums, oder mensch wird von der Hochschule exmatrikuliert. Diese Form der Exmatrikulation wird im Folgenden korrekt 'Zwangsexmatrikulation' genannt.

tionen zu belegen. Anzeige beabsichtigt inzwischen auch Prof. Rohrmoser zu erstatten, dessen Fahrzeug mit Farbbeuteln beschädigt wurde.

Es liegt der Verdacht nahe, daß es sich bei den Störern um den selben Personenkreis handelt, der auch den Freilandversuch der Biologie durch Beschädigungen der Pflanzen vereitelte und der durch wilde Plakataktionen Sanierungskosten an Hochschulbauten verursachte. Die Hochschule wird weiteren Aktionen dieser extremen Minderheit nicht tatenlos zusehen. In einer Resolution bezog der Senat der RWTH, das höchste Entscheidungsgremium der Hochschule, Stellung zu diesen massiven Eingriffen. 'Der Senat hält es für unabdingbar, daß Forschung und Ausbildung im Rahmen des geltenden Rechts ungehindert ausgeübt werden können. Gewalt als Mittel der Auseinandersetzung wird vom Senat verurteilt.' Die Hochschule wird die Freiheit der akademischen Streitkultur nicht durch einige wenige fanatische Desperados Schaden nehmen lassen. Alle Hochschulangehörigen sind zu geistigem Widerstand aufgerufen.

Toni Wimmer"

Das Stadtmagazin *Klenkes* kommentierte den Desperado jagenden Toni 'Luke' Wimmer mit der Überlegung, ob die Pressestelle nicht demnächst Steckbriefe mit den Portraits der ÜbeltäterInnen aushängen wolle – Fotos gab es ja.

Der AStA der Fachhochschule Aachen nebst 18 anderen Aachener Gruppen und Initiativen, die StudentInnenschaft der Ruhr-Uni Bochum und das Antifa-Referat des AStA der Gesamthochschule Wuppertal solidarisierten sich in Flugblättern oder Briefen an die Hochschulleitung mit den Rohrmoser-GegnerInnen, was denen, die sich ausmalen konnten, von etwaiger Zwangsexmatrikulation am ehesten betroffen zu sein, ziemlich gut tat. In der Fachschaft hatten wir öfter darüber gescherzt, daß diese Art, die Uni zu verlassen, die eleganteste sei und leidvolle Diskussionen mit FreundInnen und Familie ersparte, wenn mensch sich zum Studienabbruch entschlösse oder gar durch die Examensprüfungen fiele. Als es nun konkret wurde, war es nicht mehr so leicht und lustig. Wir machten uns einige Gedanken über Ausweichmöglichkeiten, waren aber entschlossen, uns durch die plumpe Repression politisch nicht verunsichern zu lassen.

Toll war der mutige Schritt des stellvertretenden Vorsitzenden des Ältestenrats der StudentInnenschaft[74] der TH, der in einem offenen

---

[74] Der Ältestenrat (ÄR) der StudentInnenschaft ist das Schlichtungsgremium des StudentInnenparlaments.

Brief seinen Rücktritt von diesem Amt erklärte und begründete. Besonders griff er den AStA der TH an, der sich, wie schon so oft, betont unpolitisch gab und zwischen alle Stühle setzte. Peinlicherweise bot sich der AStA-Vorsitzende Carsten Preusche auch noch als Vermittler zwischen uns und der Hochschule an, obwohl aus jeder seiner Äußerungen nur das völlige Unverständnis der Situation sprach. Eine vermittelnde Rolle ist gerade Aufgabe des Ältestenrates und eben diese wollte der stellvertretende Vorsitzende Hermann-Josef Diepers nicht mehr einnehmen, sondern die politische Verantwortung übernehmen, offen gegen Rohrmoser Stellung zu beziehen:

„Mein Amt im Ältestenrat, der als streitschlichtendes und beratendes Gremium der StudentInnenschaft der RWTH fungiert, verpflichtet mich zumindest zu innerstudentisch überparteilichem Handeln. Ich sehe mich derzeit außerstande, der Hochschulleitung und der Vertretung der StudentInnenschaft kritiklos zuzusehen. Nach der Affäre Schwerte/ Schneider ist als jüngster RWTH-Skandal die Einladung des Rechtsaußen-Philosophen Rohrmoser durch das Außeninstitut der RWTH zu sehen:

[...] Der AStA-Vorsitzende der RWTH distanzierte sich von den Störungen durch die StudentInnen und belegte sie mit dem 'Gewalt'-begriff. Im gleichem Atemzug wünschte er Diskussionen mit Rohrmoser und distanzierte sich von der Außeninstituts-Einladung.

Mir ist es angesichts der vollkommen gewaltfreien, notwendigen und gerechtfertigten Aktion nicht mehr möglich, mich unparteiisch zur Hochschulleitung und insbesondere zur Vertretung der StudentInnenschaft zu verhalten: Als ÄR-Mitglied wäre ich dazu verpflichtet, kann jedoch nicht weiter zusehen, daß der AStA sich dermaßen unpolitisch und unglaubwürdig verhält:

Der AStA ist im einladenden Außeninstitut der RWTH vertreten. Warum hat er dort seinen Einfluß nicht gegen den Vortrag Rohrmosers geltend gemacht, warum ihn erst nach den Störungen abgelehnt? Schon vor einem Monat wurde öffentlich Rohrmosers Vortragseinladung kritisiert. Die Kritik fand Verstärkung durch einen offenen Brief der Fachschaften Mathematik/Physik/Informatik und Philosophie, die das Rektorat aufforderten, den Vortrag abzusagen. Der AStA muß sich fragen lassen, was er im Vorfeld getan hat!

Der AStA (-Vorsitzende) wünschte statt der Störungen 'Diskussionen' mit Rohrmoser. Aber: Kein AStA-Vertreter war (meines Wissens) selbst anwesend, um Rohrmosers Ideologien auch nur einen Satz entgegenzusetzen, so daß auch hier die AStA-Kritik unlauter erscheint. Abgesehen davon ist anzunehmen, daß gerade diese Art von Umgang mit der 'Neuen Rechten' dazu führt, ihre Thesen als diskutabel und wissenschaftlich erscheinen zu lassen und somit Rohrmosers eigener Taktik entspricht.

Aufgrund seiner Abwesenheit hätte er zudem auf eine 'Gewalt'-Distanzierung verzichten sollen, da er sich kein Bild von den 'Störungen' machte und den 'Gewaltbegriff' verantwortungslos benutzt. Wenn Gewalt gerade heute, angesichts mörderischer Brandanschläge auf AusländerInnen und Abschiebung von AsylbewerberInnen in Folterstaaten, gerade im Zusammenhang mit Rohrmosers ideologischem Gedankengut zu kritisieren wäre, fällt dem AStA-Vorsitzenden nichts besseres ein, als gewaltfreie Formen des zivilen Widerstandes gegen die Verbreitung rechtsnationaler Ideologien als 'Gewalt' zu bezeichnen.

Der RWTH-AStA-Vorsitzende wäre ehrlich gewesen,

wenn er – wie in einem Flugblatt die Burschenschaft Libertas – Redefreiheit auch für einen Rechtsextremen gefordert hätte,

wenn er sich – in welcher Form auch immer – im Vorfeld des Vortrags mit Rohrmoser auseinandergesetzt hätte und Stellung bezogen hätte. Im Nachhinein sein Desinteresse oder seine Inkompetenz in dieser Auseinandersetzung durch anbiedernde 'sowohl als weder'-Sprüche zu überdecken, ist unglaubwürdig und verneint politische Verantwortung.

In gewisser Hinsicht bedauere ich die Notwendigkeit meiner Entscheidung, da ich im letzten Jahr auf eine gewisse Basis überparteilicher Positionen der StudentInnenschaft (z.B. zu den Gentechnik-Freilandversuchen) als Prämisse meines gleichzeitigen politischen Auftretens und meiner Rolle als ÄR-Mitglied zurückgreifen konnte.

Ich selbst sehe es jetzt als notwendig an, offen Position gegen die Hochschulleitung und gegen Organe der StudentInnenschaft beziehen zu können. Dies ist mit meinem Amt nicht vereinbar und fordert somit meinen Rücktritt."[75]

Doch der AStA stand mit seiner Politik der Unpolitik nicht allein. Es fanden nun des öfteren Studierende den Weg zu uns, um ihre Mißfal-

---

[75] Hermann-Josef, der während der 'Störung', ohne groß aufzufallen, in einer hinteren Reihe gesessen hatte, der Hochschule aber als unbequemer Gesprächspartner aus so manchem Gremium und aufgrund seines Engagements gegen den Genversuch bekannt war, erhielt prompt nach seinem öffentlichen Rücktritt eine polizeiliche Vorladung wegen „*des Versuchs der Störung einer Versammlung*". Thomas, der auch so eine Vorladung erhielt, war ebenfalls auf Sonntagsspaziergängen am Genacker gesehen und fotografiert worden und zudem wegen seiner Aktivitäten im Fall Schneider unbeliebt.

lensbekundungen zu äußern – sehr unbeholfen die meisten, eher ihre Hilflosigkeit als eine politische Haltung ausdrückend. Am häufigsten wurden uns 'SA-Methoden' vorgeworfen. Das Reden von gewalttätigen Aktionen mußte ihre Phantasie beflügelt haben, sie hatten die Veranstaltung ja nicht selbst erlebt. So gingen uns die eigentlich ja notwendigen Diskussionen vor allem in ihrer Häufigkeit und Gleichförmigkeit manches Mal auf die Nerven, halfen uns aber dennoch, uns selbst zu überprüfen und unsere Ansätze deutlich zu formulieren. Zentral schien es uns, eine Diskussion vom Zaun zu brechen, deren Thematik nicht durch den/die VortragendeN bestimmt war. Bei der Diskussion um den Freisetzungsversuch war zum Beispiel sehr lang und ausführlich angebliches ExpertInnenwissen vorgetragen worden und auf dieses sollte sich die Diskussion dann ausschließlich beziehen. Damit wurden grundlegende Fragen von vornherein ausgeschlossen und den 'ExpertInnen' die Möglichkeit eröffnet, die Öffentlichkeit hinters Licht zu führen.

In Sachen Rohrmoser lag der Fall noch deutlicher, weil er im EU-weiten Mediendiskurs schon vorexerziert war. Durch Kampagnen wie die sogenannte 'Asyldebatte' war die 'Ausländerfeindlichkeit' zielgruppengerecht herbeigeredet und herbeigeschrieben worden, so daß die einen – wie geplant – mit Pogromen und Brandanschlägen, die anderen – auch gewollt – mit regulierenden Einwanderungskonzepten reagierten. Die Frage, wie denn jemand dazu komme, ein 'Ausländerproblem' mit 'Überfremdung' und 'Asylmißbrauch' zu konstruieren, sollte nicht mehr gestellt werden und wurde ja auch immer seltener gestellt.

Daher war uns klar, daß es notwendig ist, auch auf lokaler Ebene wachsam zu sein und Fragen aufzuwerfen, bevor eine träge Öffentlichkeit die Themenstellung aus dem Spektrum der 'Neuen Rechten' gefressen hat. Das war uns im Fall Rohrmoser annähernd gelungen und das war gut so.

Exakt eine Woche nach der Verhinderung Rohrmosers trat wieder der Senat zusammen, das Gremium also, das durch Einrichtung eines 'Ordnungsausschusses' den Grundstein für eine Zwangsexmatrikulation legen muß. Wir hatten in der Zwischenzeit durch eine informelle Anfrage beim Wissenschaftsministerium erfahren, daß es bisher in NRW keine einzige Zwangsexmatrikulation als Strafmaßnahme gegen ungezogene Studierende gegeben hat. Außerdem waren wir bei einem Anwalt gewesen und hatten uns über die rechtlichen Möglichkeiten betreffs Zwangsexmatrikulation schlau gemacht. Dieselben Paragraphen hatten auch Rektor Habetha und Kanzler Keßler gewälzt und mensch sah ihnen und einigen Professoren im Senat an, wie sehr sie geradezu danach lechzten, ausführender Teil des Wimmerschen Racheplans zu werden.

Einem studentischen Vertreter im Senat wurde dagegen sichtlich übel, als Habetha verkündete, ein vollständig besetzter Ordnungsausschuß zur Durchsetzung einer Exmatrikulation bestehe aus *„der oder dem Vorsitzenden, einem Mitglied des Rektorats und einer Vertreterin oder einem Vertreter der Gruppe der Studierenden [...]. Die Vertreterin oder der Vertreter der Gruppe der Studierenden und ihre Stellvertreterin oder sein Stellvertreter werden von der Gruppe der Studierenden im Senat gewählt.“*[76]

Der Rektor zitierte weiter: *„Das Verfahren vor dem Ordnungsausschuß wird auf Antrag des Rektorates eingeleitet. Der Antrag muß innerhalb von zwei Wochen nach der Pflichtverletzung schriftlich beim Ordnungsausschuß gestellt werden. Das Verfahren ist unverzüglich durchzuführen. Der Ordnungsausschuß ist beschlußfähig, wenn die oder der Vorsitzende und ein weiteres Mitglied anwesend sind. Die Vorschriften über das förmliche Verwaltungsverfahren der §§ 63 bis 71 des Verwaltungsverfahrensgesetzes für das Land Nordrhein-Westfalen sind anzuwenden. Der Ordnungsausschuß ist Behörde im Sinne des Verwaltungsverfahrensgesetzes. Die Entscheidung [...] ist schriftlich zu begründen, mit einer Rechtsmittelbelehrung zu versehen und dem Betroffenen zuzustellen. Im Falle der Exmatrikulation ist die Entscheidung allen anderen Hochschulen im Geltungsbereich dieses Gesetzes mitzuteilen. Gegen die Entscheidung des Ordnungsausschusses kann unmittelbar Klage zum Verwaltungsgericht erhoben werden.“*

Es folgte eine Diskussion, die interessante Einblicke in die Geisteshaltung eines Teils der Professorenschaft bot. Sie befürchteten, ein Rausschmiß würde erst recht unsere kriminelle Energie freisetzen und uns gleichzeitig noch weiter als bisher der Kontrolle entziehen. Von einem studentischen Senator wurde darauf aufmerksam gemacht, daß es sich bei den 'StörerInnen' nicht ausschließlich um Studierende der RWTH gehandelt habe. Die Aktion sei zum Beispiel auch vom AStA

---

[76] §69(6f) UG, zu finden in: Ministerium für Wissenschaft und Forschung des Landes Nordrhein-Westfalen (Hg.): Handbuch Hochschulen in Nordrhein-Westfalen. Bd. I: Gesetze – Verordnungen – Erlasse, Düsseldorf 1994, S. 65.

der FH unterstützt worden. Das beflügelte die Allmachtsphantasien einzelner Professoren sehr. Sie debattierten sogar, ob mensch nicht von der TH aus auch FH-StudentInnen exmatrikulieren könne.

Es ist schwierig, diese Bügel-im-Kreuz-gegen-fehlendes-Rückgrat-Mentalität in wenigen Worten zu beschreiben. Ich greife auf Kurt Tucholsky zurück, der über Heinrich Manns Buch *Der Untertan* schrieb, es sei „*das Herbarium des Deutschen Mannes. Hier ist er ganz: in seiner Sucht zu befehlen und zu gehorchen, in seiner Roheit und in seiner Religiosität, in seiner Erfolganbeterei und in seiner namenlosen Zivilfeigheit.*" Und tatsächlich, hier glaubten Untertanen, durch bedingungslose Loyalität zur Obrigkeit selbst ein Stück Macht zu werden, unfähig einen Gedanken an Selbstbestimmung, an Verantwortung zuzulassen. Aus purer Angst vor der Freiheit, zogen sie heute Rohrmoser vor, so wie sie vor 62 Jahren den Faschismus vorgezogen hatten. Die selben Untertanen. Pech für sie, am Ende gab es keinen Befehl, sondern eine Abstimmung. Sie stimmten gegen die Einsetzung des Ordnungsausschusses, denn sonst hätten sie selbst die Verantwortung übernehmen müssen.

Erfahrungswerte

Wir fragen nach 'gestern' und meinen 'heute' – das gibt Ärger – wozu gibt es ProfessorInnen? – Alex hat keine Ferien.

Die Zwangsexmatrikulationen waren also erst einmal vom Tisch, und inzwischen neigte sich das Semester dem Ende zu. Mit den Ferien würde die Ruhe einkehren, die sich die Hochschulleitung zur Vorbereitung ihres Jubiläums wünschte. Natürlich verspürten wir große Lust, ihr einen gehörigen Strich durch die Rechnung zu machen, aber ebenso eine nicht minder große Lust, fern von alten Nazis und spießigen Professoren ein bißchen in der Sonne 'rumzulungern. Schwer genug, beides unter einen Hut zu bringen, ganz abgesehen davon, daß in den letzten Monaten das Studium, das Geldverdienen, die anderen politischen Gruppen und das Privatleben sowieso zu kurz gekommen waren. Jetzt, als der nachlassende Rummel Raum zum Nachdenken ließ, taten sich unter den in Sachen Schneider aktiven FachschafterInnen Schwierigkeiten auf. Ein Großteil unserer Arbeit hatte bisher im Reagieren auf Äußerungen oder Vorfälle außerhalb unserer Gruppe bestanden. Die verschiedenen Arten zu reagieren hatten, nicht zuletzt des persönlichen Interesses der jeweils Handelnden wegen, eine Eigendynamik erhalten, und diese sich so von der Fachschaft als Kollektiv zum Teil recht weit entfernt. Letztlich fühlten sich alle von den anderen im Stich gelassen. Die einen zogen daraus die Konsequenz, nun erst recht allein weiter zu arbeiten, wodurch sich das Informationsgefälle immer weiter vergrößerte. Die anderen fühlten sich ohne die Besprechungen im Kollektiv nicht in der Lage oder ausreichend legitimiert, überhaupt weiter zu arbeiten und verwandelten ihre Energie in Frust und schlechte Laune. Am deutlichsten wurde der Konflikt in der Auseinandersetzung um das, was die KritikerInnen den „Rückzug in die Archive" nannten.

Dem Märchen des unentdeckten Einzelfalls 'Schwerte' hatten wir nie Glauben geschenkt, aus der Recherche einiger JournalistInnen ergaben sich Hinweise auf Seilschaften, die Schneider geholfen hatten, 'Schwerte' zu werden. Auch plauderten einige Aachener Professoren und Dozenten gerne aus dem Nähkästchen. Dr. Zondergeld hatte uns zudem die Möglichkeit eröffnet, im Amsterdamer Rijksinstituut voor Oorlogsdocumentatie (RIOD) nach gewissen Schlüsselfiguren zu forschen. Er konnte uns auch helfen, die Ergebnisse richtig einzuschätzen zu lernen. Die vor allem personellen Hintergründe von 'Schwertes' Berufung nach Aachen, die Umstände seines verborgenen Lebens hier und ganz besonders die Verwicklungen mit der Komparatistik lagen noch weitgehend im Dunkeln. Weil wir überzeugt waren, daß wenn nicht wir, niemand diese Fragen klären würde, war das ganze Kollektiv zunächst mit einer intensiven Recherche einverstanden.

Wir hatten jedoch stets die Auffassung vertreten, der eigentliche Skandal liege darin, daß 'Schwerte' offensichtlich 50 Jahre lang von wichtigen Figuren und Institutionen der Wissenschaft und Wissenschaftsverwaltung der BRD gedeckt und protegiert worden war, vielleicht trotz, vielleicht gerade wegen seiner SS-Mitgliedschaft, auf jeden Fall mit ausreichendem Wissen darum. Diese 'Demokratie' mit ihrem Mythos vom Neuanfang hatte sich einmal mehr entlarvt. Unser Ansatzpunkt zur Kritik lag also zunächst in der Gegenwart. Es ging uns um den heutigen Umgang mit dem Nationalsozialismus und den NationalsozialistInnen. Daß die nicht alle im Mai 1945 im Erdboden versanken, es sie aber in der Mitte der Gesellschaft ohne Bruch, vor wie nach 1945, gegeben hatte und noch immer gibt, mußte doch jedem Menschen klar sein. Der Fall Schneider offenbarte eine ungeheure Bereitschaft und Leichtigkeit, den Nationalsozialismus, die Wissenschaft und ihre Geschichte, eigentlich das gesamte öffentliche Leben aus der individualisierten und psychologisierten Perspektive Schneiders oder eines/einer beliebigen anderen TäterIn zu sehen. Das war es, was wir so unmittelbar noch nicht erlebt hatten und was uns entsetzte. Über diejenigen, die Schneider und Co. heute in Schutz nahmen, die lieber einigen StudentInnen die Hölle heiß machten, als sich der Auseinandersetzung mit ihrem Fach und sich selbst zu stellen, auch über diejenigen, denen die Gerüchte um die SS-Mitgliedschaft selbstverständliche und willkommene Manövriermasse in der Pöstchenschieberei war, würde in 50 Jahre altem Archivmaterial nichts zu finden sein. Deren Verhalten mußte öffentlich und provokant in Frage gestellt werden. Weil wir uns damit selbst Attacken aussetzten, kostete das viel Kraft und erforderte Solidarität innerhalb des Kollektivs. Im Fall Stetter hatten wir die zuletzt nicht mehr aufgebracht und so war er mit seiner Schmutzkampagne recht glimpflich davon gekommen. Viel zu glimpflich, fanden einige unter uns. Der damit verbundene Frust lud sich an denen ab, die sich in Bibliotheken und Archiven umgesehen hatten, und auf *Beweise* gestoßen waren, daß Schneider alles andere als der viel zitierte Einzelfall gewesen war. Sie bohrten sich in ihren Akten fest und wurden dementsprechend selten in der Fachschaft gesehen, was ihnen dann als mangelnde Solidarität ausgelegt wurde. Andererseits verloren sie ohne den steten Kontakt zu denen, die sich weiterhin fleißig mit der Hochschule, später auch mit dem Ministerium, stritten, den Bezug zur aktuellen Situation, so daß auch die Recherchen in Gefahr gerieten, ein Stück engagierte und wertvolle wissenschaftliche Arbeit zu werden, was zwar toll war, uns aber unserem vor Monaten formulierten Ziel nicht mehr näher brachte.

Erst viel später, im Oktober 1995, fanden wir Ruhe und Gelegenheit, diesen Konflikt zu besprechen. Rückblickend konnten wir kaum noch verstehen, wie es uns, trotz der Unmenge an Mißverständnissen und auch unterschiedlichen Ansatzen, hatte gelingen können, so intensiv, kontinuierlich und erfolgreich zu arbeiten und dabei nach außen eine Gruppe zu mimen, die wie Pech und Schwefel zusammenhielt. Das war nur dadurch zu erklären, daß am Ende bei allen doch die Empörung über die Kette der Abscheulichkeiten und der Wunsch, diese schonungslos aufzudecken, die Triebfeder blieb. Doch was war das Abscheulichste und verdiente die meiste Beachtung, wo mußte die Arbeit ansetzen? Mußten wir die Gelegenheit der ersten Aufmerksamkeit und der besonderen Situation aufgrund des Jubiläums nutzen und schnell und pressewirksam handeln, oder sollten wir uns lieber die Zeit nehmen, bis wir fundierte Antworten auf alle Fragen hätten? Alles war abscheulich, alles verdiente Beachtung, wir mußten schnell handeln und fundierte Antworten haben, war das zusammengefaßte Ergebnis der Diskussion, und daß wir uns viel Frust erspart hätten, wenn wir das vor Monaten in dieser Form diskutiert hätten. Vielleicht hätten uns so genaue Überlegungen aber auch den Mut genommen, die Sache überhaupt anzugehen. Können im Kern vier Leute mit einem nicht gerade riesigen Kreis von mehr oder weniger entschlossenen UnterstützerInnen öffentlichkeitswirksam gegen den gutbezahlten Propagandaapparat der RWTH anstinken und gleichzeitig zumindest einen Teil ihrer braunen Vergangenheit in diversen Archiven nachforschen und beides in einer Broschüre, in Vorträgen und Ausstellungen dokumentieren? Nun gut, sie konnten. Es hat uns die Sommerferien und einige Nerven gekostet, einige FreundInnen, einige FeindInnen und viele Erfahrungen eingebracht.

Da waren zum einen die ganz praktischen Erfahrungen. Zum Beispiel, daß wir lernen konnten, wie historische Archive funktionieren und wie mensch sie nutzen kann. Im Prinzip war es am Ende nicht viel anders als die Arbeit in Bibliotheken, aber für uns bis dato doch ein Buch mit sieben Siegeln. Ein echter Gewinn war auch der Verlust des (letzten) Respekts vor Obrigkeitsinstitutionen, wie dem Ministerium und der Uni, aber auch vor der Wissenschaft als solcher. Thomas hatte im Zuge seiner Recherchen mit Leichtigkeit Akten aufgetan, die zum Teil seit 50 Jahren ungesehen verschimmelten und die ihn sofort zum Experten in Sachen SS-Nachkriegsplanungen machten. Das wurde nur deshalb oft nicht anerkannt, weil ihm der akademische Titel und damit die Garantie für seine Loyalität zum Wissenschaftsbetrieb fehlte. Hingegen sprach auf einem Symposium[77] zum Fall Schneider Anfang 1996 in Erlangen, wo 'Schwerte' bis zu seiner Berufung nach Aachen gelehrt hatte, niemand, der oder die die Diskussion ernsthaft hätte weiterbringen können. So mußte nach der Lektüre der entsprechenden Zeitungsberichte der Eindruck entstehen, die ReferentInnen hätten sich allein durch ihre akademischen Titel qualifiziert, nicht durch ihre wissenschaftliche Forschung zum The-

---

[77] wissenschaftliche Fachtagung.

ma. Auch die Zeitungen selbst informierten in erster Linie über die Unwissenheit ihrer JournalistInnen.

Parallel dazu mauserte sich der ehemalige Aachener Professor Rehberg sogar zum bewunderten 'Schneider-Experten', ohne in einem ganzen Jahr über den Stand der Pressediskussion vom April 1995 hinauszukommen. Das immerhin gelang 'Schwertes' Nachfolger in der Aachener Germanistik, Prof. Buck, in seiner Abschiedsvorlesung, doch mußte er dazu eingestehen oder vorgeben, daß 'Schwerte' in seiner Germanistenlaufbahn nichts Großartiges zu Wege gebracht habe, seine Veröffentlichungen gar *„durchsetzt mit unverarbeiteter Blut-und-Boden-Mystik"* seien[78]. Hatte Buck recht, konnte also zweierlei der Fall sein: Entweder 'Schwerte' war zum angesehenen Professor und zum immer wieder heraufbeschworenen 'Begründer der ideologiekritischen Germanistik' geworden, ohne daß sein Werk je kritisch oder nur aufmerksam gelesen worden war – oder aber es war gelesen worden, aber niemand war in der Lage oder Willens gewesen, das Offensichtliche wahrzunehmen. Keine der beiden Möglichkeiten sprach für die GermanistInnen in 'Schwertes' Dunstkreis.

Wir hatten schon während des normalen Studienalltags manches Mal Grund gehabt, an der Kompetenz unserer LehrerInnen zu zweifeln. Meist führten wir das aber auf die übermäßig technische Ausrichtung unserer Hochschule und dem daraus resultierenden nicht sehr guten Ruf unserer Fakultät zurück. Wirklich gute ProfessorInnen würden sich vielleicht gar nicht nach Aachen bewerben oder nur, um von hier aus auf einen besseren Job zu warten. Aus manchem Berufungsverfahren war uns die Argumentation, einE BewerberIn sei für Aachen 'eine Nummer zu groß' und daher abzulehnen, bekannt. Eine kompetente Konkurrenz ist schließlich auch Maßstab für die eigenen Fähigkeiten und daher nicht gern gesehen. Über die letzten Wochen und Monate hatten wir aus einem neuen Blickwinkel auf die Wissenschaft sehen und feststellen können, daß mangelnde Kompetenz kein Aachener Spezifikum ist und hier, wie sonstwo, meist gepaart mit politischer Ignoranz auftritt. Das Bild von weltoffenen, geistig beweglichen WissenschaftlerInnen, die, sich für dummes Stammtischgeschwätz zu schade, gar in der Lage wären, im fachlichen wie politischen Diskurs ungeachtet der Person das bessere Argument gelten zu lassen, war – wo immer wir es her hatten – gründlich zerstört.

---

[78] AN vom 2.3.96.

Daß gerade die politische Ignoranz an der RWTH so offen gelebt wurde, brachte uns einige Male die neidischen Blicke nicht-Aachener Studierender ein, die an ihren Unis erst an mancher Fassade kratzen mußten, um die auch dort vorhandenen braunen Flecken sichtbar zu machen.

Expansion

Freundschaft hält zwei ganze Leben – der Rektor plant einen Überfall – Aachen ahnt sein fränkisches Erbe – Thomas schreibt den Regionalteil.

Als wir im Mai mit den Recherchen begannen, hatten wir keine Ahnung, wo wir anfangen sollten. Wir kramten die offizielle Geschichtsschreibung der Hochschule hervor und suchten nach Lücken. Wir stocherten in der Bibliothek und ließen uns überraschen. Hatten wir etwas gefunden, so spekulierten wir ohne Netz und doppelten Boden und wunderten uns, wenn die Realität unsere Hirngespinste übertraf. Wir recherchierten über die Strukturen und gegen die offiziellen Lehrmeinungen der Wissenschaft und begannen langsam zu begreifen, daß sie mehr zu verbergen hat, als wir uns überhaupt ausmalen konnten. Wir versuchten, unsere Fragen selbst zu beantworten.

Neugierig besuchte ich die Bibliothek des 'Schneider-Instituts', um zu sehen, welche Schriften des alten Chefs dort wohl zu finden wären. Ich stieß auf einen dicken, selbstgemachten Band der fotokopierten Nachkriegsaufsätze 'Schwertes' und begann zu blättern. Die Lektüre der Texte gab ich nach den ersten paar Blättern auf. Es waren unwichtige, langatmige, kaum verständliche Aufsätze aus Fachzeitungen. Erst ein mehr als fünfzigseitiger Grundsatztext über die deutsche Literatur im 20. Jahrhundert stach hervor. Er war den *Annalen der deutschen Literatur*, der ersten großangelegten Literaturgeschichte der Nachkriegszeit, entnommen, die der Erlanger Germanistikprofessor Heinz Otto Burger 1952 herausgegeben hatte.[79] An dessen Institut hatte Schneider kurz zuvor promoviert, und weil auch Burger eine nicht unbedeutende Stellung in der NS-Germanistik innehatte, lag der Verdacht nahe, daß beide sich bereits vor 1945 gekannt hatten. Schon

---

[79] Heinz Otto Burger (Hg.): Annalen der deutschen Literatur.- Stuttgart 1952; darin insbesondere Hans Schwerte: Der Weg ins Zwanzigste Jahrhundert.

ein kurzes Hineinlesen in 'Schwertes' Beitrag machte klar, daß er alles andere als der geläuterte, liberale Nachkriegswissenschaftler war, als der er uns bislang stets vorgeführt worden war. Seine Sätze strotzten von einer Rechtfertigung der Nazi-Literatur. Unverfroren stellte er sie auf eine Stufe mit den Werken verfolgter AutorInnen, bedauerte den kapitulationsbedingten Bruch und legitimierte die Anknüpfung an ihre Inhalte. Anfang der 50er Jahre dürften diese programmatischen Aussagen in einem derartigen Standardwerk ihre Wirkung auf das nazi-durchsetzte Kulturleben nicht verfehlt haben. Die strategische Bedeutung dessen für die künftige Ausrichtung der germanistischen Wissenschaft dürfte dem ehemaligen Leiter des Germanischen Wissenschaftseinsatzes wohl kaum entgangen sein. Dies war die erste Überraschung.

Die zweite fand sich wenige Seiten später. Hier waren die Kopien mehrerer kleinerer Aufsätze sowie eines Vorwortes 'Schwertes' aus dem Jahr 1954 dokumentiert. Sie entstammten einem Sammelband mit dem Titel 'Denker und Deuter im heutigen Europa', der seinerseits den Auftakt der Buchreihe 'Gestalter unserer Zeit' machte.[80] Schneider gab diese Reihe gemeinsam mit einem gewissen Wilhelm Spengler heraus, der uns allerdings völlig unbekannt war.

Ich las: *„Für das zukünftige Schicksal der europäischen Völker und seiner Menschen wird es entscheidend sein, ob Europa ein Konglomerat mehr oder weniger widerstreitender Nationalstaaten bleibt oder es zu einem Organismus höherer Einheit zusammenwächst."*[81] Organismus höherer Einheit? Ich hatte mich vor ein paar Jahren einmal mit den Europakonzeptionen der Nazis auseinandergesetzt und kannte solche Formulierungen. Also las ich weiter: *„Die Katastrophen zweier sich vor allem über Europa entladender Weltkriege haben die schon eingeleiteten Entwicklungen der übrigen Erdteile in einem Ausmaß verstärkt und beschleunigt, daß es eine immer unheimlicher werdende, anachronistische Geschichtsblindheit bedeutet, wenn die Europäer keine Konsequenzen aus diesen unwiderruflichen Fakten ziehen. Angesichts der Tatsache, daß unser Kontinent seine alte Zentralstellung politisch, wirtschaftlich und strategisch verloren hat, wird es eine nüchterne Frage zukünftigen Bestehens sein, ob wir uns bei dieser radikalen Umstrukturierung der Macht- und*

---

[80] Hans Schwerte, Wilhelm Spengler (Hg.): Denker und Deuter im heutigen Europa.- Oldenburg: Stalling-Verlag 1954 (= Gestalter unserer Zeit, Bände 1 und 2).

[81] ebd. S. 8ff

Kräfteverhältnisse auf der Erde zu einer geschichtlich wirksam werdenden höheren Einheit zusammenfinden oder nicht." Das, was da stand, hatte nichts mit Germanistik zu tun. Es wirkte wie die Fortsetzung der deutschen Europastrategien vor 1945. Hatte nicht auch Schneider damals an der Propaganda für ein 'großgermanisches Reich' mitgearbeitet? Er schrieb weiter: *„In steigendem Maße aber hat sich in den Nachkriegsjahren gezeigt, welche Schwierigkeiten bei dem Versuch entstehen, dieses Europa von oben her organisieren und konstruieren zu wollen mit Konferenzen und Ministerbegegnungen, Komitees, Ausschüssen und parlamentarischen Abstimmungen. Den Bemühungen der um Europa echt besorgten Staatsmänner muß vielmehr ein breiter Wachstumsprozeß von unten entgegenkommen, aus den Menschen und Völkern selbst heraus. In den einzelnen Menschen aller europäischer Völker muß sich endlich das vorwiegend noch aus dem nationalen Kulturerbe geprägte Bewußtsein erweitern zu einem gemeineuropäischen: wir müssen den ganzen europäischen Kulturraum als unsere größere, uns tragende Heimat empfinden und erleben lernen."* War das nicht eine exakte Beschreibung der kulturellen Basisarbeit für das germanische Reich, die Schneider in Den Haag und später von Berlin aus gemanagt hatte? Aus dem völkischen Ahnenerbe wurde kurzerhand das *„nationale Kulturerbe"*, aus dem germanischen Reich die europäische Gemeinschaft. Auch die folgenden Abschnitte drehten sich in reinstem Nachkriegsnazi-Jargon um den *„angestammten nationalen Raum"* und den *„lebendigen Zusammenhang des Sprach- und Volksraums"*, der vor *„einer verwaschenden Schablonierung bewahrt"* werden müsse. Selbst das germanische Reich tauchte, politisch korrekt formuliert, wieder auf. Genauer gesagt, lag es der Konzeption der gesamten Buchreihe zugrunde: *„Der erste Band spannt den Bogen Deutschland – Österreich – Schweiz – Niederlande/Belgien – Skandinavien; der andere, ebenso selbständig in sich wie der erste, den Bogen England – Frankreich – Spanien – Portugal – Italien – Osteuropa."*

Ich konnte es kaum glauben. Ganz offensichtlich paßte Schneider hier die Europapolitik des Ahnenerbes zielbewußt der Nachkriegssituation an. *„Dieser Prozeß"*, so schrieb er, *„bedarf der Geduld, weil er einen geistigen Wachstumsvorgang umschließt. Viele Wege werden für diese Verwandlung gebahnt und gegangen werden müssen. Einer von ihnen soll mit der Buchreihe 'Gestalter unserer Zeit' beschritten werden."*

Mit den 'Gestaltern unserer Zeit' waren Philosophen und Literaten der Gegenwart gemeint, die in kurzen Aufsätzen vorgestellt wurden.

Einleitende Kapitel über „*das geistige Antlitz*" des jeweiligen Herkunfts-
landes stellten ihr völkisches 'Kulturerbe' vor. Neben wenigen linken
und zahllosen konservativen 'Gestaltern' standen verschiedene faschistische Vordenker des In- und Auslandes. Zu den Autoren der Einzelbei-
träge zählten neben namhaften Konservativen der Adenauer-Zeit[82] verschiedene Vertreter der 'Konservativen Revolution'[83], einer faschistischen Strömung der 20er und frühen 30er Jahre, sowie frühe Vorkämpfer der 'Neuen Rechten'[84], die sich auf die 'Konservative Revolution'
bezogen. Schneider versuchte hier ganz offensichtlich, die verschiedenen
rechten Strömungen seiner Zeit in puncto Europa zu verschmelzen.
Lediglich allzu belastete NationalsozialistInnen fehlten; sie sollten wohl
den seriösen Anstrich des Projekts nicht gefährden. Statt dessen tauchten einige emigrierte und jüdische Gastautoren auf, die mit einiger Sicherheit nicht über die Identität 'Schwertes' informiert waren. „*Spätere
Bände sollen*", so kündigte 'Schwerte' an, auch „*die Leistungen der zeit-
prägenden europäischen Wissenschaftler und Forscher, Wirtschaftler, Sozia-
lethiker und Politiker herausstellen.*" Offenbar war ich also auf ein groß-
angelegtes, strategisch durchdachtes, in gewissem Sinne neofaschistisches
Projekt Schneiders gestoßen.

Zu meinem Erstaunen nutzte er die Gelegenheit, in einem Aufsat-
zes über den Schriftsteller Gottfried Benn das „*Doppelleben*" als „*das
epochale Wesensbild gegenwärtigen Menschentums*" zu mystifizieren.
Das Kokettieren mit der eigenen Biographie war unübersehbar. An-
derthalb Zeilen tiefer schrieb er: „*Denken und Handeln, Geschichte
und Ausdruck haben nichts miteinander zu tun.*" Wie muß dieser SS-
Funktionär gegrinst haben, als er so etwas zu Papier brachte.

Wir wollten nun wissen, wer Schneiders Mitherausgeber Wilhelm
Spengler war. Ein Blick ins Personenregister von Michael Katers Buch
zum Ahnenerbe reichte aus, die alte Bekanntschaft der beiden zu belegen. Doch interessanterweise kam Spengler keineswegs aus dem
Ahnenerbe, wie zu vermuten gewesen wäre, sondern aus dem SD,
dem Geheimdienst der SS. Wie Kater schrieb[85], hatte die Inlandsabtei-

---

[82] z.B. Arnold Bergstraesser, der das Einleitungskapitel „Das geistige Antlitz Europas" verfaßte.

[83] z.B. Hans Zehrer. Auch 'Schwerte' bezieht sich in einem Beitrag über den 'Gestalter' Hugo v. Hoffmannsthal positiv auf die 'Konservative Revolution'.

[84] z.B. Armin Mohler, der über seinen Ziehvater, den faschistischen Vordenker
Ernst Jünger, schreibt.

[85] Kater, a.a.O. S. 346f.

lung des SD bereits 1943 versucht, sich in die germanische Wissen-schaftsarbeit einzuklinken. Vor allem die SD-Abteilungen 'Volkstum' und 'Kultur' arbeiteten hierzu eng mit Schneider zusammen. Der Lei-ter der Kulturabteilung war niemand anderes als Wilhelm Spengler. Noch ein weiterer SD-Funktionär tauchte im Zusammenhang mit den 'Gestaltern unserer Zeit' auf: Spenglers Untergebener Hans Rössner, der die SD-Abteilung 'Volkskultur und Kunst' leitete, in dieser Funktion mehrfach mit Schneider verhandelte und sich Anfang der 50er Jahre als Lektor im Oldenburger Stalling-Verlag verdingte, jenem Verlag, wo die 'Gestalter unserer Zeit' erschienen.[86] Zum er-sten Mal konnten wir damit zwei jener alten 'Kameraden' benennen, die in die Namensänderung Schneiders eingeweiht waren und mit ihm zusammen – dies widersprach seinem angeblichen demokrati-schen Neuanfang – ihre alte Politik fortsetzten.

Ich suchte nach weiteren Fakten, suchte in der Autorenliste der Buchreihe nach weiteren Ahnenerbe- und RWTH-Mitgliedern. Ich versuchte zu klären, ob es bereits vor 1945 Planungen für das Projekt gegeben hatte. Ich rief in Oldenburg an und fragte nach den Unterla-gen des Stalling-Verlags, doch der Verlag sei pleite gegangen und das Verlagsarchiv angeblich auf dem Müll gelandet. Zwischenzeitlich hat-te der WDR die Schneider-Spengler-Connection mit Hilfe des Wis-senschaftshistorikers Gerd Simon öffentlich gemacht und den peinli-chen Ausflüchten 'Schwertes' gegenübergestellt. Der Mythos von der politischen Läuterung Schneiders war damit zerplatzt, den Aachener Verstrickungen waren wir jedoch keinen Schritt näher gekommen.

Wir durchkämmten die Liste der HochschullehrerInnen vor und nach 1945, die wir in der Festschrift zur 100-Jahr-Feier der RWTH fanden,[87] und stellten fest, daß es bereits lange vor der Gründung der Philosophischen Fakultät geisteswissenschaftliche Fächer an der Technischen Hochschule gegeben hatte – auch zwischen 1933 und 1945. Die vermutete Ahnenerbe-Seilschaft aber fanden wir nicht. Wir suchten weiter, beschafften uns Bücher der Nazi- und Nachkriegspro-fessoren, deren Fach mit dem Themenbereich des Ahnenerbes zu tun hatte. Schließlich stießen wir in einem alten Hochschuljahrbuch auf

---

[86] WDR-Fernsehbeitrag 'Lebenslügen eines deutschen Professors'.

[87] Hans Martin Klinkenberg: Rheinisch-Westfälische Technische Hochschule Aachen 1870/1970. Separatband Tafeln und Übersichten.- Stuttgart 1970.

eine Rede anläßlich der Rektoratsübergabe 1941, die uns stutzig machte. Der Nazi-Rektor Alfred Buntru war, so lasen wir, zu großen Taten an die Deutsche Technische Hochschule im besetzten Prag berufen worden. Sein Aachener Amt übernahm Prof. Hans Ehrenberg, der gerade ein Zwischenspiel im Stab des Generalfeldmarschalls Erich von Witzleben im 'Westfeldzug' hinter sich hatte. Beide gehörten, wie sich später herausstellte, der SS an.

Ihre feierliche Amtsübergabe stand unter dem Thema Europa[88]: *„Die uns erwachsenden zusätzlichen Aufgaben sind einmal bedingt durch die revolutionäre Umgestaltung des europäischen Völkerraumes,[89] das andere Mal durch die Lage unserer Hochschule in diesem Raum. Durch die Neugliederung Europas, die in vollem Zuge ist, erhält Deutschland eine Führung, die es selbst wieder verantwortlich für das Gedeihen dieses ganzen Werkes macht. Nach dem Wort des Führers soll und muß jedes Volk unseres Erdteils seinen Anteil liefern an der Ordnung des Raumes, an dem vernünftigen wirtschaftlichen Aufbau und Güteraustausch und an der sozialen Entwicklung. [...] Das Großdeutsche Reich im Herzen Europas braucht nicht mehr den geopolitischen Druck der Nachbarstaaten zu fürchten, sondern wird engste wirtschaftliche und kulturelle Verbindungen zu ihnen pflegen. [...] In welcher Form diese Einflußnahme politisch geschieht, braucht für unsere Arbeit zunächst nicht zu interessieren. Der Führer wird die Form finden, die allein unserem Großdeutschen Reich und Europa nutzt. Uns interessiert aber, daß diese Einflußnahme kommt und daß wir an ihr nicht achtlos vorbeigehen können. Eine solche Umgestaltung kann aber heute nicht mehr ohne weitestgehende Anwendung der Technik vor sich gehen.“*

Und weiter: *„Wenn ich vorhin sagte, daß wir an dem Geschehen der Zeit nicht achtlos vorbeigehen können, so bedeutet dies auch, daß sich unser Aachener Wirkungsbereich durch die Neugestaltung Europas wesentlich erweitert. Auf Grund der alten großen Geschichte Aachens besteht kein Zweifel, daß der Aachener Raum in der Zukunft eine Brückenstellung einnehmen wird zu unseren westlichen Nachbarn, zu den Niederlanden und Belgien sowie zu Luxemburg als dem neuangeschlossenen Reichsgebiet.“*

---

[88] Hans Ehrenberg: Die Aufgaben der Technischen Hochschule zu Aachen im westdeutschen Grenzraum.- in: Jahrbuch der Technischen Hochschule zu Aachen 1941 (heutige Alma Mater Aquensis).

[89] Damit ist der Zweite Weltkrieg gemeint.

Die konkrete Aufgabe seiner Anstalt sah Rektor Ehrenberg dabei in erster Linie in wirtschaftlich-technologischer Raumplanung: *„Zunächst müssen wir diese Räume unserem Verständnis näherbringen, sie richtig erkennen und uns ihrer Dynamik bewußt werden. Die Hochschule stellt sich damit den Absichten des Führers zur Verfügung, denn für ihre Gebiete ist sie der Fachmann, der hier einen fruchtbaren Beitrag zur Neugliederung des Raumes liefern kann, und zwar aus eigenem Impuls heraus für alle Sektoren, die in den Arbeitsbereich der Hochschule fallen. [...] Die gestaltende Kraft des Menschen gibt der Landschaft das Gepräge. Der Mensch formt sich seine Umgebung selbst aus den Möglichkeiten, die diese Umgebung gibt, aber wie er sie formt, zu der charakteristischen Raumindividualität, ist einzig eine Funktion seines eigenen rassischen Wertes. [...] Durch ihre Zweckbestimmung macht die Großtechnik weitreichende Eingriffe in die Landschaft. [...] Da die Gefahr der Veränderung des Grundcharakters einer Landschaft und ihrer Menschen durch die Technik, wenn sie falsch aufgefaßt wird, stets vorliegt, muß heute auf diesen Grundcharakter im Sinne der völkischen Notwendigkeit und ihrer Entwicklung Rücksicht genommen werden.“*[90] Dies war auf jene völkische Kulturpolitik abgestimmt, wie sie auch das Ahnenerbe vertrat.

Die RWTH war also – entgegen ihrer eigenen Geschichtsschreibung – offenbar eine Art wissenschaftlicher Brückenkopf der Westexpansion. Muß sie aber dann nicht auch mit den deutschen Besatzungsbehörden in den Niederlanden zusammengearbeitet haben, vielleicht sogar mit dem niederländischen Organisationsnetz Schneiders, dessen lokale Ausläufer sich, wie wir von Gjalt Zondergeld wußten, bis ins Aachener Grenzland erstreckt hatten? Und mußte nicht auch Schneider, dessen Job ja gerade auch den Kontakt zur deutschen Wissenschaft umfaßte, mit ihrem westlichsten Brückenkopf in irgendeiner Weise zu tun gehabt haben? Die Rektoratsrede gab keine weitere Auskunft, verwies aber auf die Schlüsselstellung der Geographie für die anstehenden Projekte.[91] Denn 1936 war mit Prof. Walter Geisler einer der bedeutendsten NS-Geographen an die

---

[90] ebd.

[91] Zur nun folgenden Passage vgl.: Der germanische Wissenschaftseinsatz der RWTH.- in: Fachschaft Philosophie (Hg.): „Die Feierlichkeiten sind nicht betroffen." Die Fälle Schneider, Gehlen und Rohrmoser im 125. Jahr der RWTH.- Aachen (Oktober) 1995 (Reihe philfalt EXTRA), S. 33-41.

RWTH gekommen. Bereits in den 20er Jahren hatte auch jener eine völkische Geographie entwickelt und von der Universität Breslau aus ab 1932 mit der wissenschaftlichen Vorarbeit für die Annexion polnischer Gebiete begonnen. Nach seiner Ankunft in Aachen setzte er diese Planungen fort, arbeitete gleichzeitig jedoch auch an der Vorbereitung der Westexpansion. Er sammelte wirtschaftsgeographische Daten für den Anschluß von Industriegebieten, landwirtschaftlichen Zonen und Verkehrsknotenpunkten. Er entwarf verschiedene Varianten künftiger Grenzen samt einer jeweils passenden ideologischen Legitimation. Es waren die möglichen Grenzen eines 'großgermanischen' Reiches, das mal die Niederlande und Flandern umfassen, mal den wallonischen Teil Belgiens und Nordfrankreich einschließen sollte. Andere Untersuchungen hatten die Verbreitung der hochdeutschen Sprache im niederländischen Grenzraum zum Thema und sollten wohl die Chancen einer verdeckten Propaganda dort ausloten. Diese Forschungen verschafften Geisler beste Kontakte zu den Vordenkern des 'Generalplan Ost', jenem Plan also, der die totale 'Neuordnung' Osteuropas durch gigantische Vertreibungen und Umsiedlungen einschließlich dem Verhungernlassen und der Ermordung von – je nach dem aktuellen Planungsstand – dreißig, vierzig oder fünfzig Millionen Menschen vorsah und teilweise durchführte.

An der RWTH übernahm der neue Geographieprofessor schon bald die Leitung des wenige Jahre zuvor arisierten 'Deutschen Instituts', das sich nun offiziell damit brüstete, „seinen Aufgabenbereich auf alle Interessengebiete erweitert [zu haben], die für das nationale Leben, insbesondere des westlichen Grenzraumes, von Bedeutung sind. [...] Es umfaßt zur Zeit Grenzlandkunde und deutsche Geistes- und Kulturgeschichte (einschließlich Literaturgeschichte).“[92] Ende der 30er Jahre wurde es durch ein 'Institut für Grenzlandkunde' unter Geislers Leitung ersetzt, das nun die Annexionsvorbereitungen fächerübergreifend koordinierte. Eine 'Arbeitsgemeinschaft für Raumforschung der Hochschulen Breslau und Aachen' erweiterte das Zusammenwirken mit der Ostexpansion. Geisler verband Technik, Raumplanung und völkische Ideologie zu einer eigenen 'Ingenieurgeographie', die in einem eigens aufgebauten 'Seminar für Auslandsingenieure' dem künftigen Personal fürs 'neugeordnete' Europa und dessen Kolonien eingepaukt wurde. Diese Schulung war einmalig im Deutschen Reich.

---

92 Rektorat der RWTH Aachen(Hg.): Rheinisch-Westfälische Technische Hochschule Aachen, o.O., 1936 (Broschüre).

1941 wechselte Geisler an die Reichsuniversität Posen, eine Elite-Universität der SS im besetzten Polen. Hier war er direkt in die 'Eindeutschung' der annektierten polnischen Gebiete eingebunden. Im Auftrag Himmlers gründete Geisler eine Schriftenreihe, deren Zweck ausschließlich in der Anwerbung und Vorbereitung deutschstämmiger SiedlerInnen für die neu zu besiedelnden Gebiete bestand. *„Die slawischen Kulturformen haben sich nicht mit dem Raum zu einer festen Einheit zusammenschmieden lassen"*, lehrte er im Wintersemester 1941/42. *„Sie wirken als Fremdkörper, die wieder beseitigt werden können. [...] Seit der Besitzergreifung im Herbst 1939 ist in den eingegliederten Gebieten erstaunlich viel geschehen, um den Säuberungsprozeß durchzuführen, und man hat in allen Gauen bereits große Erfolge beim Aufbau des Landes erzielt. [...] Es ist selbstverständlich, daß [...] der Pole nur bei der Durchführung der Arbeitskraft eingesetzt werden kann."*[93] Seine Arbeiten reichten von einem Plan, durch ein hierarchisch gegliedertes Netz 'zentraler Orte' das schwer kontrollierbare Umland zu beherrschen und den zu erwartenden Widerstand möglichst effizient zu unterdrücken, bis hin zu dem Vorschlag, einen ganzen Landstrich für die Anpflanzung eines deutschen Waldes zu entvölkern. Denn: *„Der Deutsche liebt den Wald und kann sich in der Steppe nicht heimisch fühlen."*[94]

Mit Geislers Wechsel nach Posen brach die Aachener 'Grenzlandkunde' keineswegs ab. Wir stießen auf seinen Assistenten Dr. Georg Scherdin, der bereits in jungen Jahren in die NSDAP eingetreten und nach der Regierungsübernahme der Nazis zum Schriftleiter des *Westdeutschen Beobachters*, dem regionalen Ableger des *Völkischen Beobachters*[95], aufgestiegen war. *„Meine langjährige Tätigkeit in der Partei"*, so lasen wir in seinem Lebenslauf aus dem Jahre 1937, *„brachte mich frühzeitig mit den Fragen des Grenzgebietes in Berührung. Durch meine Arbeit als Referent für Holland und Belgien in der Reichsinspektion der NSDAP, Abteilung Grenzland, lernte ich die erwähnten Gebiete gründlich kennen."*[96]

---

93 Walter Geisler: Landschaftskunde des Warthelandes. Teil 2.- Posen 1943 (Reihe Schriften der Landeskundlichen Forschungsstelle des Reichsgaues Wartheland – Allgemeine Reihe [hrsg. v. Geisler]), S. 133.

94 Walter Geisler: Ostdeutschland als geographischer Raum.- Posen 1943 (Reihe Reichsuniversität Posen – Vorträge und Aufsätze).

95 Tageszeitung der NSDAP.

96 Promotionsakte Georg Scherdin, Archiv der RWTH Aachen.

Scherdin sah sich in der Tradition des Berliner 'Instituts für Grenz- und Auslandsstudien', das schon in den 20er Jahren mit der *„Herausbildung eines Führernachwuchses für die volksdeutschen Außengebiete"*, der *„gründlichen Durchforstung aller Grenzfragen"*, der *„Gleichschaltung der europäischen Nationalitätenbewegung mit dem deutschen Grenzkampf"* und schließlich der *„Klarlegung der theoretischen Grundlagen des Volkskampfes"* begonnen hatte.[97] Ein ideales Versuchsfeld für den Propagandaexperten Scherdin war der deutschsprachige Teil Belgiens mit den Kreisen Eupen und Malmedy, der bis 1919 zum Deutschen Reich gehört hatte und direkt vor der Aachener Haustür lag. Systematisch übernahm er, damals noch mit Geislers Hilfe, bestehende heimatkundliche Zeitschriften und Vereine, brachte sie auf Linie, fügte neue hinzu und vernetzte sie mit NS-Organisationen. So entstand ein eigenes, von Aachen aus kontrolliertes, grenzübergreifendes Organisationsnetz unter dem Zeichen eines künftigen germanischen Reiches – und hier stießen wir nun tatsächlich auf die erste direkte Verbindung zwischen den GrenzlandkundlerInnen der RWTH und Schneiders Germanischem Wissenschaftseinsatz.

Den entscheidenden Hinweis gab die Zeitschrift *Heimat*, die Scherdin Anfang 1940 zur Einstimmung der deutschen, niederländischen und belgischen Grenzbevölkerung auf die bevorstehende 'Vereinigung' gegründet hatte und die aus diesem Grund am Vortag des deutschen Einmarsches von der belgischen Regierung verboten, aber auch von niederländischen ZeitgenossInnen scharf kritisiert worden war. Hier war das gesamte heimatkundliche Establishment der Region zusammengefaßt, soweit es auf nationalsozialistischem oder doch zumindest deutschnationalem Kurs lag – und das war die Mehrheit. Inhaltlich orientierte sich die *Heimat*, für die zahlreiche Hochschullehrer schrieben, am Ahnenerbe. Dies drückte sich nicht nur in zahlreichen Zitaten aus Ahnenerbe-Blättern aus, sondern vor allem in einer praktischen Unterstützung für die Frankische Werkgemeenschap 'De Spade'[98], den regionalen Tarnverein des Ahnenerbes in den südniederländischen Provinzen Limburg und Brabant. Der Verein war eine jener von Schneider koordinierten Organisationen, die den An-

---

[97] Georg Scherdin: Wissenschaft von Volk und Volkstum.- in: Heimat, Sept. 1941, S. 245.

[98] niederl.: „Fränkische Arbeitsgemeinschaft 'Der Spaten'". Die Bezeichnung 'fränkisch' bezieht sich auf das germanische Volk der Franken.

schluß ihrer jeweiligen Region an ein künftiges germanisches Reich propagierten, genau so, wie Gjalt Zondergeld es in seinem Vortrag beschrieben hatte. 'De Spade' wurde dabei durch einen Mitarbeiter Schneiders, den Groninger Universitätsrektor Prof. Kapteyn, kontrolliert.

Das eigentlich Erstaunliche daran war, daß dieser Verein von den GrenzlandkundlerInnen der RWTH gewissermaßen fürs Ahnenerbe aufgebaut wurde und auch noch 1943, als er längst in Schneiders Organisationsnetz eingegliedert war, *als eine von Aachen aus geleitete Organisation*[99] angesehen wurde. Wie die Aachener Aufbauhilfe konkret aussah, beschrieb der limburgische 'De Spade'-Geschäftsführer Johann Willems Ende 1942 in der *Heimat* so: *„Gegen all diese zerstörenden Mächte*[100] *galt es seit 1940 bewußt Front zu machen, die völkischen Werte wieder in den Vordergrund zu rücken, die Landesgrenzen als unwesentlich erkennen zu lehren, die Limburg eigene Kultur in Brauchtum, Kunst und Handwerk herauszustellen und dies alles in Zusammenhang mit den gegenwärtig brennenden Fragen zu bringen. [...] Das Anwachsen des ursprünglich recht kleinen Kerns von 'De Spade'-Pionieren vollzog sich langsam und gegen beträchtliche Hemmnisse. Das Land um Sittard war sein Mutterboden. [...] Von dort aus wurden Verbindungen über ganz Limburg gesucht und gefunden. [... Daraufhin] bildete sich der nächste 'Kern' in Roermond. In der ersten, größeren 'De Spade'-Versammlung sprachen Dr. Scherdin über die Beziehungen zwischen dem Rhein- und dem Maasland, Johann Willems in seiner Eigenschaft als Geschäftsführer der Vereinigung über Weg und Ziel des 'De Spade'. Inzwischen wurde auch in Heerlen fleißig gearbeitet. In einer [...] Versammlung sprach Dr. Scherdin wiederum über die Fragen der beiderseitigen Grenzlande. Noch am selben Tage konnte auch in Maastricht zur Bildung einer Gruppe geschritten werden. Alle genannten Gruppen haben selbstverständlich Fühlung miteinander [...] Das schriftliche Bindeglied zwischen Gruppen und Einzelmitgliedern stellt die Zeitschrift 'Heimat' dar, zu deren Lesern, Förderern und Beiträgern die Limburger 'De Spade'-Männer von Anfang an gehörten.“*[101] Kurz darauf wurde die *Heimat*

---

[99] Protokoll der Stabsbesprechung der Germaansche Werkgemeenschap vom 13.4.43, RIOD HSSPF (map 17B); vgl. In 't Veld, a.a.O., S. 989.

[100] Gemeint ist, wie aus dem gleichen Text hervorgeht, die *„jüdisch-demokratisch-liberalistische Geisteshaltung“*.

[101] J. Willems: Heimatverein 'De Spade'.- in: Heimat Okt./Dez. 1942, S. 209ff.

durch das Blatt *Zwischen Maas und Rhein* ersetzt, das jedoch bald wieder eingestellt wurde. Denn es liefen bereits die Vorbereitungen zur Gründung der Illustrierten *Frankenland*, die von 'De Spade' in Eigenregie auf niederländisch herausgegeben wurde. Die Inhalte blieben die gleichen, wenn auch jede allzu direkte Anspielung aufs Ahnenerbe und die SS, den Nationalsozialismus und die Annexion vermieden wurden – erst in der allerletzten Ausgabe wurde vorsichtig die *„ökonomische Einheit"*[102] und der Anschluß niederländischer Kohle- und Industriezonen ans Deutsche Reich angesprochen. Die für Kriegsverhältnisse aufwendig gestaltete neue Zeitschrift trug ganz die Handschrift Schneiders, wie wir sie von den Blättern kannten, die Zondergeld als Anschauungsmaterial mitgebracht hatte.

Was den Aachener Drahtzieher Scherdin anbelangt, so hatte er seine Tätigkeit zu diesem Zeitpunkt bereits nach Flandern verlegt, wo er als SS-Sturmbannführer und – wer hätte es gedacht? – Ansprechpartner des Germanischen Wissenschaftseinsatzes beim dortigen SD wieder auftauchte.

Warum ausgerechnet Aachen – und seine RWTH – eine so exponierte Rolle in den Germanenreichplanungen spielte, lag auf der Hand. Diese Stadt hat in Person ihres allgegenwärtigen Frankenkönigs Karl gewissermaßen ihre eigene Ideologie. Jener Karl hatte durch verschiedene Feldzüge ein für damalige Verhältnisse recht großes Reich zusammengeraubt, wodurch er von päpstlicher Seite mit dem Kaisertitel belohnt wurde. Aus SS-Sicht war dies der erste Versuch einer europäischen Neuordnung unter germanischer Führung, allerdings gab es den Schönheitsfehler, daß Kaiser Karl in seinem Reich mit aller Gewalt das Christentum eingeführt hatte, und dies war aus Sicht der SS alles andere als eine germanische Religion. Ihre Liebe zu Karl dem Großen hielt sich daher stets in Grenzen, was sie jedoch nicht davon abhielt, die französische Waffen-SS-Division Charlemagne[103] nach ihm zu benennen. Die Frage, ob Karl ein möglicher Anknüpfungspunkt für die SS sei, hatte zeitweise sogar zu einer Auseinandersetzung zwischen Hitler und Himmler geführt.

Für die GrenzlandkundlerInnen der RWTH kam der Aachener Karlskult nichtsdestotrotz ebenso gelegen wie für Schneider, symbolisierte der tote Kaiser doch eine gemeinsame 'fränkische' Herkunft der

---

[102] Frankenland Nr. 10, Juli 1944.

[103] franz.: Karl der Große.

besetzten Nachbarregionen mit dem deutschen Vorposten Aachen als Zentrum. *„Das Frankenland als Raum in der germanischen Welt!"*, jubelte 'De Spade'-Chef Bindels[104], und noch offener verkündete Scherdin: *„Die Brücke politischer Meisterschaft wölbt sich von dem germanischen Kaiser Karl dem Großen über elf Jahrhunderte zu dem Führer aller Germanen Adolf Hitler, der, wie Karl, Europa die heißersehnte Ordnung bringt.*"[105]

Diese Propaganda war jedoch nur ein Teil der Hilfestellung, die die RWTH den BesatzerInnen im Westen bot. Denn im März 1943 kam mit Hermann Roloff ein Spitzenmann der Nazi-Raumplanung an die RWTH, wo er prompt mit einem neugegründeten 'Institut für Raumordnung' bedacht wurde. Der Rotterdamer Historiker Koos Bosma hatte bereits einen kurzen Aufsatz über Roloff veröffentlicht.[106] Hier konnten wir nachlesen, daß Roloff an den Geheimplanungen für die 'Neuordnung' der annektierten polnischen Gebiete mitgearbeitet hatte und unmittelbar nach dem 'Westfeldzug' nach Den Haag entsandt worden war – wo, wie wir wußten, auch Schneider zu diesem Zeitpunkt residierte. Er war nun zuständig für die gesamte Raumplanung in den Niederlanden und Belgien und vertrat die Auffassung, daß nicht zuletzt die 'Arisierung' von Betrieben ein geeignetes Mittel zur Modernisierung der dortigen Wirtschaft sei. Er stand, ähnlich wie Geisler, für die Verknüpfung der mörderischen Raumplanungen im Osten mit denen im Westen; ein weitgehend unerforschter Aspekt der ohnehin erst in den letzten Jahren ins Blickfeld der HistorikerInnen gerückten Nazi-Raumplanung. Im Dezember 1941 hatte Roloff aus Himmlers 'Stabsamt Planung und Boden' den Fingerzeig erhalten, *„sich mit der Frage zu beschäftigen, ob und wie viele Menschen die Niederlande für eine Besiedlung des Ostens abgeben können"*,[107] womit die Siedlungsprojekte im Rahmen des 'Generalplan Ost' gemeint waren. Roloff übernahm die Geheimplanung für die Anwerbung und den Einsatz dieser SiedlerInnen und wurde hier-

---

[104] Frankenland, Nr. 1, S. 2 (eigene Übersetzung)

[105] Georg Scherdin: Die Schöpfer des Reiches.- in: Heimat, April/Mai 1942, S. 101.

[106] Koos Bosma: Verbindungen zwischen Ost- und Westkolonisation.- in: Mechtild Rössler u.a. (Hg.): Der 'Generalplan Ost'. Hauptlinien der nationalsozialistischen Planungs- und Vernichtungspolitik.- Berlin 1993, S. 198ff.

[107] Lorch an Roloff, nach Bosma, ebd.

bei auch von einer Stiftung mit dem Namen 'Saxo-Frisia' unter der Leitung des Groninger Rektors Kapteyn unterstützt – mit anderen Worten: durch einen der Tarnvereine Schneiders und einen seiner engsten niederländischen Kollaborateure. Kannte Roloff, der 1943 nach Aachen wechselte und dort bis zu seinem Tode 1972 blieb, also Schneider? Dann kannte er auch 'Schwerte', als dieser 1965 nach Aachen kam.

Endlich hatten wir eine konkrete Spur gefunden. Wir kramten die ProfessorInnenlisten, in denen wir vergeblich gestöbert hatten, erneut hervor – und siehe da: Der eine oder andere Gründungsvater unserer Fakultät kam uns plötzlich bekannt vor. Da war etwa der Philosophieprofessor Mennicken, der seit Mitte der 20er Jahre bis zu Beginn der 60er Jahre lehrte und als häufiger *Heimat*-Autor an der Aufbauhilfe für das Ahnenerbe mitgewirkt hatte. Überhaupt erschien der Komplex Geographie/Grenzlandkunde nun mehr und mehr wie eine Keimzelle der späteren Philosophischen Fakultät. Eine merkwürdige Gestalt schien uns auch jener Professor Albert Mirgeler zu sein, der seit Kriegsende zunächst Geschichte und Geschichtsphilosophie, dann zusätzlich Politische Soziologie und schließlich Europäische Geschichte unterrichtete und damit, wie kaum ein anderer, die Aachener Europaideologie weiterführte. Seine Biographie zwischen 1933 und 1945 glich einem schwarzen Loch, an dem sich ein uns bekannter kritischer Geschichtsdozent seit längerer Zeit die Zähne ausbiß. Unmittelbar nach 1945, so viel war klar, hatte er an jener Schnittstelle zwischen nazistischen und christlich-konservativen Europavorstellungen agiert, die für den Übergang in den Nachkriegsstaat entscheidend war. Um 1960 waren aus seiner Politischen Soziologie zwei eigenständige Institute gebildet worden, die mit Altnazis besetzt wurden: das Institut für Politische Wissenschaft mit Prof. Klaus Mehnert und das Soziologische Institut mit Prof. Arnold Gehlen. Letzterer sollte sich in weiteren Recherchen als eine der interessantesten Figuren entpuppen.

Wir waren mit unserer Recherche in jenen rechtskonservativen, katholischen Aachener Machtsumpf der Nachkriegszeit getappt, der nur ein wenig die politischen Vorzeichen hatte verschieben müssen, um unter der Europaflagge den Übergang zur Bundesrepublik zu schaffen. So war Philosophieprofessor Mennicken, der ja am karlskaiserlichen Unterbau für das Germanische Europa mitgewirkt hatte, bereits 1949 nebst einigen Lokalgrößen im Gründungskollegium des Karlspreises, jener Auszeichnung, mit der alljährlich zum Himmelfahrtstag allerlei Prominente für ihren vorbildlichen Einsatz zum Wohle der europäischen Einigung ausgezeichnet werden. Stillschweigend ist der Karlspreis in erster Linie ein Orden für eine Europapolitik nach *deutschen* Interessen. Hatte die SS noch die germanische Abstammung Karls des Großen hervorgehoben, so dienten nun seine Feldzüge für das Christentum dazu, ihn als Vorkämpfer eines geeinten Europa wiederauferstehen zu lassen. Aus dem germanischen Kerneuropa der SS wurde das christliche Abendland der Konservativen. Das 'Reich Karls des Großen' diente als Umschreibung der ersten europäischen Zusammenschlüsse der Nachkriegszeit, in deren Mittelpunkt die 'deutsch-französische Freundschaft' stand. Es ist sicher nicht überflüssig zu erwähnen, daß automatisch auch der jeweilige Rektor der RWTH im Karlspreiskollegium sitzt – zu seiner Zeit also auch 'Schwerte'.

Wir veröffentlichten diese Rechercheergebnisse in der Juli/August-Ausgabe vom *Loch in der Zensur*, im September folgte ein kurzer Nachtrag. Hatten sich die Lokalzeitungen bislang auf jeden Fetzen einer möglichen Seilschaft gestürzt, so blieb die Resonanz nun gleich Null. Das autonome Blatt galt als nicht zitierbar, auch wenn der Artikel in der ProfessorInnenschaft, heimlich weiterkopiert, mit Erstaunen zur Kenntnis genommen wurde. Immerhin hatten wir begonnen, ausgerechnet im Jubiläumsjahr die Geschichte der Hochschule kritisch zu untersuchen.

Selektion

Harmlose Beschäftigung – die SS liebt den 'Menschen' – Thomas reist durch Raum und Zeit.

Inzwischen war mir unser Freund Frank Renkewitz über den Weg gelaufen. Er hatte Hinweise auf eine Verbindung des verblichenen Soziologen Arnold Gehlen zum Ahnenerbe gefunden, wie er mir auf den sonnenbeschienenen Stufen des Germanistischen Instituts, das soziologische Institutsgebäude vor Augen, erzählte. Wir stellten uns vor, wie Gehlen und Schneider, würden sie heute hier lehren, einander von Fenster zu Fenster zuwinkten.

Die beiden, so erklärte Renke mir, seien 1939 bzw. 1940 kurz hintereinander in Wien gewesen. In Verbindung mit Mitarbeitern des Ahnenerbes habe Gehlen dort die Philosophische Fakultät neu orga-

113

nisiert, wobei er auch mit Schneider in Kontakt getreten sein könnte. Zusätzlich war Renke auf ein wissenschaftliches Großprojekt der SS gestoßen: einen mehrere hundert Einzelbände umfassenden *„Studienführer zur Einführung in das gesamte wissenschaftliche Studium"*, der im renommierten Winter-Verlag erschienen war. Dieser Verlag hatte dem Ahnenerbe schon des öfteren für Veröffentlichungen zur Verfügung gestanden, die nicht auf den ersten Blick mit der SS in Verbindung gebracht werden sollten. Einer der Organisatoren des Projekts war der Ahnenerbe-Kurator und Vorgesetzte Schneiders Walter Wüst, unter dessen Leitung auch Gehlen einen Einzelband verfassen sollte. Der Studienführer war in der historischen Forschung, von einer Fußnote abgesehen, praktisch unbekannt. Auch Gehlens Zuwendung zur SS war weitgehend neu. Wir sahen auf das 'Schneider-Institut', auf das 'Gehlen-Institut', genossen die Sonne und die Absurdität der Situation.

Renke plante, seine Gehlen-Recherche zusammen mit dem Redakteur Ralf Schröder im Stadtmagazin *Klenkes* zu veröffentlichen, doch wollten beide zuvor noch im Archiv des Heidelberger Winter-Verlags nach den Hinterlassenschaften des Studienführers forschen und im Archiv der Wiener Universität einer möglichen Bekanntschaft Gehlens mit Schneider auf die Spur kommen – ein winziger Einladungszettel, ein unbedeutendes Gesprächsprotokoll nur würde reichen.

Ich für meinen Teil beschloß, Zondergelds Einladung nach Amsterdam anzunehmen. Ich hoffte, dort eine Verbindung Schneiders zur Aachener Grenzlandkunde, vor allem aber zu Roloff nachweisen zu können. Außerdem wollte ich immer schon mal nach Amsterdam. Gerd, der uns die ersten Informationen über das Ahnenerbe gegeben hatte, ließ die Gelegenheit nicht aus mitzukommen.

Zondergeld empfing uns mit einem großen schwarzen Hund, frischem Kaffee und einer unerschöpflichen Neugier nach den neuesten Peinlichkeiten dieser schrecklichen Aachener Hochschule. Es dauerte nicht lange, und wir streiften mit ihm durchs nahegelegene Amsterdam. Er weihte uns in die Giebelformen des 17. Jahrhunderts und die Geschichte der Kraaker-Bewegung[108] ein, zeigte uns die Kontore der Sklavenhändler und die Orte früherer Straßenschlachten. Schließlich betraten wir eines der schmalen, alten Grachtenhäuser. Es war das RIOD. Zuvor hatte Zondergeld uns in die Geschichte dieses immer

---

[108] Kraaker sind HausbesetzerInnen.

wieder um seine Existenz fürchtenden Zentralarchivs für Dokumente aus der Besatzungszeit eingeweiht.

Schon während der Kriegszeit war die Idee entstanden, die Besatzungszeit genau zu dokumentieren. Dr. N. W. Posthumus, der 1943 wegen seiner anti-nazistischen Haltung als Professor für Geschichte an der Universität Amsterdam entlassen worden war, machte der Exilregierung in London einen Vorschlag in diese Richtung. Und so konnte schon drei Tage nach Kriegsende das Rijksinstituut voor Oorlogsdocumentatie gegründet werden. Der erste Auftrag war, Dokumente zu sammeln, die für die Geschichtsschreibung, aber auch für die Verfolgung von KriegsverbrecherInnen und zur Benachrichtigung der Familien der Kriegsopfer nötig waren. Von Anfang an war das äußerst wichtige Institut von Auflösung bedroht, glücklicherweise erfolglos. So konnten mit seiner Unterstützung zahlreiche Bücher publiziert werden, darunter eine umfassende Geschichte der Besatzungszeit in 27 Bänden, 'Het Koninkrijk der Nederlanden in de Tweede Wereldoorlog', und die Dokumentensammlung 'De SS en Nederland', die wir für unsere Arbeit nun immer wieder heranzogen.

Rechtzeitig vor dem Sommerurlaub des Archivleiters hatte Zondergeld die Akten des Höheren SS- und Polizeiführers Nordwest sowie eine Reihe aus dem früheren Berlin Document Center kopierter Schriftstücke hervorholen lassen; er selbst hatte bereits ein paar gesperrte Personalakten aus dem Document Center für uns eingesehen und alles Wichtige notiert. Nach einem Kaffee und ein paar Verfahrenstips vertiefte er sich in seinen eigenen Aktenberg und machte sich auf die Suche nach der verschwiegenen Kollaboration von Teilen der niederländischen ArbeiterInnenbewegung.

Wir hatten keine Vorstellung von Archivarbeit. Nun sahen wir all die Rechnungen, Alltagsnotizen und gegenseitigen Kompetenzrangeleien in dicken Packen vor uns – eine nicht enden wollende Flut von Namen, Terminen, Briefen, Besprechungen, Befehlen. Nur das wenigste schien interessant. Doch konnte auch das scheinbar Banale, sei es nur ein an sich völlig unbedeutendes Zusammentreffen zweier Personen, ein einfacher Vermerk über eine Reise oder die beiläufige Erwähnung einer Organisation, entscheidende Hinweise enthalten. Dabei kannten wir das meiste bereits. Auch Zondergeld hatte diese Akten vor Jahren ausgewertet und als Grundlage für seinen Vortrag genutzt. Wir fanden kaum einen der Namen, nach denen wir suchten. Überhaupt waren Hinweise auf Aachen rar gesät – bis auf dieses Dokument: ein Aktenvermerk Schneiders, geschrieben am 9. August 1940. Schneider hatte offenbar mit zwei Besatzungsfunktionären zusammengesessen, darunter einem gewissen SS-Sturmbannführer Knolle[109], dem *„Leiter der Politischen Abteilung im SD"*. Knolle aber war in jener Zeit, als die RWTH ihre expansiven Raumplanungen mit integrierter Aufbauhilfe fürs Ahnenerbe begann, SD-Chef von Aachen. Von hier aus hatte er Spionagekontakte in die Niederlanden aufgebaut, bevor er zum Abteilungsleiter beim SD in den Niederlanden aufstieg und sich durch Aufstandsbekämpfung, Deportationen, Geiselerschießungen und den Aufbau des KZ im niederländischen Vught hervortat. *„Ich habe mich von beiden Herren eingehendst über die politische Lage unterrichten lassen"*, notierte Schneider. *„Beide kennen Holland seit Jahrzehnten und sind hervorragende Kenner der inneren holländischen politischen Situation. Beide sind auch an der Volkskunde und volkskulturellen Brauchtumsarbeit sehr interessiert, zumal weil sie die Gefahr sehen, dass diese Dinge hier in volksfremde oder deutschenfeindliche Hände geraten könnten. Sie begrüssten es daher sehr, dass ein Angehöriger des 'Ahnenerbe' jetzt in Den Haag sei und sich im einzelnen diesen Angelegenheiten widmen wolle. Sie sagten mir jederzeit ihre Hilfe und Unterstützung sowie jede Auskunftserteilung zu."*[110] Sollten SD und RWTH in Aachen also arbeitsteilig vorgegangen sein? Wenn ja, dann überschnitt sich ihre Arbeit mindestens dort, wo es um die 'volkskulturelle Brauchtumsarbeit' ging. Genau das war das Lieblingsthema Schneiders, und zweifellos fiel darunter auch die Aufbauhilfe für den Tarnverein 'De Spade'. All dies sprach dafür, daß auch Schneider selbst bereits vor 1945 Beziehungen nach Aachen hatte. Wir suchten weiter.

Im nächsten Schriftstück, einem Aktenvermerk vom 17. August 1940 über die *„augenblickliche Arbeit in den Verhandlungen mit der*

---

[109] Zur Biographie Knolles vgl. In 't Veld, a.a.O. S. 517. Dort heißt es: *„Friedrich Knolle, geb. am 12. März 1903 in Amsterdam, verzog 17jährig nach Deutschland und war dort im Buchhandel tätig. Seit 1928 Mitglied der NSDAP, seit 1930 der SA; Übergang in die SS 1932; Karriere beim SD. 1938 zum SD-Chef von Aachen ernannt, von wo aus er Spionagekontakte mit den Niederlanden unterhielt. Seit Oktober 1940 bis Juni 1944 Chef der Abteilungen III und VI (SD-In- und Ausland) im Apparat des BdS (Befehlshaber der Sicherheitspolizei und des SD), dabei Vertreter des BdS. [...] Durch seine Vorgesetzten wurde er sehr positiv beurteilt."* (Eigene Übersetzung)

[110] Vermerk Schneiders vom 9.8.40, H 902, 6416 BDC (Kopie im RIOD), auch in: In 't Veld, a.a.O., S. 517f.

'Volksche Werkgemeenschap'", legte Schneider seine Strategie dar. „*Ich trete nach aussen grundsätzlich nur 'beratend' auf; es muß den Anschein haben, als ob die Niederländer alles 'aus sich selbst' in Angriff nehmen. In Wirklichkeit soll ich jedoch andauernd der eigentliche 'Anreger' sein. [...]*

Wegen der besonderen holländischen völkischen und politischen Situation wird es notwendig sein, dass unmittelbar aus der volkskundlichen Aufzeichnung und Forschung Erziehungswerte und -möglichkeiten geprägt werden, als eine Art 'Propagierung' von Volkstums- und Brauchtumswerten zum Zwecke völkischer, artgemässer Selbstbesinnung, die hier in einem unbegreiflichen Masse nicht vorhanden ist. Hierbei könnte ich aus meinen Erfahrungen manche Hilfe leisten.

Das politische Ziel ist dabei: das Auslöschen der niederländischen Ostgrenze durch das Erlebnis gemeinsamen Volkstums, Brauchtums und Art. Da Erlebniswerte geschaffen werden müssen, genügt die wissenschaftliche Forschung allein für die breitere Arbeit nicht.

Eine weitere Aufgabe ist für mich, die Werkgemeenschap zu veranlassen, genau alle Verbände, Vereine, Gruppen usw. kennenzulernen, die sich mit volkskundlicher oder volkstumspolitischer Arbeit beschäftigen. Dieses ist bis jetzt in nur sehr geringem Masse geschehen, soll aber jetzt nachgeholt werden. Die Arbeit dieser Verbände, Gruppen usw. muss genauestens beobachtet werden. Wo wertvolle Kräfte vorhanden sind, müssen sie sofort von uns geschützt werden; wo Gegenkräfte an der Arbeit sind, müssen sie zu unterbinden versucht werden, zumindest muss genauestens um ihr Treiben gewusst werden. Es muss das Ziel der Werkgemeenschap sein, alle positiven Kräfte auf dem Gebiet volkskundlicher und volkstumspolitischer Arbeit um sich zu sammeln und sie in unserem Sinne zu beeinflussen.

Ferner wird es zu meinem Aufgabenkreis gehören, über das 'Ahnenerbe' Verbindung zur wissenschaftlichen Forschung in Deutschland aufzunehmen und aufrecht zu erhalten. Solche gemeinsame Arbeit könnte vielleicht auch in weiten Kreisen der holländischen Intelligenz das Gefühl des 'Eigenseins' gegenüber Deutschland in einigem aufheben."[111]

Meinte er damit auch Kontakte zur Aachener Wissenschaft? Seine verdeckte, fast schon geheimdienstliche Arbeitsweise konnte ein Grund sein, warum wir bei den Recherchen zur Aachener Grenzlandkunde immer nur seine Mitarbeiter, nie aber ihn selbst gefunden hatten. Wir kopierten die Seite und stöberten weiter.

---

[111] Vermerk Schneiders vom 17.8.40, H 922, 6591 BDC (Kopie im RIOD).

Ein weiterer Aktenvermerk Schneiders, datiert vom 27. Januar 1941, betraf die „*Ostsiedlung der Niederländer – Auftrag von Reichsführer SS.*"[112] Es ging also um genau jenes Projekt, an dem der spätere Aachener Raumplaner Roloff gemeinsam mit Schneiders Kollaborateuren gearbeitet hatte. Auch wenn Roloffs Name in den wenigen Schriftstücken hierzu nicht genannt wurde, so zeigten die Dokumente um so deutlicher, daß es hier sehr konkret um die Neubesiedlung eines durch systematischen Massenmord entvölkerten Gebietes ging, nämlich der Ukraine. Die Akten zeigten, daß Schneider von Himmler mit der dazugehörenden Propagandakampagne betraut worden war. Wie ein Vermerk über eine Besprechung mit der „*Dienststelle Graf Grote über den augenblicklichen Stand der Ostmassnahmen für die niederländischen Bauern*" vom 22. Januar 1942 zeigte, war er über ihre Verwendung im Rahmen der SS-Siedlungspolitik durchaus unterrichtet:

„*Es wurde dabei u.a. folgendes festgestellt: Es sind bis jetzt etwa 300 Bauern in Marsch gesetzt. Es hat sich herausgestellt, dass sie im Augenblick im Osten noch nirgends zu gebrauchen sind. Sie sollten ursprünglich in die Ukraine als Inspektoren kommen, sind dann nach Litzmannstadt*[113] *abgeschoben worden und werden jetzt wahrscheinlich nach Mitau kommen. Weitere etwa 300 Bauern sind wieder geworben und können ebenfalls nach dem Osten in Marsch gesetzt werden. Es wäre ohne weiteres möglich, diese Zahl im Augenblick auf 1000 zu erhöhen.*

Es stellt sich jedoch als ein wesentlicher Mangel in der Bearbeitung dieser Frage heraus, dass man noch nicht annähernd konkret weiss, in welcher Weise die niederländischen Bauern im Osten eingesetzt werden sollen. [...] Will man also den Blutstrom des holländischen Bauern, der an sich noch durchaus gesund ist, für die kommenden Reichsaufgaben erhalten, scheint es notwendig zu sein, möglichst bald schon irgendwelche konkreten Vorschläge machen zu können, in welcher Art der niederländische Bauer im Osten an die Arbeit gehen kann."[114]

Noch am gleichen Tag bat Schneider den Ahnenerbe-Geschäftsführer Sievers, „*bei gelegentlicher Rücksprache gerade auch im Reichskommissariat für die Festigung des deutschen Volkstums* [also bei Himmler] *auf die in dem genannten Aktenvermerk geschilderte Situation nachdrücklichst hinweisen. Die erste Werbeaktion für den Einsatz niederlän-*

---

[112] Vermerk Schneiders vom 27.1.41, H 937, 7035 BDC (Kopie im RIOD).

[113] Eingedeutschter Name für die polnische Stadt Lodz.

[114] Vermerk Schneiders vom 22.1.42, H 895, 6385 BDC (Kopie im RIOD).

discher Bauern im Osten ist recht gut verlaufen. Überall hat sich diese Möglichkeit herumgesprochen. Die ersten hunderte Bauern jedoch sind nun schon seit Monaten von Lager zu Lager herumgezogen und kommen zu keinem Einsatz. Natürlich spielen die inzwischen eingetretenen Kriegsverhältnisse eine Rolle, jedoch muss dennoch von deutscher Seite irgendein Rahmenprogramm für den späteren Einsatz der Niederländer im Osten geschaffen werden, weil sonst die Bauern mit Recht misstrauisch werden und späteren Werbungen nicht mehr vertrauen werden. Das würde aber bedeuten, dass ein bedeutendes Reservoir nordischen Blutes für unsere Reichsaufgaben zunächst einmal verloren wäre. "[115]*

Nun ließ sich erahnen, was 'Schwerte' meinte, als er nach seiner Enttarnung von seiner ach so harmlosen Beschäftigung mit *„Siedlungsfragen"* und *„diesem Blödsinn Volk ohne Raum oder so"*[116] geschwatzt hatte.

Noch ein anderes bevölkerungspolitisches Projekt war uns aufgefallen, das maßgeblich über Schneiders Volksche Werkgemeenschap – inzwischen in Germaansche Werkgemeenschap[117] umbenannt – abgewickelt wurde. Es ging um den Ausbau der 'Rassenhygiene' in den Niederlanden. *„Bald nach Mai 1940"*, so heißt es in einem Konzeptpapier von Schneiders niederländischem Strohmann Snijder[118] vom 6. Juli 1943, *„wurde es uns klar, dass wir in den Niederlanden eine gründliche Aufklärung über den Rassegedanken und die Erbpflege brauchten. Es stellte sich alsbald heraus, dass die vorhandenen Anthropologen und Erblichkeitsforscher nicht im Stande und gewillt waren in unserem Sinne mitzuarbeiten. Den SS-mässig eingestellten Forschern fehlte jedoch die Ausbildung, um diese Aufgabe übernehmen zu können. In Zusammenarbeit mit deutschen und niederländischen Stellen wurden deshalb einige jüngere Ärzte nach Deutschland geschickt um dort ausgebildet zu werden. Dr Ströer und Dr Wittermans sind jetzt fertig, Dr Scalogne wird gegen Ende 1943 zurückkehren. Alle sind SS-Männer. Inzwischen wurde Anfang 1942, als Arbeitsgemeinschaft der Germanischen Arbeitsgemeinschaft Niederlande im Ahnenerbe ein 'Dienst voor Ras- en Erfgezondheidszorg' errichtet, welche, unter Leitung des SS-Arztes J.A. van der Hoeven, vorbereitend tätig war und*

---

[115] Schneider an Sievers, 22.1.42, H 895, 6382 BDC (Kopie im RIOD).

[116] AVZ vom 28.4.95.

[117] niederl.: „Germanische Arbeitsgemeinschaft".

[118] Leiter der „Germaansche Werkgemeenschap".

1. *im Volk Verständnis für allgemein-biologische Tatsachen und für den von der SS propagierten Auslesegedanken zu erwecken versuchte;*
2. *die Errichtung eines wissenschaftlichen Zentrums für das Studium der Rassenfrage und der Erbpflege vorbereitete;*
3. *den Aufbau einer Organisation für die systematische Untersuchung unseres Volkes in dieser Hinsicht einleitete und den Anfang machte einer Kartothek, die als Grundlage für künftige rassenhygienische Massnahmen dienen soll.* "[119]

Rassenhygiene? Selektionsprinzip der SS? Ich las weiter. Es ging um die Einrichtung eines rassenhygienischen Zentralinstituts an der Universität Leiden und die Vorbereitung der Selektion der gesamten niederländischen Bevölkerung.

„Obwohl die systematische, rassenbiologische Untersuchung des Niederländischen Volkes in vollem Umfang nicht die Aufgabe der Germanischen Arbeitsgemeinschaft sein kann, haben wir doch den Anfang gemacht, weil der Staat diese Aufgabe vorläufig noch nicht unternehmen kann, und weil wir, wenn es soweit ist, dann über unsren Apparat verfügen um damit die staatlichen Stellen zu besetzen. Schon jetzt arbeiten einige unserer SS-Ärzte in Kommunalgesundheitsämtern, auf Kosten der einzelnen Städte (z.B. Dr Scalogne in Rotterdam). Allmählich werden lokale Karteien angelegt. Duplikate dieser Karten gehen an das Institut in Leiden, das dadurch den zentralen Überblick gewinnt und sich für die Zukunft die Vorrangstellung sichert. Gerade hier werden wir stark mit Forschungsaufträgen arbeiten müssen. "[120]

Schneiders Tarnverein, die Germaansche Werkgemeenschap, als Keimzelle einer Selektionsbehörde. Dieser Aspekt war in der Schneider-Debatte ebenso neu wie seine Verwicklung in die Siedlungsprojekte auf entvölkertem Gebiet.

Wir blätterten weiter, fanden die Hinterlassenschaften von Schneiders Wechsel nach Berlin 1942, wo seine niederländische Vorarbeit mit einer eigenen Abteilung des Ahnenerbes, dem Germanischen Wissenschaftseinsatz, belohnt wurde. In einer schwülstigen Selbstdarstellung hieß es:

„Die neue Gemeinschaft des europäischen Germanentums wird aus dem großen gemeinsamen Kampferlebnis erwachsen. Das Sichwiederfin-

---

[119] Anlage zu: Snijder an Sievers 6.7.93, RIOD HSSPF (map 17C).
[120] ebd.

den in neuer vereinter Leistung aus geschichtlichem Führungsauftrag muß durch Aufzeigung und Bewußtmachung der gemeinsamen Wurzeln, aus welchen das europäische Germanentum lebt, ergänzt werden. Es gilt, lebendige germanische Kontinuität im geschichtlichen Geschehen ebenso wie die wirkliche germanische Ganzheit im räumlichen Bereich, wie sie sich z.B. in Rasse und Familie, Geist und Staat, Recht, Sprache, Volkstum, Volksglaube und Volksbrauch, in Mythe, Sagen und Lied lebendig zeigen oder sich in Haus und Hof und in den schöpferischen künstlerischen Zeugnissen des Volksgeistes verdichtet haben und sich als lebende Überlieferung der einzelnen Glieder der germanischen Völkerfamilie immer wieder verwirklichen, aufzuzeigen und die aus dieser Einsicht erwachsenen Kräfte des Willens mit einzusetzen in dem Kampf um die Erneuerung der germanischen Gemeinschaft.

Diese Forderung umschließt zunächst einen hohen Auftrag an die deutsche Wissenschaft und die der anderen germanischen Länder, der nur in gemeinsamer Arbeit erfüllt werden kann. Zu seiner Verwirklichung und Organisation wurde der 'Germanische Wissenschaftseinsatz' ins Leben gerufen. Seine Arbeit in den germanischen Ländern wird vorläufig durch die Außenstellen in Den Haag, Brüssel und Oslo wahrgenommen, die der Germanischen Leitstelle angegliedert sind.

Der 'Germanische Wissenschaftseinsatz' hat also die Aufgabe, die deutschen wissenschaftlichen Kräfte auf dem Gebiet der Vorgeschichte, Germanenkunde und germanischen Volksforschung zu sammeln und über die Außenstellen mit den zur Mitarbeit in Betracht kommenden und zur Mitarbeit bereiten Kräften in den germanischen Ländern zusammenzuführen und ihnen allen im Sinne des oben umrissenen Zieles gemeinsame und Einzelaufgaben zu stellen. Er sorgt für die zweckentsprechenden Veröffentlichungen der Arbeitsergebnisse in wissenschaftlichen und volkstümlichen Büchern, in wissenschaftlichen Zeitschriften und auch in solchen für einen allgemeinen Leserkreis, wie z.B. in dem großen illustrierten 'Hamer', das seit Jahren in einer niederländischen und flämischen und jetzt auch in einer deutschen Ausgabe ('Hammer') erscheint. Hierbei gilt seine Sorge vor allen Dingen der Verlebendigung der Ergebnisse der wissenschaftlichen Germanenkunde in jenen germanischen Ländern, in denen die Forschung bisher noch weiter zurück ist oder in ihrer Fragestellung noch nicht überall die gemeinsame germanische Grundlage gefunden haben."[121]

---

[121] H 861, 6131 BDC (Kopie im RIOD).

Ein wenig profaner ausgedrückt, ging es um die Schaffung einer künftigen großgermanischen Reichsideologie und die Kontrolle über die daran mitwirkenden Wissenschaftler. Das war nicht neu, doch uns fiel auf, daß der Germanische Wissenschaftseinsatz mit der Befreiung der 'germanischen' Länder durch die Alliierten keineswegs gegenstandslos geworden war:

„Die Arbeit des Germanischen Wissenschaftseinsatzes besteht also

1) aus der Erarbeitung und Bereitstellung wissenschaftlicher Unterlagen, die im Augenblick des Friedensschlusses bzw. bei der Wiedergewinnung der germanischen Räume notwendig gebraucht werden,

2) aus der Betreuung und Lenkung der Wissenschaftler aus den germanischen Ländern[122] zu wissenschaftlichen Gemeinschaftsaufgaben,

3) aus der Weiterführung der Zeitschrift 'Hammer'.“[123]

Es war das jüngste unserer kopierten Schriftstücke.

Nach einem weiteren Tag voller Erzählungen unseres Gastgebers über die niederländische Geschichte, den Widerstand, die Grünen, die ArbeiterInnenbewegung, den Pazifismus, die HausbesetzerInnen und Friesland machten wir uns auf den Rückweg nach Aachen.

Mittlerweile konnten auch Renke und Ralf vom Erfolg ihrer Reisen nach Heidelberg und Wien berichten. Außerdem hatten sie Kontakt zu Gerd Simon aufgenommen, der im WDR als Experte zur NS-Wissenschaftsgeschichte vorgestellt worden war, und auch von ihm wertvolle Hinweise erhalten. Direkte Beweise für die persönliche Bekanntschaft zwischen Schneider und Gehlen hatten sie nicht gefunden, wohl aber weitere Indizien und zahlreiche neue Details über Gehlens Beziehung zur SS. Dies widersprach der gängigen Darstellung, er sei bereits während des Krieges auf Distanz zum Nationalsozialismus gegangen.

Renke und Ralf charakterisierten Arnold Gehlen als Spezialisten für 'arisierte' Lehrstühle, der zwischen 1933 und 1938 nacheinander die Nachfolge der vertriebenen oder aus Protest zurückgetretenen Professoren Paul Tillich, Hans Driesch und Theodor Litt übernahm und auf Linie brachte. Er war Mitglied der NSDAP sowie, was bislang unbekannt war, der SA und arbeitete bis 1940 als Lektor für das *Amt Rosenberg*, eine Art ideologische Überwachungsstelle für alle

---

[122] Die Kollaborateure, die vor den Alliierten ins Deutsche Reich geflohen waren.

[123] Brief Sievers' an Brandt, 7.11.44, H 988, 6826 BDC (Kopie im RIOD).

Wissenschaftsgebiete. Vor allem aber war die Leipziger Universität, wo er zeitweise tätig war, eine Hochburg des SD, was für den weiteren Verlauf seiner Karriere vermutlich nicht ohne Folgen blieb.

1938 wurde Gehlen mit einem außergewöhnlichen Karrieresprung belohnt: einer Berufung an den Kant-Lehrstuhl der Universität Königsberg. Er erhielt damit die wichtigste Philosophie-Professur im Deutschen Reich, obwohl er bis dahin nicht einmal ein eigenständiges Werk vorgelegt hatte. Die Universität galt zu dieser Zeit bereits als Vorzeigeprojekt der SS, ohne die eine solche Entscheidung kaum möglich gewesen wäre. Hatten wir zunächst spekuliert, daß Gehlen hier auf Schneider getroffen war, verlief diese Spur im Sande, denn Schneider hatte die Hochschule zwei Jahre zuvor verlassen. Um so interessanter aber erschien der Umstand, daß Gehlen gemeinsam mit dem Chef der SD-Abteilung für die Bespitzelung der Universitäten, Franz Alfred Six, einen Professorentitel in Königsberg erhielt.

Über den weiteren Verlauf Gehlens Karriere schrieben Renke und Ralf: *„Nachdem im Juli 1938 in Geheimverhandlungen zwischen dem SD und dem SS-Ahnenerbe die künftige Personal- und Strukturpolitik für die Universitäten – insbesondere die des frisch annektierten Österreichs – abgestimmt worden war, treffen sich Ende August 1939 in Salzburg SD/SS-Mann Six, die Spitze des SS-Ahnenerbe sowie der Reichsstudentenführer [...]. Die neue 'Ostmark' bietet sich als Exerzierfeld für die Hirngespinste Himmlerscher Wissenschaftspolitik an [...]. Nach Abschluß der Beratungen über die akademische Besatzungspolitik verlagert das SS-Ahnenerbe eine Abteilung von Salzburg nach Wien. Zu deren Personal gehört Hans Ernst Schneider, ihr Chef Richard Wolfram wird einige Monate später Professor an der Philosophischen Fakultät [in Wien]. Zur 'Reorganisation' der Philosophischen Institute wird ein Mann geholt, der Erfahrung im Umgang mit freigeräumten Lehrstühlen hat: Arnold Gehlen.“*

Mehrere Ahnenerbe-Mitarbeiter arbeiteten hierbei mit ihm zusammen. Auch Schneider zog nach der Schließung der Salzburger Außenstelle Ende 1939 kurzzeitig nach Wien, um sich – viel mehr ist nicht bekannt – wissenschaftlichen Arbeiten zu widmen.

„Bevor Gehlen neben dem Psychologischen Institut 1942 auch das Philosophische Institut in Wien übernimmt, erreicht ihn ein (nicht befolgter) Ruf an die neue 'Reichsuniversität' Straßburg. Damit wird er der einzige Philosoph bleiben, der einen Ruf an drei der fünf NS-Elitehochschulen bekommt. Der Ruf nach Straßburg erfolgt einige Monate, nachdem sein Hauptwerk 'Der Mensch' erschienen ist. Bis heute gilt die vereinzelte Kri-

tik an diesem Werk u.a. seinem Nachlaßverwalter, Professor Karl Siegbert Rehberg, erstaunlicherweise als Beleg dafür, daß sich zwischen Gehlen und dem Regime eine von beiden Seiten forcierte Distanz entwickelt hat. Nach Angaben Dr. Gerd Simons, in Tübingen forschender Kenner der NS-Geisteswissenschaften, war die Spitze von SS/SD im Sicherheitshauptamt jedoch der Meinung, daß 'Der Mensch' eine der wichtigsten Arbeiten nationalsozialistischer Theorie darstelle. Dem entspricht – wie Dr. Simon aufgrund ihm vorliegender Dokumente weiter mitteilte –, daß SS/SD in einer 1942/43 angefertigten internen Kategorisierung Arnold Gehlen in die Gruppe führender 'Nationalsozialistische(r) Philosophen' einstufte. Von 85 klassifizierten Philosophen ordnet die SS lediglich 11 dieser Spitzengruppe zu. Selbst der in den letzten Jahren durch seine nicht gerade unbedeutende NS-Vergangenheit ins Gerede gekommene Martin Heidegger landet eine Stufe unter Gehlen."[124]

All dies schien darauf hinzuweisen, daß Gehlens SS-Aktivitäten noch weiter reichten. Renke und Ralf spekulierten, ob Gehlen Informant des SD war. *„Daß diese Frage vielleicht nie eindeutig geklärt wird, mag auch das Ergebnis einiger biographischer Korrekturen sein, die sein Cousin Reinhard Gehlen, ehemals Hitlers Geheimdienstchef und in der BRD Gründer des Bundesnachrichtendienstes, veranlaßt haben könnte"*, hieß es später in ihrem Artikel.

Doch noch eine andere Überraschung hatte ihre Reise gebracht. Im Archiv des Winter-Verlags waren sie auf umfangreiche Dokumente zum Studienführer gestoßen. Offenbar hatte noch nie jemand diese Unterlagen ausgewertet. So fand sich nicht nur ein Brief, in dem Gehlen vermerkte, daß er vom Kurator des Ahnenerbes mit der Bearbeitung des Bandes 'Philosophie mit Einschluß der Ästhetik' beauftragt worden sei. Vor allem zeigte sich erstmals überhaupt die Dimension des Projekts:

„Bei dem Studienführer, für den Gehlen den Auftrag erhält, handelt es sich um das größte Projekt im wissenschaftlichen Lehrbereich des Nationalsozialismus. Dieser soll Grundlage für Matura und Studium werden. Mehr als 235 Bände sind geplant, die alle Wissenschaftsgebiete abdecken. Herausgegeben wird der Studienführer vom Reichsamtsleiter Kubach und Reichsstudentenführer Scheel.

---

[124] Frank Renkewitz, Ralf Schröder: Braune Blitzkarriere.- in: Klenkes, September 1995, hier zitiert nach der leicht überarbeiteten Fassung in: Fachschaft Philosophie (Hg.): „Die Feierlichkeiten sind nicht betroffen.", a.a.O. S. 42-45.

Nach erstmaliger Durchsicht der im Winter-Verlag vorhandenen Unterlagen zeigt sich, daß der Studienführer ein Projekt der SS, präziser des SD und des Ahnenerbe war. So ist jeder zweite seiner weisungsbefugten Fachbereichsleiter SS-Mitglied im Generalsrang. Gehlens Gruppe 'Kulturwissenschaft' ist durchsetzt von Abteilungsleitern des SS-Ahnenerbe, hohen SD-Funktionären oder untergeordneten Mitgliedern. Eine andere Gruppe wird von SS-Oberführer Six geleitet. Daß dieses Projekt nicht aus 'reiner Wissenschaft' besteht, zeigt die Gruppe, die Kubach führt. Hier sind alle führenden Pseudo-Naturwissenschaftler der NS-Propaganda mit Veröffentlichungen betraut, Kubach selbst ist Erfinder einer 'Deutschen Mathematik'. In der Gruppe Medizin treffen wir auf den SS-Ahnenerbe-Mediziner August Hirt aus Straßburg, der sich schon mal abgeschlagene Köpfe von ermordeten Kriegsgefangenen schicken ließ. In der Gruppe Gehlens ist z.B. der Erfinder einer 'Deutschen Religion' und Runenforscher Hauer, der noch 1939 selbst der SS zu absurd war, nun aber dank Fachbereichsleiter Wüst seine Theorien verbindlich für alle Universitäten plazieren kann.

Wie eng der Studienführer mit dem SS-Ahnenerbe verbunden ist, zeigt eine Tagung des 'Germanischen Wissenschaftseinsatzes' in Salzburg, deren Leitung H. E. Schneider innehat: Am 11.1.1944 trifft sich dort Ahnenerbe-Geschäftsführer Sievers mit Kubach, um den Studienführer zu besprechen. Es ist der gleiche Tag, an dem Gehlen seinen Brief zum Winterverlag absendet."[125]

Die Liste der Autoren enthielt die Namen mehrerer Professoren der RWTH. Rektor Buntru war sogar mit der Koordinierung eines gesamten Fachbereichs betraut und stand damit auf einer Stufe mit Wüst, Kubach und Six. Das erstaunlichste aber war, daß das Projekt, mit dem die SS einen Fuß in die Tür jeder Einzelwissenschaft zu bekommen hoffte, mit der Kapitulation 1945 keineswegs beendet war, sondern bis Mitte der 50er Jahre fortgesetzt wurde. Allerdings hielt sich die Anzahl der tatsächlich erschienenen Bände deutlich in Grenzen. Sollte es hier in Aachen womöglich weitere Dokumente über das Projekt geben?

Renke und ich begaben uns ins Hochschularchiv der RWTH. Sicher, wir erwarteten nicht ernsthaft, daß man uns irgend etwas Brisantes zeigen würde. Auch kannten wir die in ProfessorInnenkreisen kursierende Anekdote, das benachbarte Heizkraftwerk der Hoch-

---

[125] ebd.

schule sei nach seiner Fertigstellung mit einem Packen Nazi-Akten angefeuert worden. Aber wir wollten es wenigstens versucht haben.

So betraten wir das in der Ruine eines im Krieg zerbombten Prachtgebäudes untergebrachte Archiv mit einer langen Liste der Namen und Institute, die wir in den vergangenen Wochen gesammelt hatten.

Unser erster Versuch schlug fehl. Eine Mitarbeiterin zeigte auf einen Stahlschrank, in dem sich offenbar die brisantesten der übriggebliebenen Nazi-Dokumente befanden, und verwies auf den leider nicht anwesenden Archivleiter, der einen Einblick in die Aktenbestände dieser Epoche zuerst genehmigen müsse. Sie war allenfalls bereit, einmal stichprobenartig im Archivkatalog nachzuschlagen, ob denn überhaupt über einen der Gesuchten Unterlagen vorhanden seien, und fand einen entsprechenden Verweis. Das war's.

Unser zweiter Versuch führte uns immerhin an den Schreibtisch des Archivleiters Prof. Hildebrandt. Die Situation war absurd. Auf seinem Schreibtisch lag zwischen dicken Aktenstapeln eine Kopie der LiZ-Ausgabe mit meinem Artikel über den „Germanischen Wissenschaftseinsatz der RWTH". Das Fenster hinter dem endlos redenden Geschichtsprofessor gab den Blick auf das Rektorat der Hochschule frei, in dem, wie er betonte, sämtliche Personalakten untergebracht seien. Durch ein weiteres Fenster fiel unser Blick auf das Heizkraftwerk, während Hildebrandt versuchte, uns eine Geschichte vom großen Verlust der NS-Aktenbestände durch den Arbeitseifer eines Bauern aufzutischen, der seine bei Kriegsende mit ausgelagerten RWTH-Akten gefüllte Scheune endlich wieder zur landwirtschaftlichen Produktion nutzen wollte und den Papierberg kurzerhand entsorgt habe. Irgendwann schob er seine Aktenpakete zu uns herüber, wies darauf hin, daß eigentlich nahezu nichts über unsere Gesuchten auffindbar gewesen wäre – auch nichts über den Professor, der eine halbe Woche zuvor noch im Katalog verzeichnet war – und ließ uns das Gefundene lesen. Es war praktisch unbrauchbar. Lediglich ein Lebenslauf des Heimat-Schriftleiters Scherdin mit genauer Angabe seiner NSDAP-Karriere bis 1937 fand sich darunter. Oh, den habe er ja gar nicht gesehen, meinte der Professor. Einen dritten Versuch ersparten wir uns. Für Renke und Ralf hatten die bekannten Fakten ohnehin ausgereicht, um ihren Artikel schreiben zu können.

Was es mit der Story vom Heizkraftwerk tatsächlich auf sich hatte, wollten wir doch gerne wissen. Darius und ich hofften, von Politologie-Professor Winfried Böttcher, der im Fachbereichsrat über die

126

Aktenverfeuerung gewitzelt hatte, Genaueres zu erfahren. Doch auch er mochte keine näheren Angaben zur Sache machen, sondern beschränkte sich auf vage Andeutungen in andere Richtungen: Wir sollten uns doch einmal die früheren Nachbarn 'Schwertes' in Aachen oder die Gründungsväter 'unserer' Fakultät ansehen, meinte er. Doch gebe es auch Fehlinformationen in der Literatur, wie die im Braunbuch genannte angebliche NS-Vergangenheit des verstorbenen Politologie-Professors Klaus Mehnert. Dessen Vergangenheit habe er als sein Schüler in den siebziger Jahren schließlich selbst erforscht und nichts wirklich Belastendes entdecken können. Nein, da sei der ein oder andere Kollege gewiß interessanter. Aha. Dabei hatten wir noch gar nicht nach Mehnert gefragt.

Ausflug

Widerlinge treffen sich bei einem Stück Kuchen – die Tante hat keinen Sohn, der sieht ihr ähnlich – Alex macht sich ein eigenes Bild.

Wo standen wir jetzt, nachdem 'Schwerte' seit gut drei Monaten wieder Schneider war? Wir kannten nun einiges von dem, was er unter diesem Namen getan hatte und als 'Schwerte' nicht verantworten wollte, hatten manch anderes Detail der nationalsozialistischen Geschichte der RWTH erfahren oder selbst erforscht. Wir hatten erlebt, wie die Aachener ProfessorInnenschaft auf unsere Fragen und Provokationen reagierte. Doch wie mußten wir das alles bewerten, wie den Zusammenhang herstellen?

Wir hatten schließlich nach der Gegenwart gefragt, jedoch die Vergangenheit erforscht. Dafür hatte es gute Gründe gegeben, doch hatten wir so nicht zuletzt auch dem dumpfen Gefühl aus dem Wege gehen können, diese Geschichte werde nicht aufgehen. Wir waren eben nicht Teil eines schlechten Films und konnten nicht davon ausgehen, daß am Ende die Guten wie die Bösen klar benannt werden würden, nicht einmal, daß es sie so eindeutig überhaupt gab.

Dyserinck mußte zweifellos vor dem öffentlichen Bekanntwerden von 'Schwertes' wahrer Identität gut über diese informiert gewesen sein. Unsere ersten Informationen waren aus seiner Richtung gekommen. Völlig nichtsahnende ProfessorInnen konnten aber nicht mit der Vergangenheit eines längst emeritierten Kollegen erpreßt werden, wie Debus es nahegelegt hatte. Auch das war logisch. Das Ministerium für Wissenschaft und Forschung wußte seit mindestens fünf Monaten Bescheid. Hatte im Streit um den Lehrstuhl für Komparatistik weder die eine noch die andere Seite zurechtgewiesen, auch nicht nachgeforscht, was es mit den Vorwürfen gegen 'Schwerte' auf sich hatte, sondern das Berufungsverfahren schlichtweg auf Eis gelegt. Warum?

Wir hatten die Antwort bisher stets vor allem in unserer Hochschule, manchmal auch im Ministerium gesucht und waren abgewimmelt, beschimpft oder mit Verleumdungsklagen bedroht worden. Unser Widerspruch dagegen war uns als Parteinahme für Dyserinck und Richards ausgelegt worden. „Wer nicht für mich ist, ist gegen mich." Nun gut, dachten wir uns, sie stehen nicht schlechter da als andere, vielleicht geht immerhin die Veröffentlichung des niederländischen Fernsehens auf sie zurück. Viele DozentInnen, manche äußerten das sehr offen, fanden Dyserinck widerlich, Richards unmöglich. Aber konnten wir noch davon ausgehen, daß sie für uns nicht dasselbe empfanden? Mußte es gegen eine Person sprechen, an der RWTH als widerlich und unmöglich zu gelten? Wir beschlossen, Richards einen Besuch abzustatten und uns selbst ein Urteil zu bilden.

Nachdem mich die anderen, ohne daß Zeit zum Essen gewesen wäre, von der Arbeit abgeholt hatten, wir mit einem Gerät, das ich, überzeugte Fahrradfahrerin ohne Führerschein, bisher für ein Auto gehalten hatte, nach Münster geflogen waren, ich also bleich vor Hunger und Entsetzen dort angekommen war und heißen Tee und Aprikosenkuchen vorgesetzt bekommen hatte, war mein Urteilsvermögen zugegebenermaßen eingeschränkt. Dennoch glaube ich, daß Herr und Frau Richards auch auf die anderen beiden einen sympathischen Eindruck machten. Sie erzählten: 1992 habe Frau Richards mit Recherchen im Berlin Document Center begonnen. Dyserinck habe Herrn Richards gebeten, dann doch auch für einen seiner Doktoranden nach Materialien zur Ahnenerbe-Zeitschrift *Die Weltliteratur* zu suchen. Das habe er getan und sei so unter anderem auf die Personalakte Schneiders samt Fotos gestoßen. Diese Materialien habe er Dyserinck geschickt, dieser wiederum im Hauptsturmführer Schneider seinen ehemaligen Kollegen 'Schwerte' erkannt, von dem er wußte, er solle eine braune Vergangenheit haben, mehr jedoch nicht.

Dyserinck habe Herrn Richards über die Brisanz der gefundenen Akten informiert, dieser dann im August 1992 einen Brief an das Simon-Wiesenthal-Zentrum in Wien geschickt. Er zeigte uns einen Ausdruck dieses Briefes. Der Leiter des Berlin Document Center, Dr. David Maxwell, habe ihm vorgeschlagen, sich an Wiesenthal zu wenden. Es ginge um einen möglicherweise brisanten Skandal in Bezug auf ein früheres Mitglied des Persönlichen Stabs des Reichsführers-SS. Richards erklärte ausführlich, was er im BDC gefunden hatte und wie schon die Biographie 'Schwertes' Rückschlüsse auf Schneider zuließ. Schneider war bei der Wehrmachtsauskunftsstelle in Berlin nie als vermißt oder tot gemeldet worden. Dennoch heiratete seine Frau, die angebliche Witwe, im Jahre 1947 erneut – und zwar Hans Schwerte. Der, so ließ sich zurückverfolgen, wollte Schneiders Cousin sein und so wahrscheinlich peinliche Fragen nach der Ähnlichkeit zu Schneider erklären. Die angebliche Mutter 'Schwertes' sollte die Schwester Schneiders Mutter sein. Für seine Aufnahme in die SS mußte Schneider jedoch, der 'Rassereinheit' und 'Erbgesundheit' wegen, genaue Auskunft über seine Familie geben. Die betreffende Schwester gab es, doch hatte sie nie geheiratet und war früh gestorben. Einen Cousin Schneiders schien es nicht zu geben. Die Parallelen der Lebensläufe sprachen für sich, und schließlich wollte Dyserinck anhand der Fotos letzte Sicherheit gewonnen haben. Das Wiesenthal-Zentrum hatte zunächst interessiert geantwortet, sich nach einem weiteren Brief Richards' aber nicht mehr gemeldet.

Auch er, Richards, habe dann erst einmal anderes zu tun gehabt und die Sache nicht weiter verfolgt. Im November 1994, als die Gerüchteküche in Aachen schon brodelte, sogar bereits entschieden war, den 'Gerüchten' nicht nachzugehen und Dyserinck zum Schweigen zu bringen, habe er dem Ministerium für Wissenschaft und Forschung über seine Recherchen Bericht erstattet. Zunächst habe es so ausgesehen, als ob die Ministerin Anke Brunn ernsthaft an der Aufklärung der Vorwürfe interessiert sei. Doch im Februar 1995 habe das Ministerium zu verstehen gegeben, der Fall sei längst ein Politikum und Richards möge sich die Berufung nach Aachen endlich aus dem Kopf schlagen.

Wir debattierten den Aachener Klüngel, in dem Familie Richards sich vorzüglich auskannte. Das war nicht verwunderlich, sie hatten guten Kontakt zu Dyserinck, und zudem hatte Richards Ende der 80er Jahre bereits einen Lehrauftrag bei der Aachener Komparatistik gehabt.

Schließlich, das war unvermeidlich, packte Familie Richards ihre Aktenbestände aus. Thomas wühlte sich bis über beide Ohren hinein, während Herr und Frau Richards uns den Inhalt ihrer Recherche im Kanon um die unsrigen schlugen. Namen, Fakten, Spekulationen, noch eine Tasse Tee? Jahreszahlen, Fragen nach Seilschaften, wo ist bitte die Toilette? Gleich rechts, stolpern Sie nicht über den Hamster. Es war anstrengend, aber ganz lustig, nur waren wir selten in der Lage, einen klaren Gedanken zu fassen und an den Punkten, die uns unklar waren, deutliche Fragen zu stellen.

Als wir am späteren Abend wieder ins Fliewatüüt[126] stiegen, hatten wir nicht das Gefühl, den Tag mit einen ErpresserInnenpaar verbracht zu haben. Sie waren mit ihren Informationen sehr offen gewesen. Wir hatten ja Schwierigkeiten gehabt, den Erzählungen überhaupt noch zu folgen, hatten uns Tips gegeben, wo wir selber weiter suchen konnten, hatten auch persönliche Dinge erzählt, die uns Zögerlichkeiten oder Unstimmigkeiten besser zu erklären schienen, als eine heldInnenhafte, nur der Sache verbundene Darstellung es gekonnt hätte. Auf jeden Fall waren sie uns gelöster entgegengetreten als die sich windenden oder aufbrausenden Aachener Professoren, die allesamt irgend etwas zu verbergen schienen. So war also der Umgang mit der Entdeckung der wahren Identität 'Schwertes' vielleicht nicht die autonomer Bilderbuch-AntifaschistInnen gewesen, die bestimmt nicht zwei Jahre gezögert hätten, bis sie dem alten Nazi eins auswischten. Sie wären wohl auch eher vor dessen Haustür aufgelaufen als im sowieso der Verstrickung verdächtigen Ministerium. Aber autonome Bilderbuch-AntifaschistInnen gibt es in dieser Reinform (leider?) nicht in Wirklichkeit, und auch im Traum sind sie nicht Teil des bürgerlichen, schon gar nicht des akademischen Lebens. Der Umgang der Richards' mit ihrem Wissen schien allemal korrekter als der vieler anderer. Ganz bestimmt wäre es eine seltsame Art der Erpressung, oder auch der Nötigung, den eigenen Wissensstand ausführlich an Simon Wiesenthal weiterzuleiten.

Was also konnte die Aachener Hochschullandschaft so gegen Prof. Richards aufgebracht haben, wenn nicht der Umstand, daß er wußte, was alle wußten, es aber mit Beweisen untermauert an Wiesenthal – und wer weiß, wen noch – weitergegeben hatte? Doch die Hollywood-Variante vom nazijagenden Amerikaner im braunen Deutsch-

---

[126] Boy Lornsen: Robbi, Tobbi und das Fliewatüüt.- Stuttgart 1967. Ein Fliewatüüt kann fliegen, schwimmen und fahren und wird wahlweise mit Himbeersirup oder Lebertran betrieben.

land. Sie schien als einzige nicht ganz abwegig. So vertraten wir sie weiter, immer um die Bitte erweitert, sie doch zu widerlegen, wenn sie denn falsch war. Was sollte daran so schwierig sein? Die Hochschule hüllte sich weiter in Schweigen. Sie stand lieber als nazideckender konservativer Sumpf da, denn als – ja, was denn eigentlich?

Güterabwägung

Der Rektor zieht personelle Konsequenzen – eine
Pressesprecherin wird nicht für die Wahrheit bezahlt – Tina
fühlt sich trotzdem betroffen.

Rein zufällig erfuhren wir, daß sich plötzlich keine StudienanfängerInnen mehr für das Fach Komparatistik einschreiben durften. Aufgrund eines dummen Scherzes – wir hatten gewitzelt, es gäbe das Fach vielleicht offiziell schon gar nicht mehr – hatte ich am 3. August im StudentInnensekretariat angerufen und mich als künftige Studienanfängerin ausgegeben. Ich hatte erklärt, ich wollte mit dem Komparatistikstudium beginnen und mich danach erkundigt, wann und wie ich mich dafür bei der Hochschule anmelden müsse. Doch statt der üblichen Auskunft, man müsse nur das Abiturzeugnis, einen Ausweis und eine Krankenversicherungsbescheinigung mitbringen, erhielt ich die Antwort, der Rektor habe die Einschreibung für ErstsemesterInnen gestoppt. Ich könne zum Wintersemester nicht mit dem von mir gewünschten Fach beginnen. Das, was noch wenige Tage zuvor als Spaß im Raum gestanden hatte, war auf einmal zur Realität geworden, die wir selbst nicht für möglich gehalten hatten. Mein Anruf hatte eigentlich nur bestätigen sollen, daß die Phantasie mit uns durchgegangen wäre.

Wir versuchten, den Dekan zu erreichen, um von ihm eine Stellungnahme zu erhalten. Seine Sekretärin erklärte uns allerdings, Debus sei im Urlaub und verwies uns an den Prodekan Michelsen. Doch auch mit ihm wollte man uns nicht reden lassen: Bei einem Anruf in seinem Büro hieß es nur, er hätte jetzt Sprechstunde und daher keine Zeit – doch wann soll man einem Professor Fragen stellen, wenn nicht in seiner Sprechstunde? Also gingen wir zu ihm ins Institut. Wieder erklärte uns die Sekretärin, Michelsen hätte gerade Sprechstunde und daher bestünde keine Möglichkeit, mit ihm zu reden.

Auch der Hinweis, zwei von uns seien Mitglieder im Fachbereichsrat und müßten den Prodekan in einer Fakultätsangelegenheit sprechen, weil der Dekan im Urlaub sei, beeindruckte sie überhaupt nicht. Also warteten wir vor der Tür. Nach einiger Zeit erschien Michelsen, doch als wir auf ihn zu traten, um ihm unsere Fragen zu stellen, erklärte auch er uns, er habe keine Zeit, weil er ja Sprechstunde habe! Doch von ihm ließen wir uns so nicht abwimmeln. Wir wollten wissen, ob die Philosophische Fakultät über den Einschreibestopp informiert war, ob sie ihn befürwortet oder ihn gar angeordnet hätte. Schnaubend antwortete Michelsen, die Philosophische Fakultät wüßte zwar von dem Einschreibestopp, hätte ihn aber weder veranlaßt noch heiße sie ihn gut. Auf weiteres Drängen erklärte er dann, daß die Fakultät auch etwas dagegen unternehmen wolle – aber erst im Wintersemester. Einen Weg, die Einschreibung vorher noch zu ermöglichen, sah er nicht.

Der Rektor war in dieser Angelegenheit schon gar nicht für uns zu sprechen. Also verfaßten wir eine Pressemitteilung, in der wir auch die Nichtaufklärung des Falls Schneider aufgriffen. Wir werteten den Einschreibestopp als erste tatsächliche Konsequenz der Hochschule aus dem Fall Schneider: „*Während die Öffentlichkeit auf Berichte der Aufklärungsarbeit zum Fall Schneider/RWTH wohl noch länger wird warten müssen – wenn es denn je zu Veröffentlichungen kommen wird – hat die RWTH bereits den Ergebnissen vorgegriffen. [...] Nachdem (schon bevor die Affäre Schneider/RWTH eine Rolle spielte) das Berufungsverfahren für die einzige Komparatistik-Professur verzögert worden war, weil verschiedene Professoren das Fach einstellen wollten, ist dies nun der nächste eindeutige Schritt in Richtung Abschaffung des Faches.*" Diese Art der Vergangenheitsentsorgung, einfach die Störfaktoren aus dem Weg zu räumen, um sich nicht mit eigenen Verfehlungen auseinandersetzen zu müssen, durfte der Hochschule nicht gelingen, was wir noch einmal ausdrücklich betonten: „*Obwohl [...] das hohe Gut der Freiheit von Forschung und Lehre [oft genug] als Argument herhalten mußte, fällt es diesen angeblichen Verteidigern der Wissenschaft nun auffallend leicht, ein unbequemes Lehr- und Forschungsgebiet endgültig zunichte zu machen. [...] Gerade nach dem unrühmlichen Vorgehen der Hochschule und insbesondere des Rektorats im Fall Schneider zeugt es von erschreckender politischer Ignoranz, lieber die Komparatistik zu schließen als die Professur mit einem Wissenschaftler zu besetzen, zu dessen Arbeitsfeld auch die Beschäftigung mit dem SS-Ahnenerbe gehört, in deren Rah-*

men auch Material, das bei der Enttarnung Schneiders mithalf, gesichtet wurde. [...] Bezeichnend ist jedenfalls, daß das Rektorat offensichtlich keine anderen Problemlösungsstrategien kennt, als das Ansprechen unangenehmer Wahrheiten zu verhindern." Daher hatte die Hochschulleitung den Einschreibestopp wohl auch gerade in den Sommerferien und an allen Gremien vorbei verhängt und es nicht für nötig erachtet, die studentischen Gremienmitglieder auch nur zu informieren.

Die AVZ druckte die Presseerklärung ohne weitere Fragen direkt am nächsten Tag ab – die AN allerdings wartete mit der Veröffentlichung einen Tag länger und fragte vorher bei Prodekan Michelsen nach. Ergebnis: Er erklärte, die Hochschule sei „zu diesem Schritt durch die von Wissenschaftsministerin Anke Brunn angekündigte Maßnahme, der RWTH die C3-Professur[127] für Komparatistik in drei bis vier Jahren zu entziehen und sie nach Wuppertal zu verlegen" veranlaßt worden. Diese Information hatte er uns vorenthalten.

Nach diesem Zeitungsbericht wandten wir uns an das Wissenschaftsministerium, wo wir mit Peter Marx, dem persönlichen Referenten von Anke Brunn, sprachen. Er verneinte, daß es einen Erlaß[128] gäbe, der diese Umstrukturierung vorsehe, allerdings sei es dem Bewerber Richards nicht zuzumuten, nach Aachen berufen zu werden. Wegen der gegen ihn eingenommenen Kollegen würde er nie ungestört arbeiten können, nicht mit genügend finanziellen Mitteln ausgestattet werden und erst recht keine Chance haben, jemals irgendwelche DoktorandInnen durch die Examensprüfung zu bringen. Im übrigen sollten wir uns schriftlich ans Ministerium wenden, wenn wir zitierfähige Aussagen haben wollten, dann würde die Pressesprecherin Monika Lengauer uns auf unsere Fragen antworten. Also verfaßten wir am 8. August einen offenen Brief ans Ministerium, den wir auch an die Zeitungen faxten. Wir wollten die schriftliche Abfassung eines Erlasses oder was auch immer die Hochschule zu dem Einschreibestopp veranlaßt hatte. Das Fehlen eines solchen Erlasses werteten wir als Sabotage der Hochschule gegen die Komparatistik. Eine rechtskräftige Entscheidung sahen wir als Kapitulation des Ministeriums vor der Hochschule an.

---

[127] Eine Professur der Soldstufe C3 bezieht sich auf ein 'Lehr- und Forschungsgebiet', erst eine besser bezahlte C4-Professur heißt 'Lehrstuhl'.

[128] Ministerielle Verfügung, die keiner parlamentarischen Zustimmung bedarf.

Peter Marx hatte uns zugesagt, daß Monika Lengauer uns am Morgen des 9. August anrufen würde, weshalb Alex und ich ab neun Uhr in der Fachschaft auf ihren Anruf warteten. Als wir bis mittags nichts von ihr gehört hatten, riefen wir selbst im Ministerium an, bekamen aber zu hören, sie sei in einer Besprechung und würde uns innerhalb der nächsten Stunde zurückrufen. Aus dieser Stunde wurden zweieinhalb, bis wir es noch einmal vergeblich versuchten. Gegen Abend – oh Wunder – ging sie selbst ans Telefon. Allerdings begrüßte sie uns mit den Worten: „Sie hätte ich heute sowieso nicht mehr angerufen!" Aber wo wir sie nun einmal am Telefon hatten, erklärte sie sich außerstande, uns eine Stellungnahme zur Komparatistik im allgemeinen und zu Richards im besonderen zu geben. Sie müsse sich vorher erst informieren. Ja, das hatten wir richtig gehört: Die Pressesprecherin, deren Aufgabe es ist, informiert zu sein (und erst recht über eine Angelegenheit, die schon seit mehreren Jahren Fragen aufwirft), um diese Informationen an die Öffentlichkeit weiterzuleiten, hatte angeblich nicht die leiseste Ahnung, worum es beim Streit um die Komparatistik eigentlich ging. Alex bemerkte, daß es dann ja allerhöchste Zeit für sie würde, dieses Informationsdefizit zu beseitigen.

Um uns loszuwerden oder, wie sie es nannte, „zu beruhigen", sagte sie, Herr Richards hätte einen Ruf nach Wuppertal erhalten und diesen auch bereits angenommen. Auf unsere Frage, warum er denn nach Wuppertal und nicht nach Aachen berufen würde, antwortete sie, wir müßten ihn schon selbst fragen, warum er sich in Wuppertal beworben habe, das wäre ja seine Entscheidung.

Ziemlich genervt und frustriert riefen wir bei Richards an. Das erste, was wir hörten, war: „Monika Lengauer lügt!" Herr Richards hatte keinen Ruf nach Wuppertal erhalten, geschweige denn angenommen. Dieses Gespräch war gerade beendet, da rief uns Peter Marx an. Monika Lengauer hatte ihm anscheinend sofort mitgeteilt, daß wir uns mit Beruhigungstaktik nicht abspeisen ließen. Jedenfalls tat Marx sehr besorgt und sagte: „Ich hörte, Sie waren mit dem Gespräch nicht zufrieden." Wer ist schon zufrieden, wenn er/sie angelogen wird! Er tat diesen Vorfall als bloßes Mißverständnis ab. Allerdings gab er zu, daß es sich um eine „Güterabwägung" handle. Zwar sei die Lösung, Richards nach Wuppertal zu schicken, für die StudentInnen die denkbar schlechteste, die große RWTH wäre aber so mächtig, daß das Ministerium letztlich vor der Hochschule kapituliere.

Als Reaktion schickten wir einen Tag später ein weiteres Fax ans Ministerium. Peter Marx hatte uns dazu aufgefordert, unsere Fragen an die Ministerin persönlich zu richten. Nach den schlechten Erfahrungen vom Vortag betonten wir noch einmal ausdrücklich, diese Fragen sollten der Wahrheit entsprechend beantwortet werden sollten. Des weiteren wiesen wir darauf hin, daß wir eine Kapitulation des Ministeriums vor der RWTH nicht akzeptieren würden, und forderten das Ministerium auf, dann doch lieber gleich die ganze Philosophische Fakultät zu schließen: „*Sollten Sie sich dazu* [Richards nach Aachen zu berufen] *nicht in der Lage sehen, etwa weil Sie denken, daß es keinem normalen Menschen zuzumuten sei, an die Philosophische Fakultät der RWTH berufen zu werden, wäre es wohl angebracht, über die Schließung der selbigen nachzudenken, und zwar nicht bröckchenweise, sondern auf einmal. In der Ex-DDR ist die Schließung und anschließende Neugründung von Fakultäten unter Hinblick auf nicht zu überwindende Seilschaften mehrfach vorgenommen worden. Sie werden dann allerdings zu dieser Entscheidung politisch Stellung beziehen müssen, was Sie mit einer Berufung nach Wuppertal offensichtlich zu verhindern suchen.*" Darauf erhielten wir keine Antwort mehr.

Am nächsten Montag hatten wir einen Termin mit dem Rektor, bei dem wir ihn zum Einschreibestopp befragen wollten. Außer neuen Lügen und Ich-bin-nicht-zuständig-und-habe-auch-keine-Ahnung-jedenfalls-kann-ich-an-der-Situation-nichts-ändern-Ausreden erwarteten wir allerdings nicht mehr viel. Merkwürdig war, daß Habetha uns mit den Worten „Schön, daß Sie endlich auch einmal zu mir kommen" begrüßte, hatte seine Sekretärin uns doch immer wieder abgewimmelt, wenn wir um einen Gesprächstermin gebeten hatten. Im Rektorat schlug uns dann die Atmosphäre der 'Königlich-rheinisch-westfälischen Polytechnischen Schule zu Aachen' entgegen, wie die RWTH bei ihrer Gründung im Jahr 1870 hieß. Denn königliche Privilegien wurden auch dem Rektor zuteil – vielleicht liegt es daran, daß er auch heute noch Wert auf die verstaubte Bezeichnung 'Magnifizenz'[129] legt. Während das Vorzimmer sich nicht von anderen Vorzimmern in der Hochschule unterscheidet und Abteilungen des Rektorats in einer mehr oder weniger baufälligen Baracke untergebracht sind, hat das Arbeitszimmer des Rektors gigantische Ausmaße. In diesem Raum mit Parkettfußboden, holzgetäfelten Wänden und riesigen

---

[129] lat.: Herrlichkeit.

Fenstern, gibt es nur einen Schreibtisch und eine Sitzecke. Die Sitzecke erschien uns beim Betreten des Raums zuerst ziemlich winzig, weil sie so verloren hinten in einer Ecke stand. Doch als wir erst einmal saßen, stellten wir fest, daß durchaus noch zwanzig weitere Personen auf diesen Sofas Platz gefunden hätten. Auf unsere Fragen erklärte Habetha, nicht Anke Brunn, sondern Staatssekretär Küchenhoff habe die Verlagerung der Komparatistik-Professur nach Wuppertal angekündigt. Bezeichnend fanden wir die Information, daß Habetha eigentlich wegen einer ganz anderen Sache im Ministerium gewesen war und Küchenhoff ihm nur ganz nebenbei, eigentlich schon bei der Verabschiedung, von den Plänen bezüglich der Aachener Komparatistik erzählt hatte. Daher gebe es auch keinen Erlaß, der eine rechtliche Grundlage für den Einschreibestopp darstelle. Trotzdem hielt Habetha es für notwendig, einen Einschreibestopp für das Fach Komparatistik zu verhängen – und zwar direkt nachdem er die Information von Küchenhoff erhalten hatte. Uns zu informieren, sei ihm hingegen nicht nötig erschienen, weil wir vom Einschreibestopp ja nicht betroffen wären.

Dufhues war gegen Böttcher

Atomchef machte aus seiner Vergangenheit keinen Hehl

H.-W. H. Düsseldorf. Die Einstellung Prof. Dr. Böttchers als Verwaltungschef der Kernforschungsanlage Jülich war umstritten. Mitglieder der Landesregierung stimmten 1961 dagegen, weil sie von der nationalsozialistischen Vergangenheit Böttchers gehört hatten.

Wie gestern im Landtag verlautbarte, soll sich vor allem der damalige NRW-Innenminister und heutige Landtagspräsident Josef Hermann Dufhues gegen eine Berufung Böttchers gewandt haben. Trotzdem konnte aber Kulturminister Schütz die Ernennung durch Ministerpräsident Meyers durchsetzen, obwohl „zumindest" Schütz alle näheren Einzelheiten über Böttchers Einsatz während des zweiten Weltkrieges in Holland bekanntgewesen sind. Es heißt, Prof. Böttcher habe nie einen Hehl daraus gemacht, daß er von der niederländischen Justiz als „Kriegsverbrecher" angesehen und auch zu einer Gefängnisstrafe verurteilt wurde. Allerdings hätten sich für den ehemaligen SS-Führer Böttcher niederländische und deutsche Wissenschaftler immer eingesetzt, weil ihm „außer seiner SS-Uniform nichts vorzuwerfen" gewesen sei.

Aus NRZ, 3. Juni 1966

Nachbarn

Eine Tür weiter steht der richtige Name – wer dort stiehlt, muß
sich hier nicht verstecken – Alex beobachtet einen 45jährigen
Prozeß.

Von Richards hatten wir zwei Zeitungsartikel vom Juni 1966 erhalten. Sie beschäftigten sich mit einem weiteren SS-Mann, der unter anderem in den Niederlanden sein Unwesen getrieben hatte und später an die RWTH bzw. die Kernforschungsanlage (KFA) in Jülich bei Aachen gekommen war *(s. nebenstehende Abbildung)*.

Diesen Prof. Boettcher wollten wir uns einmal genauer ansehen. Seine Geschichte war einmal mehr ein Beispiel dafür, daß Schneider seinen Namen nicht allein wegen des höheren SS-Ranges hätte ändern müssen, um in die Aachener Wissenschaftsgemeinde aufgenommen zu werden.

Eher hätte er sich die Aufregung im Rentenalter ersparen können, wäre er als Hans Ernst Schneider, ehemals Hauptsturmführer, an die RWTH gekommen. Er wäre, wie Boettcher, auf viel Wohlwollen und Verständnis gestoßen. Eine Krähe hackt der anderen kein Auge aus.

Diesmal fuhren Tina und ich nach Amsterdam. Dr. Zondergeld hatte für uns Termine im Archiv der Freien Universität und im RIOD vereinbart. Seine Frau und er bereiteten uns einen herzlichen, aber hektischen Empfang. Eben aus der Bahn gekommen, hatten wir gerade Zeit für einen Tee, um rechtzeitig zum ersten Termin in der Uni zu sein. Wir durften tatsächlich auch keine Zeit vertrödeln, denn es galt, einen Großteil des Schriftverkehrs des Senats der Freien Universität Amsterdam aus den letzten Kriegsjahren durchzuarbeiten, denn Boettcher hatte dort wissenschaftliche Instrumente beschlagnahmt. Die Schriftstücke waren nach Datum geordnet, und nur wenige beschäftigten sich mit Prof. Boettchers Tun. So waren auch viele Dinge darunter, mit denen wir nichts konkretes anfangen konnten, dennoch wollten wir oft nicht einfach weiterblättern. Manche dieser vergilbten Akten dokumentierten wie selbstverständlich so viel himmelschreiende Unmenschlichkeit, so viel Zynismus...

> „Von den Eltern empfing ich den folgenden Bericht über Ihren Sohn F. N. Erdtsieg, der an der Freien Universität eingeschrieben war für das Notariatsstudium.
> 'Anläßlich Ihres Schreibens ... teile ich Ihnen mit, daß mir betreffs des Todes unseres Sohnes Frans, der an der Freien Universität studierte, noch immer kein offizieller Bericht zugesendet wurde... Erst seit gestern steht für uns dennoch unumstößlich fest, daß Frans am 23. Januar mittags um 1 Uhr an Magen- und Darmkatarrh infolge einer Herzschwäche im Konzentrationslager Grossteeren bei Berlin verstorben ist und dort auf dem Friedhof begraben liegt. Dieser Bericht wurde uns durch einen Freund mitgeteilt, der sich in Berlin aufhielt und bei der Gestapo und anderen Instanzen diese Information erhalten hat. Eine offizielle Mitteilung der deutschen Instanzen haben wir bis heute nicht empfangen. Hier wird sich allerdings bemüht ...' "[130]

Ich verspürte vor allem Wut auf diejenigen, die in Aachen und wo nicht überall sonst mit ihrem schleimigen Lächeln und der Gewißheit, nie auf der Seite der Opfer stehen zu werden, die Errungenschaften der Naziwissenschaft preisen und die damit untrennbar verbundene Grausamkeit als persönliche Verfehlungen Einzelner abtun.

Doch wir wollten uns ja vor allem auf Boettcher konzentrieren. An diesem Nachmittag konnten wir nicht mehr alle Akten durchsehen, da das Archiv zumachte. Statt dessen besichtigten wir das Unigebäude, unter anderem eine Tafel mit dem Namen der während der Besatzungszeit getöteten Studierenden, die nichts vom Auf-in-den-Kampf-Hurra-Geschrei der Heldengedenktafel in unserer Aula hatte. Zondergeld erzählte über die Geschichte der Uni, die als private Einrichtung gegenüber den staatlichen Unis während der Besatzung besser weggekommen war. Vom dennoch massiven Eingriff der NationalsozialistInnen ins Leben auch dieser Hochschule hatten wir uns gerade im Archiv selbst überzeugen können.

Am nächsten Vormittag vergruben wir uns in die Akten im RIOD. Die BenutzerInnen gehen nie selbst in die Archivräume, sondern suchen im Katalog aus, was die MitarbeiterInnen ihnen holen sollen. Zondergeld hatte alles perfekt organisiert, so daß wir nicht einmal das tun mußten. Wir brauchten uns 'nur' noch durch die Texte zu fressen. Die Nazi-Akten waren meist in deutsch geschrieben, oder es gab eine deutsche Übersetzung. Vieles, gerade auch sehr hilfreiche zu-

---

[130] Brief des Rektors der Freien Universität Amsterdam an die Dekane, vom 10. Mai 1944. (Eigene Übersetzung)

sammenfassende Berichte, war aber natürlich auf Niederländisch. Auf das Kaffee-und-Kuchen-Vokabular angewiesen, das mensch in Aachen so mitkriegt, wurde das Lesen etwas mühsam. Nach der wohlverdienten Mittagspause fuhren wir wieder zur Uni, um noch durchzusehen, was am Vortag liegengeblieben war. Mit dem zusammengetragenen Material würden wir erst einmal auskommen. Abends zeigte uns Zondergeld Exemplare verschiedener Ahnenerbe-Zeitschriften, zum Teil ganz offensichtliche Hetzschriften, oft aber auf den ersten Blick von der Wochenend-Wander-Beilage heutiger Tageszeitungen nicht zu unterscheiden, was immer mensch für Schlüsse daraus ziehen mag.

Wir hatten es nicht eilig, an unsere eigene Hochschule zurückzukommen und gönnten uns zur Abwechslung einen Bummel über den Amsterdamer Flohmarkt. Wir wurden stolze Besitzerinnen einer neuen alten Hose, einer Kling-Klong-Fahrradklingel und, wie wir eben sind, des ersten Bandes der Dokumentation 'Het Koninkrijk der Nederlanden in de tweede Wereldoorlog'.

Zu Hause hieß es, die Ergebnisse unserer Reise für das gerade anstehende neue *LiZ* zusammenzufassen. Als Grundlage dienten vor allem Auszüge aus Prozeßakten, denn Boettcher war nach dem Krieg vor ein niederländisches Gericht gestellt worden. Um uns diese Prozeßakten noch einmal genauer anzusehen, fuhren wir viel später, im Dezember 1995, ins Archiv des niederländischen Justizministeriums nach Den Haag. Nur soviel sei an dieser Stelle darüber berichtet, daß die Recherche dort das vorhandene Material wertvoll ergänzte, jedoch nichts wirklich Neues brachte. Ich greife also der Geschichte ein wenig vor und stelle hier die Ergebnisse beider Fahrten in die Niederlanden und natürlich der zusätzlichen Recherchen in Aachen dar. Übrigens war Thomas ganz nebenbei aufgefallen, daß Boettcher und Schneider in Schneiders Aachener Zeit Nachbarn waren, der eine Hangstraße 11, der andere Nummer 13, einige Nummern weiter wohnt auch der heutige Rektor Habetha.

Alfred Richard Boettcher lehrte seit 1958 an der RWTH und wurde dort 1964 außerplanmäßiger Professor für Physikalische Metallkunde. Von 1960 bis 1970 war er wissenschaftlicher Geschäftsführer der Kernforschungsanlage Jülich, 1970-93 Koordinator für bilaterale Zusammenarbeit des Bundesministeriums für Forschung und Technologie. Boettcher folgte einem guten Bekannten an die RWTH, dem kurz zuvor verstorbenen Abraham Esau. Dieser hatte 1949 eine Gastprofessur an der TH erhalten. 1939 war er zum Leiter der Physikalisch-technischen Reichsanstalt[131] berufen worden und blieb in diesem Amt bis 1945. Esau oblag zeitweise die Leitung des deutschen Atombombenprojekts. Im zweiten Weltkrieg war er Bevollmächtigter für Hochfrequenzforschung. Als solcher hielt er sich in den besetzten Niederlanden auf und arbeitete dort im Hochfrequenzinstitut in Doetinchem. Das war laut eines niederländischen polizeilichen Berichts vom 1. März 1948 ein geheimes deutsches Labor für Atomspaltung. Dieses Institut war mit Instrumenten eingerichtet, die unter anderem aus der Uni Leiden, der Freien Universität Amsterdam und den Eindhovener Philips-Betrieben stammten. Sie waren im Auftrag A. R. Boettchers beschlagnahmt worden. Nach Kriegsende kamen Boettcher und Esau in niederländische Untersuchungshaft und teilten sogar dieselbe Zelle. Welch Zufall, daß sie beide nach Aachen kamen! In einem ersten Prozeß wurden sie vom Vorwurf der Plünderung (es wurden nur die Beschlagnahmen bei Philips verhandelt) nach der Haager Landkriegskonvention freigesprochen, vornehmlich, weil der Begriff 'Plünderung' für die Beschlagnahme der Geräte und Materialien der Philips-Betriebe juristisch nicht zutreffend war. Die JuristInnen mußten feststellen, ob es sich um Geräte handelte, die für die Kriegsführung der Deutschen entscheidend waren. Sachkundige Zeugen hatten das bejaht, somit schien der Tatbestand der Plünderei nach Kriegsrecht nicht anwendbar.[132] In der Berufung vom 21.2.1949 heißt es aber:

„Art. 53 der Landkriegsverordnung soll reell ausgelegt werden, wobei auch der Zeitpunkt der Beschlagnahme ins Gewicht fällt.

Nun ist es deutlich, daß im August-September 1944 für das damals schon zurückgeschlagene Deutschland jeder Grashalm als wichtig angesehen werden konnte, ebenso wie die Ideen in bezug auf Radar usw., die noch in professoralen Hirnen schlummerten. Eine angemessene Auslegung bringt eine angemessene Beschränkung mit sich."[133]

---

[131] 1887 gegründete Vorgängerbehörde der Physikalisch-technischen Bundesanstalt. Esau kam dorthin als Nachfolger von Johannes Stark, Vertreter der rassistischen 'arischen Physik' und Professor an der TH Aachen von 1909 bis 1917, vgl. S. 167.

[132] An dieser Stelle geht es um die juristisch korrekte Entscheidung nach den Maßgaben des Kriegsrechts, einem Instrument also, das den Krieg regulierbar und damit letztlich führbar machen soll. Das moralische Unrecht bliebe m. E. durch einen Freispruch unberührt.

[133] Prozeßakten Boettcher, RIOD 271b. Sofern in diesem Kapitel aus niederländischen Akten und Büchern zitiert wird, handelt es sich um unsere eigene Übersetzung.

Am 15. März 1950 wurden sie zu eineinhalb Jahren Gefängnis verurteilt. Diese Strafe wurde auf die Untersuchungshaft angerechnet. Zu dieser Zeit war Esau schon an der RWTH. Das Jahrbuch der Hochschule schreibt in einem Abgesang auf ihn im Jahre 1955/56. *„Das Ende des zweiten Weltkrieges führte Esau erneut in Jahre der Internierung und ausländische Haft. Erst 1948 konnte er nach Deutschland zurückkehren nachdem sich alle gegen ihn erhobenen Beschuldigungen als haltlos erwiesen hatten."* Ganz ähnlich ist die Haltung der KFA gegenüber Boettcher, der seit 1935 Mitglied der SS war. Von September 1939 bis Mai 1941 war er Untersturmführer im Hauptamt Persönlichen Stab Reichsführer-SS. Im Juni 1941 wurde Boettcher zum Obersturmführer, im Juni 1944 schließlich zum Hauptsturmführer befördert. In der Begründung zum Antrag auf Beförderung heißt es:

„Dr. Boettcher ist Physiker und schlägt die Hochschullaufbahn ein. Er ragt weit über den Durchschnitt und wird in seinem Fachgebiete noch einmal etwas zu sagen haben. Zur Zeit arbeitet Boettcher an wehrwichtigen Aufträgen.

Seiner Initiative ist es wesentlich zu verdanken, daß die physikalischen Institute Niederlands in die kriegswichtigen Aufträge mit eingebunden wurden. Im übrigen erfüllt er alle Bedingungen einer Beförderung."[134]

Wie gesagt, die niederländische Justiz hatte ihn für diese Initiative zu eineinhalb Jahren Gefängnis verurteilt, die SS ihn dafür befördert. RWTH und KFA haben sich eher die Beurteilung der SS zu eigen gemacht, als die der NiederländerInnen.

Sehen wir uns die Initiativen des Hauptsturmführers genauer an. Exemplarisch ist das Tauziehen um das Kamerlingh-Onnes Laboratorium der Universität Leiden. Im Juni 1943 schreibt der mit dem Umbau der Rijksuniversiteit Leiden zu einer SS-Frontuniversität beauftragte Walter von Stokar an Sievers unter dem Hinweis 'streng vertraulich': *„Wir wollen das berühmte Kamerlingh-Laboratorium, das Kälteinstitut der Universität Leiden der deutschen Wissenschaft zur Verfügung stellen. Ich möchte Sie bitten, mir umgehend mitzuteilen, ob Sie im Rahmen Ihrer Forschungen Verwendung dafür haben und besonders Wissenschaftler, die es sofort übernehmen können, und die Gewähr bieten, dass dort fruchtbare Arbeit geschieht. Obersturmführer Boettcher*

---

[134] Justizministerium Den Haag, Abschrift B526/48, 28.4.1944.

vom SS Mannschaftshaus[135] *hat sich schon mit Prof. Esau in Verbindung gesetzt, aber ohne meinen Willen. Da Esau noch nicht bindend zugesagt hat, ist also nichts verdorben.* "[136]

Sievers antwortet ihm, daß im Rahmen des Ahnenerbes nicht die Möglichkeit bestehe, daß Laboratorium *„zweckentsprechend einzusetzen, wohl aber* [bestehe] *großes Interesse daran im Rahmen des Reichsforschungsrates. [...] Prof. Esau ist als Bevollmächtigter für kernphysikalische Forschungen im Reichsforschungsrat für das Kälte-Institut nicht zuständig.* "[137] Dennoch bemüht sich von Stokar im September 1943 um die Überlassung einiger Instrumente aus dem Kamerlingh-Onnes Laboratorium zu Gunsten Boettchers. Er schreibt an den Generalsekretär im Ministerium für Erziehung, Wissenschaft und Kulturverwaltung: *„...Ich wäre Ihnen zu Dank verpflichtet, wenn Sie Herrn Prof. De Haas veranlassen würden eine derartige Pumpe zur Verfügung zu stellen. Es ist mir gelungen, die Arbeiter des Institutes mit Hilfe des Reichsforschungsrates vom Arbeitseinsatz frei zu bekommen, es würde mich freuen, wenn ein kollegialer Gegendienst mich von dem Odium befreien würde, mit der Anforderungsverordnung zu arbeiten.* "[138] Boettcher erhält 'leihweise' das angefragte Hochvakuumpumpaggregat und obendrein eine Rechenmaschine. Im Mai 1944 folgt dennoch der Anforderungsbescheid.: *„Ich fordere [...] zu Gunsten der Reichsstelle für Hochfrequenzforschung, vertreten durch Herrn Dr. Boettcher, zur leihweisen Benutzung innerhalb der besetzten niederländischen Gebiete an: [...] Die Auslieferung hat zu einem von Herrn Boettcher zu ernennenden Termin zu erfolgen.* "[139] Es ist unwahrscheinlich, daß die so beschlagnahmten Geräte ein anderes Schicksal ereilte, als die bei Philips gestohlenen, die Boettcher auf seinem Rückzug vor den näherkommenden Alliierten nach Deutschland brachte und die nie wieder in die Niederlande kamen:

„Am 15. September [1944] *berichtete der assistierende Direktor des Kamerlingh-Onnes Laboratoriums den Kuratoren*[140], *daß die Instrumen-*

---

[135] Studentenhaus für SS-Mitglieder, gehört zur Germanischen Freiwilligen Leitstelle.

[136] Brief vom 22.6. 1943, H866 BDC (Kopie im RIOD).

[137] Brief vom 1.7.1943, H866 BDC (Kopie im RIOD).

[138] Brief vom 29.9.2943 CNO 110 H72 RIOD.

[139] Anforderungsbescheid vom 9.5.1944, CNO 110 H72 RIOD.

[140] Dekane der Uni Leiden.

te für die man die ausdrückliche Zusage erhalten hatte, daß sie im Lande bleiben sollten, doch nach Deutschland verschickt worden waren. Der Schaden war ansehnlich, doch hätte noch größer sein können, wären nicht im Mai 1940 wichtige Gegenstände aus dem Kamerlingh-Onnes Laboratorium und der Instrumentenmacherschule versteckt worden."[141]

Auch an der Freien Universität Amsterdam trieb Boettcher sein Unwesen. Hier hatte es der spätere Geschäftsführer der KFA nicht zuletzt auf einen Neutronengenerator abgesehen, den er per Anforderungsbescheid vom 9. Mai 1944 auch erhielt, aber nie nutzen sollte:

„Den Neutronengenerator konnte man nicht retten, aber die beiläufige Frage eines Instrumentenmachers der Freien Universität an den (unsachverständigen) Demonteur, ob denn einige Einzelteile auch gut genug gefettet seien, führte dazu, daß dieser sein 'Versäumnis' eilig korrigierte, wodurch der Apparat sofort völlig unbrauchbar wurde.

Das deutsche Labor in Doetinchem wurde im Winter 44-45 nach Thüringen verlegt, die meisten der geraubten Apparate und Instrumente gingen dort verloren."[142]

Alfred Boettcher ging nicht verloren. An der RWTH und der KFA wurde er mit offenen Armen empfangen. Bis heute hat keine der beiden Institutionen eine Distanzierung für nötig befunden.

Geisterstunde

Ein Neuanfang vor '45 – totaler Krieg für ein geeintes Europa – Thomas kennt die Antwort vor der Frage.

Im Spätsommer machte das Fachschaftskollektiv einen spontanen Erholungsurlaub in Bayern, wohin ja auch Schneider sich nach seiner Emeritierung abgesetzt hatte. Im Fachschaftsfenster prangte derweil die Mitteilung, wir seien kurzfristig zur zapatistischen Guerilla in Chiapas verreist. Wir durchlebten – oberflächlich betrachtet – sonnige Stunden auf Chiemseeinseln und stapften durch verregnete Moore.

Da wir nun einmal in der Nähe waren, statteten Gerd und ich dem Münchener Institut für Zeitgeschichte einen kurzen Arbeitsbe-

---

[141] P. J. Idenburg: De Leidse Universiteit 1928-1946. Vernieuwing en Verzet.- 1978.

[142] L. de Jong: Het Koninkrijk der Nederlanden in de Tweede Wereldoorlog.- s'Gravenhage 1969.

such ab. Hier waren die wichtigsten Dokumente der großen NS-Archive zusammengefaßt. Problemlos konnten wir in den gigantischen Katalogen des Lesesaals nach Schneider wühlen. In einem abgelegenen Hinterraum erhielten wir die Filmrollen, auf denen die gewünschten Akten abgelichtet waren. Wir spannten sie in die großen, nicht mehr ganz neuen Lesegeräte und konnten beginnen. Verteilerlisten des Ahnenerbes. Korrespondenz zur Gründung einer deutschsprachigen Ausgabe des *Hamer*[143]. Ich spulte eine endlose Reihe von Briefen vorbei, auf denen sich ein gewisser Schwalm über die Probleme seiner skandinavischen Außenstelle des Germanischen Wissenschaftseinsatzes ausließ. Die Dokumente schienen uninteressant, ich wollte die Rolle schon auswechseln, spulte jedoch noch einmal kurz vor. Da – ein Projekt Schneiders mit dem Namen 'Kriegseinsatz der Geisteswissenschaften'. Wir hatten noch nie davon gehört. Ein Protokoll, daß die Zuständigkeit Schneiders für die gesamte SS-Forschung erwähnt. In einem anderen – ich überflog es kurz – war von 'politischer Planung' der SS die Rede. Dann ein Fragenkatalog zum Thema Europaplanungen. Ein Treffen in der Wannseevilla des Reichssicherheitshauptamtes. Immer wieder tauchte Hans Rössner auf, mit dem 'Schwerte' in den 50er Jahren die Europabuchreihe 'Gestalter unserer Zeit' vorbereitet hatte. Ein Teil der Papiere war als *„streng vertraulich"* gekennzeichnet. Ich zeigte Gerd, was ich gefunden hatte. „Geisterstunde", antwortete er. Geisterstunde? Er verwies auf das Datum der Protokolle. Ende 1944, Anfang 1945. Schneider saß in Berlin, die Rote Armee näherte sich der Stadt, und die noch verbliebenen Funktionäre stampften als kriegswichtig deklarierte Projekte aus dem Boden, um nicht noch kämpfen zu müssen – Projekte, die angesichts der militärischen Lage Hirngespinste blieben. Meine Entdeckung sei ein Fetzen der Geisterstunde, wie Gerd diese Phase nannte, und infolgedessen nach gängiger Meinung nicht einmal das Papier wert, auf dem sie standen. Im übrigen sei in der historischen Literatur von einem weitergehenden Projekt als dem Germanischen Wissenschaftseinsatz nichts zu finden. Ich kopierte die Dokumente trotzdem.

---

[143] Propagandazeitschrift des Germanischen Wissenschaftseinsatzes für die besetzten 'germanischen' Länder, vgl. S. 122. Unter dem Namen 'Hammer' war auch seit dem Kaiserreich eines der schlimmsten antisemitischen Hetzblätter erschienen, das Anfang der 40er Jahre eingestellt worden war. Unter anderem verhandelte Schneider nun mit dem Verlag dieser Zeitschrift - erfolgreich - darüber, ob er den Namen 'Hammer' für sein Projekt verwenden dürfe.

Zurück in Aachen, begriffen wir, daß Gerd geirrt hatte. Zu sehr hatte er, wie ihm nun klar wurde, die verbreiteten Einschätzungen der Geschichtswissenschaft verinnerlicht.

Wir hatten mit den Münchener Dokumenten genau jene Lücke in Schneiders Biographie gefüllt, die sich mit dem scheinbaren Zusammenbruch des Germanischen Wissenschaftseinsatz nach der Befreiung der 'germanischen' Länder auftat. Wie wir nun sahen, begann damit in Wirklichkeit eine der mit Abstand interessantesten Phasen seiner Karriere. Der scheinbar zweitrangige Wissenschaftler entpuppte sich als Planungsstratege und Wissenschaftsfunktionär, der angesichts der absehbaren militärischen Niederlage mit der politischen Planungselite der SS an Nachkriegsperspektiven arbeitete.

Das aber bedeutete eine völlige Neubewertung der Rolle Schneiders. Ich las die Papiere im zeitlichen Zusammenhang. Sie begannen im Oktober 1944. Die Ahnenerbe-Führung hatte sich ins süddeutsche Waischenfeld abgesetzt, Schneider blieb mit seinem früheren skandinavischen Statthalter, SS-Hauptsturmführer Hans Schwalm, in Berlin. Neben seinem Germanischen Wissenschaftseinsatz übernahm Schneider die Abteilung 'Forschung und Schrifttum', im SS-Hauptamt.

Am 14. Oktober 1944 reiste er zusammen mit Schwalm nach Hildesheim – dem späteren angeblichen Geburtsort 'Schwertes' –, um an einer Arbeitsbesprechung in der SS-Schulungsstätte 'Haus Germanien' teilzunehmen. Es ging um die *„Abstimmung unserer Germanischen Wissenschaftsarbeit mit dem SS-Hauptamt, Amtsgruppe D“*:

„In mehreren Besprechungen wurde klar gestellt, dass die germanische Wissenschaftsarbeit drei Aufgaben umfaßt:

a) *Die **Forschung**, d.h. die Eroberung wissenschaftlichen Neulandes in den germanischen Ländern durch deutsche und sonstige germanische Wissenschaftler.*

b) *Die **Auswertung** der wissenschaftlichen Ergebnisse für die Ausrichtung der Erzieher in den germanischen SS-Schulen.*

c) *Die **politische Planung**, d.h. die generalstabsmässige Durcharbeitung aller politischen Zukunftsmöglichkeiten und Vorbereitung künftiger Massnahmen mit wissenschaftlichem Rüstzeug.“*[144]

Schneider erhielt die volle Zuständigkeit für die 'Forschung', sein Partner Schwalm für die 'politische Planung'. Zusammen hatten sie die Kontrolle über sämtliche Bereiche. Doch was bedeutete in diesen

---

[144] Mikrofilm MA 293 im Institut für Zeitgeschichte.

Zusammenhang der Begriff 'politische Planung'? Das Protokoll gab eine erste Antwort:

„Die politische Planung hat die Grundlagen unserer zukünftigen Politik systematisch und konstruktiv zu bearbeiten, ohne selbst bereits Entscheidungen zu fällen. Sie muss daher alle möglichen Entwicklungen einkalkulieren und sich darauf einstellen, da weder einer Führerentscheidung vorgegriffen noch prophetisch zukünftige Entwicklungen vorausgesehen werden können. "[145]

Mir fiel ein, daß auch in einem der Papiere, die wir aus Amsterdam mitgebracht hatten, von einer Neubestimmung des Germanischen Wissenschaftseinsatzes die Rede war. Ich kramte das Blatt hervor, es stammte vom 7. November 1944, war also nach dem Hildesheimer Treffen geschrieben worden. Wir hatten die Bemerkungen, die dort über die Zukunft eines germanischen Kerneuropa gemacht wurden, damals nicht sonderlich beachtet. Sie erschienen uns vor dem Hintergrund der militärischen Lage Ende 1944 als realitätsferner Unsinn. Doch offensichtlich hatten Schneider und Schwalm ja die Aufgabe, sehr realistisch *„alle möglichen Entwicklungen"*, also auch die sich abzeichnende Niederlage, einzukalkulieren. Wir lasen das offenbar von Sievers verfaßte Papier also von Neuem:

„Lieber Kamerad Brandt!

Als ich am 21.10.44 bei Ihnen in der Feldkommandostelle war, sprachen wir auch über die Aufgaben des 'Ahnenerbe' im germanischen Bereich, so wie sie die gegenwärtige Lage stellt und über Schwierigkeiten, die dabei zu überwinden sind. Lassen Sie mich im Anschluß daran zur geeigneten Unterrichtung des Reichsführers-SS folgendes vortragen:

Die Führungsaufgaben, die die SS innerhalb der germanischen Räume übernommen hat, machen es notwendig, auch die wissenschaftlichen Unterlagen dafür bereitzustellen. Fehlentscheidungen der letzten Jahre hinsichtlich der politischen Führung der europäischen Völker haben ihre Ursache nicht zuletzt darin, daß die von der deutschen Wissenschaft erarbeiteten Erkenntnisse über die europäischen Räume und die Lebensform ihrer Völker nicht genügend beachtet worden sind. Dies ist in den Führungsstellen der SS durchaus auch eingesehen worden und man hat deshalb verschiedene Wissenschaftler mit der Klärung bestimmter Teilfragen beauftragt, allerdings ohne eine zentrale Ausrichtung und Lenkung dieser

---

[145] ebd.

Aufgaben. Dieses ist aber notwendiger denn je, vor allem auf dem germanischen Gebiet. Denn trotz der augenblicklich notwendigen politischen Betonung des Europagedankens wird die Zusammenfassung dieses Europas um einen germanischen Führungskern nach wie vor das eigentliche Problem bleiben. Deshalb wird für lange Zeit hin die wissenschaftliche Erarbeitung und Klärung der germanischen Geschichte, der germanischen Leistung und der germanischen Lebenswerte die vordringliche Forderung an die Wissenschaft mindestens in der SS bleiben. Eine solche geistige und weltanschauliche Durchdringung der Forschung ist zur Formung eines germanisch bestimmten Europabildes um so mehr notwendig, als sich heute in diesem Europa bereits wieder ernstlich geistige und politische Kräfte regen, die unter deutlich antigermanischen Vorzeichen sich um die Idee einer katholischen Latinität und Romanität sammeln.[146] Das deutsche Geistes- und Wissenschaftsleben zeigt dagegen nirgends den Willen zu einem geschlossenen geistigen Einsatz. Deshalb gehört es zu den vordringlichsten Pflichten der Wissenschaftsarbeit in der SS, gerade im jetzigen Augenblick bei allen ihren Arbeiten den germanischen Führungsgedanken im europäischen Raum herauszustellen und wirksam werden zu lassen.

Das 'Ahnenerbe' war im Rahmen seines bisherigen Germanischen Wissenschaftseinsatzes mit Hilfe deutscher und nichtdeutscher germanischer Wissenschaftler bemüht, Grundfragen der völkischen Lebensprobleme des germanischen Raumes und der germanischen Führungsleistung im gesamten Europa zu klären und die Ergebnisse dieser wissenschaftlichen Erarbeitung den damit beauftragten politischen Führungsstellen zugänglich zu machen.

Die wachsende Dringlichkeit, diese Arbeit im Hinblick auf die notwendige Erarbeitung der politischen Richtlinien für den Wiederaufbau in den germanischen Ländern zu intensivieren und alle hier in Deutschland noch zur Verfügung stehenden wissenschaftlichen Kräfte zusammenzufassen, erfordert es, daß zunächst vordringlich die innerhalb der Hauptämter der SS volkswissenschaftlich arbeitenden Wissenschaftler zu gemeinsamer Arbeit zusammengeführt werden. Das 'Ahnenerbe' als Amt des Reichsführers-SS für wissenschaftliche Aufgaben muß deshalb in die Lage versetzt werden, alle diese in der SS tätigen Wissenschaftler zur Mitarbeit heranzuziehen. Wissenschaftliche Einrichtungen und Institute, die auf diesem Gebiet bereits innerhalb der SS tätig sind, sollen deshalb keines-

---

[146] Hier war wohl das spätere Europamodell vom 'christlichen Abendland' der 50er Jahre gemeint.

wegs aufgelöst oder stillgelegt werden. Es ist uns nur um die Zusammenfassung zum Zwecke der Lösung bestimmter wissenschaftlicher Fragen zu tun.

Bis jetzt herrscht gerade auf dem Gebiet der germanischen Fragen innerhalb der SS eine Fülle von Nebeneinander- z.T. auch Gegeneinanderarbeit, die der Sache nur abträglich sein kann.[...]
Die Arbeit des Germanischen Wissenschaftseinsatzes besteht also
1) *aus der Erarbeitung und Bereitstellung wissenschaftlicher Unterlagen, die im Augenblick des Friedensschlusses bzw. bei der Wiedergewinnung der germanischen Räume notwendig gebraucht werden,*
2) *aus der Betreuung und Lenkung der Wissenschaftler aus den germanischen Ländern zu wissenschaftlichen Gemeinschaftsarbeiten,*
3) *aus der Weiterführung der Zeitschrift 'Hammer'.* "[147]

Die beiden letzten Punkte wirken hier nur noch wie ein lästiger Anhang, der in der folgenden Zeit für Schneider tatsächlich kaum noch eine Rolle spielen sollte. Seine eigentlichen Aufgaben konzentrierten sich auf die Erarbeitung von Strategien für ein deutsch beherrschbares Kerneuropa der Nachkriegszeit.

Wie uns die Kopien aus dem Institut für Zeitgeschichte zeigten, diskutierten Schneider und Schwalm zu diesem Zeitpunkt bereits mit Vertretern des SD und des Reichssicherheitshauptamtes über die konkreten Möglichkeiten, das nötige wissenschaftliche Personal für die Kerneuropaplanungen zu organisieren. Sein wichtigster Ansprechpartner dafür war SD-Abteilungsleiter Hans Rössner. Man kam überein, zu diesem Zweck ein früheres, inzwischen weitgehend gescheitertes Projekt wiederzubeleben, den Kriegseinsatz der Geisteswissenschaften.[148]

Schneider und Schwalm übernahmen nun dessen Neuorganisation und wurden damit zu Schlüsselfiguren der deutschen Wissenschaft. In einem umfassenden Konzeptpapier legte Schneider[149] seine Vorstellungen von der Wissenschaftszentralisierung dar. Es war der rabiateste

---

[147] H 988, 2826 BDC .

[148] Vermerk Schneiders v. 13.11.44; MA 293 Inst. f. Zeitgeschichte. Alle nachfolgend zitierten Dokumente dieses Kapitels finden sich auf dem gleichen Mikrofilm.

[149] Aus dem Dokument selbst geht die Urheberschaft nicht hervor, doch schreibt Gerd Simon es aufgrund weiterer, im Institut für Zeitgeschichte nicht vorhandener Akten Schneider zu.

und kaltschnäuzigste Text, den wir je von ihm gelesen hatten. Bereits die Umformulierung des Kriegseinsatzes zum 'totalen Kriegseinsatz' machte deutlich, in welche Richtung es ging.

„Vermerk
Betr.:
1. Zusammenfassung aller wissenschaftlichen Kräfte der SS.
2. Totaler Kriegseinsatz der deutschen Geisteswissenschaften zur Unterstützung der deutschen Kriegsführung.
1.
Der totale Krieg in seinem gegenwärtigen Höhepunkt erfordert die Zusammenfassung aller Volkskräfte zum Zweck der militärischen und politischen Kriegsführung. Dieser Forderung, daß nur noch Kriegsgesetze und Kriegsnotwendigkeiten gelten, haben sich auch alle Wissenschaften zu unterwerfen. Wo diese Forderung nicht erfüllt wird, ist die Arbeit einzustellen.
Nachdem die Naturwissenschaften, die technischen und medizinischen Wissenschaften fast durchweg heute im Dienst unserer Kriegsführung stehen, sind nunmehr endlich auch die Geisteswissenschaften auf allen ihren Arbeitsgebieten dahin zu führen, sich forschend, lehrend und in Materialzusammenstellungen restlos den unmittelbaren Aufgaben unserer politischen Kriegsführung mit ihren außenpolitischen, innenpolitischen, propagandistischen und führungsmäßigen Aufgaben und Problemen zur Verfügung zu stellen. Der bisherige sogenannte Kriegseinsatz der deutschen Geisteswissenschaften ist endlich aus dem Stadium eines größtenteils nur rhetorischen und ästhetischen Vorhandenseins zu lösen und muß ohne jede weitere Diskussion über mögliche oder eingeschränkte Freiheit der Wissenschaft unmittelbar den praktischen Erfordernissen der Stunde vordringlich vor jeder anderen Aufgabe zur Verfügung gestellt werden. Der Forschungsbetrieb der Institute und der Lehrbetrieb der Universitäten, soweit z. Zt. noch gestattet und weitergeführt, verstehen sich dabei von selbst. Kriegseinsatz ist Zusatzeinsatz bis zur jeweils schnellsten exakten Lösung der gestellten Aufgaben ohne Rücksicht auf Person und Gewohnheit.
Man wende nicht ein: Wissenschaft (insbesondere Geisteswissenschaft) ließe sich nicht organisieren. [...]
Auch auf diesem wie auf allen anderen Lebens- und Leistungsgebieten unseres Volkes hat die SS heute nicht nur beispielhaft selbst voranzugehen, sondern muß leitend und führend diesen Kriegseinsatz auch über ihren

eigenen Bereich hinaus organisieren, nachdem ein großer Teil der bisheri-gen derartigen Versuche mehr oder minder gescheitert ist.

Für den eigenen Bereich der SS wird daher vorgeschlagen, durch den RF-SS [Reichsführer-SS] sofort eine straff zusammengefaßte Arbeitsge-meinschaft aller noch in den einzelnen SS-Hauptämtern tätigen oder von diesen SS-Hauptämtern angesetzten oder beauftragten Wissenschaftler an-zuordnen. [...] Die Federführung dieser Arbeitsgemeinschaft übernimmt das Amt 'Ahnenerbe' [...], das durch seinen bisherigen Kriegseinsatz be-wiesen hat, einer solchen Aufgabe nach jeder Seite hin gewachsen zu sein, und auch die entsprechenden organisatorischen Erfahrungen und Über-sicht besitzt. [...] Zukünftig gesehen könnte diese SS-Arbeitsgemeinschaft Wissenschaft der wirklich umfassende Ansatz für ein zentrales Amt Wis-senschaft der SS sein, das bisher durch Zersplitterung der Aufgaben und Wissenschaftler innerhalb der einzelnen SS-Hauptämter nicht durchzu-führen möglich gewesen ist.

2.
Über diese SS-interne Zusammenfassung der eigenen Kräfte muß aber er-strebt werden, durch nachdrückliche Bildung und Zusammenrufung eines entsprechenden Kriegskuratoriums unter Führung dieser SS-Arbeitsgemeinschaft den gesamten Kriegseinsatz der deutschen Geisteswis-senschaften sofort neu aufzubauen und an die insbesondere der politischen Kriegsführung gestellten dringlichsten Aufgaben heranzuführen. Diese Verbindung vieler verantwortungsvoller Kräfte der deutschen Geisteswis-senschaft zu diesen vordringlichen und vertraulichen Aufgaben der politi-schen Kriegsführung ist längst nicht in dem notwendigen Maße herge-stellt, wie es das harte Gebot der Stunde im äußersten Einsatz aller Kräfte unseres Volkes erfordert.

Es ist dabei zu bedenken, daß es sich bei dem Kriegseinsatz der Gei-steswissenschaften nicht darum handeln darf, irgendwelche vorgefaßten Meinungen, gleichgültig bei welchen Dienst- oder Führungsstellen, zu 'beweisen', sondern – da Politik sich trotz aller taktischen Manövrierun-gen im letzten immer in Anerkennung und Befolgung der organischen Gesetze der Wirklichkeit bewegen muß – um klare Herausstellung und Zusammenfassung dieser Gesetze vordringlich hinsichtlich jener Völker, Räume und Probleme, um deren Ordnung und Lösung wir in diesem Kriege ringen.

Das erste Ziel eines so aufgefaßten Wissenschaftseinsatzes kann dabei in der augenblicklichen Kriegslage nicht mehr die Veröffentlichung von

Büchern, Buchreihen oder auch nur Aufsätzen sein, was leider allzu oft nur der Befriedigung bestimmter Amts- und Dienststellen-Ehrgeize gedient hat, sondern muß zunächst ausschließlich die interne exakte Bearbeitung bestimmter Problemlagen sein, deren wissenschaftliche Klärung unsere politische Kriegsführung auf irgendeinem ihrer Teilgebiete benötigt und sie dadurch zu unterstützen, voranzubringen und zu sichern in der Lage ist.

In das vorgeschlagene, unter SS-Führung stehende Kriegskuratorium der deutschen Geisteswissenschaften sind etwa einzuladen: das Reichserziehungsministerium, der Reichsdozentenführer, das Ostministerium, die Parteikanzlei, das Amt Rosenberg, die wichtigsten Reichsinstitute, Archive usw. Das Gebot der Stunde erfordert auch hier das Hintenanstellen jeder in Friedenszeiten wohl gebotenen Rücksichtnahme auf Personen und Institute. Das einzige Ziel kann nur die schlagkräftigste und zweckmäßigste Arbeitsleistung sein.

Sollte es sich etwa dabei herausstellen, daß einige der bisher in der Wissenschaftsarbeit der SS leitenden Persönlichkeiten ein Hinderungsgrund zu jenem Kriegszusammenschluß sowohl innerhalb der SS wie auch innerhalb des Kriegseinsatzes der deutschen Geisteswissenschaften sein sollten, so wäre hier zu erwägen, die betreffenden Persönlichkeiten vorübergehend abzulösen und andere an deren Stelle zu setzen, die allgemeines Vertrauen insbesondere hinsichtlich der praktischen Durchführung solcher politisch bestimmten Kriegsaufgaben genießen, selbst wenn dabei im Einzelfall sogar eine Abberufung von der Front notwendig sein sollte.

3.
Ein Ziel der Wissenschaftsarbeit der SS wird zukünftig zweifellos die Gründung und Führung des 'Germanischen Reichsinstitutes' sein. Neben den eigentlichen germanischen Aufgaben werden hier die gesamteuropäischen Probleme an der germanischen Gemeinschaftsleistung zu messen sein, wie auch von hier aus erst der geschlossene Kampf wissenschaftlich gegen alle uns entgegenstehenden Weltanschauungsmächte zu führen möglich sein wird. Eine solche Kriegsarbeitsgemeinschaft der deutschen Geisteswissenschaften könnte daher möglicherweise ein erster Schritt zu jenem notwendigen Reichsinstitut sein, dessen angedeutete Aufgaben bisher völlig zersplittert von der deutschen Wissenschaft behandelt wurden."[150]

Schneider sah sein neues Projekt, den Kriegseinsatz der Geisteswissenschaften, im Zentrum der wissenschaftlichen Macht. Er berei-

---

[150] Mikrofilm MA 293, Institut für Zeitgeschichte.

tete hier eine Karriere vor, die darauf angelegt war, über das Kriegsende hinaus zu bestehen. Er wurde zum (Mit-)Organisator eines Braintrusts für die Nachkriegszeit. Was davon hat er umgesetzt? Welche Kontakte hatte er dadurch gewonnen? Mit wem hatte er nach 1945 weitergearbeitet? Oder doch Geisterstunde?

Der nächste Aktenstoß stammte von Februar bis April 1945. Die Arbeit am Kriegseinsatzes der Geisteswissenschaften hatte mittlerweile konkrete Formen angenommen. Es gab nun einen festen Personenkreis, der sich regelmäßig in der Berliner Wannseevilla des Reichssicherheitshauptamtes traf, dem Ort, wo auch die berüchtigte Konferenz zur 'Endlösung der Judenfrage' getagt hatte.

Eine der ersten Besprechungen drehte sich am 6. März 1945 um eine „erste vorläufige und noch nicht überarbeitete Frageliste", die Schneiders Arbeitsgruppe von der Amtsgruppe D im SS-Hauptamt hatte erstellen lassen. Sie enthielt, nach Dringlichkeit abgestuft, die zu behandelnden Themen. Mensch brauchte die Fragen nur zu überfliegen, um zu begreifen, daß Schneiders Leute an den Vorarbeiten der SS für verschiedene Varianten eines Friedensvertrags mit den Alliierten arbeiten sollten. Wie ich von Gerd wußte, verhandelte Himmler zu dieser Zeit bereits mit den Westalliierten und plante die Übernahme der Reichsregierung. In unserem kopierten Fragebogen ging es um die alles entscheidende Frage, welche Punkte ein Friedensvertrag enthalten müsse, um einen handlungsfähigen deutschen Nachkriegsstaat zu erhalten. Es ging um die politischen und wirtschaftlichen Konturen Nachkriegsdeutschlands und die Möglichkeiten, auch dann noch eine europäische Einigung mit deutsch-germanischer Vormacht zu ermöglichen. Die Planungen reichten bis zum Jahr 2000. Das Wort Sieg tauchte nur noch vordergründig auf. Einige Punkte wirken wie eine Vorwegnahme der späteren Bundesrepublik:

„Frage A 5:
Die Formen der Mitbestimmung
a) des Volkes,
b) der Führungsschicht,
an der Regierung kennt Geschichte und Staatsrecht (sachlich und nicht kronologisch gegliedert).
Die Formen und Varianten der Demokratie bei straffer politischer Führung mit Beispielen aus dem Römischen Reich, der frühgermanischen

Zeit, der Eidgenossenschaft, in Venedig, England, den Generalstaaten usw.

Frage:
Wo ist in der Literatur eine sachliche und übersichtliche Zusammenstellung zu finden? [...]

Frage A 10:
Die Formen und Lösungsversuche zur Hebung des Lebensstandarts
[sic] **der Industriearbeiterschaft in den europäischen Ländern:**
Nicht nach geographischen Gesichtspunkten gegliedert, sondern nach den sachlichen Gesichtspunkten zwischen den zwei Extremen des Bolschewismus auf der einen und der freien kapitalistischen Wirtschaft auf der anderen Seite.

Frage:
Wo ist eine solche Zusammenstellung in der deutschen Literatur zu finden, in der in nicht propagandistisch gefärbter Weise auch die Erfahrungen dargestellt sind. "[151]
Andere Punkte erscheinen wie ein Versuch, hinüber zu retten, was zu retten ist:

„*Frage A 9:*
Formen und Bewährung der deutschen Führung bezw. des deutschen Einflusses in den besetzten Ländern während dieses Krieges mit einem Rückblick auf die Materialien über diese Frage in und vor dem Weltkriege.
Die rechtliche und politische Gestaltung im Protektorat, im Generalgouvernement, in Dänemark, Norwegen, Frankreich, Oberitalien, Slowakei, Ungarn und den germanischen Ländern im Nordwesten sind unter sich völlig verschieden und auch die Voraussetzungen liegen anders. Trotzdem werden gemeinsame Erfahrungen festzustellen sein, die dann den Formen und der Bewährung der japanischen Führung in Großostasien, der angloamerikanischen in Westeuropa und der sowjetischen in Osteuropa gegenübergestellt werden können."
Vereinzelt schimmert jedoch auch so etwas wie eine Nachfolgeplanung auf der Basis der Massenvernichtung im Osten durch:

„*Frage A 6:*
Die Ordnung der Nationalitätenfrage im Südostraum auf dem Boden des völkischen Gedankens

---

[151] ebd.

a) durch partielle Umsiedlungen innerhalb des Raumes unter Berück-
sichtigung der Einflüsse von Um- und Mitwelt mit Karten und Stati-
stiken, um die Voraussetzungen zu der
b) rechtlichen und politischen Ordnung zu schaffen unter der Auswer-
tung der Erfahrungen mit den Volksgruppengesetzen der letzten Jahre.
Es werden sich hier eine Reihe von möglichen Lösungen ergeben, die in
sich gleichwertig sind und deren Verwirklichung von der politischen
Entwicklung abhängt."

Hier wurde klar, was mit dem zunächst so diffusen Begriff 'politische
Planung' gemeint war.

Gleichzeitig verfaßten auch Schneider und Schwalm eine eigene
Liste von Fragestellungen, die, wie das Protokoll der Gruppensitzung
festhielt, die volle Zustimmung der Anwesenden fand. Im Mittelpunkt stand die Suche nach einer neuen, für die Nachkriegszeit taug-
lichen Europaideologie, die mit dem Konzept der SS von einem germanischen Führungskern vereinbar blieb.

„Der Reichsführer-SS
Persönlicher Stab
Amt 'Ahnenerbe'
Berlin, am 7.3.1945.
Vermerk
Betr.: Themenstellung für Einsatz Geisteswissenschaft.
Die Volksführung bedarf übersichtlich gefaßter wissenschaftlicher Unter-
lagen und Darstellungen, die ihr Einblick in **die europäische Wirklich-**
keit in ihren bestimmenden Kräften und Leitbildern *ermöglichen.*
Besonders vordringlich erscheinen uns aus dieser Gesamtfragestellung fol-
gende Themengruppen:
1.) Die Rassenidee in der deutschen Volksordnung und in der europäi-
schen Neuordnung.
U.a. gehören hierzu:
Die Problematik und Bedeutung des deutschen Rassegedankens und
seine Auswirkungen im europäischen Gespräch über alle Fragen der
Neuordnung des Erdteils verlangen eine Klärung und Darstellung des
wissenschaftlichen Rassebegriffs.
Die Frage des Verhältnisses von Rasse und Volk ist darzustellen.
Wie haben die europäischen Führungsschichten auf den deutschen Ras-
segedanken tatsächlich reagiert?
2.) Begriff und Wirklichkeit des europäischen Lebensraumes.

Die deutsche Anschauung in Idee und Politik.

Gedankliche und politische Ansätze bei den übrigen europäischen Völkern (besonders Frankreich, Italien, England).

Die tatsächliche Wirkung der deutschen Ordnungsvorstellungen auf die europäischen Völker und ihre Führungsschichten.

3.) *Die geistige Lage in den europäischen Ländern. Die für die Führungsschichten der europäischen Völker tatsächlich bestimmenden ideologischen Leitbilder nach Wesen und Herkommen und die Strukturen ihrer politischen Vorstellungswelt.*

4.) *Wesen, Anteil und tatsächliche Bedeutung des germanischen Einflusses in der europäischen Völkergemeinschaft.*

Was heißt germanischer Einfluß? Handelt es sich lediglich um ein historisches Faktum oder um eine konkrete Wirkungsmacht im Leben und Bewußtsein der europäischen Völker?

Wie ist dieser Einfluß wissenschaftlich und methodisch einwandfrei faßbar und darstellbar?

Die germanischen Grundwerte (etwa Treue, Ehre, Freiheit usw.) in Bewußtsein und Wirken des deutschen Volkes und der anderen europäischen Völker. Wie weit sind diese Grundwerte heute ansprechbar?

5.) *Deutsche Ordnungsleistungen und Führungsfehler in den besetzten Gebieten während des Krieges.*"[152]

Das kannten wir. Genauer gesagt, wir kannten die Antworten auf diese Fragen. Sie waren in 'Schwertes' Buchreihe 'Gestalter unserer Zeit' dargelegt, die neun Jahre später erschienen war. Sollte es möglich sein, daß Schneider neun Jahre lang eine Aufgabenstellung der SS weiter bearbeitet hatte? Einer Aufgabenstellung von zentraler politischer Bedeutung, die nur noch in ein neues, politisch harmlos wirkendes Gewand gekleidet werden mußte?

Deutsche Sozietät

In den Akten ist Pfeffer – er trifft seine Freunde in Münster – Thomas erkennt Zusammenhänge.

Schneider verhandelte nun mit den Spitzen anderer in die Nachkriegsplanungen eingebundener Institutionen. Ein Prof. Pfeffer berichtete vor Schneiders Arbeitskreis über eine Reihe geplanter Veröf-

---

[152] ebd.

fentlichungen des Deutschen Auslandswissenschaftlichen Instituts und 'Europa-Seminars'. Diese Einrichtungen umfaßten nahezu die gesamte europapolitische Planungselite von der SS über die Parteiführung und Ministerien bis hin zu den Spitzen der Banken und Großkonzerne. Es war jenes politische Personal, das den Übergang in die Führung des bundesrepublikanischen Nachkriegsstaates nahezu reibungslos vollziehen sollte.

Es schien, daß wir mit dem Hinweis auf Prof. Pfeffer nun endlich auch das Bindeglied zwischen Schneider und seinem späteren Aachener Kollegen Arnold Gehlen gefunden hatten, denn Renke und Ralf waren bei ihren Recherchen ebenfalls auf Pfeffer gestoßen. In einer Dokumentation[153] über Pfeffers Karriere konnten wir nachlesen, wie dieser nach zahllosen Auslandsreisen nach Kalifornien, Paris, London und Melbourne, die er ganz nebenbei zum Aufbau von NSDAP-Ablegern nutzte, im Jahre 1934 beim Leipziger Nazi-Soziologen Prof. Freyer über die bürgerliche Gesellschaft in Australien promovierte. Ein Jahr zuvor war auch Arnold Gehlen als Assistent in Freyers Dienste getreten, um kurz darauf selbst zum Lehrstuhlinhaber aufzusteigen und in Helmut Schelsky einen Assistenten großzuziehen. Kollege Pfeffer übernahm 1938 für zwei Jahre die Vertretung seines Förderers Freyer, der in ihm einen *„Dozent vom erwünschten neuen Typ"* zu erkennen glaubte. Kein Wunder, gehörte Pfeffer doch zu den Begründern einer nationalsozialistischen 'Deutschen Soziologie'. Im gleichen Jahr wechselten bekanntlich Gehlen und SD-Funktionär Franz Alfred Six an die Universität Königsberg. 1940 baute letzterer an der Berliner Uni die Auslandswissenschaftliche Fakultät auf, die der Hochschule für Politik, einer Kaderschmiede für den Führungsnachwuchs, angeschlossen war. Zugleich wurde Six Präsident des Deutschen Auslandswissenschaftlichen Instituts (DAWI), das mit der Fakultät in weiten Teilen deckungsgleich war. Fakultät und Institut verfügten über beste Beziehungen zu den Spitzen der NS-Organisationen, Ministerien, Großindustrie und der Wehrmacht, vor allem aber dem SD. *„Das Institut und seine führenden Repräsentanten förderten eindeutig die verbrecherische faschistische Kriegs- und Ausrottungspolitik"*, wertet die Dokumentation durchaus zutreffend. Six

---

[153] Komitee zur Untersuchung der Verhältnisse an westdeutschen Universitäten, Karl Marx-Universität Leipzig (Hg.): Die wissenschaftliche und politische Karriere des Doktor Karl Heinz Pfeffer, Professor für Soziologie der Entwicklungsländer an der Universität Münster. Eine Dokumentation.- Leipzig 1963.

holte seinen alten Kameraden Pfeffer an die Fakultät, den er seit ihren gemeinsamen Studientagen in Heidelberg Anfang der 30er Jahre kannte. Schnell stieg Pfeffer zum Leiter der Großbritannien-Abteilung auf; Six favorisierte ihn als seinen Nachfolger.

Auf Pfeffers Einfluß hin entstand Ende 1943 das 'Europa-Seminar', dem ein Kreis besonders ausgesuchter Wissenschaftler und Europa-Experten angehörte. Politisches Ziel des Seminars war die 'Einheit Europas' unter 'germanischer Führung', wozu auch die Schulung europäischer Kollaborateure gehörte. Die Zusammenarbeit zwischen Pfeffer und Schneider war damit ebensowenig ein Zufall wie der Umstand, daß nahezu alle Beteiligten später in die 'Führungselite' der Bundesrepublik überwechseln konnten.

Gehlens und Pfeffers Kollege Six wurde 1948 von einem amerikanischen Militärgericht wegen Massenmorden in den besetzten sowjetischen Gebieten zu zwanzig Jahren Haft verurteilt, war allerdings bereits 1951 wieder auf freiem Fuß. Sein Ziehsohn Pfeffer stieg in die Nachkriegssoziologie ein, zusammen mit Gehlen, Schelsky und Freyer – eine bestens funktionierende Seilschaft. 1962 holten seine alten Freunde, die dort bereits fest im Sattel saßen, ihn an die Universität Münster, wo Pfeffer Professor für Soziologie der Entwicklungsländer wurde und mit zahlreichen Forschungsaufträgen aus dem neugeschaffenen Entwicklungshilfeministerium bedacht wurde. Gehlen wurde im gleichen Jahr in Aachen plaziert. Drei Jahre später folgte 'Schwerte' an die RWTH.

Damit war unsere Ausbeute der Münchener Dokumente bis auf ein letztes Papier erschöpft. Es war eine Art Bilanz über die Zeit beim Kriegseinsatz der Geisteswissenschaften, die Schneider am 17. März 1945 im Einvernehmen mit seinem engsten Mitarbeiter Schwalm in einem persönlichen Brief an Ahnenerbe-Geschäftsführer Sievers formulierte. „Schon unsere Mitarbeit und unser Einschalten bei der Amtsgruppe D hat ja im Grunde sowohl den bisherigen Arbeitsrahmen des 'Ahnenerbe' wie auch den der eigenen Abteilung 'Germanischer Wissenschaftseinsatz' weit überschritten. [...] Es hat sich nun dabei herausgestellt, daß selbst auch nur ein Teil dieses Fragenkomplexes nicht mehr unter der Bezeichnung 'Ahnenerbe' laufen kann, da das Amt 'Ahnenerbe' eben doch nicht das eigentliche Wissenschaftsamt des Reichsführers-SS geworden ist und auch noch nicht als solches anerkannt wird. [...] Tatsache ist jedenfalls, daß wir die hier jetzt vorbereiteten Arbeiten, die, wie gesagt,

tatsächlich beinahe eine Gesamtsteuerung des heute noch möglichen Gei-
steswissenschaftseinsatzes bedeuten, nicht unter der Bezeichnung 'Ahne-
nerbe' laufen lassen können. [...] So ergibt sich fast von selbst die Not-
wendigkeit, bei Durchführung dieser Aufgabe [...] immer wieder auf das
Reichssicherheitshauptamt als den Träger dieses Kriegseinsatzes zu verwei-
sen, insbesondere dann, wenn, was fast immer der Fall ist, die Frage auch
bei unseren persönlichen Verhandlungen auftaucht, von wem wir eigent-
lich zu dieser Arbeit legitimiert sind. "[154]

Mir kam in den Sinn, wie Gerd nach der Enttarnung unsere ersten
Spekulationen gedämpft hatte. Er hatte auf das Standardwerk des Historikers Michael Kater verwiesen, der haargenau diesen Brief als Beispiel für die Randstellung des Ahnenerbes angeführt hatte. Es stimmte, zweifellos. Doch auf Schneider traf dies nicht zu, denn er benötigte das Ahnenerbe für seine Arbeit nicht mehr. Dies hatte Kater offenbar nicht bemerkt, was auch verständlich war, galt Schneider doch
als tot und schrieb Kater doch kein Buch über Schneider, sondern
über das Ahnenerbe. Wir aber wußten nun, daß gerade er weitergearbeitet hatte. Und uns war nun auch klar, warum Schneider bei seiner
Enttarnung sogleich auf Katers Standardwerk verwiesen hatte.

Ich las den Brief zu Ende. Die allerletzten Zeilen machten mir klar,
daß immer noch eine Lücke in Schneiders Biographie blieb: was hatte
es mit der 'Heydrich-Stiftung' auf sich, mit der Schneider nun Verhandlungen anstrebte? Und was war das für eine SS-Geheimorganisa-
tion, die unter der Bezeichnung 'Reichsstiftung für Länderkunde'
firmierte und selbst die Ahnenerbe-Führung über ihre Ziele im Un-
klaren ließ, sehr wohl aber Schneider und Schwalm über alles informierte? Schneiders Brief verschweigt es, *„da es sich zur schriftlichen*
Darstellung nicht eignet."[155]

Es folgte die übliche Schlußformel, „Heil Hitler", und Schneiders
typische, uns längst vertraute Unterschrift mit der SS-Rune als An-
fangsbuchstabe des Nachnamens.

Der Fall Schneider war also keineswegs abgeschlossen, wie die
Hochschule es immer penetranter behauptete, sondern hatte gerade
eine interessante Wendung erfahren. Wir hatten das Bindeglied zwischen seiner SS- und seiner Nachkriegskarriere gefunden. Wir ahnten
seine eigentliche Rolle bei Kriegsende: Planungen für ein Kerneuropa

---

[154] Mikrofilm MA 293, Institut für Zeitgeschichte.
[155] ebd.

der Nachkriegszeit. Und wir wußten, daß er mit exakt dieser Arbeit noch mindestens neun Jahre lang beschäftigt war. Wir hatten die politisch-strategisch weiterarbeitende SD-Zelle in der Nachkriegswissenschaft entdeckt, der er angehörte, und die über seinen Namenswechsel genauestens informiert war.

Überhaupt: der Namenswechsel. Hatte Schneider nicht behauptet, im April 1945 auf dem Fahrrad aus Berlin geflohen zu sein, um sich in Lübeck neue Papiere zu beschaffen? Als Datum des Namenswechsels hatte er den 1. Mai angegeben, den Tag, an dem Himmlers Versuch einer Regierungsübernahme und eines Friedensvertrags endgültig scheiterte. Himmler hatte sich nach Hitlers Selbstmord nach Norddeutschland begeben, um mit der Regierung Dönitz[156] zu verhandeln. Sollte Schneider am Ende nicht auf dem Fahrrad, sondern womöglich in Himmlers Troß nach Lübeck gelangt sein? Es war nun auch zu vermuten, daß er seinen Namen nicht allein aus Furcht vor Verfolgung gewechselt hatte, sondern auch, um die Fortsetzung seiner politischen Arbeit zu ermöglichen. Seine Kontakte zum SS-Geheimdienst und ins Reichssicherheitshauptamt, zur Planungselite des Nazireichs und seines Nachfolgestaates garantierten ihm optimale Startbedingungen.

Wir wußten nun, wonach wir als nächstes suchen mußten: Pfeffer und Gehlen. Unsere scheinbar so beziehungslos nebeneinander herlaufenden Recherchen begannen ineinanderzugreifen. Der Fall Schneider erschien uns wie ein erster, gefallener Dominostein. Mit Pfeffer und Gehlen begannen weitere Steine zu fallen. Doch hatte sich dieser Recherchestrang weit von den Aachener Verhältnissen entfernt und auch weit von dem, was im Frühjahr als gemeinsame Recherche *der Fachschaft* begonnen hatte. Während Alex, Tina und Darius die konkrete politische Arbeit am Fall RWTH weiterführten, arbeiteten Renke und ich an einer prinzipiellen Kritik der Wissenschaftsgeschichte der Nachkriegszeit. Im Fall Gehlen sollten sich diese verschiedenen Ansatzpunkte wieder zusammenfügen.

---

[156] Dönitz bildete als von Hitler bestimmter Nachfolger vom 3.5. bis 23.5.1945 die letzte 'Geschäftsführende Reichsregierung' in Flensburg-Mürwik.

Musterschüler

Arnold Gehlen hat es gegeben – der Dekan wird antiautoritär –
ein wahrer Meister ist für alle da – Thomas studiert
Soziologisches.

Die Biographie Arnold Gehlens war durch den Artikel im Stadtmagazin *Klenkes* nun auch öffentlich zum Politikum geworden. Der Hochschulleitung waren derartige Schlagzeilen aus naheliegenden Gründen gar nicht recht. Sie reagierte mit einer ebenso knappen wie nichtssagenden Erklärung:

„An Spekulationen über die Vergangenheit des verstorbenen Professors Arnold Gehlen beteiligt sich die RWTH Aachen nicht.

Arnold Gehlen war von 1962 bis 1969, dem Jahr seiner Emeritierung, ordentlicher Professor für Soziologie der RWTH Aachen. Er zählte zu seiner Zeit zu den führenden Soziologen. Arnold Gehlen ist 1976 verstorben.

Die heutige Wertung des Menschen und Wissenschaftlers Arnold Gehlen ist Aufgabe der (Zeit-)Geschichte und der Fachwelt. "

Das war alles. Unterzeichnet war es von Hochschulkanzler Jürgen Keßler. Wir sahen uns zu einer Gegenerklärung veranlaßt:

„Auf die neuen Enthüllungen zur NS-Vergangenheit des Soziologen Prof. Arnold Gehlen reagierte die RWTH mit einer Presseerklärung, die uns, obwohl (oder gerade weil) sie auf den ersten Blick keinerlei intelligenten Inhalt erkennen läßt, symptomatisch erscheint: Symptomatisch für den Umgang mit der NS-Vergangenheit, wie wir sie in der (Nicht-) Auseinandersetzung mit dem Fall Schneider immer wieder erleben mußten. Im Einzelnen:

1. Die Erklärung läßt erkennen, daß die RWTH nicht gewillt ist, sich in irgendeiner, auch nur alibihaften Form mit der NS-Vergangenheit ihrer Angehörigen, geschweige denn ihrer eigenen Vergangenheit, auseinanderzusetzen.

2. Die Erklärung zeigt weiterhin, daß die RWTH die 'heutige Wertung des Menschen und Wissenschaftlers Arnold Gehlen' auf 'die Fachwelt' zu reduzieren und damit aus der kritischen Öffentlichkeit herauszuhalten wünscht. Angesichts der nun enthüllten Tatsachen wird lediglich von 'Spekulationen' gesprochen. Auch hier setzt sich der Umgang mit dem

Fall Schneider in noch klarerer Form fort: Reagieren nur zum Zwecke der Schadensbegrenzung, ansonsten: Vertuschen.

3. Durch diese Vertuschung schützt die RWTH den Ruf des Altnazis Gehlen und macht hiermit ihre Loyalität gegenüber Leuten wie Schneider oder Gehlen sowie ihren Seilschaften deutlich.

4. Trotz aller Nicht-Auseinandersetzung vollbringt die RWTH ein anerkennenswertes Kunststück. Innerhalb der vier Sätze ihrer Erklärung gelingt es ihr, eine faustdicke Verdrehung der Tatsachen unterzubringen. Sie behauptet, Gehlen habe 'zu seiner Zeit' zu den 'führenden' Wissenschaftlern gezählt. Eher war er wohl 'Führer-Wissenschaftler'. Tatsächlich war Gehlen wegen seiner NS-Vergangenheit geächtet und erst die RWTH war es, die den einstigen 'nationalsozialistischen Philosophen' durch die Berufung zu einem 'führenden Soziologen' gemacht hat.

5. Nicht zuletzt bleibt festzuhalten, daß es sich keineswegs, wie von der RWTH suggeriert, um historische Geschehnisse handelt. Die Enthüllungen des 'Klenkes' umfaßten auch Fakten aus der aller jüngsten Vergangenheit der RWTH, so etwa die Verharmlosung des Falles Gehlen durch seinen Schüler Rehberg sowie dessen Mitarbeit an einer Ausgabe der rechtsradikalen Theoriezeitschrift 'Criticon'. Auf diese noch sehr aktuellen Geschehnisse reagiert die RWTH nicht einmal mit Ausflüchten.

Diese vollständige Absage an jede Art der Vergangenheitsbewältigung rückt die für Oktober geplante Jubelfeier noch einmal in ein bedenkliches Licht, das für uns einmal mehr die Forderung nach der Absage der Feiern, Rücktritt der Hochschulleitung sowie Schließung (und Neugründung) der Philosophischen Fakultät geboten erscheinen läßt."

Schon am nächsten Tag stachen uns unsere Forderungen als fette Zeitungsschlagzeilen in die Augen, was unserem Dekan Debus eine öffentliche Gegen-Gegen-Erklärung entlockte. Nach ein paar einleitenden Worten und der Einladung zu einem klärenden Gespräch kam er zur Sache:

„Ermuntern möchte ich Sie, Aufklärung zu betreiben. Sie finden mich an Ihrer Seite, wenn es darum geht, Vergangenheit aufzuarbeiten und schonungslos Fakten offenzulegen. Auffordern muß ich Sie aber – und dies nach vergeblichen wiederholten Bemühungen meinerseits – nun öffentlich, Herabsetzungen und Verunglimpfungen von Institutionen und Menschen, die diese repräsentieren, zu unterlassen.

161

Sie wissen, daß seit Monaten die vom Senat der Hochschule geforderte Untersuchungskommission[157] ihre Arbeit aufgenommen hat und Fakultät sowie Hochschule ihre Erkenntnisse in die Kommission einbringen. Dagegen ist mir von Ihrer Seite keine Zuarbeit an die Untersuchungskommission bekannt, auch nicht nach mehrfacher Bitte und Aufforderung an einzelne Ihrer gewählten Vertreter.

Sie wissen, daß auf Initiative der Philosophischen Fakultät und unter der Schirmherrschaft des Rektors Habetha in den kommenden beiden Semestern eine Ringvorlesung zu dem Thema 'Von der Diktatur zur Demokratie, Universität und Wissenschaft im Nationalsozialismus und in der Bundesrepublik' stattfinden wird. Ich habe bislang von Ihrer Seite keine Mitwirkung oder kein Signal der Bereitschaft zur Mitwirkung erkannt.

Sie wissen, daß im Fall Gehlen Prof. Rehberg leicht zur Sache befragt werden könnte. Mir liegt seit dem 05.09.1995 eine Stellungnahme von Herrn Rehberg zum Beitrag im 'Klenkes' vor. Interessiert Sie dies überhaupt? Sie dagegen betrachten den Fall Gehlen nach den Recherchen der 'Klenkes'-Mitarbeiter als bereits geklärt und zur Bewertung ausreichend.

Sie wissen, daß die Hochschule mit dem Ziel der Gruppenvertretung so verfaßt ist, daß auch die Vertreter der Studierenden in den Gremien ihre Interessen einbringen können. Ihre Aktivitäten laufen seit geraumer Zeit außerhalb der Gremien. Sie umgehen damit das demokratische Prinzip in unserer Hochschule. Wo führt Ihr Weg hin, wenn Sie im Zuge eines autoritären Aktes von oben die Schließung der Philosophischen Fakultät fordern und Sie sich von den demokratischen Regeln ausschließen?

Kehren Sie zurück zur Sachdiskussion. Kontroversen scheuen wir nicht. Aber in der Unterlassung jeglicher öffentlicher Verunglimpfung sollten wir Geschlossenheit zeigen. "

Jetzt wußten wir es also. An den Vorwurf, daß wir undemokratisch seien, hatten wir uns ja mittlerweile gewöhnt. Daß der Dekan nun aber unsere Macht derart überschätzte, *„autoritäre Akte von oben"* durchführen zu können, fanden wir bemerkenswert. Wollte da etwa jemand seinen eigenen, ferienabsolutistischen Akt von oben vergessen

---

[157] Die Kommission entspricht – entgegen dieser Darstellung – nicht den Anforderungen, die der Senat im Anschluß an die studentischen Forderungen an ihre Zusammensetzung der Kommission gestellt hatte. So ist sie beispielsweise nicht international besetzt, und auch an ihrer Unabhängigkeit wurde von verschiedenen Seiten gezweifelt.

machen? Noch mehr erstaunte uns der plötzliche, schonungslose Aufklärungswille der Hochschule. Daß unsere angeblich fehlende Bereitschaft zur Mitarbeit an der Vorlesungsreihe bemängelt wurde, war eine glatte Verdrehung der Tatsachen, denn wir hatten unsere Bereitschaft bereits im Frühjahr erklärt. Was die geforderte Geschlossenheit „*in der Unterlassung jeglicher öffentlicher Verunglimpfung*" anbelangt, äußerte sich Debus in einer Presseerklärung vom 28.9.1995 folgendermaßen über KritikerInnen der RWTH: „*Blindwütige, diffamierende Aktivitäten gegen Fakultät und Hochschule dienen nicht der Klärung und sollen dies wohl auch nicht; sie sind der Wahrheitsfindung abträglich, weil sie für das Erkennen der Zusammenhänge nicht die Augen öffnen, sondern blind machen.*"

Nun wäre das gegenseitige Abfassen von Erklärungen vermutlich bald im Sande verlaufen (schließlich wollte die Hochschule ja nichts sehnlicher, als jegliches Aufsehen zu vermeiden), hätte wir nicht unversehens in ein Wespennest gestochen. Hüter des Wespennestes war der vor ein paar Jahren nach Dresden berufene Musterschüler, Nachlaßverwalter und Herausgeber des Gesamtwerks Gehlens, Prof. Karl Siegbert Rehberg. Nein, eine Verharmlosung Gehlens sei nie seine Absicht gewesen, entgegnete er in einem weiteren offenen Brief unseren Vorwürfen. Konsequent beteuerten einige seiner in Aachen verbliebenen linken SchülerInnen, die unter seiner Obhut nun ihre eigene wissenschaftlichen Karriere begonnen hatten, das gleiche. Schonungslos, so legten sie dar, habe Rehberg die Nazivergangenheit seines Meisters offengelegt, offener, als es dem schwarzbraunen Gehlen-Fanclub recht gewesen wäre. Sicher, sie hatten recht, aber es ging ja darum, daß Rehberg eben nicht die gesamte Nazikarriere Gehlens, vor allem nicht seine Annäherung an die SS und den SD, benannt hatte.

Und wir wüßten doch, daß Rehberg kein Rechter sei. Folglich seien doch auch unsere Vorwürfe haltlos. Auch habe Rehberg Gehlens reaktionäre These vom Menschen, der ohne 'oberste Führungssysteme' (vor 1945) bzw. 'Institutionen' (nach 1945) nicht auskommen könne, gewissermaßen zu einer linken Theorie umgedreht. Ja, man müsse Gehlens Theorie eigentlich nur konsequent zu Ende denken, schon würde sie sogar zur Begründung einer anarchistischen Gesellschaft tauglich. Den Beitrag im Rechtsaußen-Blatt *Criticon* habe er nur verfaßt, um den Rechten seine linke Gehlen-Rezeption entgegenzusetzen. Im übrigen habe er immer auf Seiten der Studierenden gestanden.

Was sollte ich entgegnen? Gehlen hatte ich nie gelesen. Mich interessierte seine Verbindung zu Schneider und, davon ausgehend, die Frage, ob neben all den anderen auch Rehberg davon wußte. Unsere Recherchen hierzu aber hatten durch die Münchener Dokumente gerade erst eine neue Wendung genommen. Doch waren diese Recherchen wirklich entscheidend? Die Argumentation der Rehberg-SchülerInnen spiegelte einen Theoriekult, eine LehrerInnenverehrung wider, wie wir sie zumindest von unseren FreundInnen nicht erwartet hätten. Was für eine Abhängigkeit schimmerte hier durch, wenn der Ziehsohn den Ziehvater vor Nazi-Enthüllungen schützt und die EnkelInnen den Ziehsohn vor dem Vorwurf der Vertuschung bewahren? Und was für ein Verhältnis zur NS-Wissenschaft lag diesem Handeln zugrunde? Ein SS-Philosoph als unfreiwilliger Wegbereiter einer anarchistischen Theorie? Was war der Reiz an einem solchen intellektuellen Kitzel, der darin bestand, durch das Zuendedenken von Nazis die eigene anarchistische Haltung wissenschaftlich zu perfektionieren? Ich stellte mir Anarchie vor als ein Leben ohne Vorab-Konzept, ohne Wissenschaftskult, ohne 'oberste Führungssysteme' bzw. 'Institutionen'. Warum brauchte ich hierfür erst ein wissenschaftliches Modell? Und wozu gerade ein bei der SS abgekupfertes?

Gehlen war nun wieder aus den Schlagzeilen verschwunden. Ein paar Wochen noch lief die Debatte mit Rehbergs SchülerInnen, dann versickerte auch sie. Nur Rehberg selbst blieb in der Öffentlichkeit präsent: als 'Schneider-Experte' auf wissenschaftlichen Tagungen und in Fachzeitschriften.

Längst warf die bevorstehende Jubelfeier ihre Schatten voraus. Wir merkten es an den Vorladungen zur politischen Polizei, die ich und andere, die der Hochschulleitung besonders aufgefallen waren, in unseren Briefkästen fanden. Die Hochschule wollte Ruhe und ließ keinen Zweifel daran, daß sie sich die Feststimmung nicht verderben lassen wollte. Wir sahen nun, wieviel Zeit wir bereits verloren hatten, uns auf das große Fest vorzubereiten.

DEUTSCHES HERBSTFEST

Datenverarbeitung

Eine Pressestelle informiert nicht nur andere – ein Unordner wird ein Heft – Darius schreibt sein erstes Buch.

Über die Pressestelle der RWTH wußten wir zunächst nicht viel, gewöhnliche StudentInnen haben mit ihr ja auch nichts zu tun. In diesem Jahr machten wir jedoch etwas nähere Bekanntschaft mit der Pressestelle: nicht nur, weil wir uns gelegentlich Presseerklärungen der Hochschule dort abholten, sondern auch, weil die Pressestelle darüber hinaus andere, weniger bekannte Funktionen hat. Sie ist, genauer beschrieben, der Nachrichtendienst der Hochschule. Sie betreibt natürlich einerseits die Öffentlichkeitsarbeit der Hochschule, sammelt aber auch in der Hochschule selbst Informationen für die Hochschulleitung. Derselbe Fotograf, der für Publikationen Hochschulpersönlichkeiten eher schlecht als recht ablichtet, ist auch erkennungsdienstlich tätig und beweist seine eigentlichen Qualitäten beim Fotografieren von unliebsamen StudentInnen, wie den AntifaschistInnen beim Rohrmoser-Vortrag oder den DemonstrantInnen auf dem Gentechnik-Versuchsgelände. Leiter der Pressestelle ist der bereits erwähnte Desperadojäger, ein ewig lächelnder Fönling mit dem Namen Wimmer, den er nicht zu Unrecht trägt. Wimmer war es, der schon sehr frühzeitig die Devise ausgab, *„Die unmittelbaren Feierlichkeiten zum Jubiläum sind aber nicht von den aktuellen Ereignissen betroffen."*[158] Demgegenüber hatten verschiedene Fachschaften die Aussetzung der Feierlichkeiten gefordert, bis zumindest einiges Licht auf die dunklen Kapitel der Hochschulgeschichte geworfen sei. Die Hochschulleitung verfolgte aber nicht einmal die Linie Prof. Kerners, der die zügige Auseinandersetzung mit dem Fall akzeptierte, denn es sei gerade die „Hauptsache, daß bis zum Hochschuljubiläum alles vorbei ist". Wie Wimmer bereits andeutete, versuchte die Hochschulleitung, den Fall Schneider konsequent herabzuspielen oder möglichst zu ignorieren. Weil wir das nicht zulassen wollten, planten wir ausführlich unser Kontrastprogramm für den Oktober.

---

[158] AVZ vom 29.4.95.

Der Ordner, in dem wir alle Zeitungsartikel, Presseerklärungen und die wichtigsten Schreiben zum Fall Schneider sammelten, quoll längst über. Den Interessierten, die in der Fachschaft vorbeikamen, konnte er kaum mehr für einen Überblick angeboten werden, also beschlossen wir, unseren Wissensstand in einer eigenen Veröffentlichung darzustellen. Wir erstellten eine *philfalt EXTRA*[159], die wir „Die Feierlichkeiten sind nicht betroffen" nannten. Sie enthielt den gesamten Text des Vortrags des Historikers Zondergeld, der gewissermaßen zur Standardlektüre für Schneider-Interessierte avanciert war, aber ja nur denjenigen vorlag, die lückenlos die einzelnen Folgen aus der Fachschaftszeitung hatten.

Die Ereignisse an der RWTH, also die Auseinandersetzung um die Komparatistik bis hin zu den Erpressungsgerüchten, der Streit mit dem Germanistischen Institut, die angekündigten Zwangsexmatrikulationen etc., faßten wir zu einem Artikel über den 'Fall RWTH' zusammen. Hinzu kamen Thomas überarbeitete Artikel über den 'Germanischen Wissenschaftseinsatz der RWTH' aus dem *LiZ* und der Artikel von Ralf und Renke über den Soziologen Gehlen sowie ein Text, in dem Alex versuchte, unser Verhalten ein wenig transparenter zu machen: 'Über die Notwendigkeit zu handeln'.

Außerdem arbeiteten verschiedene aktive StudentInnen (darunter Tina, Thomas und ich) und AltaktivistInnen an dem Lesebuch, das einige Lücken in der offiziellen Hochschulgeschichtsschreibung füllen sollte. Die Planung für dieses Buch stammte schon von Mitte 1994, und anfangs waren den versammelten AutorInnen die Hinweise, möglicherweise habe ein Altrektor eine unbekannte braune Vergangenheit, zu vage, als daß das Thema mit eingeplant werden sollte. Nach dem Bekanntwerden des Skandals änderte sich diese Meinung natürlich, so daß auch dort Beiträge zum Fall Schneider aufgenommen wurden. Das Lesebuch erhielt den Titel „...von aller Politik denkbar weit entfernt" nach einem Zitat im gleichnamigen Artikel von Rüdiger Haude. Rüdiger schildert darin die Debatte um die erneute Schließung der RWTH im Jahre 1946, nachdem eine Befragung der Studierenden durch die Militärregierung fast vollständig boykottiert worden war und in den 13 eingegangenen Antworten die Nürnberger Kriegsverbrecherprozesse meist als 'Schauprozeß' und 'Propa-

---

[159] In der Reihe *philfalt EXTRA* erscheinen nach Bedarf Publikationen des Fachschaftskollektivs. Die reguläre Zeitung *philfalt* hat hingegen eine eigene Redaktion.

ganda' abgelehnt wurden. Dem Ratsantrag von FDGB, SPD und KPD hielt der Senat der RWTH entgegen, *„Wenn Studierende [...] aus innerer Veranlagung einen Lebensberuf ergreifen, der seinem Gegenstande nach von aller Politik denkbar weit entfernt ist* [damals gab es nur Bergbau und Architektur], *so können schwerlich Wahn und Leidenschaft faschistischer und militaristischer Art bei ihnen einen Nährboden finden, und extreme Elemente werden in ihren Reihen keine Rolle spielen können.“*[160]

Während das Rektorat versuchte, aus dem Fall Schneider eine interne Angelegenheit der Philosophischen Fakultät zu machen, um die sich die übrige Hochschule nicht zu kümmern bräuchte, erweiterte Hermann-Josef die aktuelle Vergangenheitsdiskussion durch seine Beiträge zum Lesebuch. In seinem ersten Artikel schreibt er über die sogenannten Heldengedenktafeln an der Aula[161] der RWTH, die unter dem Spruch *„Als es galt für's Vaterland, treu die Klinge war zur Hand! Doch es war zum letzten Gang"* die Namen von Toten des ersten Weltkriegs auflisten. Wie der Text gemeint war, verdeutlichen die Schlußworte der Rede des Rektors zu Enthüllung der Gedenktafeln 1925: *„Süß ist es und ehrenvoll, für's Vaterland zu sterben."* Ein anderer Beitrag Hermann-Josefs berichtet über 'die braune Seite' des Physik-Nobelpreisträgers Philipp Lenard und des Physikers Johannes Stark, die die RWTH in Ehren hält, obwohl sie *„die ersten namhaften Wissenschaftler waren, die weit vor der Machtübernahme ein eindeutiges Bekenntnis zu Hitler abgaben (1924)"* und zu den führenden Köpfen der 'Deutschen' oder 'arischen' Physik gehörten, die *„aus ideologischen Gründen die modernen, zu Beginn des Jahrhunderts entwickelten physikalischen Theorien ablehnten, so die Quantenmechanik und insbesondere die mit dem Namen Einstein verbundene Relativitätstheorie. Hauptsächlich am Feindbild der Person Einsteins orientiert, wurden die Beiträge der 'Deutschen Physik' ab den 20'er Jahren mit antisemitischer Propaganda angereichert und begründet."*[162]

---

[160] Rüdiger Haude: „Von aller Politik denkbar weit entfernt".- in: „...von aller Politik denkbar weit entfernt", a.a.O. S. 11-15, hier S. 13.

[161] *„Aus Dankgefühl gegenüber einer großen Versicherungsgesellschaft, ohne deren Spenden es die RWTH wohl nicht gäbe, trägt sie den Zusatznahmen 'Aachener und Münchener Halle'"*. Hermann-Josef Diepers: „Süß ist es und ehrenvoll, für's Vaterland zu sterben".- ebd. S. 81-97, hier S. 81.

[162] ders.: „Und dann gibt es gottlob viele andere Dinge, die erfreulich sind...".- ebd. S. 133-155, hier S. 133.

Doch konnte es natürlich nicht reichen, die Öffentlichkeit mit Texten zu überschütten. Es wurden also Koordinierungstreffen linker Fachschaften, hochschulpolitischer Gruppen und anderer Initiativen abgehalten, auf denen die Idee zu einer gemeinsamen Aktionswoche und Demonstration vor dem Jubiläumstag reifte. Schließlich waren es sechzehn Gruppen, die die Aktionstage 'Kein Fortschritt in dieser Tradition'[163] unterstützten. Für die Demonstration unter dem Motto 'Schluß mit der großdeutschen Wissenschaft' konnten wir zusätzlich die Unterstützung der ASten aus Bochum, Wuppertal und Düsseldorf gewinnen. Unseren Gedanken an eine richtig große Demo, überregional mobilisiert, gaben wir jedoch auf, als wir erfuhren, daß am 3. Oktober in Düsseldorf gegen die deutsche Einheitstaumelei demonstriert würde – unter der Parole 'Es gibt nichts zu feiern'.

Raumplanung

Ein Verwaltungsakt ist ein gesellschaftliches Ereignis – wir haben eine Sekretärin – Alex geht stempeln.

Der erste konkrete Schritt zur Verwirklichung unserer Pläne für eine Aktionswoche war, einen Antrag zur Nutzung entsprechender Räume zu stellen.[164] Vor nicht allzu langer Zeit hatte die Frauengruppe Gretchens Faust die Ausstellung 'Unbeschreiblich weiblich' organisiert. Behinderte Frauen aus Bremen zeigten Fotos, die sie von sich selbst gemacht hatten. Die Überlegungen von Gretchens Faust betreffs geeigneter Räume hatten uns soweit sensibilisiert, daß wir zumindest rollstuhlfreundliche Räume beantragen wollten. Gleichzeitig war uns daran gelegen, ein auch außerhalb der Uni bekanntes Gebäude auszuwählen, außerdem sollten die Räume möglichst nah beieinander liegen. Es blieben uns nur die, allerdings idealen, Räumlichkeiten eines bestimmten Flures im Kármán-Auditorium, jenem modernen Gebäudekomplex, dem in den siebziger Jahren ein Stadtviertel mit historischer Wohnbebauung weichen mußte.

---

[163] Neben „Future made in Aachen" ist „Fortschritt mit Tradition" einer der Lieblingssprüche, mit denen die RWTH ihre Werbung versieht.

[164] Das passierte bereits im August, die Aktionswoche sollte im Oktober stattfinden. Normalerweise müssen Raumanträge zwei Wochen vor der entsprechenden Veranstaltung eingereicht werden.

Dieser Flur ist – durch die Hintertür! – ebenerdig zu erreichen. Durch die gleiche Tür erreicht mensch auch die verschwindend wenigen mit Rollstühlen befahrbaren Toiletten der Uni. Neben diesen Vorteilen, haben die Räume dort Fenster, was an sich nicht selbstverständlich ist, und diese lassen sich sogar öffnen. Beliebte Räume also. Daher waren wir zunächst einmal nicht mißtrauisch, als wir von der zentralen Raumvergabe einen negativen Bescheid erhielten. Die Räume waren der 'Sommerhochschule' zugesagt. Die uns als Ausweichmöglichkeiten angebotenen Räume befanden sich zwar auch im zentral gelegenen Kármán-Bereich, hatten zum Teil auch Fenster, die sich öffnen ließen, waren aber nur über Treppen zu erreichen.

Da die Zeit drängte, ließen wir uns dennoch darauf ein und schickten den entsprechenden Antrag zur Hochschulverwaltung. Gleichzeitig luden wir zum ersten Vorbereitungstreffen ein.

Das Plenum sammelte Ideen, einzelne Leute oder Gruppen sagten zu, die ein oder andere Aufgabe zu übernehmen. Beim zweiten Treffen hatten wir schon eine sehr konkrete Liste von realisierbaren Veranstaltungen zusammengetragen. Die Gentechnik-AG (GAGA) hatte zugesagt, einen Diavortrag über den Widerstand gegen den Aachener Genacker zu zeigen. Wir selbst planten eine Ausstellung mit Dokumenten zur Tätigkeit Schneiders in den letzen Kriegsjahren, eine Vortragsveranstaltung zu den Ergebnissen unserer gesamten Recherchen zur braunen Vergangenheit der Hochschule und Termine für SchülerInnen, in denen wir Videos über das Leben Anne Franks zeigen und über Deutschland und die Niederlande im zweiten Weltkrieg reden wollten. Außerdem dachten wir darüber nach, einen Menschen vom Bund demokratischer WissenschaftlerInnen (BdWi) zu einem Vortrag über die angebliche Wertfreiheit der Wissenschaft einzuladen. Das Aachener Filmhaus und das AntiFa-Projekt der FH einigten sich darauf, gemeinsam den Film 'Der Pannwitzblick' zu zeigen. Die Vereinigung der Verfolgten des Naziregimes/Bund der AntifaschistInnen schlug vor, die Journalistin Janka Kluge für einen Vortrag über Mystik und Esoterik im Neofaschismus einzuladen und eine Ausstellung zu Neofaschismus in der BRD zu zeigen. Außerdem wollten wir jemanden vom neugegründeten Verein zur Beobachtung der Biowissenschaften und den Tübinger Germanisten Gerd Simon zu Vorträgen einladen. Die AutorInnen und HerausgeberInnen des kritischen Lesebuchs sollten gebeten werden, das Buch vorzustellen. Der Buchladen Backhaus hatte zugesagt, uns zu den Veranstaltungen passende

Bücher in Kommission zu überlassen, um damit neben unseren eigenen Publikationen einen Büchertisch zu bestücken. Zum Schluß war da noch die Idee mit der Demo und das Problem, daß wir für die Räume noch immer keine Zusage hatten.

Das war an sich unangenehm genug, brachte aber auch Verzögerungen für die Bekanntgabe der Termine in der Presse und auf Plakaten mit sich. Ungeduldig riefen wir bei der Raumvergabestelle an. Dort gibt es genau zwei Sachbearbeiterinnen, gerade genug also, um sich im Abwesend- und Nicht-zuständig-sein abwechseln zu können, zumindest werktags zwischen 9 und 12 Uhr, danach ist sowieso nichts zu wollen. So schälte ich mich also aus dem Bett und nötigte meinen verdutzten Drahtesel, mich die vier Kilometer bis zur Uni zu tragen. In der Raumvergabestelle versuchte die eine der beiden Sachbearbeiterinnen nicht ganz ohne Erfolg, gleichzeitig nicht zuständig und abwesend zu sein, denn die Kollegin war in Urlaub. Obwohl sie eigentlich froh sein konnte, daß ich sie nicht gebissen hatte, war die gute Frau ob meiner gemäßigt unflätigen Bemerkungen beleidigt. Das hatte immerhin den positiven Effekt, daß sie mir vorschlug, ich solle mich doch lieber bei ihrer Vorgesetzten schlecht benehmen. Das kam mir, auch politisch, sehr entgegen. Die Vorgesetzte saß nebenan und zuckte bei meinem Eintreten merklich zusammen. Bevor ich überhaupt pampig werden konnte, entschuldigte sie sich schon für die Verzögerung und versicherte mir, es ginge nicht gegen uns oder unsere Veranstaltung. Ich stand noch immer schweigend im Türrahmen. Woher kannte sie mich? Steckbriefe?

Ich solle am folgenden Dienstag zum verwaltungstechnischen Großmeier, dem Allgemeinen Vertreter des Kanzlers und Leitenden Regierungsdirektor Hans-Herbert Müller-Pfalzgraf (MüPf), kommen, um 15 Uhr. Den Termin habe sie mir schon notiert. Wollte die Hochschule uns mit der Bereitstellung einer Sekretärin korrumpieren? Lächerlich! Sie betonte noch einmal ungefragt und mit Nachdruck, dieses Procedere sei bei Raumanträgen ganz normal. Das hatte ich anders in Erinnerung, aber wer ist werktags zwischen 9 und 12 Uhr schon rechthaberisch?

Darius erklärte sich bereit, mich beim Besuch bei MüPf zu begleiten. Dieser hatte seinen gesamten persönlichen Stab aufgefahren, nicht zuletzt den Hochschuljuristen Liebers. Alle lächelten ein verkrampftes Zahnpastalächeln. Es machte nicht gerade den Eindruck eines ganz normalen Verwaltungsaktes, wäre wohl auch ein bißchen zu teuer. MüPf wollte genauestens über sämtliche Veranstaltungen informiert werden, ohne jedoch bereit zu sein, drei Minuten am Stück den Mund zu halten. Was denn das für eine Ausstellung sei, 'Neofaschismus in der BRD', und was das mit der Hochschule zu tun habe. Wir sparten uns den Verweis auf Rohrmoser, gaben an, so eine Ausstellung koste Geld, das wir erst ausgeben wollten, wenn wir auch einen Raum hätten, um sie zu zeigen. Wie, wenn wir den Inhalt noch nicht genau geprüft hätten, wollten wir denn garantieren, daß keine strafrechtlich relevanten Inhalte vorkämen? Au Backe.

Zum Schluß wurden wir hinsichtlich des Büchertisches darüber belehrt, daß es nicht gestattet sei, auf Hochschulveranstaltungen kommerzielle Werbung zu betreiben oder gar Dinge zu verkaufen. Das würde niemandem gestattet. Dieser Satz kam mir im nächsten Semester stets zu Beginn der Ringvorlesung 'Von der Diktatur zur Demokratie' in den Sinn. Am Eingang stand dort stets ein Büchertisch des Buchladen Backhaus. Weil das ein netter Laden ist und speziell der Büchertisch oft das Beste an den Vorlesungen war, sparte ich mir eine diesbezügliche Anfrage.

Wir müßten also noch einen ganz genauen Raumbelegungsplan zusammenstellen, die Zusagen der ReferentInnen schriftlich vorlegen und bei einzelnen Instituten, für deren Räume die zentrale Raumvergabe nicht zuständig sei, Teilanträge stellen. Würden diese genehmigt, und zwar am besten bis zum folgenden Tag, dann sei alles kein Problem. Offensichtlich spekulierte die Hochschule darauf, daß einer dieser Teilanträge, vielleicht nur der Ferien wegen, in einem Institut hängen bliebe und mit dem geplatzten Teilantrag der gesamte auch hinfällig sei. Jedenfalls sammelten wir ausreichend gestempeltes Papier, und nach einem weiteren Termin bei MüPf konnte ich mir eines Freitags morgens Ende September tatsächlich den genehmigten Vertrag für die Raumnutzung abholen. So einfach ist das.

Inzwischen hatten einige aus dem Vorbereitungsplenum versucht, wenigstens für den Film 'Der Pannwitzblick', der sich mit der Nutzbarmachung oder Vernichtung behinderter Menschen beschäftigt, einen rollstuhlzufahrlichen Raum zu beantragen. Unbefriedigend genug, als würden sich rollstuhlfahrende Leute unbedingt und nur für diesen Film, nicht aber zum Beispiel für die Ausstellungen interessieren. Für diese Veranstaltungen hatten wir zwar tragbare Faltrollstühle ausgeliehen und geplant, immer ausreichend kräftige Leute zum

Tragen da zu haben, das hat aber nicht immer funktioniert, und außerdem ist ein geliehener Faltrollstuhl eben nicht der eigene Rolli.

Bombenstimmung

Zwischen einer aufgeräumten Fachschaft und einer Räuberhöhle liegen vier taube Ohren – ein altes Plakat ist Terror – Jener Thomas bemüht sich vergeblich.

Von der Presse erwarteten wir nicht viel. Uns war klar, daß die Hochschule ihre Berichterstattung über das Jubiläum würde durchsetzen können. Aber wir wollten uns nicht vorzeitig geschlagen geben. So räumten wir an einem sonnigen Samstag die Fachschaft auf, legten unsere gesammelten Broschüren und Plakate bereit und begrüßten recht freundlich die Reporter der beiden Lokalzeitungen. Wir versuchten ihnen zu erklären, welche Kritik wir an der Hochschule hatten, und daß die Aktionswoche sich nicht nur auf den Fall Schneider beziehe, obwohl auch hier noch die eine oder andere Neuigkeit zu erwarten sei. Wir erläuterten die Bandbreite der geplanten Veranstaltungen und der beteiligten Gruppen. Auf unserem Programmzettel hatten wir das Logo der RWTH mit einem Kreis von Mark- und Dollar-, Firmen- und Banken-, Gen- und Atom-, SS- und Hakenkreuz-, Burschenschaftszeichen und Bundesadler umgeben. Wir erklärten unser Ziel, die Ausrichtung der Wissenschaft auf die jeweiligen Herrschaftsverhältnisse zum Thema zu machen. Sie wollten anderes hören.

Sie wollten hören, es ginge uns ausschließlich um Schneider und dies auch nur zu dem Zweck, mit aller Gewalt gegen die Hochschule

schießen zu können. Sie wollten, daß wir Gewalt anwenden würden, um die Jubelfeier zu sprengen. Sie wollten das Klischee und waren bemüht, unsere Argumente als bloßen Vorwand für Terror aller Art zu entlarven. Ob wir denn ernsthaft die SS-Runen mit dem Bundesadler gleichsetzten, wollten sie mit dem Finger auf unser Programmblatt wissen, und was um Gottes willen denn RWTH, Deutsche Bank und

Ahnenerbe gemein hätten. Und ob wir denn das Nachkriegswerk Schneiders und die Psyche dieses Menschen studiert hätten, statt blindlings drauflos zu schlagen. Und überhaupt, was hätten wir gegen die Abhängigkeit der Hochschule von Industrie und Staat? Wie sollte Wissenschaft denn anders funktionieren? Und wir würden sie doch wohl nicht allen Ernstes grundsätzlich in Frage stellen.

Uns überraschte, daß der Reporter der *Aachener Nachrichten* dennoch einen den Umständen entsprechend fairen – und dies hieß nicht mehr als halbwegs ausgewogenen – Artikel verfaßte, während der Kollege von der *Volkszeitung* die BombenlegerInnen basteln sah. In der untersten Ecke unseres Monate alten Schneiderplakats hatte er das winzige Bömbchen[165] und den spaßigen Schriftzug „DIrekte ESkalation – Bombenstimmung an der RWTH" entdeckt. Damit war für ihn alles klar. Er beschrieb uns mit entsprechender Abscheu: (s.u.).

Er vergaß, das Solidaritätsplakat für die verbotene kurdischen Befreiungsbewegung zu erwähnen, unter dem er die ganze Pressekonferenz über gehockt hatte, und auch das für die verbotene Zeitung *radikal* vergaß er, obwohl er es stets vor Augen gehabt haben muß. Auch das Foto der aufständischen und infolgedessen vermummten und bewaffneten Zapatistas hat er leider unterschlagen.

Dicker Protest zum Festakt

Aktionstage zu 125 Jahre RWTH im Zeichen Schneider/Schwerte

Aachen. Eine kleine Bombe mit brennender Lunte ziert das in Blau gehaltene Plakat. „Bombenstimmung an der RWTH" lautet der doppeldeutige Hinweis auf das, was ein Aktionskomitee zum Festakt „125 Jahre RWTH Aachen" am 10. Oktober ab 15 Uhr vor dem TH-Hauptgebäude plant. Unverblümt heißt es auf selbigem Plakat „Direkte Eskalation" – 125 Jahre RWTH „sind kein Grund zum Feiern!" Und im Druck grob gerasterter ehemaliger RWTH-Rektor Hans Schwerte, mittlerweile als der NS-Funktionär Hans Ernst Schneider entlarvt, hebt ein Glas

Sekt auf das „Anti-Jubiläum". In einem Flugblatt heißt es nebulös: „Die RWTH feiert ihr 125jähriges – aber ohne Euch und ohne uns! Vielleicht auch gar nicht! Wir werden sehen . . ."
„Schluß mit der großdeutschen Wissenschaft!" ist in einem Aufruf zur Demonstration am 7. Oktober um 14 Uhr auf dem Katschhof zu lesen.
„Es werden viele Leute kommen, um die Ehrengäste zu begrüßen", heißt es aus Reihen des überwiegend studentischen Organisationskomitees, das den offiziellen Festakt zu „125 Jahre RWTH Aachen"

am 10. Oktober lautstark kontakarieren will. Besonders Helmut Werner, Vorstandsvorsitzender der Mercedes Benz AG, der die Festrede halten soll, paßt den Anti-Jubiläum-Aktivisten nicht. Es steht in den Augen jener Kritiker für die Drittmittel, die die Lehre und Forschung an der Hochschule „undemokratisch" beeinflussen. Eine „Performance zur JubelfeiA" ist geplant. Näheres will oder kann man nicht sagen.
Sie legen keinen großen Wert auf Namensnennung, jene Lydia, jener

Fortsetzung 2. Lokalseite

---

[165] Es sei hier noch mal in Originalgröße wie auf dem Plakat abgebildet: 💣

Dicker Protest zum ...

Fortsetzung von der 1. Lokalseite

Thomas, jener Gerd und wie sie sonst noch heißen mögen, die am letzten Samstag in der Fachschaft Philosophie am Templergraben ihr Programm „Aktionstage – Kein Fortschritt in dieser Tradition" als Antwort auf die offiziellen Feierlichkeiten vorstellen. Bunt ist die Aktionsgruppe. Sie reicht von der Fachschaft Philosophie über die Frauengruppe Gretchens Faust über die Freundschaftsgesellschaft BRD-Kuba bis hin zum Autonomen Zentrum.

Aber wie groß ist in Wahrheit der Rückhalt der Fachschaft Philosophie und ihrer betont alternativen Mitstreiter? Reichen „basisdemokratische" Meetings, also elitäre Zirkel weniger, „Vollversammlungen" genannte Veranstaltungen aus, um für alle anderen Studenten, also Tausende, sprechen zu können? „Wir stellen fest, daß der Fall Schwerte-Schneider in der Studenschaft intensiv diskutiert wird", wähnen die Alternativen eine breite Mehrheit hinter sich.

Die Mutmaßung, daß die Aktionstage „von unten" ohne Schwerte/Schneider wohl kaum so groß angekündigt werden würden, weisen die Aktivisten zurück. Es gebe genügend anderes kritisches, so zum Beispiel die gentechnisch veränderten Ruben im Freilandversuch und der „Auftritt" des „Rechtsaußen-Philosophen" Gunter Rohrmoser", dessen Vortrag von „Anti-Faschisten" verhindert worden sei.

Aber der Blick in den Veranstaltungskalender (2. bis 10. Oktober) läßt neben Schneider/Schwerte kaum ein anderes Thema zu – Beispiele: Diskussion mit Schülern über den ehemaligen TH-Rektor am 4. Oktober, 11 Uhr, Seminarraum 001, Kármán-Forum; „neue, weitere Details enthüllende Dokumente" in einer Ausstellung über Hans Ernst Schneider am 4. Oktober, 17.30 Uhr, Raum 004, Kármán-Auditorium; Vortrag „Ungeahntes Erbe" über die NS-Vergangenheit (nicht nur) der RWTH Aachen am 6. Oktober, 17.30 Uhr im Grünen Hörsaal, Audimax, Wüllnerstraße. Und weiter: Vorstellung eines Lesebuches über „zahlreiche Defizite der bisherigen RWTH-Geschichtsschreibung" am 9. Oktober, 10 Uhr, Raum 001, Kármán-Auditorium; Vortrag von Dr. Gerd Siemon aus Tübingen über „Europagedanken Hans E. Schneiders" am 9. Oktober, 19 Uhr, Hörsaal Fo4, Kármán-Auditorium.   (-ks-)

Aktionswoche

Wir stellen aus, was sich zur Darstellung nicht eignet – Tausend ist ein Teil von Hundertfünfundzwanzig – Thomas beweist das in drei Stunden.

Mit der Ausstellung zur NS-Karriere Schneiders wollten wir die Rechercheergebnisse der vergangenen Monate der Öffentlichkeit vorstellen.

Gerd und ich gingen die Dokumente noch einmal durch – Es waren inzwischen mehrere hundert Kopien. Prof. Dyserinck hatte uns zusätzlich die gesammelten Schneider-Artikel aus der *Weltliteratur* zur Verfügung gestellt, so daß wir auch dieses Kapitel beleuchten konnten. Aus den einzelnen und zunächst unzusammenhängenden Schriftstücken ergab sich langsam so etwas wie eine Biographie Schneiders – wenn auch weiterhin eine lückenhafte. Ein wichtiger Schritt, um diese Lücken zu füllen, würde die angemessene Bewertung der Münchener Dokumente sein, über die wir nun berieten. Wie sahen sie als Beleg für eine direkte Zusammenarbeit Schneiders mit dem SD und die ungebrochene Weiterarbeit an einem zentralen Wissenschaftsprojekt der SS, nämlich den Europaplanungen. Wir zeigten, daß Schneider auf dieser Grundlage über weitreichende Kontakte in der Nachkriegszeit verfügt haben mußte, und stellten einige dieser Karrieren dar. Den Münsteraner Soziologen Karl Heinz Pfeffer blendeten wir aus. Zu vage schienen uns die Indizien für eine Querverbindung zwischen Schneider, Pfeffer und Gehlen, als daß wir sie hätten veröffentlichen wollen. Zu brisant war der Hinweis außerdem und somit geeignet, die weiteren Recherchen durch eine vorzeitige Veröffentlichung zu gefährden. Daß unsere Ausstellung von professoraler Seite möglicherweise deshalb besucht würde, um unseren Wissensstand abzuschätzen, lag auf der Hand. Als Titel wählten wir den letzten Satz des letzten Dokuments: „...*da es sich zur schriftlichen Darstellung nicht eignet*".

Irgendwie schafften wir es, die 25 Tafeln noch rechtzeitig zu bekleben, aufzubauen, wieder abzubauen, da der Hausmeister die Eingangstür abschloß, einen anderen Ausstellungsraum zu improvisieren, neue Stelltafeln aufzutreiben, da die zugesagten wieder abgesagt wurden, rechtzeitig zur Ausstellungseröffnung fertig zu werden und vor einem trotz allem noch mäßig großen Publikum mit der Führung zu beginnen. Sie dauerte eine knappe Stunde und endete mit allgemeinem Beifall. Ein alter Mann, der schon beim Aufbauen mit der Besichtigung begonnen hatte, beglückwünschte mich und verabschiedete sich per Handschlag. Er sei Schneider, tönten die Posten der Hochschulwache, die all unseren Veranstaltungen nun beizuwohnen hatte. Doch sie hatten nur ihre Späße getrieben.

Zwischendurch arbeiteten wir an den Vorbereitungen zu einer weiteren großen Veranstaltung. Unter dem Titel 'Ungeahntes Erbe' wollten wir das darstellen, was in der Ausstellung zu kurz gekommen war: die konkreten Verbindungen Schneiders zur RWTH und die Rolle der RWTH im verschwiegenen tausendjährigen Kapitel ihrer 125 Jahre.

Beim Stöbern im Bücherkarton unseres Infotisches stieß Alex in einem Werk Ernst Klees über die Nachkriegsgeschichte von NS-Ärzten und -Juristen[166] zufällig auf den Namen Wilhelm Spengler.

---

[166] Ernst Klee: Was sie taten - was sie wurden. Ärzte, Juristen und andere Beteiligte am Kranken- und Judenmord.- Frankfurt/M. 1986. Vgl. auch: ders.: Persilscheine und falsche Pässe. Wie die Kirchen den Nazis halfen.- 3. Aufl. Frankfurt/M. 1992, S. 114.

Das war Schneiders Kamerad aus dem SD, mit dem er 1954 die Europabuchreihe herausgegeben hatte. Doch nicht der SD war als Spenglers Organisation angegeben, sondern die 'Stille Hilfe'. Diese kannten wir als das legale, als eingetragener Verein arbeitende Aushängeschild jenes Netzwerkes, das Nazis zu neuen Karrieren, rechtlicher Beratung und gegenseitigen Kontakten verhalf, ihnen aber auch beim Untertauchen und der Flucht ins Ausland behilflich war. Spengler hatte 1951 dem Gründungsvorstand der 'Stillen Hilfe' angehört und bis zum Ende der 50er Jahre die Pressestelle betreut. Damit aber stand auch seinem Freund 'Schwerte' alles zur Verfügung, was das Herz eines untergetauchten SS-Mitglieds mit neuer Identität begehren konnte.

Unsere Veranstaltung sollte volle drei Stunden dauern. Alex, Renke, Hermann-Josef und ich saßen auf dem Podium. Wir begannen mit der Nazi-Vergangenheit von Ehrensenatoren, Rektoren und Institutsgründern: Renke berichtete von Altrektor und Ehrensenator Alfred Buntru, der die RWTH ab 1937 zum wissenschaftlichen Brückenkopf für die Westexpansion ausgebaut und als erste Amtshandlung den letzten noch verbliebenen jüdischen StudentInnen den Zutritt zur Hochschule untersagt hatte. Noch im gleichen Jahr trat er der SS bei, die ihn zum Standartenführer aufsteigen ließ, bevor er außerdem stellvertretender Reichsdozentenführer wurde. Anfang November 1939 wurde Buntru an die gerade okkupierte Deutsche Technische Hochschule in Prag versetzt und kurz darauf zu ihrem Rektor ernannt. Er hatte diesen Posten bereits einige Jahre zuvor innegehabt und zur vollsten Zufriedenheit der SS-Führung für die Unterwanderung der Tschechoslowakei genutzt, die nunmehr fest in der Hand des SD war. So wurde Buntru im Frühjahr 1942 zusätzlich zum kommissarischen Rektor der Prager Karls-Universität ernannt. Himmler plante zu diesem Zeitpunkt, die Universität in eine reine Ahnenerbe-Hochschule umzuwandeln. Buntru sollte den Rektorstuhl nun solange warmhalten, bis der Rektor der Münchener Universität, Walter Wüst, ihn einnehmen würde; Wüst – der Kurator des Ahnenerbes. Doch dies war, wie Renke herausgefunden hatte, nicht Buntrus einziger Kontakt zum Ahnenerbe. Buntru war, neben SS-Funktionären wie Wüst und Six, Koordinator im Studienführer, zuständig für die Abteilung Technik. Er stand damit also für den Versuch der SS, ihren Einfluß auf das gesamte ingenieurwissenschaftliche Studium und seine Lehrinhalte auszudehnen. Buntru suchte die Autoren seiner 62 Einzelbände nicht zuletzt im eigenen Bekanntenkreis. So bedachte er seinen Weggefährten Prof. Eugen Flegler mit dem Band Elektromaschinenbau, der 1948 erschien. Flegler übernahm von Buntru die Koordination der Abteilung Technik im Studienführer und verpflichtete 1951 einen weiteren alten Bekannten als Autor, den Architekten Prof. Otto Gruber. Sowohl Flegler, als auch Gruber waren Rektoren der RWTH, Gruber als Vorgänger und Stellvertreter Buntrus, als dieser nach Prag wechselte, Flegler ab 1954. So wie Buntru, werden sie bis heute als Ehrensenatoren geführt. Schneider mitgerechnet, standen damit (mindestens) vier Rektoren der RWTH in direkter Beziehung zu höchsten Wissenschaftsfunktionären der SS.

Hermann-Josef berichtete über die Ehrensenatoren Lenard und Stark, die Physiker, über die er schon im Lesebuch geschrieben hatte[167]. Renke referierte über den Gründer des Soziologischen Instituts, Arnold Gehlen. Gerd hatte eine Zusammenfassung über die Nazi-Vergangenheit des Politologen Klaus Mehnert verfaßt, die er, um seinen Job als studentische Hilfskraft nicht zu gefährden, nicht selbst vortragen wollte. Renke hatte sich darüber hinaus in der Geschichte des Instituts für Arbeitswissenschaften umgesehen und nicht nur den NSDAP-Reichstagsabgeordneten Poppelreuter entdeckt, sondern auch seinen Nachfolger Mathieu, der vor 1945 an Kriterien für die Selektion von ZwangsarbeiterInnen geforscht, nach 1945 zahlreiche Forschungsaufträge der Landesregierung in Sachen Betriebsorganisation bearbeitet hatte.

Es folgte die Geographie. Hermann-Josef hatte in der Frühgeschichte des Instituts herumgegraben und bereits für den Anfang dieses Jahrhunderts eine völkisch-nationalistische Ausrichtung festgestellt. Ich setzte den Vortrag mit meinen Rechercheergebnissen über die Verwicklung Prof. Geislers in die Vernichtungsplanungen im Osten fort, bevor ich zu Roloff überging. Bereits wenige Wochen nach seiner Ankunft in Aachen im März 1943 wurde ihm die seltene Ehre zuteil, den Festvortrag zur Semestereröffnung zu halten. Sein Thema war 'Die Ordnung des deutschen Lebensraumes' – was sonst? Erst die Bombardierung der RWTH durch die Alliierten, bei der auch ein Teil des Raumplanungsinstituts in Flammen aufging, beendete vorerst sein Treiben.

---

[167] vgl. S. 167

Nach Kriegsende setzte Roloff seine Karriere wie die meisten deutschen RaumplanerInnen fort. Bereits Ende der 40er Jahre lehrte er wieder an der RWTH und stellte seine Umsiedlungserfahrungen nun in den Dienst der rheinischen Braunkohleindustrie. 1953 wurde er Referent beim Bundesministerium für Wohnungsbau, Wohnungswesen, Städtebau und Raumplanung und erlangte damit faktisch seine Stellung aus dem Jahre 1939 wieder. 1962 bedachte ihn die Aachener Hochschule mit dem Professorentitel, den er bis zu seinem Tod trug.

Daß einst in Den Haag seine und Hans Ernst Schneiders Dienststelle nur wenige Hausnummern auseinander gelegen hatten, fügten wir im letzten Teil unserer Veranstaltung hinzu, in dem es um den Nachweis konkreter Seilschaften ging. Roloff und Schneider waren ein Teil davon. Gehlen und Schneider vermutlich ein anderer, wie Renke noch einmal unterstrich. Und auch zu Altrektor Buntru, dem stellvertretenden Reichsdozentenführer, Mitorganisator des Studienführers und Platzhalter des Ahnenerbes in Prag, dürfte es eine Verbindung gegeben haben. Die Akten aus dem Institut für Zeitgeschichte hatten auch eine Zusammenarbeit zwischen Schneiders Kriegseinsatz der Geisteswissenschaften und der Reichsdozentenführung belegt.

Drei mögliche Seilschaften also, drei Kontaktpersonen 'Schwertes' in den 60er Jahren, die vor 1945 wichtige Funktionen im NS-Wissenschaftsbetrieb eingenommen hatten. Hinzu kam der Kontakt zur Stillen Hilfe, den wir zum Abschluß unserer Veranstaltung – die dritte Stunde war längst überschritten, und der Hausmeister drehte den Strom ab – öffentlich machten.

Die Herren König, Kuhlmann und Debus waren fast die einzigen Professoren, die sich zum Besuch dieser Veranstaltung herabließen. Ein Mitarbeiter der Jubiläumsfestschrift versäumte es nicht, darauf hinzuweisen, welch breiten Raum man in ihrer Publikation dem Gedenken an die emigrierten und vertriebenen Hochschulangehörigen eingeräumt habe. Wir hingegen würden die RWTH völlig einseitig als die reinste Nazi-Hochburg präsentieren. Nun, entgegneten wir, vielleicht war sie ja genau das. Was die Würdigung der Opfer anbelange, so solle sich die Hochschule nicht rühmen, das, was eigentlich eine Selbstverständlichkeit sein sollte, erst heute nach 50 Jahren fertiggebracht zu haben. Und weil das Gedenken an die Opfer ohne die Nennung der TäterInnen einseitig sei, müßten *wir* nun die Arbeit leisten, die die Hochschule bis heute unterlassen habe.

Wir sollten doch bedenken, welch große Leistung die früheren Nazis beim Aufbau der Bundesrepublik geleistet hätten, auch in der Wissenschaft, und daß diese Leistungen unverzichtbar gewesen seien für den Staat, und unverzichtbar auch für uns heute, kam aus der Reihe der Professoren. Prof. König fügte hinzu, man müsse differenzieren, und zwar zwischen Biographie und Werk, zwischen früheren Aktivitäten und späteren Schriften, zwischen diesem und jenem und nach tausend weiteren Kriterien. Was aber hätten all diejenigen leisten können, die vertrieben oder ermordet worden waren? Danach fragten sie nicht, sondern suchten mit ihrem Ausdifferenzieren nach Wegen, das Handeln und die Motive der TäterInnen nachzuvollziehen.

Die dritte Veranstaltung zum Fall Schneider hatten Renke und Michi organisiert. Eingeladen war Gerd Simon, ein Experte in Sachen NS-Wissenschaft. In jahrzehntelanger Arbeit hatten er und seine inzwischen an die 70 MitarbeiterInnen die Archivbestände durchforscht. Schon vor langem hatte er nicht nur die Schneider betreffenden Aktenbestände bearbeitet, sondern auch die zahlloser weiterer Funktionäre, in denen sich immer wieder neue, für den Fall Schneider grundlegende Hinweise fanden. Auch stand er in Briefkontakt zu Schneider, um dessen Reaktion auf seine Recherchen herauszufinden und daraus – bei aller Vorsicht – weitere Rückschlüsse ziehen zu können. So war es für ihn ein leichtes, all die Organisationen und Namen, die uns fremd waren, einzuordnen. Wir führten ihn durch die Ausstellung, besprachen die neu gefundenen Dokumente. Die meisten kannte er bereits, und er teilte unsere Einschätzung. Er hatte weitere Hinweise auf Schneiders Zusammenarbeit mit dem SD, und er vermutete weitaus intensivere Geheimdienstkontakte vor und auch nach 1945, als die wenigen erhaltenen Dokumente hergaben. Dabei neigt dieser Mann keineswegs zu Kurzschlüssen und Verschwörungstheorien, sondern arbeitet äußerst gewissenhaft.

Er begann seinen Vortrag mit der Forderung nach einer Freiheit der Wissenschaftsforschung, denn er erfuhr seit Jahren immer wieder Behinderungen, wenn er die Wissenschaft selbst zum Thema seiner Recherchen machte. Er wies auf die Verschärfungen des deutschen Archivrechts hin, die nach der Wiedervereinigung fast unbemerkt vorgenommen worden waren und es (zumindest für ihn und uns) unmöglich gemacht haben, an eine Vielzahl von Nazi-Akten heranzukommen. Er lieferte eine Unmenge neuer, auch durchaus brisanter Details, belegte Schneiders langjährige Verbindung zum SD in ihrem auch für uns erstaunlichen Ausmaß und vermutete niemand anderen als Franz Alfred Six als persönlichen Ziehvater Schneiders, jenen SD-Mann also, der auch Beziehungen zu Gehlen und Pfeffer unterhielt. Am Ende ging er auf die im Frühjahr vieldiskutierte Frage ein, ob Schneider von den Menschenversuchen des Ahnenerbes gewußt hatte oder gar an der Lieferung von Material für diese beteiligt war, und legte dar, daß keines der bislang bekannten Dokumente bei kritischer Überprüfung belege, daß Schneider den Verwendungszweck der medizinischen Geräte gekannt habe, für deren Beschaffung er vorgesehen war. Doch gehe es ihm nicht darum, Schneider zu verharmlosen, erklärte Simon. Schneiders Zusammenarbeit mit dem SD bewertete er als überaus schwerwiegend und wollte die Kritik auf diesen doch sehr wesentlichen Punkt bringen.

Gerd Simons Vortrag fand kaum Resonanz, zumal er den vorherigen Besuch unserer Ausstellung und eine genaue Kenntnis der bisher veröffentlichten Akten vorausgesetzt hatte. Er konnte ja nicht wissen, wie sehr unsere Arbeit in Aachen ignoriert wurde. Die Folge war, daß sein Vortrag für die meisten kaum noch verständlich war. Der Germanist Jäger, den wir bisher nur als Gegner unserer Aktivitäten erlebt hatten, erstaunte uns dadurch, daß er von eigener Recherchearbeit erzählte. Es fiel uns auf, wie sehr er sich bemühte, seine Empörung über Schneiders rassistische Propaganda auszudrücken. Deutete sich hier eine positive Entwicklung an?

Propaganda

*Der Rektor schützt die Steuerzahler vor Scheinproblemen –
Fernsehen macht Wahres schöner – Harmonie begeistert auch
KritikerInnen – Tina verschläft ein Interview.*

Der Rektor ließ es sich nicht nehmen, öffentlich gegen die KritikerInnen der Hochschule und ihrer Feierlichkeiten zu wettern; zur Unterstützung zog er auch den AStA-Vorsitzenden Björn Becker heran. Nachdem bereits am 28. September sieben studentische Senats- und Senatskommissionsmitglieder ihre Teilnahme an der Jubelfeier abgelehnt hatten, druckte die *AVZ* am 5. Oktober die Reaktionen Habethas und des AStAs ab. Die StudentInnen begründeten ihre Absage mit dem Umgang der RWTH mit der bekannt gewordenen NS-Vergangenheit von Schneider und Gehlen: *„In beiden Fällen beobach-*

ten wir, daß bekannte Fakten der Biographien möglichst konsequent verharmlost und relativiert werden. *Eine Aufdeckung der Umstände, die diesen Personen eine zweite Karriere als Wissenschaftler in der BRD ermöglichten, findet nicht statt. [...] Wir fragen: wie sind 'Entnazifizierung' und 'Demokratisierung der Hochschule' an der TH wirklich abgelaufen? Warum hat die heutige Hochschulleitung offensichtlich kein Interesse an Aufklärung und Transparenz bezüglich der bekannt gewordenen NS-Kontinuitäten? Was veranlaßt die Hochschule zu feiern, bevor diese Fragen geklärt sind?"* Auch wandten sie sich in ihrem Schreiben noch einmal gegen die Einladung Rohrmosers. Rektor Habetha hielt alle Fragen und Vorwürfe für überzogen und aus der Luft gegriffen. Zu Gehlen hatte er nur zu sagen, daß dieser das Entnazifizierungsverfahren der Siegermächte durchlaufen habe. Für die Hochschule sah er keinen Handlungsbedarf: *„Können Sie mir und anderen erklären, was Ihrer Meinung nach von der RWTH und ihrer Leitung zusätzlich getan werden soll? [...] Soll die RWTH ihre ohnehin knappen, vom Steuerzahler bereitgestellten personellen und sächlichen Ressourcen zur Behandlung von (Schein-)Problemen der Vergangenheit einsetzen und sie damit der Arbeit an den drängenden Problemen der Gegenwart entziehen? Ich meine, bei aller Notwendigkeit, aus der Vergangenheit zu lernen, dürfen wir nicht in eine permanente Selbstreflexion verfallen, die uns unfähig macht, die Aufgaben von heute und die Problemstellungen von morgen zu erkennen und Beiträge zu ihrer Lösung zu erarbeiten."*

Der AStA wehrte sich sogar *„gegen die Vereinnahmung der Studierendenschaft durch eine kleine Gruppe engstirniger Aktionisten"*. Zum Fall Schneider fiel ihm nur ein, daß er keine Notwendigkeit sehe, *„dieses Thema ohne neue Erkenntnisse* [die wir ja gerade erst in der Ausstellung präsentiert hatten] *ständig wieder 'aufzuwärmen'"*. Von Gehlen hatte der AStA überhaupt keine Ahnung, sondern übernahm lediglich aus der Presseerklärung des Kanzlers, Gehlens Biographie wäre hinlänglich bekannt gewesen. Sogar in der Bewertung der Einladung Rohrmosers hatte sich der neue AStA unter dem Vorsitz Björn Beckers nun der Hochschulleitung angepaßt: *„Wir haben gegen die Einladung durch das Außeninstitut nichts einzuwenden. In einer Demokratie sollten auch umstrittene Meinungen vorgebracht werden dürfen. Daher ist die Einladung, auch solch problematischer Personen, im Rahmen der Vortragsreihe 'Wertewandel – Verlust der Normen oder Orientierungssuche?' durch das Außeninstitut legitim."* Sein Vorgänger Carsten Preusche hatte ja zumindest noch sein Unverständnis über die Einladung Rohrmosers geäußert.

So präsentierten Rektor und AStA-Vorsitzender sich auch dem Fernsehen in einträchtiger Harmonie. Eigentlich fehlte nur noch, daß sie sich vor laufender Kamera um den Hals fielen. Der WDR drehte im Kármánhof einen Beitrag über das Hochschuljubiläum, also nicht weit entfernt von den Räumen, in denen wir unsere Kritik präsentierten. Wir wiesen ihn darauf hin, doch kritische Stimmen wollte der Sender an diesem Tag nicht hören – nur „geladene Gäste des WDR" und damit die Sichtweise, die der Hochschule gefiel, durften zu Wort kommen.

Die Filmarbeiten an sich waren ein Ereignis, das zu beobachten sich lohnte. Wie die Leibwächter der Königin hielten die Mitarbeiter der Hochschulwache sämtliches Volk vom Aufnahmeort und den hohen Persönlichkeiten fern. Ihr Erfolg war, daß die Hochschule im Filmbericht wie eine leblose Kulisse wirkte. Eine studentische Hilfskraft der Hochschulpressestelle mimte 'authentisch' den zufällig ausgesuchten, durchschnittlichen Studenten, der von seinem Hochschulalltag erzählt. Die Hilfskraft tat dies mit der selben Loyalität, mit der er zum Beispiel für eine Hochglanzbroschüre der Hochschule die Biographie des Altnazis und Aachener Professors Mehnert schöngeredet hatte, über die es später noch weitere Auseinandersetzungen geben sollte.

Nach mehreren Versuchen, dieses Interview zu filmen, fiel dann den Verantwortlichen ein, daß es nicht so toll aussehe, wie ein pummeliger Student von einem hageren Moderator vor einer grauen Betonwand befragt wurde. Als schmückendes Beiwerk suchten sie sich eine schicke Studentin dazu. Manchmal gestattete man ihr sogar großzügig, die Ausführungen ihres männlichen Vorredners zu bekräftigen. Es war das Ziel des Berichts, der Öffentlichkeit Einigkeit zwischen ProfessorInnen und StudentInnen zu präsentieren.

Das Interview von Rektor Habetha und AStA-Vorsitzendem Björn Becker wurde noch aufwendiger in Szene gesetzt. Immer wieder wurde zu absoluter Ruhe ermahnt, und hin und wieder fiel ein skeptischer Blick in unsere Richtung – wohl in der Befürchtung, wir wollten die Aufnahmen behindern oder uns gar inhaltlich einmischen. Doch Björn war wohl auch nicht das, was der WDR sich vorgestellt hatte. Wir hörten, wie die MitarbeiterInnen murmelten, daß sie solches Einvernehmen doch nicht vermutet hatten, ein paar wenige kritische Töne hätten es schon sein dürfen. Doch Darius hatte die Vorstellung gefallen. Mit forschem Schritt trat er auf Habetha und Björn zu, schüttelte ihnen kräftig die Hand und beglückwünschte sie zu ihrer gelungenen Darbietung, sie hätten der Hochschule – wenn auch nicht der Wahrheit – einen großen Dienst erwiesen.

Unsere Arbeit wurde nicht beachtet, nicht nur vom Fernsehen, sondern auch von der örtlichen Presse nicht. Einzig und allein eine Radioreporterin des WDR sah in uns GesprächspartnerInnen, denen sie wenigstens einmal zuhören konnte. Als sich die Reporterin bei uns meldete, war das für uns der einzige Lichtblick in der Medienlandschaft, und so richteten wir uns auch terminlich ganz nach ihren Wünschen. Im WDR Radio 5 sollte es am 10. Oktober einen Beitrag zum RWTH-Jubiläum geben. Sie nahm sich mehr als zwei Stunden Zeit, um von Alex und Thomas zu hören, was wir seit der Enttarnung Schneiders alles getan hatten, zu welchen Ergebnissen wir gekommen waren und was davon nun in der Aktionswoche präsentiert wurde. Doch herauskommen sollte dabei nur ein vierminütiger Bericht, wobei die Hälfte dieser vier Minuten der Darstellung des Rektors gewidmet war. Was nun tatsächlich gesendet wurde, weiß niemand von uns. Denn als Sendezeit nannte sie uns „irgendwann zwischen 4 und 6 Uhr morgens, aber nur wenn Platz ist".

Wir zogen unsere Träume der Radiosendung vor. Noch einmal schlafen, dann würde die Presse uns schon wahrnehmen.

Geburtstag

Die Hochschule geht in grün zum Fest – der Rektor hampelt vor Freude – liebe Gäste sind falsch gekleidet – Darius feiert den Erfolg.

An ihrem Geburtstag glich die Hochschule einer Festung. Seit dem Vortag lauerte die Hochschulwache vor dem Hauptgebäude, in dem der Festakt stattfinden sollte, unterstützt von einigen Männern, die nicht wie die Hochschulwache grau gekleidet waren, sondern in schwarzen Uniformen auftraten. Diese Leute, die auf den ersten Blick an die Schwarzen Sheriffs privater Wachdienste erinnerten, entpuppten sich von Nahem als Mitarbeiter des Brandschutzes Nordrhein-Westfalen, wirkten aber nicht weniger faschistoid.

Wir trafen ebenfalls unsere Vorbereitungen, versammelten uns zunächst in der Fachschaft, unweit des Hauptgebäudes. Mit Foto- und Videokameras machten wir einen ersten Rundgang, besichtigten das Hochschulgelände. Die Graffiti, die des nachts jemand im gesamten Kernbereich der Uni gesprüht hatte, waren offensichtlich am Morgen noch entfernt worden. Wie später erzählt wurde, waren alle möglichen MitarbeiterInnen zum Reinigungsdienst rekrutiert worden. Der Hinweis „H.E.-Schneider-Institut" auf dem Klinker des Germanistischen Instituts war allerdings auf die Schnelle nicht zu übertünchen gewesen. Das Hauptgebäude wurde mit Spürhunden abgegangen, schon zum zweiten Mal. Es habe in den letzten zwei Wochen mehrfach Bombendrohungen gegeben, erzählte die Kassiererin in der Cafeteria. Die Sicherheitsvorkehrungen galten dann doch wohl nicht allein uns, waren nicht reine Paranoia. In der Tat war denkbar, daß gegen den Festredner Helmut Werner, den Vorstandsvorsitzenden von Daimler-Benz, nicht nur wir etwas hatten. Werner allerdings war die richtige Wahl für die RWTH, als Repräsentant der Rüstungsindustrie paßte er zur rüstungsforschenden Hochschule. Vielleicht galten die Drohungen auch Landesvater Rau, Wissenschaftsministerin Brunn oder anderen PolitikerInnen, die ebenfalls erwartet wurden. Oder war in der Gerüchteküche unser Bombenstimmungsplakat zur Bombendrohung mutiert?

Der Vorplatz des Hauptgebäudes war durch Gitter abgesperrt, weitere Gitter sollten Schaulustige und DemonstrantInnen noch auf der anderen Straßenseite zurückhalten. Obwohl der Festakt erst am Nachmittag beginnen sollte, war das Gebäude schon morgens nicht zu betreten, nicht einmal die Poststelle war durch den Hintereingang erreichbar. Wir machten uns einen Spaß daraus, auf unüblichen Wegen unbemerkt von hinten immerhin zum Hauptgebäude zu gelangen und dann zu deren Überraschung neben den Wachposten aufzutauchen. In einer Seitenstraße war reichlich Polizei aufgefahren, vom Hochschulparkplatz war ein großer Teil abgetrennt worden, der nun als Polizeilager diente. Hunde-, Pferde- und Mannschaftswagen waren arrangiert, als ob für einen Western eine Wagenburg gebildet werden sollte. Über die Leere des für die erwarteten Gäste bereits abgesperrten Rests des Platzes gellte das Kläffen der Köter. Vom fünften Stock des Seminargebäudes überblickten wir das Gelände: Immerhin, es waren keine Posten auf den Dächern zu sehen – derart militant sollte es wohl doch nicht werden.

Vor der Fachschaft wurde der Funny-Loader, eine Wasserbomben-Schleuder für drei Personen, ausprobiert. Nachdem mehrere Versuche ins Wasser gefallen waren, wurden schließlich immerhin jene Teenager auf der anderen Straßenseite genäßt, die sich so offensichtlich über unsere Fehlschläge amüsiert hatten. Für die Jubelfeier schien sich das Konstrukt aber nicht zu eignen, zumal die wassergefüllten Luftballons, die jemand statt Wasserbomben besorgt hatte, zu oft gar nicht platzten. Aber zur Einstimmung war es ganz lustig und lenkte von der Spannung vor dem Festakt ab.

Dann endlich machten wir uns auf den Weg. Vor dem Hauptgebäude hatten sich bereits einzelne Grüppchen eingefunden. Immer wieder fragten StudentInnen, die zufällig vorbeikamen, was denn überhaupt los sei. Die RWTH hatte zu ihrer Feier so wenige StudentInnen eingeladen, daß offensichtlich kaum jemand überhaupt vom eigentlichen Festakt erfahren hatte. So zeigte auch die Reihe der bald vorfahrenden Karossen, mit wem zu feiern der Hochschule wichtig war. Daß es einige StudentInnen gewagt hatten, in einem offenen Brief abzusagen, paßte nicht in die Rolle, die den wenigen geladenen StudentInnen zugestanden wurde.

Die DemonstrantInnen und Schaulustigen wuchsen zu einer bunten Menschentraube zusammen, viele trugen rote oder graue T-Shirts mit dem ergänzten Jubiläumslogo „125 Jahre RWTH sind genug", die wir hatten drucken lassen. Schilder und Transparente bedeuteten Protest, die Bushaltestelle wurde mit Schneider-Plakaten dekoriert. StudentInnen hatten einen riesigen Hampelmann gebastelt, der das Gesicht von Rektor Habetha trug. Nun schritten einige zur vordersten Absperrung und wollten unmittelbar dort, wo die Wagen vorfuhren, uneingeschüchtert durch die Masse der Uniformierten, ein Transparent anbringen: „Hier tanzen die Täter auf den Gräbern der Opfer des Faschismus". Gespannt schauten alle, was geschehen würde. Das Transparent wurde zu einem Barometer für die Prognose des Verhaltens der Ordnungskräfte. Erst einmal konnte das Transparent gänzlich ungestört optimal befestigt werden. Niemand schritt ein, als mit Teppichkleber alle Ecken an das Gitter geklebt wurden. Zögerlich entfernten sich die KleberInnen – nichts geschah. Offenbar legte es die Einsatzleitung nicht auf Konfrontation an, denn das Transparent blieb bis zum Schluß unbehelligt. Ein weiteres Transparent wurde an Gasballons schwebend mit Leinen genau über dem Eingang plaziert:

„Herein, wenn's kein Schneider ist." So einfach sollte es der Hochschulleitung nicht gelingen, ihre Vergangenheit zu verschweigen.

Die StudentInnen, die zu Fuß dann doch zur Feier kamen, fielen schon als solche deutlich aus dem Rahmen, so gelackt sie auch daherkamen. Die übrigen Gäste ließen sich in der Regel von ihren FahrerInnen direkt vor dem Eingang absetzen. Per Megaphon kommentierte Renke die Ankunft der Herrschaften in einem Reportagestil, mit dem er sich selbst zu übertreffen schien. Obwohl kaum jemand die Ankommenden identifizieren konnte, wurde mit Pfiffen und Rufen bedacht, daß sie an der Veranstaltung teilnahmen. Die Menge wollte aber endlich Prominenz sehen. Wieder fuhr ein Wagen vor, und Renke kommentierte: „Wer ist das? Wer ist nun aus dieser Limousine gestiegen? Ist es Altrektor Schneider? Ist es Arnold Gehlen? – Nein, es ist nur ein kleines Licht, eine unbedeutende Nummer, niemand kennt diesen Herrn. Schade, schade, die Menge ist enttäuscht. – Wo bleiben Schneider, Gehlen, Buntru? Die Herren wollten doch auch erscheinen." Gelächter zwischen den Buh-Rufen, ein fetter Festgast hastet den grüßenden Armen des Hochschulkanzlers entgegen, als ob der Mob hinter ihm her wäre. – Ein anderer Wagen fährt vor. Großer Mercedes, neuestes Modell, schwarz natürlich. Polizei lotst die Limousine durch die Absperrung. Der Wagen hält, der Chauffeur steigt aus, um seinen Insassen die Türen zu öffnen. Drei Männer steigen aus, zwei ganz in schwarz, einer braun gekleidet. Der Kanzler eilt zum Empfang entgegen, breitet die Arme aus, der erste Ankömmling nimmt seine entgegengestreckte Hand. – Welch Entsetzen ergreift da den Kanzler: Die Herren tragen die alten Uniformen, rote Armbinden, Hakenkreuze, SS und SA. Sie seien die Altrektoren Schwerte/Schneider und Buntru und der berühmte Soziologe Gehlen, hätten Einladungen und begehrten Eintritt.

„Hier sind der Altrektor Schwerte," erklärt Renke auch der Menschenmenge, „Arnold Gehlen und Alfred Buntru, dessen erste Amtshandlung es war, allen jüdischen Menschen das Hochschulgelände zu verbieten. Buntru, der noch heute als Ehrensenator geführt wird." Unterdessen schaut Kanzler Keßler ratlos umher. Die Verkleideten schreiten an ihrem Mercedes mit Münchener Kennzeichen vorbei, die SS-Männer grüßen den Hitlergruß. Von der Bildzeitung folgert jemand, der Münchener Wagen sei ein BMW, wie wir später lesen. Und Renke berichtet weiter: „Die Polizei ist ratlos: Warum werden diese Gäste nicht durchgelassen?" Schließlich hat der Kanzler sich soweit gefaßt und bedeutet der Polizei, dies sei nicht beabsichtigt, es solle endlich eingegriffen werden. Die Verkleideten werden festgenommen, weggeführt. Renke kommentiert, „Man feiert sie, aber man feiert nicht mit ihnen", berichtigt sich, „Nein, die Hochschulleitung hatte sie extra gebeten, wenn schon in Uniform, dann nicht durch den Haupteingang zu kommen. Nun werden sie sicher durch den Hintereingang geschleust." Der Fahrer startet währenddessen den Wagen, läßt sich in aller Ruhe den Weg zum Parkplatz weisen, stellt den Wagen neben die anderen Karossen. DemonstrantInnen eilen zu den Festgenommenen, die durch die Nebenstraße zu den Wannen auf dem abgesperrten Parkplatz geführt werden. Wir versuchen, das Geschehen mit Foto und Video festzuhalten, doch dann bilden Polizisten eine Sperre, um uns daran zu hindern, weiter zu folgen. Schließlich sehen wir nur noch den Transporter davonfahren.

Unterdessen versperrten andere die Straße und forderten die Freilassung der Verhafteten. Was sollte denen denn vorgeworfen werden? Die Hochschule zu provozieren, ist nicht verboten, und von einem Nazi-Aufmarsch konnte ja wirklich nicht die Rede sein, das war mehr als deutlich. Dennoch „konnten die Blockierer zum Abzug bewegt werden", wie die Presse später berichtete. In der Tat, die Straßenblockade war bewegt worden: mit gezückten Knüppeln einfach von der Straße gedrängt. Aufgrund des entstandenen Staus kam Ministerpräsident Rau die letzten Meter zu Fuß. Den Rufen der DemonstrantInnen begegnete er mit einem Lächeln, grüßend, ignorant. Die Proteste gehörten eben dazu, als nettes Kolorit, waren aber doch kein Grund, die Fassung zu verlieren. So kam Gast um Gast, der Festakt begann, während die meisten StudentInnen draußen blieben.

In der frisch renovierten, nun rustikal holzverkleideten Aula hielt Rektor Habetha seine Ansprache zur Geschichte der RWTH. Die Zeit des Nationalsozialismus schilderte er so: *„1933 kam der tiefe Einschnitt durch den Nationalsozialismus. Der damals vertriebenen Professoren ist in unserem 125-Jahr-Band gedacht, den wir Ihnen am Schluß der Veranstaltung überreichen werden. Es ist auch gelungen, eine Liste der nichtarischen Studenten aufzufinden, über deren Schicksal ist allerdings wenig bekannt. Die Studentenzahl ging wie in den anderen deutschen Universitäten nach 1933 deutlich zurück. Zu Beginn des zweiten Weltkrieges wurde die Hochschule der Frontnähe wegen für einige Zeit geschlossen. Der Krieg endete mit der nahezu vollständigen Zerstörung der Gebäude und Anlagen der Hochschule."* So einseitig wie sein Geschichtsbild war dann auch seine Vorstellung von Vergangenheitsbewältigung: *„Den lebendigen, mitunter auch kontroversen Diskurs dazu versucht die Hochschule in gesonderten Aktivitäten – Vorlesungsreihen, Podiumsdiskussionen und Veröffentlichungen – beständig zu fördern"*, dabei bezog er sich einerseits auf die Einladung an neurechte Theoretiker wie Rohrmoser, also eher auf eine Art Vergangenheitsüberwältigung, andererseits redete er die dürftigen Publikationen der Hochschule schön. Die Kritik daran diffamierte er dann auf einfachste Weise: *„Unverständlich bleibt uns, wieso einige wenige Kräfte genau diese argumentative Auseinandersetzung um jeden Preis zu unterbinden suchen."* Ähnlich lief die Argumentation des AStA-Vorsitzenden Bekker, der zwar für seine Verhältnisse erstaunlich kritisch formulierte und sogar die Proteste als gerechtfertigt darstellte, dann aber *„die Form des Protests"* als *„unsachlich und der Aufklärung [...] undienlich"* bezeichnete, während er selbst nie protestiert hatte, schon gar nicht in besserer Form.

Irgendwann verließen dann die MusikerInnen das Hauptgebäude wieder, bald folgten die ersten Gäste, die zum Abschied ein Exemplar der Festschrift erhielten. Die *Aachener Nachrichten* überreichten den Gästen (nicht jedoch den DemonstrantInnen) ihre Ausgabe zum Jubiläum, in der sich Rektor Habetha im Interview auch zur Festschrift äußerte. Zum Vorwurf, *„die TH erwähne zwar die Opfer des Nationalsozialismus unter der Professorenschaft, nicht aber die Täter"*, verstieg er sich zu folgender Entgegnung: *„Ich würde sagen, daß das so nicht stimmt. Denn die Täter standen ja, und das ist kein Aachener Spezifikum, auf studentischer Seite. Die Studenten waren es, die damals ultimativ gesagt haben, der und der Professor sei Jude, bei dem wolle man keine Vorlesung mehr hören. Daß es vielleicht unter Aachener Professoren in dem heute gebrauchten Wortsinne auch Täter gegeben hat, vermag ich nicht auszuschließen."*[168] Den ersten Teil wollen wir nicht bestreiten, doch bezüglich der Professorenschaft wird LeserInnen dieses Buches bei so einem Statement wohl nicht mehr viel einfallen. Doch Habethas Perspektive kennt keine Vergangenheit. *„Es würde auch in der Wirtschaft überhaupt nicht verstanden, wenn wir kürzer träten, denn wir haben allen Grund, uns eben nicht zu verstecken."*[169] Für ihn steht fest, *„Trotzdem ist ein Herr Schwerte so wichtig auch wieder nicht, daß*

---

[168] AN vom 10.10.95.

[169] ebd.

Fotos: Axel Goecke

man deshalb nur noch in Sack und Asche gehen sollte, denn unsere Arbeit an der Hochschule liegt nun mal auf einem ganz anderen Felde"[170].

Am Jubiläumstag kam auch Dekan Debus noch einmal zu Wort. Er behauptete in einem Zeitungsinterview, mit uns *„haben einige Gespräche stattgefunden, aber es ist so, daß die Studierenden mit vorgefertigten Überzeugungen in diese Gespräche hineingegangen sind. Trotz einer gewissen Öffnung im Gespräch verschließen sie sich letztlich gegenüber anderen Argumenten.*"[171] Das war eine ziemlich perfide Verdrehung, denn wir verschlossen uns ja – wie beim Berufungsverfahren Komparatistik – lediglich solchen Argumenten, die so geheim waren, daß Debus sie uns nicht nennen wollte. Und daß er auf unsere Argumente wirklich dezidiert eingegangen wäre, ist nie vorgekommen. Schließlich teilte er im Fachbereichsrat mit, daß er auf Veröffentlichungen nicht mehr reagieren werde.

Doch zurück zur Festveranstaltung. Aus dem Hauptgebäude schritten gerade Herr und Frau Habetha. Sie hielt einen Augenblick inne und betrachtete den Hampelmann mit dem Konterfei ihres werten Gatten, bevor sie in den bereitstehenden Sonderbus stieg. Mit einer Zeitung auf jedem Platz wurden die Gäste nun zum Rathaus gefahren, während nur Einzelne die wenigen hundert Meter zu Fuß gingen. Denen folgte in einigem Abstand eine spontane Demonstration durch die FußgängerInnenzone, als auch die ProtestiererInnen sich auf den Weg zum Rathaus machten.

Noch vor dem Bus erreichten wir das Rathaus, wo wir uns um die Eingangstreppe scharten. Hier konnten die Transparente noch einmal jenen vorgeführt werden, die sich bei ihrer Ankunft am Hauptgebäude an den Transparenten vorbei hatten chauffieren lassen. Während die Festgäste nun im Krönungssaal feierten, zogen wir uns bald in die Fachschaft zurück, wo Nachrichten von und Fernsehberichte über die Verhafteten erwartet wurden. Tatsächlich: die Radios und das Fernsehen berichteten, und immer war der Zwischenfall Anlaß, auf den Fall Schneider noch einmal hinzuweisen sowie darauf, daß StudentInnen die Aufklärungsarbeit der Hochschule als unzureichend bemängelten. Hatten zuvor doch so einige von uns gezweifelt, ob eine solche spektakuläre Aktion mit Originaluniformen wirklich rich-

---

[170] AVZ vom 7.10.95.

[171] AN vom 10.10.95.

tig sei, so waren nun die meisten überzeugt. Gerade auch durch die Kommentare von Renke war der versammelten Menschenmenge und auch den bloß Schaulustigen darunter klar, was mit der Aktion gemeint war. Und der Erfolg in den Medien, die den Fall Schneider eigentlich schon ad acta gelegt hatten, bestätigte die Richtigkeit der Aktion.

Unterdessen waren auch diejenigen, die den drei Festgenommenen zivile Kleidung ins Polizeipräsidium bringen sollten, festgehalten worden. In der Fachschaft saßen ein Haufen Leute, telefonierten eifrig mit dem Polizeipräsidium und sahen zwischen den Nachrichtensendungen ein ums andere Mal die eigenen Videoaufzeichnungen vom 'Zwischenfall', immer wieder aufs Neue erstaunt darüber, wie lange es dauerte, bis Kanzler Keßler begriffen hatte, was vor sich ging. Nach Stunden schließlich konnten die fünf Leute abgeholt werden. Sie erzählten, daß die Polizei überhaupt nicht verstehen konnte, warum das Auto aus München gestammt habe, zumal auch zwei der Verhafteten deutlich süddeutschen Akzent sprachen. Warum sie überhaupt nach Aachen gekommen seien? Weshalb sie hier studierten? Immer wieder geflucht hätten sie, daß ihnen der Fahrer 'entkommen' sei, den sie

Kommentiert

Gespenster der Vergangenheit

Die Gespenster der Vergangenheit sind immer noch nicht tot. Es gibt offenbar Leute, die ein Interesse daran haben, sie wiederzubeleben: Vor dem Hauptbäude der RWTH sind mehrere Personen in SS- und SA-Uniform mit Hakenkreuzbinde aufgetreten und haben den Hitlergruß entboten. Gleichzeitig erreichte die „Nachrichten" unter dem Faxkopf des AStA der FH ein mit „Heil Hitler" unterzeichnetes Telefax. In dem fingierten Brief, von dem sich der FH-AStA gestern distanzierte, richtet „SS-Hauptsturmführer Hans Ernst Schneider" zum Jubiläum „kameradschaftliche Grüße" an den TH-Rektor.
Die beiden Beispiele zeigen, wie sehr diejenigen, die gegen die mangelnde Aufarbeitung der NS-Epoche protestieren, in den Geist und Stil eben jener NS-Zeit zurückfallen (Regression). Sie wollen uns doch nicht im Ernst einreden, das sei politisch-historische Aufklärung. Das ist keine Aufklärung, sondern lustvolles Spiel mit geächteten Formen und Symbolen (lustvoll, weil provozierend), wobei der Weg von der Camouflage zur Identifikation sehr kurz ist. Mit anderen Worten: Die Aktion hat sehr viel mit den Akteuren selbst, aber wenig mit der TH zu tun.
Die „Provokation" vom Dienstag zielt an der Wirklichkeit weit vorbei und wird auch nicht durch die künstlerische Freiheit gedeckt. Um den wirklichen oder vermeintlichen Teufel aus der TH auszutreiben, sind die „Provokateure" in die schwarze und braune Gestalt Beelzebubs geschlüpft. Sie haben sich damit selbst entlarvt. Denn laut Bibel betreibt derjenige, der den Teufel durch den obersten der Teufel bannt, ein falsches Spiel.
Willi Erdweg

wegen des Verdachts der 'Beihilfe zum Tragen verfassungsfeindlicher Symbole' anzeigen wollten. – Absurde Vorgänge, denn der Mercedes hatte ja nur deswegen ein Münchener Kennzeichen, weil der Autoverleih ihn dort gemeldet hatte. Daß Süddeutsche besonders begründen müssen, weshalb sie an der rheinisch-westfälischen Hochschule studieren, war ebenso neu wie der Straftatbestand der Beihilfe zum Tragen verfassungsfeindlicher Symbole.

Die Lokalpresse verhielt sich, wie zu erwarten. In der *Volkszeitung* hetzte Redakteur Stüber – der selbe, der schon die Aktionswoche reißerisch zur BombenlegerInnen-Aktion aufgeblasen hatte – daß die Aktion *„nicht nur rechtswidrig, sondern geradezu perfide"* sei. Die *Nachrichten* beschränkten sich auf die Frage der Rechtswidrigkeit und stellten fest, daß das Tragen verfassungswidriger Symbole dann straffrei sei, wenn es eindeutig nicht zu Verherrlichung des Nationalsozialismus geschehe, und das war hier mehr als eindeutig.

In den nächsten Tagen wurde die Beschlagnahme der Originaluniformen thematisiert, die für viel Geld von einem Kostümverleih geliehen worden waren. Als eine der Beteiligten die Uniformen schließlich abholen durfte, stellte sie fest, daß eine Hakenkreuz-Armbinde fehlte – die mußte im Polizeipräsidium abhanden gekommen sein. Sie erklärte, nicht verantworten zu können, daß möglicherweise einer der Beamten damit nun sein Unwesen treibe, und verlangte die Aushändigung. Peinlich, peinlich – am nächsten Tag war die Armbinde dann doch aufgetrieben und wurde, sorgfältig verpackt, übergeben.[172]

---

[172] Eine späte und alberne Würdigung erfuhr diese Aktion im NRW-Verfassungsschutzbericht 1995. Im Kapitel *„Militante Linksextremisten (bisher: Autonome und Terroristisches Umfeld)"* lautet die erste Meldung unter der Rubrik Antifaschismus: *„Anläßlich der Festveranstaltung der RWTH Aachen am 10. Oktober 1995 versuchten 40 bis 50 Personen der örtlichen autonomen Szene den offiziellen Programmablauf zu stören. Einige Demonstrationsteilnehmer fuhren mit einem Wagen vor das Veranstaltungsgebäude und stiegen unter entbieten des 'Hitlergrußes' aus; sie trugen hierbei imitierte SS- bzw. SA-Uniformen. Außerdem versuchten einige erfolglos mit in den Festsaal zu gelangen. Auslöser dieser Aktion war insbesondere die SS-Vergangenheit eines emeritierten Professors der RWTH."*(S. 193).

Große Erfolge und ein trauriges Kapitel

TH ist mehr als Schwerte

Karl Stüber

Mit einer nicht nur rechtswidrigen, sondern geradezu perfiden Aktion wollten Gegner der 125-Jahr-Feier der RWTH Aachen den Festakt stören. Das verharmlosend als „Performance" deklarierte Tragen von Hakenkreuzen, SS- und SA-Uniformen, das Entbieten des Hitlergrußes – all dies kann nicht mit dem Fall Schwerte/Schneider legitimiert werden. Die Geschichte und die Leistungen der RWTH Aachen auf diesen ehemaligen TH-Rektor zu reduzieren, wird der Hochschule, den Lehrenden und Studierenden, der Bedeutung dieser Einrichtung für die Region und dem Beitrag der RWTH zum weltweiten wissenschaftlichen Diskurs nicht gerecht.

Geht man von ersten Fernsehberichten und Agenturmeldungen kurz nach dieser Aktion aus, so scheint zunächst einmal die Rechnung derer aufzugehen, die die Hochschule verunglimpfen wollen. Der eigentliche Festakt, die Wortbeiträge, die sich offensiv mit Erfolgen und Chancen, aber auch Fehlern und Gefahren im Hochschulbetrieb auseinandersetzten – dies alles kam gar nicht 'rüber. Das nahe Ausland – insbesondere die Niederlande, denn von hier gingen die entscheidenden Anstöße zur Entlarvung Schwertes aus – verfolgt mit großer Aufmerksamkeit die Geschehnisse an der TH. Hier ist dem Ansehen Aachens und seiner Hochschule schwerer Schaden zugefügt worden. Daß letztlich die weltweit geschätzte RWTH Aachen diese Belastung aushält und gestärkt aus dieser Auseinandersetzung hervorgehen wird, ist im Interesse aller konstruktiven Kräfte.

Wissenschaftler sind zudem gefordert, ihre Arbeit öffentlich verständlicher zu machen. Sie müssen die Gesellschaft informieren und sich der öffentlichen Auseinandersetzung stellen. Ein „guter Kunde" der RWTH, Mercedes-Chef Werner, forderte entsprechend die Hochschule auf, sich auf ihre Funktion als gesellschaftliche Avantgarde zu besinnen und Wettbewerb als Voraussetzung für Innovation zu fördern.

Die RWTH ist hierzu prädestiniert, ihre akademische Kompetenz mit noch stärker am Gemeinwohl orientiertem Handeln zu bekräftigen.

193

WINTERSEMESTER

Empfindlichkeiten

Ein logischer Schluß führt zur Schließung – wer nicht fragt, erhält eine Antwort auf unsere Fragen – nur Amnesty interessiert sich für faire Verfahren – Tina hört eine Menge Unsinn.

Erst nach unserer Aktionswoche und dem großen Festakt begann Mitte Oktober das neue Semester. Zweifellos hatten die meisten StudentInnen, die jetzt aus dem Urlaub gekommen waren, von den turbulenten letzten Wochen wenig oder nichts mitbekommen, und von den StudienanfängerInnen hatten vielleicht gerade ein paar einzelne in den Medien etwas vom Fall Schneider aufgeschnappt. Für uns aber waren die Aktionen rund um das Hochschuljubiläum unbestritten der Höhepunkt der Auseinandersetzung gewesen. Der im Frühjahr begonnene Streit, ob das Jubiläum vom Fall Schneider betroffen sei, lag nun ebenfalls hinter uns. Das war nach dem Festakt keine Meinungssache mehr, sondern Fakt.

Doch war mit dem Erreichen dieses Datums, auf das so lange alles zugelaufen war, auch der Fall Schneider zum Ende gekommen? – Fast zu unserer eigenen Überraschung war noch keine einzige der Hauptfragen abgehandelt: Weder war die Zukunft des Faches Komparatistik entschieden, noch waren die Umstände des Berufungsverfahrens und der Ablehnung Richards' geklärt. Und auch die Recherche zur Person Hans Ernst Schneiders und seiner Nachkriegstätigkeit als Hans 'Schwerte' warf noch zahlreiche Fragen auf. Während wir versuchten, Schneider im komplexen Zusammenhang des Wissenschaftsbetriebs zu verorten, begann auch die Philosophische Fakultät mit dem, was ihre offizielle Aufklärungsarbeit darstellen sollte: der Ringvorlesung 'Von der Diktatur zur Demokratie', in der ExpertInnen über Aspekte des Übergangs der Hochschulen vom Nationalsozialismus in die Nachkriegszeit referieren sollten.

Dekan Debus fand nun auch die Zeit, sich genauer mit unserer Forderung nach Schließung und Neugründung der Philosophischen Fakultät auseinanderzusetzen. Er ließ uns durch seine Sekretärin eine

Gesprächseinladung ins Dekanat übermitteln. In Gedanken daran, daß 1987 StudentInnen und ProfessorInnen gemeinsam gegen die Pläne des Wissenschaftsministeriums, die Fakultät zu schließen, gekämpft hatten, war ihm wenig verständlich, was wir mit unserer jetzigen Forderung bezweckten.

Wir aber hatten ja gar kein Interesse an der Fakultätsschließung, sondern auf diese nur als logische Konsequenz aus der Behauptung, Richards sei eine Berufung nach Aachen nicht zuzumuten, hingewiesen. So wollten wir uns nicht von Debus herbeizitieren lassen, erklärten uns aber generell zu einem Gespräch bereit. Wenn Debus dieses Gespräch wichtig wäre, könne er ja ebenso gut in die Fachschaft kommen, wo wir uns wesentlich wohler fühlten.

Zu unserer großen Überraschung kam er tatsächlich, allerdings traute er sich nur in Begleitung seines Assistenten Mura in die vermeintliche Höhle der LöwInnen. Mura sagte zwar die ganze Zeit nichts, war aber derjenige, der sich unseren Riten aussetzen mußte, um seinem Chef das zu ersparen. Jedenfalls war das der Eindruck, den wir von ihm gewannen, als er unseren Kaffee trank: Er wirkte wie ein Alternativtourist bei der Entdeckung primitiver Völker, der in einem Schamanen-Tee Eidechsenblut und bittere Wurzeln vermutet, sich aber aus Angst, selbst im Kochtopf zu landen, dazu überwindet, dieses fürchterliche Gebräu hinunterzukippen, um die GastgeberInnen nicht zu erzürnen.

Debus zu erklären, was wir mit der Forderung nach Schließung und Neugründung der Fakultät gemeint hatten, scheiterte an seiner völligen Weigerung, die Logik unserer Argumentation nachzuvollziehen. Also forderten wir ihn ein weiters Mal auf, uns glaubwürdige Gründe, die gegen die Berufung Prof. Richards' sprächen, zu nennen. Das könne er nicht, obwohl es zweifellos gute Gründe gebe, die aber so schwerwiegend seien, daß er sie nicht einmal den Professoren des Fachbereichsrates, geschweige denn uns, nennen könne. Wir müßten da auf die Richtigkeit seiner Entscheidung vertrauen. Wenn wir das nicht könnten, wäre das nicht sein Problem. Daß wir nun die ganze Angelegenheit aus den an die Schweigepflicht gebundenen Gremien an die Öffentlichkeit zerrten, wäre das wirklich Schlimme an der ganzen Sache. Unseren Hinweis, die Öffentlichkeit sei unser bester Schutz gegen die immer wieder erhobenen Anzeigendrohungen, kommentierte er mit der Bemerkung, „Ach, sind Sie empfindlich!"

Allerdings nannte er uns eine Möglichkeit, wie wir verfahren könnten, um uns von seiner Integrität zu überzeugen: Wir sollten eine unabhängige, verschwiegene dritte Person unseres Vertrauens benennen, der auch er genügend Vertrauen entgegenbrachte. Dieser außenstehenden Person würde er seine Gründe gegen Richards nennen, und wir könnten uns dann von ihr erklären lassen, ob Debus' Gründe gerechtfertigt seien. Alles in allem ein sehr aufwendiges und zudem sinnloses Unterfangen, denn von den drei Möglichkeiten, die dieses Vorgehen mit sich bringen würde, erschien uns die, daß jene Person uns nur sagen würde, daß Debus recht hätte, und wir beruhigt schlafen könnten, die unwahrscheinlichste. Falls sie uns wiedergeben würde, was Debus ihr zuvor gesagt hatte, wäre es unnötig, diese Informationen erst über einen solchen Umweg zu leiten; falls sie aber sagen würde, daß Debus' Begründung vollkommen aus der Luft gegriffen sei, wäre unsere Position nicht besser als vorher.

Auch auf unserer Fachschafts-Vollversammlung am 7. November griffen wir den Punkt der Neugründung der Philosophischen Fakultät noch einmal auf. Es zeigte sich, daß wir als Fachschaftskollektiv gar nicht so alleine mit dieser Forderung waren, denn die Vollversammlung verabschiedete ein Programm, in dem ausdrücklich formuliert wurde, *„Der Erhalt der Philosophischen Fakultät ist kein Selbstzweck, sondern muß sich im gesellschaftlichen Kontext als sinnvoll erweisen. Die Fachschaft arbeitet weiterhin an der Aufdeckung und Auflösung von Seilschaften (insbesondere NS-Seilschaften) und deren Lehrinhalten. Sollte der Widerstand gegen diese Arbeit sich als unüberwindbar erweisen, fordern wir einen Neuanfang."*

Weil Debus just an diesem Tag ein Papier zur Zukunft des Fachs Komparatistik ans Ministerium gesandt hatte, obwohl uns zuvor signalisiert worden war, es würde erst tags darauf noch im Fachbereichsrat darüber diskutiert, beschloß die Vollversammlung auf Vorschlag eines Menschen aus dem Plenum, den Dekan zum Rücktritt aufzufordern, da er bezüglich der Komparatistik einmal mehr seine Kompetenzen überschritten habe.

Die Vollversammlung wies auch noch einmal darauf hin, daß die StudentInnen eine Aufklärung der Vorfälle im Berufungsverfahren Komparatistik im Zusammenhang mit dem Fall Schneider forderten. Im Beschluß hieß es: *„Wir haben uns bisher immer dafür eingesetzt, daß die Studierenden des Faches Komparatistik endlich wieder vernünftig studieren können. Gleichzeitig haben wir stets die vollständige Aufklärung* *des Komplexes Komparatistik/Schneider gefordert. Die beiden Anliegen dürfen nicht gegeneinander ausgespielt werden. Es muß also ein Weg gefunden werden, beiden gerecht zu werden, und zwar im Einvernehmen mit den Studierenden und nicht gegen sie."*

Mit dieser Forderung müssen wir einigen StudentInnen der Komparatistik – hauptsächlich Hilfskräfte am Institut oder Leute mit Karriereambitionen und dem Berufsziel ProfessorIn, die schon aus vorzeitiger Kollegialität nicht gegen die Professoren arbeiten wollten – wohl auf den Schlips getreten sein.

Am 29. November beriefen sie eine Komparatistik-Vollversammlung ein. Einige der Anwesenden hielten die Position der Fachschaft, die Probleme im Fach Komparatistik nicht losgelöst vom Fall Schneider zu bearbeiten, für falsch und wollten sich fortan selbst um die Angelegenheiten des Faches kümmern. Von Harmoniebedürfnis überwältigt, nahmen sie sich vor, mit den Professoren im allgemeinen und mit dem Dekan im besonderen eine Lösung für die festgefahrene Situation „auszuklüngeln". Dieses Vorgehen hielten sie für einen „pragmatischen Ansatz". Wenn es notwendig sei, das laufende Verfahren ad acta zu legen, das Profil und die Struktur des Faches umzuarbeiten und die ProfessorInnenstelle neu auszuschreiben, wie Debus es nun propagierte, solle man halt diesen Weg wählen.

Die bereits existierenden KandidatInnen für die Professur waren den KomparatistikstudentInnen in diesem Zusammenhang nicht wichtig: Falls Richards aus politischem Kalkül von Hochschule und Ministerium ungerecht behandelt worden sei, wäre das nicht ihr Problem, sondern „ein Fall für Amnesty International", und zur Drittplazierten fiel dem großen Wortführer nur ein, daß diese Frau ihm „ehrlich gesagt für das Studium scheißegal" sei.

Ehrensache

Ein Ei gleicht dem anderen, aber Hauptsturmführer sind verschieden – ein ehrlicher Verbrecher kann über Jugendsünden lächeln – Alex glaubt nicht an die Auferstehung.

Bei allen Widerständen gegen unsere unbequeme Arbeit, seien es nun die Recherchen oder so öffentlichkeitswirksame Aktionen wie am Jubiläumstag, hatte es doch niemand versäumt, die eigene Empörung über 'Schwerte' auszudrücken. An der Karriere des Physikers Alfred

Richard Boettcher, die Tina und ich recherchiert und im *LiZ* vom Oktober dargestellt hatten, sahen wir, was an 'Schwerte' empörte. Mensch nahm ihm die Täuschung übel und nicht so sehr den Hauptsturmführer, nicht die nationalsozialistische Propaganda, nicht die Arbeit für die Verwaltungsbehörden des Massenmords. In dieser Logik war an 'Schwertes' Nachbar, dem Hauptsturmführer Boettcher, nichts zu kritisieren, denn seine SS-Mitgliedschaft und seine Haft in den Niederlanden hatte er nie verschwiegen, in seiner Vergangenheit hatte er keinen Grund zur Heimlichtuerei gesehen.

Mit Bezug auf den Artikel im *LiZ*, schickten der AStA der Fachhochschule und das Antifa-Projekt am 4. 11. 1995 einen Brief an die Geschäftsführung der KFA, Boettchers alter Wirkungsstätte. Als Forschungseinrichtung arbeitet die KFA eng mit den Aachener Hochschulen zusammen. Die Fachhochschule unterhält in Jülich den Fachbereich 'Energie- und Umwelttechnik, Kerntechnik'. Die StudentInnen schrieben:

„Sehr geehrte Damen und Herren!

Wie im Zuge der Recherchen im Fall Schneider/Schwerte bekannt wurde [...], war von 1960 bis 1970 ein gewisser Professor Alfred Richard Boettcher wissenschaftlicher Geschäftsführer der Kernforschungsanlage Jülich.

Derselbe Alfred Richard Boettcher war aber während der Zeit des Nationalsozialismus Mitglied der Schutz-Staffel (SS), hier Obersturmführer, und wurde am 15. März 1950 in Abwesenheit wegen Plünderung in den Niederlanden zu einundhalb Jahren Haft verurteilt, die er übrigens nie abgesessen hat.[173]

Generell würden wir es natürlich begrüßen, wenn Ihre Einrichtung Verurteilten eine neue Chance zur Resozialisierung böte.

Doch muß es unseres Erachtens nicht unbedingt ein Mitglied der SS sein, die für das größte Massaker in der Menschheitsgeschichte mitverantwortlich ist.

Nur zur Erinnerung: Hauptsächlich die SS organisierte in den Jahren zwischen 1933 und 1945 die Ermordung von ca. 6 Millionen Menschen jüdischen Glaubens. Der zweite Weltkrieg kostete ca. 60 Millionen Menschen das Leben.

---

[173] Wie bereits erwähnt, wurde die Strafe auf die Untersuchungshaft angerechnet. Dieser Brief wurde aber vor unserer Fahrt nach Den Haag geschrieben. Später haben wir diese Ungenauigkeit korrigiert. Auch die Beförderung Boettchers zum Hauptsturmführer war uns zu diesem Zeitpunkt noch nicht bekannt.

Während Professoren wie P. Lenard und J. Stark mit ihrer rassisch begründeten 'arischen Physik' auch an der Aachener Hochschule Karriere machten, mußte der Begründer der Atomphysik, Albert Einstein, aus Deutschland fliehen.

Ohne ihn wäre eine KFA nicht denkbar. Wäre Einstein in Deutschland geblieben, hätte er die SS des A. R. Boettcher am eigenen Leib zu spüren bekommen.

Um einem eventuellen Einwand Ihrerseits zuvor zu kommen, Obersturmführer Boettcher habe von den Taten seiner SS-Kameraden nichts gewußt; wir sind hier großzügig und so unkritisch, die SS als Ganzes zu verurteilen[174] und meinen, daß keines ihrer Mitglieder in eine verantwortungsvolle Position gehört. Zumal, wenn es sich um ein so extrem gefährliches Gebiet wie die Kernforschung handelt!

Aufgrund der engen Beziehungen zwischen Ihrer Einrichtung und der Fachhochschule Aachen sind wir besonders an einer umfassenden Aufarbeitung dieses Falls interessiert.

Wir hoffen, daß sich ein so peinlicher Umgang mit der eigenen Geschichte, wie ihn die Leitung der Rheinisch-Westfälischen Technischen Hochschule betreibt, bei Ihnen nicht wiederholen wird.

6 336 neofaschistische Terrorakte in 12 Monaten (1992) mit 37 Ermordeten in 24 Monaten (1991/92) sollte Grund genug sein, diese sich Ihnen nun bietende Möglichkeit zu nutzen, sich aktiv mit dem Fall Boettcher auseinander zu setzen.

Deshalb fordern wir Sie auf, inhaltlich zu dem genannten Fall Boettcher Stellung zu nehmen."

Dieser Brief ging auch an die Presse. In der AVZ äußerte sich der heutige Vorstandsvorsitzende der KFA, Joachim Treusch, *„der 'Fall Boettcher' sei nicht vergleichbar mit 'Schneider/Schwerte'. Man habe damals genau über die Vergangenheit Boettchers Bescheid gewußt. Von Plünderungen in den Niederlanden könne keine Rede sein. In einem ersten Verfahren sei Boettcher, der wegen der Vorwürfe in Untersuchungshaft gesessen habe, freigesprochen worden. Die Klärung der Vorwürfe liegt 25 Jahre zurück. Seitdem ist Professor Boettcher ein unbescholtener Bürger"[175]*. In fast dreißig Jahren der Diskussion war es der KFA also nicht gelungen, ihre Position zu Hauptsturmführer Boettcher zu mo-

---

[174] Auch das internationale Militärtribunal erklärte 1946 in Nürnberg die SS als Ganzes zur verbrecherischen Organisation.

[175] AVZ vom 10.11.1995.

difizieren, ja sie hatte es offenbar nicht einmal für nötig gefunden, sich über die eigenen Angaben Boettchers hinaus mit dessen Vergangenheit zu beschäftigen. Es ist in Aachen nicht unbekannt, daß die KFA sonst nicht zimperlich ist, wenn es darum geht, die Gesinnung eines Bewerbers oder einer Bewerberin zu durchleuchten. Aber, wie Treusch selbst betonte, es lagen immer genug Informationen vor, um bis heute loyal hinter Prof. Boettcher zu stehen.

Schon während unserer ersten Recherchen zu Boettcher in den Niederlanden hatte Dr. Zondergeld Tina und mich darauf aufmerksam gemacht, daß es sinnvoll sein könne, auch im Archiv des niederländischen Justizministeriums nachzuforschen. Wir stellten eine entsprechende Anfrage und erhielten Ende Oktober Bescheid, wir könnten die Akten einsehen. Einige Wochen darauf fuhren wir also nach Den Haag. In den meisten Archiven existiert die Regelung, daß nichts kopiert werden darf, nur noch auf dem Papier. Hier wurde sie sehr streng eingehalten. Wir schrieben also was die Stifte hergaben, denn wir hätten weder Zeit noch Geld gehabt, uns länger als diesen einen Tag in Den Haag aufzuhalten. Wesentliches Ergebnis war, daß wir nun die ausführlichen Akten des Revisionsprozesses gesehen hatten, außerdem die SS-Unterlagen, die den Werdegang Boettchers vom Eintritt in die SS bis zum Hauptsturmführer darstellten. Am Rande fiel uns eine Beurteilung Boettchers durch einen ehemaligen Kollegen auf, in der es hieß: *„Er nahm an allen kulturellen Fragen aufs lebhafteste Anteil, war mit Literatur und Musik stark beschäftigt, selbst ungewöhnlich guter Geiger."* Das waren ja ideale Voraussetzungen für eine gute Nachbarschaft mit Hauptsturmführer Schneider. Für die Diskussion in Aachen waren der Urteilsspruch und die Urteilsbegründung von 1950 vorrangig. Das Beharren der KFA auf den Freispruch im ersten Prozeß konnte uns nun nicht mehr verunsichern.

Als Reaktion auf den Brief aus dem FH-AStA meldete die KFA dort Interesse an einem Gespräch an. Darauf wollten sich die Studierenden gerne einlassen, jedoch nicht hinter den hohen Zäunen und geschlossenen Türen der KFA, sondern, dem Thema angemessen, für alle öffentlich in einer Podiumsdiskussion. Wenn die KFA in all den Jahren bei ihrer Haltung geblieben war, sollte sie auch in der Lage sein, diese öffentlich zu vertreten. War sie aber nicht. Nach anfänglicher Zusage kam der Rückzug. Boettcher sei schon nicht mehr an der KFA gewesen, als das jetzt älteste Vorstandsmitglied dorthin kam, außerdem klinge der vorgeschlagene Titel 'Die KFA und der Fall

Boettcher' nach 'Die RWTH und der Fall Schneider', und das wären ja vollkommen verschiedene Paar Schuhe.

Auf die Teilnahme der KFA konnte mensch notfalls verzichten, also entschloß sich das Antifa-Projekt, eine Informationsveranstaltung zu PhysikerInnen und Physik im Nationalsozialismus zu organisieren. Boettcher und die KFA sollten den einen Teil bilden, exemplarisch für die Sorte PhysikerInnen, denen mensch nicht absprechen konnte, fachlich qualifizierte WissenschaftlerInnen zu sein. Da nach 1945 nicht gerne zugegeben wurde bzw. wird, daß sich fundierte Wissenschaft und Nazi-Ideologie nicht ausschließen, wurden diese Leute völlig rehabilitiert. Der andere Teil der Veranstaltung sollte sich noch einmal den Aachener Professoren Lenard und Stark[176] widmen, die mit ihrer 'arischen Physik' heute oft als die ideologieverbrämten Negativfiguren hingestellt werden und damit Südenbockfunktion für die gesamte Disziplin übernehmen. Zum Abschluß sollte ein halbstündiger Film über die V2-Raketen-Produktion im KZ Dora-Mittelbau gezeigt werden. Den Film hatte Hermann-Josef von einem Seminar zu Naturwissenschaft und Nationalsozialismus aus der Gedenkstätte im Haus der Wannsee-Konferenz mitgebracht. Er übernahm auch wieder das Referat über die 'arische Physik'. Da ich auch den entsprechenden Artikel geschrieben hatte, referierte ich zu Boettcher. Tina und Darius saßen im Publikum, das ansonsten weitestgehend aus Studierenden der FH und einigen Pressemenschen bestand.

Eine Frau von Radio Aachen bat mich um ein Interview. Sie fragte mich, ob ich überhaupt schon mal Boettcher selbst über die Vorwürfe, die ich ihm öffentlich machte, informiert habe. Ich wiederholte ihr, wie bereits im Vortrag gesagt, meine Aussagen seien samt und sonders mit seriösem niederländischen Aktenmaterial begründet, Boettcher sei bestimmt über seinen Prozeß und auch dessen Ausgang informiert, und ich verspürte darüber hinaus kein Bedürfnis, auf welche Art auch immer, mit der SS ins Gespräch zu kommen. Ob mensch sich denn nicht ändern könne und ich kein Verständnis habe für so ein Menschenschicksal? Schicksal? Von Schicksal kann mensch wohl bei denen sprechen, die im KZ ermordet wurden. In die SS ging Mann freiwillig, dafür hat Boettcher sich entschieden, und er wird nie einer sein können, der diese Entscheidung nicht getroffen hat. An dem Tag, an dem nur einE ToteR wieder lebendig wird, bin ich be-

---

[176] vgl. S. 167.

reit, darüber nachzudenken, ob SS-Männer sich ändern können. Aber die Toten bleiben tot und die SS-Greise erwärmen in ihrer Tatterigkeit die Herzen verständnisvoller DemokratInnen, alter WeggenossInnen sowieso. Die Autorin des folgenden Leserinnenbriefes[177] schien mir eher letzteres zu sein, und dennoch war ihre Parteinahme für einen alten Nazi nur in der Form eine Ausnahme:

„Es geht aus Ihrem Artikel hervor, daß Alfred Boettcher freigesprochen worden ist! Sie sagen weiterhin, daß von Plünderungen keine Rede sein könne.

Wenn ein Mensch im ersten Verfahren freigesprochen wird, kommt doch klar heraus, daß jegliche Vorwürfe des Allgemeinen Studenten-Ausschusses der Fachhochschule Aachen halt- und grundlos sind.

Jugend hat das Recht über das Ziel hinaus zu schießen. Aber auch die Pflicht, jetzt eine Zurücknahme und Entschuldigung an Herrn Boettcher abzusenden.[...]

P.S.: Glücklicherweise ist Alfred Boettcher ein großherziger, altersweiser Mensch, der der Jugend verzeihen und über ihre Torheit lächeln wird.“

Zwei Tage nach der Veranstaltung bekräftigte auch die KFA in der *AVZ* ihre ungebrochen gute Meinung vom SS-Hauptsturmführer. *„Für uns ist Herr Boettcher ein Ehrenmann“*, erklärte der Pressesprecher der Einrichtung, Dr. Ulrich Breuer.

„Unsere Ehre heißt Treue“, kommentiere ich. „Ob wir uns mal die Geschichte der KFA ansehen sollen?“ fragt Thomas.

Sachdiskussion

Wer sich mit Freude erinnert, vergißt – über der Forschung kreist der Pleitegeier – auch Alex spendet für einen guten Zweck.

Die Geschichte der RWTH bot allerdings noch zu viel Konfliktstoff, um Raum und Zeit für die Untersuchung der Vergangenheit weiterer Anstalten zu lassen. So hatte Gerd schon im September Otto Köhlers gerade erschienenes Buch 'Unheimliche Publizisten'[178] gelesen, aus

---

[177] Als Reaktion auf oben genannten Artikel in der AVZ vom 18.11.1995 abgedruckt.

[178] Otto Köhler: Unheimliche Publizisten. Die verdrängte Vergangenheit der Medienmacher.- München 1995, S. 229-289.

dem wir mehr über die braune Vergangenheit des RWTH Professors Klaus Mehnert erfuhren.

Auf Mehnert, den Gründer des Politischen Instituts der RWTH, waren wir ja schon vor einiger Zeit bei der Durchsicht des 'Braunbuchs' gestoßen, hatten diesem auch soweit Glauben geschenkt, wollten uns jedoch nicht als einzige Quelle ganz und gar darauf verlassen. Die Hochglanz-Selbstdarstellungsbroschüre der Hochschule, *RWTH-Themen*, feierte noch im Frühjahr 1995 Klaus Mehnert überschwenglich als *„eine Persönlichkeit [...], an die sich sowohl der Lehrkörper als auch die Studentenschaft mit Freude erinnert"*[179]. Gerüchten zufolge hatte die Hochschule Nachforschungen in Richtung Mehnert schon befürchtet und wollte diesen so im Vorfeld das Wasser abgraben. Winfried Böttcher[180], Professor am Politischen Institut und Herausgeber der Mehnert-Gesamtausgabe, hatte Darius und Thomas ja versichert, daß Mehnert sich nichts vorzuwerfen hätte.

Köhler kam in seinem Buch zu weniger schmeichelhaften Ergebnissen. Ihm zufolge hatte Mehnert sich bereits vor der Machtübergabe an die Nazis im geheimen Kampf gegen Deutschlands innere und äußere Feinde geübt: Er versteckte illegale Waffen für die Reichswehr. 1933 begannen Mehnerts politische Aktivitäten mit Besuchen bei Propagandaminister Goebbels und SA-Chef Röhm, in denen er diese für ein deutsch-russisches Bündnis zu gewinnen suchte. Der Sozialismus der Sowjetunion war ihm dabei kein Hindernis, denn schließlich sah er in Stalin einen *„nationalistischen, zudem antisemitischen Konservativen"*[181]. Im gleichen Jahr feierte er in einem Artikel das neue Regime und knüpfte erste Kontakte zum SD.

Seit 1934 arbeitete er als Korrespondent verschiedener gleichgeschalteter Zeitungen in Moskau. Im gleichen Jahr geriet er kurzfristig in Haft, unter dem Vorwurf, eine oppositionelle NS-Strömung unterstützt zu haben. Nach seiner Entlassung setzte er seine Tätigkeit in der Sowjetunion fort, unternahm dabei ausgedehnte Reisen, von denen er über Manöver der Sowjetarmee oder nachrichtendienstlich relevante Objekte, etwa Staudämme, Industrieanlagen und Verkehrswege berichtete. 1937 nahm Mehnert mit einem führenden NS-

---

[179] Jan Nierhaus: Ein Mensch zwischen den Welten. In Memoriam an [sic!] Klaus Mehnert.- in: RWTH-Themen 1/1995 (Sommersemester 1995), S. 25.

[180] Nicht verwandt oder verschwägert und nicht zu verwechseln mit Alfred Boettcher.

[181] Köhler, a.a.O., S. 233

Politologen, Prof. Haushofer, Kontakt auf und wurde Korrespondent für dessen Zeitschrift *Geopolitik*. Im gleichen Jahr wurde er Dozent an der Universität von Hawaii. Dort war er sowohl propagandistisch als auch nachrichtendienstlich aktiv. Im August 1940 wurde er erstmals öffentlich mit Spionagevorwürfen konfrontiert, im Juni 1941 mußte er Hawaii fluchtartig verlassen. Er begab sich nach Schanghai, wo er noch im gleichen Jahr Chefredakteur der Zeitung *Christ und Welt* wurde. Dort sah er unter anderem seinen SD-Kontaktmann wieder und wer weiß, wen noch. 1961 wurde er Professor für Politikwissenschaft in Aachen. Im Gegensatz zu Schneider jedoch legte er sich kein liberales Image zu und stellte etwa noch 1967 die polnische Westgrenze in Frage.

Wir versuchten erfolglos, Mehnert im Politischen Institut zu thematisieren. Während der Aktionswoche hatten wir seine Biographie schon, in Anwesenheit des heutigen Leiters des Instituts, Helmut König, dargestellt. Ohne Reaktion. Erst als die *AVZ* ein Artikelchen druckte, regte es sich ein wenig bei den PolitologInnen.

Uns wurde einmal mehr zu verstehen gegeben, daß wir Unpersonen seien und der Diskussion nicht würdig. Das passierte seit Monaten nach dem immer gleichen Muster, sei es nun in der Auseinandersetzung um den Gen-Freilandversuch, um Rohrmoser oder die NS-Geschichte der Hochschule. Wir richteten unsere Kritik jeweils sachlich und begründet an die zuständige Stelle in der Hochschule. Von da aus wurde uns bedeutet, unsere Ansicht interessiere nicht. Wenn wir dann selbst Informationsarbeit leisteten, wurde sie solange ignoriert, bis nicht mehr daran vorbeigesehen werden konnte, und dann, an uns vorbei, als die eigene Arbeit dargestellt. Wenn wir uns entschlossen gegen den Ausschluß aus der Diskussion wehrten, folgte auf vielfältige Weise die Repressionskeule. In diesem Sinne schrieb der *Klenkes* im August 1995: „*Eine* inhaltliche *Stellungnahme zur Kritik an der Rohrmoser-Veranstaltung war von der Hochschule nicht zu erhalten. Man redet nur von Wissenschaftsfreiheit. An die Stelle des 'zwanglosen Zwangs des besseren Arguments' (Habermas) im vielbeschworenen wissenschaftlichen Diskurs tritt der argumentationslose Zwang, der Argumente als 'Gewalt' diffamiert, mit Ausschluß bedroht und juristisch verfolgt.*" Am Ende stand immer die vermittelnd verlogene Bitte eines Professors, zur Sachdiskussion zurückzukehren. Typisch für diesen Umgang ist etwa der Ausspruch Prof. Schwabes während der Ringvorlesung. Er sprach von der Jubiläumsfestschrift und davon, daß dort Kurzbiographien der im Nationalsozialismus von der TH vertriebenen Professoren abgedruckt seien. „Peinlich genug, daß das alles ist", rief jemand aus dem Publikum, denn es hatte ja um diesen eben sehr mageren Ansatz schon Auseinandersetzungen gegeben. Schwabe antwortete: „Man kann nicht alles auf einmal machen. Das ist ein schwieriges Puzzlespiel und nur wer nichts davon versteht, denkt, daß man das in einem Hauruckverfahren wissenschaftlich erledigen kann, wenn man seriös bleiben will." Die Absicht ist deutlich: KritikerInnen dieser unvollständigen und verspäteten Geschichtsaufarbeitung sind unseriös und verstehen nichts vom Thema und vom wissenschaftlichen Arbeiten. Das sind die Killerphrasen, die durch die bloße Mißachtung aller KritikerInnen unanfechtbar machen.

Wir haben manches Mal darüber gesprochen, ob uns diese Behandlung nicht eigentlich egal sein kann, schließlich transportierten wir – durch die Hintertür und mit einiger Verzögerung zwar – einige unserer Gedanken und Ergebnisse in die Öffentlichkeit. Aber unsere Gedanken erstarren auf den Lippen dieser Leute schnell zu leeren Phrasen, die ihnen zur eigenen Legitimation dienen und sonst nichts bewirken. Aber was kann mensch sagen und tun, das nicht zu vereinnahmen wäre? Wir hatten keine Lösung des Dilemmas gefunden und waren im Begriff, uns ein weiteres Mal der oben geschilderten Prozedur auszusetzen. In einen Brief an Prof. König fragten wir, was er im Sinne der Aufarbeitung der Institutsgeschichte zu tun gedenke. Nichts, kam auf den Punkt gebracht, zur Antwort. Er sei zwar für wissenschaftlich fundierte Aufklärung, aber die sei eben teuer, zu teuer für sein kleines Institut. Wir schickten ihm zehn Mark und einen Brief:

„Sehr geehrter Herr König,
auch wir möchten uns für Ihren Brief vom 30. November 1995 bedanken. Bisher hatten wir immer angenommen, es lägen schwerwiegendere Gründe vor, warum die RWTH bei der Aufarbeitung ihrer Vergangenheit so zögerlich ist. Wir hatten nicht vermutet, daß die 'Scheinprobleme' seiner Maggifizenz so wörtlich zu nehmen sind. Es soll also nicht weiterhin am Finanziellen scheitern. Wir haben eingesehen, daß hier die wahren Möglichkeiten für die Basis liegen, ihren Teil zur Vergangenheitsbewältigung beizutragen. Die Anwesenden auf der Fachschaftssitzung haben sich zu einer spontanen Spende entschlossen, die wir Ihnen hiermit überreichen möchten. Ebenfalls bieten wir Ihnen an, das angefragte Pro-

tokoll der Institutsversammlung auf unserem Kopierscheck [...] zu vervielfältigen. Sollte Ihnen unsere kleine Aufmerksamkeit, wie wir vermuten, nicht ausreichen, können Sie jederzeit auf unseren Fachschaftssitzungen [...] einen Finanzantrag stellen.

Ohne falsche Bescheidenheit können sich einige unserer Mitglieder inzwischen rühmen, auf einigen Gebieten der NS-Forschung, insbesondere im Zusammenhang mit der RWTH und dem Ahnenerbe, über ein fundierteres ExpertInnenwissen zu verfügen als zum Beispiel diejenigen Herrschaften, die für ein sicher nicht zu verachtendes Honorar bisher auf der Ringvorlesung gesprochen haben. Diese jungen Leute würden bei einer entsprechenden Einladung bestimmt bereit sein, einen Vortrag zu halten und zugunsten der Wahrheitsfindung auf ihr Honorar zu verzichten.

Zum Schluß noch ein Tip, wenn Sie mit den nötigen Recherchen eine studentische Hilfskraft unter 26 Jahren beauftragen, wird das Bahnfahren gleich viel billiger. Während unserer Recherchen zum Fall Boettcher konnten wir mit dem Euro-Domino-Ticket für nur 59,- DM drei Tage lang durch die Niederlande reisen.

In der Hoffnung, Ihnen ein bißchen weitergeholfen zu haben, verbleiben wir

> *mit freundlichen Grüßen*
> *Fachschaft Philosophie"*

Mit leicht beleidigtem Unterton schrieb König zurück, er habe die zehn Mark an Amnesty International gespendet und drückte die Hoffnung aus, es werde *„doch gelegentlich eine etwas rationalere Form der Kommunikation und Auseinandersetzung möglich"*. Aha, da war er schon, der Satz, der die Auseinandersetzung für beendet erklärte, das hatten wir also etwas abgekürzt. Klaus Mehnert war weiter kein Thema, schon gar nicht für Prof. König. Der war mit seinem Renommierprojekt Ringvorlesung beschäftigt, das auch einige von uns donnerstags abends in die Aula zog. Wie recht bald deutlich wurde, war auf nicht allzu viele gute Vorträge zu hoffen, die meisten waren allerdings so schlecht, daß es uns zugegebenermaßen Spaß machte, dabei zu sein, wenn die Hochschule sich lächerlich machte.

Vorlesung

Eine Hochschule ringt um ihre Vergangenheit – Wissenschaft organisiert das Verbrechen – auf einer Brücke läßt sich in zwei Richtungen gehen – Alex hört gut zu.

Die Professoren König, Kuhlmann und Schwabe wollten, so wurde es zumindest der Öffentlichkeit dargestellt, mit der Vorlesungsreihe 'Von der Diktatur zur Demokratie' ein Stück der seit langem fälligen Aufarbeitung der Geschichte der Aachener Technischen Hochschule im Nationalsozialismus leisten. Der Fall Schneider erforderte wenigstens dieses bißchen Engagement in diese Richtung. So wurde die Ringvorlesung, tatsächlich als Veranstaltung zu 50 Jahren Befreiung vom Faschismus geplant, nach Öffentlichmachung der Schneider-Affäre als Reaktion auf dieselbe aufgemotzt und umgedeutet.

Eines vorweg: Die meisten Vorträge, oder eher die Vortragenden, ließen bei uns die Frage zurück, ob sich die Organisatoren dieser Reihe vielleicht gar nicht die Aufarbeitung der Hochschulgeschichte, auch nicht der Wissenschaft im Nationalsozialismus zum Ziel gesetzt hatten, sondern die Präsentation der ältesten und verschrobensten Hochschullehrer des deutschsprachigen Raums, und daß derjenige, der zusammen mit dem Gastredner 125 Lebensjahre aufs Podium brächte, der Held dieses seltenen Schauspiels würde.

Meistens war die Ringvorlesung eher mager besucht, vor allem die studentischen Massen blieben aus. In der Regel kamen fast nur StudentInnen aus dem aktiven Bereich, fast alle waren uns persönlich bekannt. Die Masse schien an der Aufklärungsarbeit etablierter WissenschaftlerInnen ebensowenig interessiert, wie an unserer.

Die Vorlesungsreihe war für zwei Semester geplant, eins für die Diktatur, eins für die Demokratie. Von den insgesamt 13 Vorträgen des ersten Teils beschäftigten sich gerade mal zwei ausdrücklich mit der RWTH. Der eine stellte den Forschungsstand der Doktorarbeit des Historikers Ulrich Kalkmann dar, die sich mit der nationalsozialistischen Vergangenheit der RWTH beschäftigte. Im zweiten berichtete der Germanist Jäger von seinem Bemühen, die Seilschaften, die Schneider halfen, 'Schwerte' zu sein, zu enttarnen. Doch zunächst einmal zu Ulrich Kalkmann.

Bevor Kalkmann seinen Vortrag halten konnte, schickte sein Doktorvater Prof. Schwabe eine Einleitung vorweg, die wirkte, als habe er Bedenken, Kalkmann könne mit der Aachener NS-ProfessorInnenschaft zu hart ins Gericht gehen, und Schwabe wolle daher ein paar milde Töne vorwegschicken. Er wies darauf hin, daß NaturwissenschaftlerInnen und TechnikerInnen nicht notwendigerweise RegimegegnerInnen gewesen sein mußten, daß aber eine Spannung zwischen einer „kompromißlosen Auffassung von Wissenschaft" und der Ideologie unausweichlich habe bestehen müssen. Er kam damit der, freilich absurden, These des Senats der RWTH vom 1. März 1946 nah, die dem studentischen Lesebuch seinen Namen gab.[182] Diese Darstellung von Wissenschaft und nationalsozialistischer Ideologie bzw. Herrschaft als zwei grundsätzliche Gegensätze, was sie nicht sind, half der Wissenschaftsgeschichte schon oft, die unverzichtbaren ErfolgsträgerInnen, etwa Werner Heisenberg, zu rehabilitieren. Das Muster ist denkbar einfach: Wissenschaft und Nationalsozialismus sind sich in ihren Grundfesten widersprechende Systeme. WissenschaftlerIn X hat bis heute gültige, fundierte Wissenschaft betrieben. Sie/er kann folglich keinE NationalsozialistIn gewesen sein. Daß dieser Dreischritt hinkt, kann durch den Verweis auf verblendete Ausnahmen, auch durch den Versuch, eindeutig nationalsozialistische Forschung als Pseudowissenschaft abzutun, notdürftig kaschiert, nicht aber behoben werden. Wir kommen darauf zurück, den diese Frage war programmatisch für den ersten Teil der Ringvorlesung.

Schwabes Sorge war unbegründet. Kalkmanns Vortrag war fundiert recherchiert und präsentierte eine große Menge wichtiger Fakten. Doch blieb er in jeder Hinsicht vorsichtig und zögerlich in seiner Wertung des zusammengetragenen Materials. Er sprach von der Einbindung der Hochschulführung in den nationalsozialistischen Herrschaftsapparat, den Verstrickungen des Lehrkörpers und der Studierenden insgesamt, wies zum Beispiel daraufhin, daß 75% (deutlich mehr als an anderen Hochschulen) des Lehrkörpers in der NSDAP, der SA oder der SS waren, daß die treibende Kraft zunächst aber die

---

[182] vgl. S. 166: „*Wenn Studierende [...] aus innerer Veranlagung einen Lebensberuf ergreifen, der seinem Gegenstande nach von aller Politik denkbar weit entfernt ist, so können schwerlich Wahn und Leidenschaft faschistischer und militaristischer Art bei ihnen einen Nährboden finden, und extreme Elemente werden in ihren Reihen keine Rolle spielen können.*"

Studierenden waren.[183] Er ließ auch das wichtige Kapitel der Kriegs-
und Rüstungsforschung der TH Aachen nicht aus. Zu diesem Kapitel
stellte ein Mann aus dem Publikum am Ende des Vortrages eine Frage, die deutlich machte, wie die immer wieder geforderte Objektivie-
rung des Nationalsozialismus durch die Wissenschaft dessen Schrek-
ken und Wesen verdrängen läßt. Wie Jan Philipp Reemtsma es später
anmahnen sollte, muß diese schreckensfreie und daher angenehmere
Ebene der Wissenschaftlichkeit aufgegeben werden, um sich auch
emotinal dem Ganzen des Geschehenen zu stellen. Das genau passiert
oft jedoch nicht. Dieser Mann fragte, ob es einen Unterschied gebe
zwischen der Beteiligung deutscher Hochschulen an der Kriegsfor-
schung und der amerikanischer, russischer, französischer oder engli-
scher. So kann ein Mensch nur fragen, wenn die gedankliche Abspaltung der Wissenschaft vom politischen Geschehen so weit und endgültig vollzogen ist, daß das Spezifische des nationalsozialistischen
Vernichtungskrieges und die tausenden von ZwangsarbeiterInnen, die
in der deutschen Rüstungsproduktion umgebracht wurden, nicht
mehr wahrgenommen werden.

Schon Wochen vor Jägers Vortrag erzählten seine KollegInnen aller-
orten, es seien unglaubliche Enthüllungen zu erwarten. Herr Jäger
habe ausführlich recherchiert und Erstaunliches zu Tage befördert.
Jäger vertrat in seinem Vortrag 'Germanistik – eine deutsche Wissenschaft? Das Kapitel Hans Ernst Schneider' die Auffassung, Schneider habe sich keinesfalls auf einer harmlosen 'germanischen Spielwiese' getummelt, wie jener behauptet hatte, vielmehr sei die Germanistik wie kaum eine andere Disziplin in die Nazi-Ideologie verstrickt
gewesen, umfaßte sie doch selbstverständlich neben den Disziplinen
Sprach- und Literaturwissenschaft auch die Heimatkunde – Schneiders Spezialgebiet. So sei die Germanistik „*die* historische Leitwissenschaft der SS" gewesen. Entsprechend habe er auch feststellen müssen,
daß fast alle GermanistInnen der Zeit, deren Namen ihm immer be-
deutend erschienen waren, ins System verstrickt waren. So habe es

---

[183] Eine Tatsache, die in der aktuellen Diskussion häufig herangezogen wird, um
gegen unsere Forderungen, die Verstrickungen der ProfessorInnenschaft lük-
kenlos darzustellen, zu polemisieren. Geradeso, als ginge es uns um die Verteidigung des Standes der Studierenden oder als seien die Studierenden von damals identisch mit denen von heute und nicht eher mit den heutigen ProfessorInnen.

auch fast keine GermanistInnen gegeben, die aus politischer Überzeugung ins Exil gingen: Häufiger komme der Fall vor, daß jemand aus dem Exil heraus darzustellen bemüht war, daß er oder sie zu Unrecht im Ausland weilen müsse, da er oder sie gar nicht RegimekritikerIn sei. Der wichtigste Punkt in Jägers Ausführungen war aber, daß sich die „These der Einzelmitwisserschaft", daß also nur die engsten Angehörigen von Schneiders Identitätswechsel gewußt hätten, nicht mehr aufrechterhalten lasse. Ihm lägen Hinweise vor, daß sowohl ein Mitglied der Berufungskommission 'Schwertes' als auch der Münsteraner Professor Weydt, der sich „in einem gutachtenden Schreiben" für die Berufung 'Schwertes' nach Aachen ausgesprochen hatte, von dessen Vergangenheit höchstwahrscheinlich wußten.

Die verbleibenden Vorträge waren schon in ihrer Thematik ganz allgemein gehalten und daher zum Teil wenig geeignet, die Diskussion um die Aachener Situation nach Schneider weiterzubringen. Das gelang nur Susanne Heim, die über die Bedeutung technokratischer Raumplanung für die nationalsozialistische Massenvernichtung referierte, und Jan Philipp Reemtsma in seinem Vortrag über „Nationalsozialismus und Moderne". Die anderen gaben so schlechte Vorstellungen, daß sogar Professor König sich kurzfristig mit dem Gedanken getragen hatte, die Reihe abzubrechen, wie er im Seminar zur Vorlesung erzählte. Er tat es nicht. Die Vortragenden dankten es ihm mit dem Bemühen, mindestens durch stetes Wiederholen die ZuhörerInnen glauben zu machen, Nationalsozialismus und Wissenschaft hätten prinzipiell nichts miteinander zu tun. Nationalsozialistische Wissenschaft sei Pseudowissenschaft, nationalsozialistische WissenschaftlerInnen seien erstens selten und hätten sich zweitens persönlicher Verfehlungen schuldig gemacht. In einem Rückblick auf die Ringvorlesung schrieb das *LiZ*: „*Gerade die Vorträge über Rassenwissenschaft und Medizin zeigten die Macht dieser TäterInnenlegende. Da wurde der Mediziner Ottmar von Verschuher, dessen Untergebener Mengele die fürchterlichsten Verbrechen in der Geschichte der Medizin ausführte, zu einem kritischen national gesinnten Menschen gemacht. So mancher Redner vermochte in den NS-WissenschaftlerInnen KarrieristInnen, ja sogar Opfer der Zeit zu erkennen. 'In einer anderen Zeit hätte Schneider sicherlich Wertvolles leisten können.' Kaum einE RednerIn kam auf die Idee, das faschistische Deutschland als* den *Staat dieser WissenschaftlerInnen zu betrachten. Es sind die Legenden der TäterInnen, die Basis der 'wissenschaft-*

lichen' Aufarbeitung sind. Im Gegensatz zu den Opfern haben sie die Zeit unbeschadet überstanden. "[184]

Susanne Heim schloß sich in ihrem Vortrag der These der Unvereinbarkeit von Wissenschaft und Nationalsozialismus nicht an. Sie zeigte im Gegenteil, daß die Vernichtung der europäischen JüdInnen ein Ziel eines auch wissenschaftlichen Programms war, rational geplant und berechnet. Besser als es mir in der Retrospektive möglich wäre, beschreiben sie und Götz Aly ihren Forschungsansatz in der Einleitung zu ihrem Buch 'Vordenker der Vernichtung'. Der Vortrag trug denselben Titel. *„In diesem Buch versuchen wir, die Zusammenhänge zwischen der Politik der Modernisierung und der Politik der Vernichtung offenzulegen. Wir beschreiben die Wechselbeziehungen von bestimmten Plänen und Taten, die im damaligen Deutschland entwickelt und begangen wurden. [...]*

Die Gründe dafür erschließen sich ausreichend weder aus der Person eines Hitler, Himmler oder Goebbels noch aus der Selbstverhetzung und Verhetztheit eines ganzen Volkes, auch nicht aus dem 'Selbstlauf' der Ausgrenzungsmaschinerie und ihrer hochgradig arbeitsteiligen, reibungslosen – eben deutschen – Funktionsweise. Das alles hatte seine Bedeutung und gehört zu den Voraussetzungen der von den Deutschen begangenen Massenmorde.

Darüber hinaus aber existieren im Hintergrund Denkmodelle, Konzepte für 'Endlösungen', die die staatlich gesteuerte Massenvernichtung von Menschen – zwar selten ausdrücklich, aber um so häufiger mit sterilen wissenschaftlichen Begriffen – als funktional im Sinne einer langfristigen gesellschaftlichen Modernisierung empfahlen. Sie sind unser Thema. In ihrer Abstraktheit stehen diese Denkmodelle in einem scheinbaren Gegensatz zum Wüten der Schergen. Und doch verfügte das nationalsozialistische Deutschland nicht nur über eine Ideologie, die allen als 'minderwertig' eingestuften Menschen die Ausrottung zudachte, sondern zugleich über bis ins Detail durchdachte Theorien, wie ganze gesellschaftliche Klassen, Minoritäten und Völker 'umgeschichtet' und dezimiert werden sollten. Ideologie und Theorie mußten aufeinandertreffen und ineinandergreifen, um Hadamar, Chelmno, Leningrad, Stukenbrock, Treblinka und Auschwitz ins Werk zu setzen. "[185]

---

[184] LiZ Nr. 63, März 1996.

[185] Götz Aly, Susanne Heim: Vordenker der Vernichtung. Auschwitz und die deutschen Pläne für eine neue europäische Ordnung.- Frankfurt/M 1993, S. 9ff.

Jan Philipp Reemtsma hielt den Abschlußvortrag des ersten Teils dieser Ringvorlesung, auf deren Anlaß einzugehen, er als der einzige auswärtige Redner fertigbrachte. Auf diese Art legitimierte er das Projekt Ringvorlesung, stellte es jedoch in seinem Anspruch und seinen Erfolgsmöglichkeiten deutlich in Frage. Er setzte sich auf unkonventionelle Weise mit seinem Thema 'Nationalsozialismus und Moderne' auseinander, da er letztlich die Gründe hinterfragte, die jemanden dazu treiben, so ein Thema zu konstruieren. Die Fragestellung 'Nationalsozialismus und Moderne' verweist nämlich auf die Ansicht – oder Hoffnung –, daß der Nationalsozialismus eben doch ein antimodernes Zwischenspiel, der vielzitierte Rückfall in die Barbarei, gewesen wäre. Das Eingeständnis, daß es so einfach nicht ist, daß der Nationalsozialismus ganz spezifisch moderne Züge hat, verunsichert. Es wirft die Frage auf, wie es dazu kommen konnte „inmitten aller Tradition der Philosophie, der Kunst und der aufklärenden Wissenschaft", wie Reemtsma mit Adorno sagte.

Erklären, wieso es kam, kann mensch nur, indem gezeigt wird, wie es eben kam. So wie es war, war es, und das Entsetzen bleibt. Wissenschaftliche Forschung, die ihren Ausgangs- und Endpunkt nicht in diesem Entsetzen findet, verläßt die für die Zeit der Untersuchung der Tat notwendigerweise eingenommene Perspektive der TäterInnen nicht mehr. Wer diese Perspektive wieder verläßt, sieht sich ungeschützt dem Entsetzen gegenüber, ganz gleich wieviel und wie gut die Wissenschaft zu erklären versucht hat. „Einerseits soll das Unerklärliche erklärt werden, andererseits sieht sich jeder Erklärungsversuch dem Vorwurf der Verharmlosung ausgesetzt. [...] Das läßt sich nicht leugnen: Etwas verstehen heißt durchaus nicht, etwas zu verzeihen und doch eine gedankliche Brücke zu konstruieren, die von hier nach dort und zurück gegangen werden kann." Dieser Widerspruch ist einer zwischen historischer und menschlicher Wahrheit. Er ist nicht aufzulösen, und das ist gut so. Er bleibt bestehen, wenn mensch versucht, dem Anspruch, zu verstehen und doch nicht zu verharmlosen, gerecht zu werden.

Allein die Perspektive der Wissenschaft zu wählen, heißt TäterInnenperspektive zu wählen. Reemtsma hat zum Abschluß zusammengefaßt, was manch anderer Vortrag, vielleicht noch eindringlicher, weil unmittelbarer, in direkter Anschauung demonstriert hatte.

Trendwende

Ein schlechtes Gewissen hat ein gutes Ergebnis – professorale Einsicht ist etwas Schönes – Darius nimmt drei Entschuldigungen entgegen.

Nach den Ereignissen im Frühjahr, bei denen die Vertretung der Germanistik- und DeutschstudentInnen, das Seniorat Germanistik, sich bekanntlich von uns distanziert hatte, dann aber mit ansehen mußte, wie unsere Fragen mehr und mehr an Bedeutung gewannen, war lange nichts von den StudentInnen der Germanistik zu hören. Gegen Ende des Sommersemesters war erstmals das *Groschenheft* erschienen, ein perfekt gestaltetes Magazin der Germanistik-StudentInnen, für dessen Druck echte Schulhefte verwendet wurden. Doch fand sich auch dort keine Stellungnahme des Seniorats Germanistik zum größten Ereignis der Institutsgeschichte, lediglich ein ehemaliges Mitglied hatte einen Artikel verfaßt, der hauptsächlich psychologische Phänomene der aktuellen Auseinandersetzung analysierte. Ein Bild werde mensch sich erst machen können, *„wenn wir die jetzige überhitzte Situation hinter uns lassen.“*[186] Das vom Seniorat zum Wintersemester im Oktober herausgegebene Kommentierte Vorlesungsverzeichnis Germanistik, das erste nach der Enthüllung, enthielt überhaupt keinen Hinweis auf die Ereignisse.[187]

Doch war inzwischen wohl sichtbar, daß ohne unser beharrliches Nachbohren schon längst niemand mehr der Sache nachginge. Mit schlechtem Gewissen, in Erinnerung an die vorsemestrige Germani-

---

[186] Bernd Miozga: „Die Hochschulen sind im Kern gesund".- in: Groschenheft Nr. 1 vom 7.7.1995, S. 31ff, hier S. 33.

[187] Das änderte sich auch zum Sommersemester 1996 nicht. Das Kommentierte Vorlesungsverzeichnis enthielt nun lediglich eine Glosse, in der behauptet wird, die wahre Identität Prof. Jägers sei James Last. Darin heißt es: *„Dabei ist es nicht sein Vorleben, das uns aufwühlt [...] Wir selbst [...] können nicht mit absoluter Sicherheit sagen, ob wir uns, befänden wir uns in gleicher Situation, der Faszination entziehen könnten, die von einer solch fraglichen Ideologie ausgeht. Das perfide läge darin, daß L. sein gesamtes Umfeld vorsätzlich und skrupellos getäuscht hat. Gut, sein Fachwissen mag überragend sein, aber – mit Heine gesprochen – richtiges, vom Falschen geäußert, muß nicht richtig sein."* Da auf 'Schwerte' angespielt wird, drückt sich hierin offensichtlich die Auffassung aus, auch jenem sei eigentlich nicht sein Vorleben als SS-Funktionär vorzuwerfen, sondern nur die Täuschung nach 1945. Die Rolle Schneiders wird also immer noch völlig verkannt und verharmlost.

stik-Vollversammlung, lud uns nun das Seniorat ausdrücklich ein, diesmal auf der Vollversammlung frei zu berichten, wie sich der Fall mittlerweile entwickelt habe. Wir sagten unter der Bedingung zu, daß die Professoren, die uns beim letzten Mal mit Anzeigen gedroht hatten, zu dieser studentischen Vollversammlung nicht eingeladen würden, und das Seniorat erklärte, es sei keinesfalls eine erneute Konfrontation beabsichtigt.

Auf der Vollversammlung mußte das Seniorat einige Kritik einstecken. Seine eigenen Altmitglieder beklagten, es könne doch nicht angehen, daß sich das Seniorat bis zum Tage nicht zum Fall Schneider/Schwerte geäußert habe. Mit einigen Windungen entschuldigte sich das Seniorat schließlich bei uns für die vorherige Vollversammlung, gestand Fehler ein und hoffte auf bessere Zusammenarbeit. Wir waren recht erleichtert, weil nun zumindest die StudentInnen der Philosophischen Fakultät nicht mehr gegeneinander arbeiteten.

Später, wir hatten uns bereits in den Raum des Seniorats vertagt, erzählte uns das Seniorat, sie müßten sich seit geraumer Zeit harsche Kritik ihrer einstigen Mitglieder gefallen lassen. Jemand schlug vor, das Seniorat möge doch unsere Broschüren und Bücher verbreiten. Und unsere Ausstellung aus der Aktionswoche könne mensch doch mal im Foyer des Germanistischen Instituts zeigen. Wir äußerten unsererseits den Wunsch, doch tatsächlich mal eine Stellungnahme des Seniorates zu sehen, doch bis heute ist es dazu nicht gekommen. Immerhin, nach etwa einem halben Jahr schien sich das Verhältnis zum Seniorat zu normalisieren, und wir mußten nicht mehr das Gefühl haben, gegen die eigenen Leute anzurennen, denn schließlich waren einige von uns ja selbst Germanistik-StudentInnen. Es ging also auch um unser Institut, das Seniorat war auch unser Seniorat, wie wir deren Fachschaft waren. Allerdings fühlten wir uns seit den Aprilereignissen und besonders seit den Drohungen des Institutsleiters Stetter – das dürfte klar sein – nicht mehr besonders heimisch am Institut. Bald sollte die Germanistik aber endlich einmal positiv auffallen. Nach den erfreulichen Tendenzen im Seniorat überraschten uns auch die Professoren Jäger und Stetter mit einem Sinneswandel.

Prof. Jäger hatte ja in der Ringvorlesung die 'These der Einzelmitwisserschaft' widerlegt, allerdings hatten wir diese These schon vor Monaten arg bezweifelt, denn dagegen sprachen ja auch zahlreiche Indizien aus unserer Recherche und verschiedenste ZeugInnenaussagen, wie die einer heutigen Studentin, die schon in den siebziger

Jahren als Schülerin in einer Aachener Kneipe von der geheimen NS-Vergangenheit des Rektors der RWTH gehört hatte. Manche Aussagen Jägers hatten zudem als neu verkauft, was schon im *LiZ* zu lesen gewesen war. Als Alex ihn am Ende des Vortrags gefragt hatte, wie das denn zusammenpasse, einerseits nun unsere Aussagen zu bestätigen, andererseits uns mit Anzeigen gedroht zu haben, hatte ihr Prof. Schwabe, der die Moderation übernommen hatte, ziemlich empört entgegnet und schon eingeleitet, die Fragen zu übergehen. Jäger aber hatte nicht den Weg über die Brücke eingeschlagen, die ihm da gebaut worden war, sondern sich – ganz entgegen seiner sonstigen Art – in aller Öffentlichkeit entschuldigt: Damals habe er überreagiert, weil er sich als Mitwisser verleumdet gesehen hätte, nun aber solle die falsche Kluft zwischen ihm und uns überwunden werden, er lade uns ein, gemeinsam an der Aufklärung zu arbeiten. Im Übrigen hätten ihm verschiedene Kollegen sehr positiv von unserer seriösen Archivrecherche berichtet.

Wir diskutierten lange darüber, welche Bedeutung dieser Vortrag hatte. Jägers Entschuldigung paßte bestimmt nicht ins Konzept von Hochschulleitung und Dekan Debus, unsere Arbeit als unseriös, unwissenschaftlich und fragwürdig darzustellen. Drängte nicht die Hochschulleitung immer darauf, allein die 'Fachwissenschaftler' urteilen zu lassen? Rektor Habethas Behauptung, seine KritikerInnen besäßen „unzureichende Kenntnisse der neueren Geschichte" stand ihm, nach der eigenen Definition, als Mathematiker nicht zu, und verlor jegliche innere Rechtfertigung, wenn nun gerade ein Fachwissenschaftler unsere Arbeit als qualifiziert bezeichnet hatte.

Wie war die Aussage zur Germanistik als Leitwissenschaft der SS einzuschätzen? Uns kam die Vehemenz, mit der Jäger gerade sein eigenes Fach angeprangert hatte, irgendwie doch merkwürdig vor. Sollte die Verstrickung der gesamten Germanistik geschildert werden, um dagegen den Fall Schneider unbedeutender wirken zu lassen? Wie ernst war das Angebot der Zusammenarbeit gemeint, und wie könnte diese dann aussehen? Wir sahen vorerst keinen Sinn darin, jeweils das Schlechteste anzunehmen, und beschlossen, uns einfach einmal mit Jäger zusammenzusetzen. Es erschien uns das Brauchbarste, das öffentliche Entgegenkommen erst einmal anzunehmen – egal, wie aufrichtig es gemeint war –, um die verhärteten Positionen aufzubrechen, die mittlerweile den Eindruck vermitteln mußten, es gehe in der Hauptsache um Differenzen zwischen StudentInnen und ProfessorInnen und nicht um Aufklärung oder Vertuschung. Diesen Eindruck hatte tatsächlich schon jemand in einem Artikel für die Fachschaftszeitung geschildert:

„Liegt da nicht der Gedanke nahe, daß der Streit über die NS-Vergangenheit auf studentischer Seite eher der Ausdruck eines allgemeinen Ärgers über ungerechte Machtverhältnisse in der Hochschule ist, und vielleicht ein anderer Anlaß, sagen wir mal irgendeine Schmiergeldaffäre, zu ganz ähnlichem Aktionismus geführt hätte? [...]

Ist es auf der anderen Seite nicht denkbar, daß seitens der Professoren und anderen 'Verantwortlichen' der Hochschule weniger ein eigenes schlechtes Gewissen oder Verstrickungen mit der NS-Vergangenheit die 'Zaghaftigkeit' in der bisherigen 'Aufklärungspraxis' erklären, statt dessen ein ganz banales Standesdenken und Interesse am Machterhalt?"[188]

Alex schrieb dazu eine Antwort, in der sie ihm zustimmte, *„daß bei der Auseinandersetzung um die NS-Geschichte der Hochschule die verknöcherten Hierarchien in der Hochschule eine nicht so unbedeutende Rolle spielen. Das ist sicher so. Diese Strukturen haben mitgewirkt, daß es überhaupt zur Machtübergabe an die FaschistInnen kommen konnte, sie haben den Faschismus gestärkt und die Aufarbeitung verhindert. Dennoch ist die Beschäftigung mit dem Nationalsozialismus nicht nur ein beliebiger Nebenschauplatz [...]. Mensch sollte es vor allem den Studierenden, die sich über die letzten Monate so sehr engagiert haben, schon zugestehen, daß sie sich eben genau den Punkt der Auseinandersetzung mit dem Nationalsozialismus bewußt und als solchen gewählt haben, und zwar nicht bloß, um der Hochschule eins ans Leder zu flicken, sondern weil ihnen dieses Thema politisch wichtig ist."*[189]

Nun also war Gelegenheit, die falschen Frontstellungen zu verlassen, wie Jäger es genannt hatte. Wir luden Prof. Jäger zu einem Treffen ins Café Colloquium ein, das einst in politischeren Zeiten noch Café Dutschke geheißen hatte. Jäger sagte auf schnellstem Wege zu. Wenn bei dem Gespräch auch nicht so viel Neues herauskam – wir tauschten eher Spekulationen darüber aus, was noch herauszufinden sein könnte – so war es gerade die Atmosphäre, die hier neu war. Jäger hatte darauf verzichtet, wie der Dekan stets seine eigenen ZeugInnen mitzuschleppen. Es wurde entsprechend locker geplaudert, und Jäger

---

[188] philfalt Nr. 13 vom 22.11.1995, S. 13f.

[189] philfalt Nr. 15 vom 1.2.1996, S. 3.

erzählte uns beispielsweise über sein Vorhaben, ein Forschungsprojekt zur nationalsozialistischen Geschichte der Germanistik beim GermanistInnenverband anzuregen.

Viel später, im April 1996, kam leise, still und unerwartet ein Brief von Prof. Stetter. Er habe „*im vergangenen Mai im Zusammenhang mit dem Fall Schwerte/Schneider öffentlich* [...] *den Verdacht geäußert,*" daß unsere Angaben, wir „*hätten in diesem Fall selbständig recherchiert, nicht den Tatsachen entsprächen.* [...] *Insofern muß und möchte ich mich bei Ihnen für die Haltung entschuldigen, die ich seinerzeit eingenommen habe.*"

Damit hätten wir nie gerechnet, und so überwog doch die Freude über den leichten Groll, daß die Anschuldigung in aller Öffentlichkeit und vor unseren KollegInnen erhoben worden war, die Entschuldigung hingegen diskret per Post kam. Und doch – Stetter hätte selbst dieses Briefchen ja nicht schreiben müssen – daß er es getan hat, war ein Lichtblick.

Lebensläufe

Ein Haufen ergibt eine Chronologie – Schneider dichtet sich in die SS – ein Toter am Traualtar – Thomas faßt eine Hälfte Schneider zusammen.

Seitdem Gerd uns die ersten Hintergrundinformationen über das Ahnenerbe geliefert, Gjalt Zondergeld Schneiders Biographie zum erstem Mal umrissen und uns geholfen hatte, die ersten eigenen Recherchen anzustellen, Renke und Ralf die Beziehungen zwischen Schneider und Gehlen untersucht und Gerd Simon uns bei der Einordnung der Ergebnisse geholfen und auf Schneiders SD-Beziehungen hingewiesen hatte, schließlich Ludwig Jäger die Seilschaften in der Germanistik dargestellt hatte, war eine Unmenge an Dokumenten zusammengekommen. Wir hatten zahllose Namen erfaßt, etliche Querverbindungen gezogen und Stück für Stück ein Netz rekonstruiert, das nicht einmal alle FachschafterInnen mehr durchblickten. Auch war das Netz lückenhaft, entscheidende Knotenpunkte fehlten, und der Rest ergab kein Gesamtbild. Sollten wir es weiter knüpfen, noch mehr Dokumente, noch mehr Namen, noch mehr Querverbindungen suchen? Und wenn ja: Was wollten wir finden? Ging es überhaupt noch um die konkrete Aufklärung der Aachener Seilschaften und des Aachener Schweigekartells, das Schneider bis heute schützte? Oder ging es um die Aufdeckung viel weitreichenderer SS-Strukturen in der Nachkriegswissenschaft, um die SD-Beziehungen Schneiders, die offensichtlich über 1945 hinaus weiter funktioniert hatten, also um die überregionale politische Dimension des Schneider-Skandals? Wir vermuteten, daß irgendwo in diesem Beziehungsgeflecht auch der Schlüssel zu Schneiders Wiederaufstieg in der Nachkriegswissenschaft zu finden war. Denn uns war aufgefallen, daß gerade Nordrhein-Westfalen ein regelrechtes Sammelbecken für SS-Wissenschaftler war.

Unser Wissen über Schneiders Biographie war nun nicht mehr nur eine bloße Anhäufung mehr oder weniger unzusammenhängender Fragmente. Langsam aber sicher ergab sich ein Gesamtbild, und wir waren nun in der Lage, seine Karriere von einem veränderten Blickwinkel aus noch einmal zu beleuchten: Nicht mehr das Ahnenerbe, sondern Schneiders Arbeit für den SD stand im Mittelpunkt. Es ergab sich folgende Chronologie:

1928 — Schneider hatte von 1928 bis 1935 an den Universitäten Königsberg, Berlin und Wien die Fächer Deutsche Literaturgeschichte, Kunstgeschichte, Theaterwissenschaft, Philosophie, Volkskunde und Urgeschichte studiert. Im Juni 1935 promovierte er in Königsberg. Parallel dazu hatte er seit seinem Eintritt in den Nationalsozialistischen Deutschen Studentenbund (1932) und die SA (1933) mehrere NS-Organisationen durchlaufen, sich auf den Bereich der 'Volkstumsarbeit' spezialisiert und nach seiner Promotion für verschiedene ostdeutsche Zeitungen gearbeitet.

1936 — Es erschien Schneiders Buch 'Königliches Gespräch'.[190] Verpackt in die Erzählung eines Gesprächs zwischen Friedrich II. von Preußen und dem Leipziger Rektor und Dichter Gottsched formulierte er eine Verschmelzung von Literatur, Volk und Krieg – eine Konzeption, die er immer wieder aufgriff.

1937 — Wie Schneider nach seiner Enttarnung erklärte, fand die SS Gefallen an diesem Buch. So schied Schneider im Februar 1937 'ehrenvoll' aus der SA aus, um in die SS unter der Mitgliedsnummer 293631 aufgenommen zu werden. Gerd Simon rekonstruiert diesen Vorgang folgendermaßen:

„*Schwerte führt seinen Eintritt in die SS heute darauf zurück, daß er wegen seiner Arbeit bei den Zeitungen Schwierigkeiten bekam. Irgend-*

---

[190] Hans Ernst Schneider: Königliches Gespräch, Berlin/Hamburg 1936.

welche älteren Zeitgenossen hätten sich von ihm durch unlautere Mittel aus ihren Stellungen herausgeboxt gefühlt. Er solle sich, bevor er Schreib- und Betätigungsverbot erhalten würde, schnell nach Berlin verziehen. Schneider sei aber in die Offensive gegangen, habe einen Obersturmbannführer der SS aufgesucht. Den Namen will er nicht nennen. Ich denke aber, es war Six, denn der war damals Obersturmbannführer. Dieser habe mit 'Saubande' und 'Ganoven' reagiert, die Zeitungsredaktion und die Gauleitung angerufen, und ihn per Handschlag unter seinen Schutz gestellt, was Schwerte heute so interpretiert, daß er damit in die SS aufgenommen war. [...] Dann aber spricht vieles für [die] Hypothese, daß nämlich die ganze Geschichte nichts als eine Inszenierung war, um zu verhindern, daß Schneider sich weigert oder auch nur ziert, wenn das Thema SS aufkommt. Solche Methoden kennen wir von allen Geheimdiensten. Daß Schneider aber nicht sogleich beim SD landete, scheint glaubhaft. Schon um sich selbst zu schützen, war hier eine Überprüfung aus nächster Nähe und über einen längeren Zeitraum geboten. Das Rasse- und Siedlungshauptamt scheint in dieser Zeit auch eine Art Test- und Durchgangsstätte einerseits für den Einsatz im 'Ahnenerbe' der SS, andererseits für eine zukünftige Tätigkeit im SD gewesen zu sein, meistens sogar für beides. [...]

Bevor Schneider ins Rasseamt des Rasse- und Siedlungshauptamtes nach Berlin berufen wird, ist er im Auftrag der SS in Sachen Volkskultur im März 1937, also ein Jahr vor dem 'Anschluß', in Österreich als Lehrer in einem dortigen Landdienstlager der HJ, des BDM und der NS-Studentenschaft tätig. Nach eigenen Aussagen einen Monat später studierte er dabei auch 'die katholische Gegenarbeit gegen den Nationalsozialismus'. Auch das klingt wie eine Art Probearbeit für sicherheitsdienstliche Aufgaben, die damals ja im Wesentlichen noch nur aus Beobachtung und Berichterstattung bestand."[191]

Schneiders mutmaßlicher Förderer Franz Alfred Six war zu diesem Zeitpunkt neben Reinhard Heydrich einer der wichtigsten SD-Funktionäre und leitete die alles dominierende Abteilung 'Gegnererforschung'. Als Lehrbeauftragter für Zeitungswissenschaft an der Universität Königsberg dürfte er frühzeitig auf Schneider aufmerksam geworden sein.

---

[191] Gerd Simon: „Ihr Mann ist tot und läßt sie grüßen", Tübingen, 1995. Das Manuskript ist eine ausführliche Fassung des Vortrages, den Simon am 9.10.1995 im Rahmen der Aktionswoche zum Hochschuljubiläum in Aachen hielt.

1938 — Schneider, der nun auch der NSDAP als Mitglied Nr. 4923958 beitrat, setzte seine 'völkische Aufbauarbeit' fort. Nach dem Anschluß Österreichs im März 1938 fiel der SS, insbesondere aber dem SD, die Aufgabe zu, die Umwandlung der Gesellschaft in den besetzten Gebieten zu organisieren. Im Mai planten die zuständigen SD-Abteilungsleiter Polte und Spengler[192] zusammen mit der Ahnenerbe-Führung die Einrichtung von Stützpunkten in Österreich. Völkisch orientierte österreichische Vereine sollten an das Ahnenerbe herangeführt werden. Vermutlich entstand hier auch die Idee, in Österreich eine eigene Außenstelle des Ahnenerbes zu gründen, die 'Außenstelle Südost', wo Schneider später tätig werden sollte. Zuvor aber unternahm dieser im Sommer 1938 zwei Reisen in die Niederlande und nach England, um die dortige Volkstumsarbeit auszukundschaften. Die Ergebnisse legte er in Berichten an Himmler dar. Im Westen beobachtete der SD zu diesem Zeitpunkt bereits genauestens die politische Situation im benachbarten Ausland, forderte den verdeckten Aufbau völkischer Propagandaorganisationen und ihre zentrale Koordinierung.[193] Es war die Zeit, als auch die RWTH unter ihrem SS-Rektor Alfred Buntru mit verdeckter 'völkischer Aufbauarbeit' begann. Nach seiner Aufnahme ins Ahnenerbe im Oktober 1938 wurde Schneider zunächst in der Salzburger 'Außenstelle Südost' eingesetzt.

1939 — Im November war er durch einen Befehl des SD gemeinsam mit anderen Ahnenerbe-Mitarbeitern für ein *„Einsatzkommando zur Sicherung der Werte wissenschaftlicher und künstlicher Art"* in Polen abgestellt.[194] Zugleich machte er selbst verschiedene Vorschläge für seine künftige Karriere, nachdem er sich durch einen Forschungsaufenthalt in Wien ins Abseits gestellt sah. Kurzzeitig wurde er im Ahnenerbe-Stiftungsverlag als Lektor eingesetzt, wo er sämtliche Publikationen steuern und überwachen sollte, und war in der Reichsstudentenführung tätig.

1940 — Vier Wochen nach dem Überfall auf die Niederlande im Mai 1940 bewarb sich Schneider *„um Verwendung im SS-Sonderkom-*

---

[192] 'Schwertes' Mitherausgeber im Buchprojekt 'Gestalter unserer Zeit' von 1954.

[193] vgl. „Geheimbericht über die deutsche Propaganda im Nordwestraum" des späteren Schneider-Mitarbeiters Ispert von April 1939. Hauptstaatsarchiv Düsseldorf, RW 134/19

[194] vgl. Anhang zum Aktenvermerk der Sicherheitspolizei, Einsatzgruppe IV in Warschau v. 2.11.39; sowie Paulsen an Sievers, 24.10.39, beides PA Schneider BDC

mando für das Besatzungsgebiet Holland". Er bezog sich auf seine bisherigen Reisen und erklärte: *„Ich halte mich auf Grund meiner geschilderten Erfahrungen in Holland dazu imstande, dort jetzt in der kulturellen, wissenschaftlichen und allgemein-geistigen Neuordnungs- und Überwachungsarbeit, aber auch in der allgemeinen organisatorischen und verwaltungstechnischen Aufbauarbeit nützliche und zweckdienliche Mitarbeit leisten zu können."*[195] Durch einen Befehl Himmlers erhielt er am 20. Juni 1940 den Auftrag, *„in Holland auf dem Gebiet der wissenschaftlichen Volkskunde (germanische Brauchtumskunde) und der volkskulturellen Erziehungsarbeit die Zusammenarbeit mit den entsprechenden holländischen Stellen aufzunehmen."*[196] Seine Tätigkeit blieb im Ausland nicht unbemerkt. Bereits im Dezember des gleichen Jahres enthüllte der Londoner Rundfunk Schneiders getarnte Ahnenerbe-Strukturen.[197]

1941 — Nach längerer Vorlaufzeit entstand im Frühjahr 1941 die dem SS-Hauptamt angegliederte 'Germanische Freiwilligen Leitstelle'. Sie diente nicht allein als Werbezentrale für die Waffen-SS im Ausland, sondern war auch in die politischen Vorarbeiten eines germanischen Kerneuropa eingebunden. Dabei war sie zur engen Zusammenarbeit mit dem Ahnenerbe verpflichtet, das Schneider zum Verbindungsführer mit der Germanischen Freiwilligen Leitstelle bestimmte.[198]

Seine Bedeutung für die SS-Wissenschaft verdeutlicht ein äußerst seltenes Angebot im Herbst 1941: *„Man ist an SS-Obersturmführer Dr. Schneider herangetreten, a) hauptamtlich in das SS-Hauptamt einzutreten und die Aufgaben der germanischen Freiwilligen-Leitstelle im niederländischen Raum zu übernehmen, b) in das SD-Hauptamt einzutreten, um dort die wissenschaftliche Abteilung zu übernehmen."*[199] Letzteres hätte ihn mit der Überwachung der gesamten deutschen Wissenschaft betraut; sein Vorgesetzter wäre Wilhelm Spengler geworden, der die Abteilung Kultur leitete und dem auch Hans Rössner als Chef der Unterabteilung 'Volkskultur und -kunst' unterstand. Ahnenerbe-Geschäftsführer Sievers lehnte Schneiders Wechsel jedoch ab und

---

[195] Schneider an Sievers, 7.6.40, PA Schneider BDC

[196] Sievers an Rauter, 1.7.40; in: In 't Veld, a.a.O., S. 500f

[197] Aktenvermerk Schneiders vom 8.1.41, PA Schneider BDC

[198] vgl. Kater, a.a.O., S. 173ff

[199] Aktenvermerk Sievers vom 29.10.41, PA Schneider BDC

kündigte im Oktober die Einrichtung eines Referats im Ahnenerbe an, dessen Leitung Schneider übernehmen sollte – die spätere Abteilung 'Germanischer Wissenschaftseinsatz'.[200] Die Abteilung Wissenschaft des SD übernahm statt dessen Ernst Turowski, der fortan mit Schneider zusammenarbeitete.

1942 — Am 12. August 1942 ordnete Hitlers rechte Hand, der Leiter der Parteikanzlei Martin Bormann, an: *„Für Verhandlungen mit allen germanisch-völkischen Gruppen in Dänemark, Norwegen, Belgien und den Niederlanden ist im Bereich der NSDAP, ihrer Gliederungen und angeschlossenen Verbände ausschließlich der Reichsführer-SS zuständig."*[201] Unmittelbar darauf erhielt Schneider die alleinige Zuständigkeit für *„die gesamte, im Rahmen der großgermanischen Arbeit auftretende Wissenschaftsarbeit".*[202] Er übernahm die Leitung der neu eingerichteten Ahnenerbe-Abteilung 'Germanischer Wissenschaftseinsatz' mit Sitz in Berlin (Pücklerstraße 16), die wiederum eng mit der Germanischen Freiwilligen Leitstelle verflochten war. Durch einen Befehl Himmlers war er verpflichtet, *„alle politisch wichtigen Entscheidungen in den besetzten Gebieten zunächst mit dem Reichssicherheitshauptamt zu besprechen",*[203] konkret also mit dem SD. Das gleiche galt für sämtliche Personalentscheidungen und Publikationen. Schneider vereinbarte regelmäßige Arbeitstreffen mit SD-Abteilungsleiter Spengler im 6- bis 8-Wochen-Turnus. Er notierte: *„Ich konnte auf die schon immer enge Zusammenarbeit mit dem SD hinweisen".*[204]

1943 — In Zusammenarbeit mit dem SD und der Germanischen Freiwilligen Leitstelle führte Schneider eine Konferenz des Germanischen Wissenschaftseinsatzes durch, die am 13. Mai 1943 in Hannover begann. Ziel war die Vermittlung des deutschen Führungsanspruchs im germanischen Kerneuropa. Eine handverlesene, vom SD durchleuchtete Schar von etwa 50 Wissenschaftlern aus den 'germanischen Randländern', wurde zu einem Braintrust, der 'Germanischen Arbeitsgemeinschaft', zusammengefaßt. Schneider selbst blieb weiterhin vom SD umworben. Diesmal war er als Stellvertreter des Abteilungs-

---

[200] ebd.

[201] nach Kater, a.a.O., S. 175

[202] Bergers Stabsbefehl Nr. 14/42 vom 14.8.42, PA Schneider BDC

[203] Aktenvermerk Schneiders vom 16.10.42, PA Spengler BDC-Ahnenerbe, nach Simon, a.a.O., S. 12

[204] ebd.

leiters Rössner im Gespräch. Doch erneut gab Sievers seinen übrigen Tätigkeiten Vorrang.[205]

1944 — Nach der Befreiung der Niederlande und Belgiens konzentrierte sich Schneider zunächst auf die Unterbringung der geflüchteten Kollaborateure, die er mit Hilfe des SD in einem der nach dem gescheiterten Attentat vom 20. Juli beschlagnahmten Gutshäuser in der Nähe einer der Universitätsstädte Erlangen oder Göttingen unterzubringen gedachte. Ziel war zunächst die Aufrechterhaltung eines Funktionärskerns, der jederzeit wieder aktiv werden konnte. Hierbei war er auch mit der Umwandlung der Universität Göttingen in eine 'germanische Hochschule' beschäftigt.[206] Der Germanische Wissenschaftseinsatz wurde in die politische Nachkriegsplanung eingebunden, wozu Schneider im Herbst 1944 die Leitung eines entsprechenden Referats im SS-Hauptamt angeboten wurde. Dies kam der wissenschaftlichen Führung in der Germanischen Freiwilligen Leitstelle gleich.[207] Unter der Trägerschaft des Reichssicherheitshauptamts übernahmen Schneider und sein Mitarbeiter Schwalm das Projekt 'Kriegseinsatz der Geisteswissenschaften', bei dem der SD-Verbindungsmann Rössner bereits 1940 mitgewirkt hatte.

1945 — Schneider stimmte seine Nachkriegsplanungen in den letzten Kriegswochen mit Vertretern des 'Europa-Seminars', der 'Heydrich-Stiftung'[208], des Reichserziehungsministeriums und der 'Reichsstiftung für Länderkunde', einer Tarnorganisation des SD-Auslandsnachrichtendienstes, ab. Die SD-Abteilung, die sich hinter diesem Namen verbarg, war zuständig für die Leitung der geheimdienstlichen Tätigkeit auslandswissenschaftlicher Forschungseinrichtungen. Dies war es, worüber Schneider in seinem Brief an Sievers vom 17.3.45, den wir in München gefunden hatten, keine Angaben machen wollte, „da es sich zur schriftlichen Darstellung nicht eignet".

Zugleich war er mit der Vernichtung geheimer Akten u.a. des SS-Hauptamts betraut. Nach eigenen Angaben radelte er, nachdem er die letzten Akten verbrannt hatte, am 26. April nach Lübeck und erhielt

---

[205] Tagebuch Sievers, 17.3.44, BA NS 21/794-100 S. 32, vgl. Simon, a.a.O., S. 15

[206] Dolezalek an Spaarmann, 15.11.44, BA NS 21/794-100; vgl. Simon, a.a.O., S. 19. Dieser Teil der Universitätsgeschichte wird in der offiziellen Geschichtsschreibung der Göttinger Universität unterschlagen.

[207] Aktenvermerk Schneiders vom 2.10.44, PA Schneider BDC

[208] Auf die 'Heydrich-Stiftung' werden wir noch zurückkommen.

dort neue Papiere.[209] Wenig später ließ seine Ehefrau Marianne Schneider ihn für tot erklären und heiratete 'Hans Schwerte'. Auch Ernst Turowski verschwand spurlos. Im Wintersemester schrieb 'Schwerte' sich als Student an der Universität Hamburg ein, um bald darauf nach Erlangen zu wechseln.

Für seine erneute Promotion legte er 1947 folgenden Lebenslauf vor: *„Geboren am 2.10.1910 in Hildesheim als Sohn des Versicherungsange-stellten Paul Schwerte wuchs ich in meiner Heimat Königsberg/Pr. auf, wo ich auch bis zum Abitur Ostern 1929 das dortige Hufen-Realgymnasium besuchte. Von Ostern 1929 bis Ende 1933 studierte ich an den Universitäten Königsberg und Berlin Deutsche Literaturgeschichte und Philologie, Philosophie und Kunst- und Musikgeschichte. Ich brach dann mein Studium ab und war im Buchhandel tätig, ohne meine wis-senschaftliche Arbeit aufzugeben. Von 1939 bis 1945 stand ich im Wehr-dienst. Von Herbst 1945 bis Sommer 1947 studierte ich wiederum an den Universitäten Hamburg und Erlangen. Seit 1.6.1947 bin ich Assistent am Deutschen Seminar Erlangen. Ich habe vor allem bei den Professoren Nadler, Petersen, Hankamer, Weber, Pretzel, Burger, Prang, Stroh, Wor-ringer, Müller-Blattau, Moser, Heimsoeth, Heyse, Landgrebe gehört und gearbeitet, denen ich allen zu größtem Dank verpflichtet bin."*[210]

Seilschaft

Von Münster nach Aachen ist es nur ein Sprung – die Akte Odysseus liegt im Keller – Schneider hat lohse Verbindungen nach Aachen – Thomas zieht an einem Strang.

Während wir das Geflecht von 'Schwertes' Nachkriegsbeziehungen rekonstruierten, kam uns Prof. Jägers Vortrag im Rahmen der Ring-vorlesung zu Hilfe. Wir hatten uns immer gefragt, wer Schneiders Be-rufung nach Aachen vermittelt hatte, und hatten im Vorfeld bereits erfahren, daß ein alter, inzwischen emeritierter Professor der Fakultät sehr genau über Schneiders Karriere informiert gewesen sein mußte. Wer aber war dieser Unbekannte? Jäger hatte in seinem Vortrag erstmals öffentlich zugegeben, daß es einen solchen Helfershelfer gab. Der Name blieb jedoch ein Geheimnis, er habe ihn lediglich der im

---

[209] Der Spiegel, 19/1995, S. 94

[210] nach: Was lefft, Stadtzeitung aus Erlangen, Nr. 152, S. 11

Frühjahr 1995 eingerichteten Untersuchungskommission[211] des Ministeriums in einem versiegelten Dossier mitgeteilt.

Dieser Unbekannte hatte bei verschiedenen alten Kameraden Schneiders eine Reihe wissenschaftlicher Gutachten eingeholt, die für 'Schwertes' Berufung nach Aachen ausschlaggebend waren. Einer von ihnen war der Münsteraner Germanist Günther Weydt, und dieser wiederum hatte sich im Wintersemester 1963/64 von 'Schwerte' in Münster vertreten lassen. Ausgerechnet die Universität Münster war also 'Schwertes' Sprungbrett nach Aachen.

In Münster, so wußten wir seit unserem Besuch im Institut für Zeitgeschichte, hatte der NS-Soziologe Karl Heinz Pfeffer wieder Fuß fassen können, den Schneider ja schon seit ihrer Zusammenkunft in der Berliner Wannsee-Villa kannte, wo sie im Frühjahr 1945 ihre Europaplanungen aufeinander abgestimmt hatten. Und Pfeffer verfügte über beste Kontakte zu Arnold Gehlen und Franz Alfred Six, zwei weiteren Schlüsselfiguren dieser Geschichte. Auch Weydt hatte vor 1945 als Leiter der Deutschen Akademie im besetzten Brüssel zu den Verbindungsleuten des Germanischen Wissenschaftseinsatzes gehört.[212] Ähnlich verhielt es sich mit den Volkskundlern Prof. Franz Petri und Prof. Kurt Tackenberg,[213] die Anfang der 60er Jahre ebenfalls in Münster lehrten. Letzterer hatte sogar als persönlicher Statthalter Schneiders im besetzten Belgien fungiert.

Es bedurfte keiner großen Mühe, den langjährigen Bibliotheksleiter und Altgermanisten Prof. Gerhart Lohse als den Unbekannten zu identifizieren, der 'Schwertes' Berufung vermittelt hatte. Weil es keinen anderen Germanisten unter den wenigen Literaturwissenschaftlern in Aachen gab, kam nur er hierfür in Frage. Lohse war seit der Enttarnung Schneiders mehrfach von der Fakultät sowie dem Ministerium befragt worden. Doch hatte er mit Klagen für den Fall gedroht, daß sein Name öffentlich genannt würde, was seine Wirkung nicht verfehlte und außerdem allen, die sich bedeckt halten wollten, einen willkommenen Vorwand für weiteres Schweigen bot. Und bedeckt hielten sich an der RWTH weiterhin viele, sobald es um die Frage nach konkreten Namen ging.

---

[211] Vgl. S. 162, Anm. 158.

[212] Jahresbericht 1943 des Germanischen Wissenschaftseinsatzes - Außenstelle Flandern. Mikrofilm 366, Institut für Zeitgeschichte

[213] ebd.

Eine wichtige Quelle, Näheres zu erfahren, wäre die Akte über die Berufung 'Schwertes' nach Aachen aus dem Jahr 1965 gewesen. Sie hatte zunächst als verschollen gegolten, war dann im Keller des Dekanatsgebäudes wiederentdeckt und von Prof. Jäger ausgewertet worden, war offenbar auch einigen seiner KollegInnen nicht unbekannt geblieben, bevor sie irgendwann an das Ministerium geleitet und dort unter Verschluß genommen wurde. Wie Prof. Jäger uns mitteilte, war die Akte unvollständig, was wiederum den Verdacht nahelegt, daß jemand einen Teil der Schriftstücke zuvor hatte verschwinden lassen. Wir jedoch bekamen die Akte nie zu sehen und waren also auf mündliche Berichte und Zeitungsmeldungen angewiesen.

Erstaunlicherweise waren aber die Zeitungen gut informiert. So nannte etwa der *Rheinische Merkur*[214] die Namen Weydt, Lohse sowie Graf Stenbock-Fermor im Zusammenhang mit der Berufung 'Schwertes'. Stenbock-Fermor übte in den 60er Jahren das Amt des Kanzlers der RWTH aus, galt als eine der mächtigsten Personen der Hochschule und war auch uns bereits durch die äußerst doppeldeutige Rede aufgefallen, die Rektor 'Schwerte' am 26. Juni 1973 zu seiner Verabschiedung gehalten hatte: *„Kurz nach 1931 waren Sie Assistent in Königsberg an der Albertus-Universität, am Institut für Luftrecht. Ich nehme an, daß wir uns dort in den Gängen des Universitätsgebäudes begegnet sind. Aber Sie waren ein paar Jahre älter als ich, und ich habe sicherlich schon damals mit großer Ehrfurcht zu Ihnen aufgesehen.“*[215]

Wie die *Aachener Nachrichten* berichteten, war Stenbock-Fermor bereits 1967 von Lohse in einem vertraulichen Gespräch über 'Schwertes' Identität informiert worden. Ergebnis sei eine gegenseitige Verpflichtung zum Schweigen gewesen. Lohse seinerseits, so hieß es, verfüge über ein sehr detailliertes Faktenwissen über Schneider, das er zum einen von Friedhelm Kaiser habe, Schneiders Vorgänger als Schriftleiter der Ideologie-Zeitschrift *Die Weltliteratur*. Die beiden seien Bundesbrüder, also Mitglieder der selben Studentenverbindung, gewesen. Zum anderen sei Lohse Ende der 30er Jahre gleichzeitig mit Hans Rössner, der schon damals für den SD aktiv gewesen sei, Assistent an der Universität

---

[214] Rheinischer Merkur, 19.4.1996

[215] Hans Schwerte: Ansprache zur Verabschiedung von Friedrich Graf Stenbock-Fermor aus dem Amt des Kanzlers am 26. Juni 1973 - in: Presse und Informationsstelle der Rheinisch-Westfälischen Technischen Hochschule Aachen (Hg.): Alma Mater Aquensis, Sonderband 1, Aachen 1973, S. 8.

Bonn gewesen. Beide hätten 1938/39 für den SS-Literaturwissenschaftler K. J. Obenauer[216] gearbeitet, an dessen Lehrstuhl auch Weydt als Privatdozent lehrte. Zumindest letzteres bestätigte ein Artikel in der Frankfurter Rundschau, den Prof. Richards verfaßt hatte.[217] Schneiders SD-Verbindungsleute hatten damit also auch Kontakt an die RWTH.

Doch schien die Weydt-Lohse-Schneider-Seilschaft ohnehin nur Teil eines komplexeren Netzwerks zu sein, dessen Grundzüge wir auch ohne die Berufungsakte rekonstruieren konnten. Ein Besuch im Universitätsarchiv Münster hatte ein paar der Lücken bezüglich der dortigen Nazi-Seilschaften geschlossen. Gerd Simon hatte uns die bislang unveröffentlichten SD-Gutachten zugesandt, aus denen hervorging, daß neben Six auch Spengler bei Gehlens Bewertung als SS-Spitzenphilosoph eine entscheidende Rolle gespielt hatte. Wieder schloß sich also ein Kreis. Ein nochmaliges Lesen im 'Braunbuch' schließlich gab einen entscheidenden Hinweis auf die Beziehung Schneiders zu Buntru. Denn Buntru hatte in Prag seit 1940 nicht nur das Amt des Rektors bekleidet, sondern auch die Leitung der nach SD-Chef Reinhard Heydrich benannten Stiftung übernommen. Auch Buntrus 'Heydrich-Stiftung' war in Schneiders Nachkriegsplanungen eingebunden. Kurze Zeit nach dem Treffen mit Pfeffer in der Wannsee-Villa berichtete Schneider am 17. März 1945 auch von einer „baldigen Unterredung mit der Heydrich-Stiftung und dem Prager Arbeitskreis", durch die „unsere Arbeit nun konkret auf diesen Gesamteinsatz der deutschen Geisteswissenschaften hin" führe. 'Schwerte' hatte also eine direkte SD-Beziehung nach Aachen.

---

[216] Auf den Namen Obenauer waren auch wir bereits gestoßen. Er war Autor im Studienführer-Projekt der SS, für das er den Band 'Deutsche Literaturgeschichte' verfassen sollte. Der Band gehörte, wie auch Gehlens Band 'Philosophie', zur Abteilung 'Kulturwissenschaften', die von Ahnenerbe-Kurator Walter Wüst koordiniert wurde. Zur Zeit von 'Schwertes' Berufung lebte Obenauer ebenfalls in Aachen.

[217] FR 14.5.1996. Der Artikel ist eine Erwiderung auf einen vorausgegangenen Text, in dem Richards eine Verharmlosung der braunen Vergangenheit des Romanisten Curtius vorgeworfen worden war. Richards hatte zuvor die NS-Vergangenheit des Romanisten Jauß als weitaus schwerwiegender als die Curtius' gewertet. Er bezog sich dabei auf Dokumente, die er im Berlin Document Center im Sommer 1992 zusammen mit den Schneider-Akten eingesehen hatte.

Geheimdienste

*Wiedersehen in NRW – persönliche Beziehungen und
gemeinsame Interessen – wie viele Leben hat Schneider? –
Thomas telefoniert mit Himmlers Koautor.*

Die Struktur der Seilschaft lag nun auf der Hand. Zum einen hatte
'Schwerte', in halb verdeckter Arbeit mit seinen SD-Kameraden an
einer Umsetzung der Nachkriegsplanungen gearbeitet. Zugleich hatte
er sich in Erlangen mit Hilfe alter Bekannter einen Wiedereinstieg in
den Wissenschaftsbetrieb gesichert und Einfluß auf die Entwicklung
der Literaturwissenschaft genommen. Durch die Mitwirkung Weydts
gelang ihm der Sprung nach Nordrhein-Westfalen, wo mit Pfeffer,
Schelsky und Freyer unter anderem die nationalsozialistische 'Deutsche Soziologie' wieder aktiv war, und Arnold Gehlen an der neu gegründeten Philosophischen Fakultät in Aachen nach wie vor nach
seinem von der SS geschätzten Hauptwerk 'Der Mensch' lehrte.
Weydt und Lohse vermittelten 'Schwertes' Berufung nach Aachen,
wo sich neben ehemaligen Besatzungsfunktionären wie Roloff und
Boettcher nun drei Spitzenvertreter der SS-Wissenschaftsplanung ver-
sammelt hatten: Buntru, Gehlen und Schneider.

Renke und ich arbeiteten nun intensiv daran, die Ergebnisse des
letzten Jahres in einem Artikel darzustellen. Anfang Mai 1996 erschien er in der Tageszeitung *Junge Welt*. Wir wählten den Titel
'Nachkriegseinsatz der Geisteswissenschaften', denn wir hatten nun
einen Teil der Nachkriegsplanung der SS und ihrer praktischen Umsetzung wiederentdeckt.

*„Dabei ging es nicht nur um persönliche Kameraderie, sondern auch um
die Fortsetzung von politisch-wissenschaftlichen Zielen, wie sie im Nationalsozialismus entwickelt worden waren", schrieben wir. „Die Enttarnung
Schneiders, die zunächst wie ein Einzelfall erschien, hat eine Art Dominoef-
fekt ausgelöst. Durch die Enttarnung einer zentralen Figur der SS-
Wissenschaft wurde offensichtlich, daß in der Bundesrepublik Personen, Projekte und Inhalte ihren Einfluß behielten, die unmittelbar vor Kriegsende
im Umfeld des Reichssicherheitshauptamtes für die Nachkriegszeit vorgesehen waren. Ähnlich, wie in den Bereichen Wirtschaft und Politik hat es
auch für die Wissenschaft dezidierte Vorbereitungen für den zu erwartenden
Fall der 'Niederlage' gegeben. Die Europa-Buchreihe 'Gestalter unserer Zeit',
die Weiterführung des 'Studienführers' und die Wiederbelebung der 'Deut-*

schen Soziologie' waren Umsetzungen dieser Nachkriegsplanungen. Die Fle-
xibilität dieser Planungen zeigt sich darin, daß Ende der 50er Jahre versucht
wurde, durch eine Modernisierung der Konzepte den Anschluß an bestehen-
de Entwicklungen zu halten – ja mehr noch: die Entwicklung selbst in die
Hand zu nehmen. Das Auftauchen 'moderner' Ansätze mag aus der Lesart
damaliger Zeit fortschrittlich geklungen haben.

Doch hatten Schneider und Spengler bereits im Vorwort der 'Gestalter
unserer Zeit' konstatiert: 'Bewußt wurde der Blick auf die Gegenwart ge-
richtet, denn eine Auseinandersetzung nur mit dem Erbe der Vergangen-
heit reicht nicht mehr aus, um Kräfte zu entwickeln, die der Krise unserer
Zeit gewachsen sind. [...] Um aus der Erschütterung des Zweiten Welt-
krieges richtige Schritte in die Zukunft tun zu können, sollten wir wissen,
woran wir sind, und die existentielle Wirklichkeit zur Ausgangsbasis
neuen Handelns machen.' Während die ideologische Verpackung also
veränderbar war, bleibt der Kern der SS-Europapolitik bestehen.“

Doch blieben noch Fragen offen. Gerd Simon hatte durch seinen
Briefkontakt mit 'Schwerte' bemerkt, daß dieser jegliche Beziehung
zum SD weit von sich weist und selbst dann noch als „*absurde Erfin-*
dungen“ und „*Phantasieprodukt*“ abtut, wenn sie durch Dokumente
belegt ist, die er selbst unterzeichnet hat. Dort, wo er die Kontakte
nicht leugnen kann, reduziert er sie auf „*persönliche Beziehungen und*
gemeinsame Interessen“.[218] Dieses Verhalten warf für Simon die brisante Frage nach einer 'dritten Identität' auf, denn:

„*Der Sicherheitsdienst ist in Nürnberg wie die ganze SS – die zahllo-*
sen Verbrechen ließen keine andere Entscheidung zu – als kriminelle Ver-
einigung [gewertet worden.] *Insofern Angehörigen dieser Vereinigung*
freilich – wie im Falle Schneider – keine unmittelbare Beteiligung an die-
sen Verbrechen nachgewiesen werden kann, ist dieser Umstand strafrecht-
lich als verjährt zu behandeln. Warum streitet Schwerte heute trotz dieser
Verjährung jegliches Wirken im Umkreis und unter der Führung des SD
so energisch ab? Hängt dieses Weit-von-sich-Weisen alles dessen, was mit
dem SD zu tun hatte, möglicherweise damit zusammen, daß die Zugehö-
rigkeit zu NS-Geheimdiensten nach 1945 wegen des damit verbundenen
Wissens nicht einfach mit Bestrafung abgetan werden konnte, nicht selten
sogar entsprechende geheimdienstliche Betätigungen in der Nachkriegszeit
zur Folge hatte? Und da Geheimdienstler bekanntlich auch Decknamen

---

[218] 'Schwerte' an Simon, 20.8.95, nach Simon, a.a.O., S. 11

*tragen, drängt sich die Frage auf: Gab es im Leben Schwerte-Schneider
noch eine dritte, bislang öffentlich nicht bekannte, Identität?*

*Da solche Fragen heute zwar in bezug auf die DDR, nicht aber in be-
zug auf die BRD erforschbar sind, können sie vorläufig nur hypotheti-
scher Natur bleiben.*"[219]

Wenn es ein Archiv gab, das hierüber Auskunft geben konnte, so dürfte
es das Archiv des Bundesnachrichtendienstes (BND) oder einer vergleichbaren Einrichtung sein. Um dieses Archiv einsehen zu können,
bedürfte es aber einer vorherigen Auflösung des Geheimdienstes. Recht
vage Chancen also, an die Dokumente heranzukommen. So hatten wir
uns den Gedanken schon vor Monaten aus dem Kopf geschlagen, hier
Klarheit zu schaffen, und gaben uns mit den Indizien zufrieden:

Da war zunächst also der äußerst bemerkenswerte Umstand, daß
Schneiders mutmaßlicher Förderer Franz Alfred Six immerhin einer
der wichtigsten SD-Funktionäre vor 1945 war. Nach Six' Verurteilung
als Kriegsverbrecher durch ein alliiertes Gericht hatten hohe amerikani-
sche Stellen dafür gesorgt, daß er bereits Anfang der 50er Jahre wieder
auf freiem Fuß war. Anschließend wurde er offenbar vom BND übernommen[220] und verfügte stets über beste Beziehungen zur politischen
und wirtschaftlichen 'Führungselite' der BRD, ohne selbst ein politisches Amt zu bekleiden. In einer alten *Spiegel*-Ausgabe begegnete er uns
als *„Wirtschaftsberater in Düsseldorf"*,[221] und zwar in jener Zeit, als
'Schwerte' nach Aachen berufen wurde. Was also tat er als 'Wirtschaftsberater in Düsseldorf'? Wir blätterten in seinen Nachkriegsschrif-
ten – meist Fachliteratur über den modernen Führungsstil im Manage-
ment – und fanden den Hinweis auf eine *„Akademie der Führungskräfte
der Wirtschaft"* in Bad Harzburg, wo er als Dozent tätig war. Ich schlug
nach, was sich hinter dieser 'Akademie' verbarg. Einem wirtschafts-
kundlichen Lexikon konnte ich entnehmen, daß es sich um eine der
größten europäischen ManagerInnenschulen handelte. Ich wählte die
angegebene Telefonnummer der Akademie, um nach Informationsma-
terial zu fragen, und wurde an ihren langjährigen Leiter verwiesen, der
sich vor kurzem zur Ruhe gesetzt habe.

---

[219] Simon, a.a.O., S. 25
[220] Braunbuch, a.a.O., S. 68f
[221] Der Spiegel, 11/1967, S. 64

Also rief ich jenen Professor Reinhard Höhn an und gab vor, eine institutionengeschichtliche Forschungsarbeit zu verfassen. Er meinte, ich solle bitteschön erst einmal seine Bücher lesen, bevor er mir Auskunft gäbe. Ich tat es und staunte. Es waren juristische Standardwerke. Eines hatte er zusammen mit Heinrich Himmler verfaßt, ein anderes mit Gerhard Maunz[222], der nach 1945 zum wichtigsten bundesdeutschen Verfassungsrechtler wurde.

Höhn galt als einer der engsten Vertrauten Himmlers und war offenbar jemand, der sich auf noch weit höheren Ebenen der NS-Politik bewegt hatte als Six. Und die Hierarchie war ja auch in der Harzburger Akademie aufrecht erhalten worden: Höhn der Chef, Six der Dozent. Und noch etwas war interessant: Anfang der 70er Jahre hatte der *Vorwärts*[223] bereits einmal über die SSler-Akademie berichtet und mit seiner Enthüllung, daß auch sozialdemokratische PolitikerInnen sich hier ausbilden ließen, für einen Skandal gesorgt.

Sollte der Düsseldorfer Wirtschaftsberater Six also am Ende bei Schneiders nordrhein-westfälischer Karriere die Finger im Spiel gehabt haben? Die Frage blieb Spekulation. Ebenso die Frage, inwieweit BND-Mitarbeiter Six seinen neuen Dienst über die Tätigkeit Schneiders unterrichtet haben könnte. Immerhin hatte der BND mit Six ja einen Führungsfunktionär jenes Nachrichtendienstes übernommen, für den Schneider die gesamte Wissenschaftsarbeit in den besetzten 'germanischen' Nachbarländern kontrolliert hatte, bevor er unter falschem Namen gemeinsam mit Obersturmbannführer Spengler an der Umsetzung der Nachkriegsplanungen arbeitete. An seinen Europakonzepten hatte Schneider schon vor 1945 zusammen mit Six gearbeitet, der damals als wichtigster Europastratege der SS gegolten und mit dem Schneider noch wenige Monate vor Kriegsende in Kontakt gestanden hatte.[224] Es lag also der Schluß nahe, daß Six auch über Schneiders Nachkriegspolitik informiert war. Und ebenso schien uns durchaus denkbar, daß mit ihm auch der BND davon wußte, dessen Chef schließlich Reinhard Gehlen war, der Cousin des Aachener Soziologen Arnold Gehlen.

---

[222] Maunz, der Mitautor des wichtigsten Grundgesetz-Kommentars, sorgte erst vor wenigen Jahren posthum für einen Skandal, als die Nationalzeitung nach seinem Tod seine langjährige heimliche Unterstützung neofaschistischer Organisationen würdigte.

[223] damals sozialdemokratische Wochenzeitung

[224] Sievers an Schneider, 15.2.45

Solche Strukturen können die scheinbare Unangreifbarkeit 'Schwertes' in den vergangenen 50 Jahren erklären. Er brauchte diese Beziehungen als notwendige Hilfe. Im Kontakt mit alten Bekannten war sicher das gegenseitige Wissen über die beiderseitigen Verstrikkungen ein entscheidender Grund zu schweigen. Hier herrschte offenbar so etwas wie ein Gleichgewicht des Wissens.

Doch wie war es bei all den anderen, die ihn nicht mehr aus der NS-Zeit kannten, die aber im vertraulichen Gespräch mehr oder weniger exakt informiert worden waren? Auch sie hatten sich entschieden zu schweigen, und damit ihre Loyalität zu den TäterInnen ausgedrückt. Und dieser Sumpf von MitwisserInnen war es auch, der, mehr noch als die längst pensionierten TäterInnen, die heutigen Verhältnisse an den Hochschulen bestimmten. So dämmerte uns der Verdacht, daß 'Schwerte' im Grunde keiner geheimdienstlichen oder vergleichbaren Rückendeckung bedurft hätte, um in der Wissenschaftslandschaft an einer Modernisierung seiner SS-Politik arbeiten zu können.

Tournee

Aachen verwundert vor allem außerhalb – wir sind in Bayern zuhause – hier beginnt dieses Buch – Tina weiß es zuerst.

Als nach der Störung des Rohrmoser-Vortrags im Juli die Zwangsexmatrikulationen gedroht hatten, waren bei uns Solidaritätserklärungen von studentischen Vertretungen anderer Hochschulen eingegangen. Nun wollten die AbsenderInnen gerne wissen, was weiter in Aachen passierte. Außerdem hatte der Bund demokratischer WissenschaftlerInnen (BdWi) angefragt, ob die Fachschaft Interesse hätte, auf einem Seminar im November 1995 einen Vortrag über die Auseinandersetzung mit der NS-Vergangenheit an der RWTH zu halten. Damit fingen die Pläne für unsere Vortragsreise zu einem Zeitpunkt an, als sich in Aachen kaum noch jemand für diese Themen interessierte.

Unsere Tournee begann am 9. November in Münster, wo Alex und Darius kurz in die Biographie Schneiders einführten und von der Diskussion um den Fall in Aachen berichteten. Zwei Leute von der Fachhochschule Münster referierten über den Fall Pfeifenberger: Jener war zuerst Professor an der Uni Münster, bevor er an die FH wechselte. Pfeifenberger hatte sich immer wieder als Verfechter des

Apartheid-Systems hervorgetan, hatte in Münster Afrikaans gelehrt und war Dozent an südafrikanischen Elite-Universitäten. An beiden Münsteraner Hochschulen war er zudem bei den StudentInnen wegen seines freundschaftlichen Kontaktes zu FPÖ-Chef Jörg Haider unbeliebt. Pfeifenberger hatte schließlich sogar umfangreiche Neonazi-Literatur für eine Institutsbibliothek der FH bestellt und in einer österreichischen Veröffentlichung behauptet, die JüdInnen hätten Nazi-Deutschland den Krieg erklärt.

In unserem Beitrag überraschte die überwiegend studentischen ZuhörerInnen besonders die Erwähnung der Hochschulwache. Eine solche war ihnen völlig unbekannt, es gebe in Münster nur die netten Leute vom Schließdienst, aber keinesfalls halte sich die Uni oder die FH Münster eigene Hilfssheriffs, wie das die RWTH tut. Ob es dafür denn überhaupt eine rechtliche Grundlage gebe, ob die Truppe dann wirklich bei Vorträgen erscheine, wurde gefragt, und wem die Hochschulwache eigentlich unterstellt sei.

Von Münster aus fuhren Alex und ich weiter zum Seminar von BdWi und Evangelischer StudentInnengemeinde nach Hardegsen bei Göttingen. Thema war 'Die verpaßte Neugründung der Hochschulen 1945 und die verpaßte Geschichtsdiskussion 1995'. Hier erweiterten wir unseren Münsteraner Vortrag um die Biographien von Arnold Gehlen und Alfred Boettcher, um für die anschließende Diskussion drei Verhaltensstrategien exemplarisch darzustellen. Während man sich bei Schneider/Schwerte mit der üblichen Floskel „nichts gewußt" herausreden konnte, lagen die Dinge bei Gehlen schon komplizierter. Hier war einiges bekannt, manches verschwiegen, und man stritt sich um die Bewertung des Neuen sowie des Bekannten. Es machte der Fachwelt einige Mühe, die Wertung der KritikerInnen als falsch oder unwissenschaftlich abzutun. Gemeinsam war diesen Diskussionen die Einigkeit darüber, daß die NS-Vergangenheit Grund zur Distanz und zur Diskussion gab. Anders im Fall Boettcher: Der war geradewegs als SS-Hauptsturmführer an RWTH und KFA gekommen, und daß daran jemand Anstoß nehmen konnte, ist beiden Institutionen bis heute unbegreiflich.

Unsere ZuhörerInnen und ganz besonders jemand von der TU Berlin konnten nicht glauben, wie in Aachen mit der 'arischen Physik' und Lenard und Stark umgegangen wurde, da sie die beiden ganz selbstverständlich als 'Bösewichte' kennengelernt hatten.

Insgesamt war man überwiegend der Meinung, daß in Aachen zweifelsohne katastrophale Zustände herrschten, andererseits die RWTH gerade durch ihre Vertuschungsaktionen sehr viel Angriffsfläche biete, die anderswo nicht so einfach gegeben sei. Während wir an der RWTH ignoriert, verleumdet und verspottet wurden, benutzen andere Hochschulen wesentlich subtilere Methoden, um ihre KritikerInnen zum Schweigen zu bringen. Dort tut man so, als nähme man die StudentInnen ernst und räume ihre Kritikpunkte aus, indem sie ganz wissenschaftlich in den akademischen Prozeß miteinbezogen werden, ohne die Mängel tatsächlich zu beheben.

Die Studentische Versammlung (StuVe)[225] der Universität Erlangen-Nürnberg hatte lange Zeit eine Podiumsdiskussion mit dem Rektor geplant, doch der sagte seine Teilnahme wieder ab. So beschlossen die ErlangerInnen, eine Vortragsveranstaltung zu machen. Hierbei sollten wir unseren nun schon mehrfach erprobten Teil erzählen. Auch Gjalt Zondergeld war nach Erlangen eingeladen worden, über die NS-Vergangenheit 'Schwertes' zu berichten. Für das Thema der Wiedereröffnungen der Universitäten nach 1945 war ursprünglich Prof. Kurt Lenk aus Erlangen vorgesehen, der früher in Aachen Politik gelehrt hatte. Doch Lenk schlug statt dessen den Aachener Soziologen und Ex-Fachschafter Rüdiger Haude vor. Somit fühlten wir uns am 14. Dezember mitten in Bayern wie zu Hause.

Anders als wir es gewohnt waren, herrschte hier großer Andrang: Etwa 250 Interessierte waren im Senatssitzungssaal erschienen, um etwas über die Vergangenheit ihres ehemaligen Dozenten und die heutige Diskussion über ihn zu erfahren, darunter auch viele ältere Leute, die zum Teil selbst bei 'Schwerte' gelernt hatten. Nirgends vorher waren wir mit unseren Darstellungen auf so viel öffentliches Interesse gestoßen wie in Erlangen.

Zondergeld hatte seinen Vortrag dem Umstand, daß es noch drei weitere ReferentInnen gab, entsprechend gekürzt, jedoch auch um einige Aspekte erweitert. Er ging detaillierter auf den Verdacht, Schneider habe Instrumente für Menschenversuche in Dachau beschafft, ein, als es im Mai 1995 möglich gewesen war und lobte dabei

---

[225] Da es u.a. an den bayrischen Hochschulen keinen AStA gibt, organisieren sich die StudentInnen meist in offiziell nicht anerkannten Gremien, wie der StuVe in Erlangen.

die Ergebnisse unserer Recherchen zu Boettcher, in denen wir ja unter anderem den Verbleib einiger Instrumente nachverfolgt hatten.

Das dicke Lob vor so großem Publikum ging natürlich runter wie Öl und war ein angenehmes Kontrastprogramm zu den ewigen Anfeindungen in Aachen.

Am 30. und 31. Januar waren wir schließlich in Wuppertal und Düsseldorf. Auch hier referierten einerseits Darius und ich, andererseits Thomas und Gerd über unsere Recherche und die Vorgänge an der Hochschule, diesmal wieder vor etwas kleinerem Publikum.

Zu dieser Zeit waren wir auch schon mit einem anderen Projekt beschäftigt, das die Ereignisse an der RWTH publik machen sollte. Während der Hektik am ersten Tag des Wintersemesters 1995/96 hatte nämlich ein Mensch angerufen, der nicht seine Einführungsveranstaltung verpaßt hatte oder mit dem Stundenplan nicht klar kam, sondern beeindruckt von unseren Veröffentlichungen im *LiZ* gefragt hatte, ob wir nicht Lust hätten, ein Buch über den Fall Schneider zu schreiben. Er sei übrigens Willi vom Unrast-Verlag. Ich antwortete, wir hätten zwar schon die *philfalt EXTRA* herausgegeben, und es existiere ein Lesebuch zu 125 Jahren RWTH, aber generell hielte ich es schon für möglich. Allerdings müsse ich das auch noch mit den anderen besprechen.

Es ist offensichtlich, daß wir uns entschieden, dieses Buch zu schreiben. Ein Stück Geschichte von unten, keine Wissenschaft, sondern ein Ausschnitt unseres – nicht ganz alltäglichen – Hochschulalltags.

Mit einer ersten Lesung aus unseren Manuskripten und einer Ausstellung am 28.4.96, genau ein Jahr nach dem Bekanntwerden von 'Schwertes' wahrer Identität also, wollten wir diesem Ausschnitt einen gelungenen Abschluß geben, uns Zeit zum Durchatmen nehmen, vielleicht auch persönlich Bilanz ziehen nach diesem hektischen Jahr. Es kam jedoch anders, und als später die *AN* den Artikel nach der Ausstellung „*Zwischenbilanz im 'Fall Schneider'*" titulierte, hat uns das ein wenig erschreckt.

Diskretion

Die Demokratie beginnt mit dem Schweigen – kein Vortrag
zieht die meisten Leute an – Alex vertritt Herrn Lübbe auf dem
Podium.

Ausgerechnet Hermann Lübbe sollte, wäre es nach König, Kuhlmann
und Schwabe gegangen, zum Beginn des Sommersemesters 1996 den
Auftaktvortrag zum zweiten Teil der Ringvorlesung 'Von der Diktatur zur Demokratie' halten. Reemtsma hatte mit den folgenden Worten den ersten Teil beendet: „*Was man weiß, über das hinaus, was man*
zuvor zu wissen glaubte, läßt einen erst der Alptraum zwei Tage nach der
Information ahnen."

Lübbe hat das Schweigen gegen den Alptraum gesetzt. Gestört
fühlt er sich durch die Fragen der 68er Generation:

„*Damit wird die bisherige Geschichte der Bundesrepublik Deutsch-*
land zu einer ihrerseits bewältigungsbedürftigen Geschichte erhoben, zu
einer 'vergessenen Geschichte' und näherhin zu einer Geschichte der 'ver-
paßten Chancen', wie es im Serienteil eines Millionenblattes noch vor
weniger als vier Jahren hieß.

Wenn sich die Bürgerschaft der Bundesrepublik Deutschland das hätte
einreden lassen, so wäre sie damit auch desjenigen politischen Selbstgefühls
noch verlustig gegangen, das sich, immerhin, aus ihrer grundkonsensuel-
len Zustimmung zu dieser Republik einschließlich ihrer Geschichte ihr
doch allmählich ergeben hatte."[226]

Hier stehen die FeindInnen der 'kulturellen Identität' des deutschen 'Wir' im Innern: Die NestbeschmutzerInnen, die das Schweigen brachen, das ausreichen sollte, um aus einem nationalsozialistischen Volk ein bundesrepublikanisches zu machen.

„*Die Rechtfertigung und Verteidigung des Nationalsozialismus wurde*
niemandem zugebilligt. Daß der Widerständler gegen seinen Ex-Nazi-
Kollegen recht behalten hatte, war gleichfalls öffentlich nicht bestreitbar,
und wieso der Kollege einst Nationalsozialist geworden war – das war,

---

[226] Hermann Lübbe: Nationalsozialismus und Gegenwart.- in: Deutschlands Weg
in die Diktatur. Internationale Konferenz zur nationalsozialistischen Machtübernahme im Reichstagsgebäude zu Berlin. Referate und Diskussionen. Ein
Protokoll. Hrsg. v. Martin Broszat u.a.- Berlin 1983, S. 341.

nach seinen respektablen oder auch weniger respektablen Gründen, keinem der Beteiligten einschließlich der studentischen Ex-Pimpfe ein Rätsel. Eben deswegen wäre es auch ganz müßig gewesen, dieses Nicht-Rätsel als Frage universitätsöffentlich aufzuwerfen, und ein Auslösepunkt für einen Generationenkonflikt lag hier insoweit auch nicht. Der im Widerstand bewährte Kollege wurde Rektor. Um so mehr verstand es sich, daß er einem sich gebotenerweise zurückhaltenden Ex-Nazi-Kollegen gegenüber darauf verzichtete, die Situation, die sich aus der Differenz ihrer politischen Biographien ergab, in besonderer Weise hervorzukehren oder gar auszunutzen. Kurz: Es entwickelten sich Verhältnisse nicht-symmetrischer Diskretion. In dieser Diskretion vollzog sich der Wiederaufbau der Institution, der man gemeinsam verbunden war, und nach zehn Jahren war nicht vergessen, aber einiges schließlich ausgeheilt.

So ideal vollzog sich die Entwicklung – das weiß man – natürlich keineswegs immer; aber das war die Norm für das Verhalten im Prozeß der Verwandlung der dem Reichsuntergang so oder so entkommenen deutschen Bevölkerung in die Bürgerschaft der neuen Republik."[227]

Wer das Schweigen bricht, wer fragt, gar anklagt, zerstört das identitätsstiftende Element einer gemeinsamen verbrecherischen Vergangenheit. Reemtsma hatte die nationalsozialistische 'Volksgemeinschaft' mit einer Bande verglichen. Wenn mit dem 'Widerständler' die 'Verschwörer des 20. Juli' gemeint sind, und von einer anderen Art 'Widerstand' sprechen deutsche AkademikerInnen selten, dann kann mensch sich deren vor- wie nachkriegszeitliche Verbundenheit in derselben Institution gut vorstellen. Kein Wort von den Millionen Toten, kein Wort von der Kontinuität auch dieser Ausgrenzungsmechanismen.

Schweigepflicht.

Herr Lübbe paßt gut an die RWTH. Und in jene Braunzone zwischen Konservativismus und Rechtsextremismus, in der er seine Thesen publiziert. Die neu-rechte Wochenzeitung *Junge Freiheit* gehört dazu, zu deren Aachener 'Leserkreis' auch ein Student gehört, der Sprengstoffspezialist der mörderischen 'Anti-Antifa'[228] ist. Auch zur

---

[227] ebd. S. 335.

[228] Mit diesem Begriff wird von Neonazis eine gemeinsame Kampagne gegen alles bezeichnet, was aus ihrer Sicht 'deutschfeindlich' ist. Neben AntifaschistInnen sind hiermit vor allem auch multikulturelle Projekte, prominente FürsprecherInnen einer liberalen Einwanderungspolitik und Menschen ohne deutschen

FPÖ, der Bewegung des SS-Veteranen-Freundes Jörg Haider, hat Lübbe so gute Beziehungen, daß er im 1995er Jahrbuch der politischen Akademie der FPÖ veröffentlicht, neben zum Beispiel dem Münsteraner Professor Pfeifenberger, der seit über 20 Jahren puren und unverhohlenen Rassismus predigt. Lübbe ist subtiler, wohlerzogener. Er ist der, den mensch dorthin schickt oder einlädt, wo sein Kollege Rohrmoser auf zu viel Ablehnung stieß, wie ein weiterer Blick in das Interview zeigt, das Leggewie mit Rohrmoser führte:

„Mein Eindruck ist, daß die CDU-Prominenz das Studienzentrum[229] durch ein paar honorige Auftritte 'gewürdigt' hat, wenn es aber zur Sache ging [...], lieber Hermann Lübbe als Vordenker mit der 'Zukunftsplanung' [beauftragte].

Rohrmoser: Sie stellen peinliche Fragen. Zunächst einmal: mein Kollege Hermann Lübbe ist natürlich ein Gewinn für jedermann, der ihn einlädt.“[230]

Welcher Teufel die Einladenden bei ihrer Wahl geritten haben mag, blieb uns bis heute verborgen. Ein tieferes Interesse der Professoren für Lübbe scheint es nicht gewesen zu sein. Gerüchten zu Folge habe Kuhlmann im Philosophischen Institut gar verlauten lassen, ihm sei es egal, ob Lübbe spräche.

Doch was veranlaßte Kuhlmann zu einer derartigen Äußerung? Nun, im Fenster der Fachschaft hing seit einiger Zeit ein Plakat: „Rohrmoser kommt. Diesmal heißt er Lübbe!“ Darunter Informationen zu dessen Person.

Vorausgegangen war diesem Aushang das Rohrmoser-Ritual: Der *Klenkes* hatte kritisch über den Eingeladenen berichtet, dessen Sympathien für das neu-rechte Lager angesprochen und heftige Auseinandersetzungen um die Einladungspolitik der Hochschule vorausgesagt, was keiner hellseherischen Fähigkeiten bedurfte. Die Fachschaften Mathe/Physik/Informatik und Philosophie hatten einen offenen Brief an Herrn König geschrieben, der zum Teil identisch war mit dem an den Rektor im Vorfeld des Vortragsversuchs Günter Rohrmosers. Königs Antwort war zwar nicht wörtlich dieselbe wie seinerzeit die des Rektors, doch inhaltlich ergab sich kein Unterschied.

Paß gemeint. Teil dieser Kampagne waren neben der Datensammlung und Einschüchterungsaktionen auch die Briefbombenanschläge der vergangenen Jahre.

[229] Studienzentrum Weikersheim, vgl. S. 85.

[230] Leggewie: a.a.O. S. 55.

Eine weitere Tragikomödie nach RWTH-Muster bahnte sich an, mit dem Nachteil für uns, keine zweite Besetzung zu haben, während von Prof. Kerner, der ja die Regie bei Rohrmoser geführt hatte, erzählt wurde, er habe feixend sein Vergnügen darüber ausgedrückt, diesmal im Publikum Platz nehmen zu dürfen. Dieser Austausch des skurilen Prof. Kerner gegen das staubtrockene Dreigestirn König, Kuhlmann, Schwabe würde die tragische Seite der Geschichte betonen.

Nun, mensch tut was mensch kann. Wir beriefen unser Vorbereitungstreffen ein, die Professoren hatten ihres für den selben Tag ein paar Stunden früher angesetzt. Prof. Kuhlmann hatte vermutlich beim Streichhölzerziehen verloren. Jedenfalls kam er – wie er betonte: rein zufällig – in unser Treffen geplatzt, guckte ein wenig unsicher in die wilde Runde und fragte dann frei heraus: „Und, wie ist es denn mit unserem Vortrag?" Erstaunen mischte sich mit Gelächter. – „Was meinen Sie genau?" – „Nun, wird er gestört oder nicht?" – „Überraschung!"

Wir sollten doch jetzt mal sagen, was wir denn gegen einen Vortrag Lübbes einzuwenden hätten. Er, Kuhlmann, habe noch kein Argument gehört, das gegen ihn spräche. Er möge Lübbe zwar auch nicht, er sei geradezu sein „Intimfeind"[231], aber wissenschaftlich käme mensch einfach nicht an ihm vorbei.

Wir antworteten, RednerInnen, die in der *Jungen Freiheit* und im Jahrbuch der politischen Akademie der FPÖ publizierten, seien an einer Hochschule im allgemeinen und in dieser Ringvorlesung im besonderen am falschen Platz. – Das sei kein Argument, wichtig sei allein, was jemand schreibe, nicht wo, erwiderte Kuhlmann. – Auch das sei bedenklich genug, Lübbe vertrete den ausgrenzenden Ethnopluralismus, der für Blätter wie die *Junge Freiheit* typisch sei. Davon abgesehen, sei seine These von der 'nicht-symmetrischen Diskretion' ebenso absurd wie als Auftakt für die Ringvorlesung ein fatales politisches Signal. – Das sei kein Argument, wichtig sei allein, daß die Meinungsfreiheit und die der Wissenschaft gewahrt bliebe.

---

[231] Da ich nicht glaube, daß Kuhlmann darauf hinweisen wollte, daß er und Lübbe Agenten rivalisierender Großmächte seien, die sich zum einen auf Skiern und unter Schußwaffengebrauch einen Berg hinunter jagten, zum anderen romantische Stelldicheins auf Hochseejachten hatten, wurde mir nicht ganz klar, was genau ein 'Intimfeind' sein soll. Es muß sich um etwas spezifisch Akademisches handeln, wo alles Reden zur Phrase verkommt und sich auch 'intim' und 'Feind' nicht mehr ausschließen.

Im Streben nach 'kultureller Hegemonie' benutzten Organisationen wie das Studienzentrum Weikersheim, in dessen Kuratorium Lübbe säße, die Hochschulen und die dort hochgehaltenen Freiheiten für Ziele, die mit Freiheit nicht viel zu tun hätten, konterten wir. Darüber hinaus müsse es auch eine Freiheit der Diskussion geben, in der nicht alles durch eine bornierte Regie akademischer TitelträgerInnen vorformuliert würde. Genau das sei aber seit mindestens einem Jahr in Aachen der Fall. – Das sei kein Argument... – Manchmal müsse mensch allerdings auch Lübbe recht geben. Es gäbe Momente, in denen diskutieren nicht lohne, beendeten wir das Gespräch.

Wir verwiesen noch auf die *philfalt EXTRA* vom Oktober 1995, in der wir einen Text abgedruckt hatten, um unsere Kritik an der Einladung Rohrmosers und unsere Entscheidung, seinen Vortrag zu verhindern, zu erklären.

Wir entschlossen uns, Lübbes Vortrag nicht einfach abzublasen, sondern zu versuchen, an Ort und Stelle eine Diskussion anzuzetteln, trotz der realistischen Einschätzung einiger, daß das keinen Erfolg haben werde, sondern den Abbruch der Veranstaltung lediglich verzögere. Es kam in etwa, wie vorausgesagt. Lübbe ging ans Rednerpult. Wir warfen unsere Kritik in die Runde, die meisten hatten damit gerechnet. Dementsprechend war reichlich Polizei und Hochschulwache, der Führungsstab der Hochschule und einige professorale wie studentische Schaulustige gekommen, die auf keiner der vorherigen Ringvorlesungen gewesen waren. Rektor Habetha hatte im Vorfeld deutlich gemacht, daß er in der Hochschule Hausrecht habe und wenn ihm danach sei, auch davon Gebrauch machen werde. Dazu standen auch schon acht Einsatzwagen der Polizei auf dem Parkplatz bereit.

Mensch hielt uns das übliche Gezeter entgegen: Gewalt, faschistoid, SA-Methoden. Ein ganz origineller Zeitgenosse älteren Datums rief: „Rausschmeißen! Möglichst mit Gewalt!" Am Rand des Geschehens ging Prof. König Renke an, der sich an der ganzen Auseinandersetzung um Lübbe nicht aktiv beteiligt hatte, er sei doch der Drahtzieher des Ganzen und solle endlich seinen Einfluß auf uns geltend machen. Renke konnte die Aufregung nicht ganz nachvollziehen, es war doch seit Wochen absehbar, daß es so kommen würde, und wenn er unbedingt Lübbe einladen müsse, dann... „Ich mache meine Veranstaltungen, wie ich will!" Eben, das war ja das Problem.

Magnifizenz lächelte souverän und schickte einen Lakaien zum Podium. Mensch solle uns fünf Minuten Redezeit zum Austoben gewähren. Hier deutete sich also schon die neue Linie an, uns nicht mehr als politische GegnerInnen, sondern einfach als PsychopathInnen zu sehen, wie es auf der folgenden Fachbereichsratssitzung dann diskutiert wurde. Aber was tun? Nichts sagen und für verrückt erklärt werden, oder wohl was sagen und auch für verrückt erklärt werden? Wir konnten uns jedenfalls schlecht zur Beratung zurückziehen. Also machen wir der Sache ein Ende, dachte ich mir. Ich nahm mir das Mikro, obwohl mir nicht so recht klar war, was ich erzählen sollte. In solchen Fällen wühlen Vortragende geschäftig in einem Haufen Papier. Ich hatte nur die *philfalt EXTRA* bei mir und noch einige von den zuvor ausgeteilten Flugblättern. Ich schlug also die Broschüre auf und fand in dem zuvor erwähnten Text zu Rohrmoser gleich eine passende Stelle. Schön, dann les' ich eben was vor. Kuhlmann hielt die Stoppuhr. Karaoke für AkademikerInnen. Dingdong. „Die fünf Minuten sind um, jetzt müssen Sie aber auch gehen und Ihren Leuten sagen, daß sie sich ruhig verhalten müssen, wir haben schließlich ein Geschäft gemacht." – Das Führerprinzip sei bei uns nicht üblich. Ich mischte mich wieder unters Publikum.

Lübbe wagte einen weiteren Versuch: „Sehr geehrte Damen und Herren..." – Einige Leute johlten, pfiffen, trommelten auf den Tischen, alles wie gehabt. Viel leiser als seinerzeit Rohrmoser gab sich Lübbe geschlagen. Seine Fans waren enttäuscht, blieben aber friedlich.

Therapie

Der Castor kommt, aber der Rektor schläft – Professoren sind ohne Polizei hilflos – ein Protokoll wird albern – Alex beobachtet den Verfassungsschutz.

Mit dem Gefühl, sich mal wieder und vielleicht jetzt endgültig unmöglich gemacht und die letzten Sympathien verspielt zu haben, trollte ich mich. Jetzt reden sie wirklich nicht mehr mit uns, gottseidank vielleicht, mir ist das Interesse auch so langsam abhanden gekommen. Wir diskutieren hier mit professoralen Trantüten und die Leute im Wendland[232] lassen sich die Köpfe einschlagen, irgendwas stimmt da doch nicht.

---

[232] Zur gleichen Zeit schlugen zehntausende PolizistInnen dem Castor den Weg ins Zwischenlager Gorleben frei.

Der Nachrichtendienst der Hochschule muß Gedanken lesen können. In der folgenden Woche häuften sich die Angebote, mit uns in ein Gespräch zu treten. Zwei studentische Senatoren hatten den Senat überredet, ein Gespräch mit uns zu wagen, und mensch hatte vereinbart, die beiden sollten mal bei uns anfragen, ob wir in kleiner formloser Runde samt Rektor diskutieren wollten. Unsere Begeisterung hielt sich in Grenzen, wir mußten doch die Ausstellung vorbereiten, dieses Buch schreiben, tausend Dinge tun, die mehr Erfolgsaussichten hatten. Wir ließen uns dennoch darauf ein, mit einer kleineren Abordnung des Senats einen Gesprächstermin zu vereinbaren. Rektor Habetha muß die entspannte Formlosigkeit sehr genossen haben. Nach etwa einer Stunde schlief er auf seinem Stuhl ein.[233]

Der Fachbereichsrat setzte gleich den ganzen Fall Schneider, nebst Lübbe und was nicht allem, auf die Tagesordnung des öffentlichen Teils seiner nächsten Sitzung und ließ durchblicken, mensch erwarte unser zahlreiches Erscheinen. Jetzt auf einmal, und nur um uns wieder zu sagen, daß mensch nichts sagen könne? Die meisten von uns lehnten dankend ab, zumal am selben Tag eine weitere Diskussion zum Thema anstand, die schon deswegen die Vernünftigste sein würde, weil sie ausdrücklich ohne Professoren stattfinden sollte.

Auf dieser Veranstaltung, die drei Assistenten – ein Historiker, ein Politologe und ein Theologe – organisiert hatten, wurde endlich einmal in ruhiger Atmosphäre konzentriert diskutiert. Darüber, daß es eine völlig haarsträubende Idee war, Lübbe in dieser sensiblen Situation zur Ringvorlesung einzuladen, herrschte weitgehend Einigkeit. Ob mensch ihn deswegen, oder auch generell, nicht zu Wort kommen lassen dürfe, war umstritten. Am Ende war deutlich, daß die einzelnen Leute von recht unterschiedlichen Grundhaltungen ausgingen, so daß wir in vielen Punkten nie Einigkeit erzielen würden und die meisten das auch nicht wollten, wir aber dennoch die jeweiligen Argumente austauschen, manchmal akzeptieren, manchmal kritisie-

---

[233] Wir begannen das Gespräch mit der Frage, ob es in irgendeiner Art Maßnahmen im Zusammenhang mit der Lübbe-Veranstaltung gebe, sei es, die Feststellung von Personalien, das Erstatten von Anzeigen, das Nachdenken über interne Repressionsmaßnahmen oder was immer mensch sich denken könne. Der Rektor verneinte, wir fragten noch einmal und ein drittes Mal, ob er sich ganz sicher sei. Nein, keinerlei Maßnahmen, in keiner Hinsicht, war die Antwort. Inzwischen sind zwei Personen polizeilich vorgeladen, die „gemeinschaftlicher Nötigung" beschuldigt werden.

ren, kurz Konflikte benennen und austragen konnten. Wieso ging das plötzlich? Es war, deswegen hatten wir die Professoren ja vor vornherein ausgeschlossen, niemand da, der oder die falsches Spiel trieb, strategisch Scheinargumente in die Runde warf, sich vorher mit den Definitionsmächtigen abgesprochen hatte, einen Repressionsapparat im Hintergrund hatte, die GesprächspartnerInnen von oben herab behandelte. Am Ende blieb aber für mich und einige andere die Frage, was für Konsequenzen solche Gespräche konkret für die einzelnen Leben haben, ob überhaupt Bereitschaft vorhanden ist, Konsequenzen daraus zu ziehen. Verweist nicht die geringe Beteiligung von Leuten, die nicht an der Verhinderung des Vortrags beteiligt waren oder offen damit sympathisierten, darauf, daß die meisten eben diese Frage fürchten?

Während wir also den herrschaftsfreien Diskurs probten, arbeiteten die Herren an unserer Psychiatrisierung. Thomas hatte es sich angetan, die Fachbereichsratssitzung zu beobachten, und berichtete darüber.

Da hatten an die zwanzig Wissenschaftler zwei Stunden lang über ihre „Hilflosigkeit" nach dem geplatzten Lübbe-Vortrag debattiert, erzählte er halb entsetzt, halb amüsiert. Einige wenige Professoren waren sichtlich enttäuscht, daß es zu keinem Polizeieinsatz im Hörsaal gekommen war, und so blieb ihnen nichts weiter, als auf das Unverständnis der übrigen Fakultäten über das mangelnde Durchgreifen zu verweisen. Es wurden Stimmen laut, endlich ein Exempel zu statuieren, „wer hier der Herr im Hause" sei. Andererseits hätte ein Polizeieinsatz dem lädierten Ansehen der Fakultät sicher nicht wohlgetan, und so war guter Rat teuer. Die Herren zerbrachen sich ihre Köpfe, ob und wie wir wieder in den Hochschulbetrieb integriert werden könnten. Hierzu mußten sie zunächst einmal Einigkeit in der Frage erzielen, was uns denn eigentlich zum „Kommunikationsabbruch" getrieben hätte.

Die Erklärungsversuche waren ebenso zahlreich wie die Wissenschaftler: Dahinter stehe ein eiskalter, strategischer Plan, führte etwa Geographie-Professor Gräf aus und blieb mit seiner Ansicht allein. Lediglich einen immer wiederkehrenden Tatplan mochten die übrigen uns zugestehen, und der bestand für sie darin, daß erst einmal im *Klenkes* Artikel erschienen, die wir dann unter dem Vorwand, für alle Studierenden unserer Fakultät zu handeln, gewaltsam in die Tat umsetzten. Daß wir uns als Avantgarde aufführten, läge an unserer zunehmenden Isolation in der StudentInnenschaft, fügten gleich mehrere Herren scharfsinnig an, und es war an ihren Minen erkennbar, wie der Gedanke an eine möglichst totale Isolation der Fachschaft ihnen Vergnügen bereitete. Herr König wies auf unsere fehlende „Studierfähigkeit" hin und sah in unseren Texten „einen einzigen Hilfeschrei". Folglich empfahl der Politologe, die politischen Äußerungen darin überhaupt nicht zu beachten. Könne mensch nicht statt dessen „den akademischen Raum gewissermaßen in einen therapeutischen Raum verwandeln"? Aha. Mensch stempelte uns also tatsächlich als geistesgestört ab. Zwar erntete König bei einigen Kollegen Widerspruch, doch wurde ihm kaum etwas anderes entgegnet, als daß in unserem Fall ohnehin jeder Integrationsversuch vertane Zeit sei.

Wie also eine Lösung finden? Soziologen schlugen vor, das Problem soziologisch zu lösen. Germanisten hielten eine philologische Beschäftigung mit uns für sinnvoller. Und allen gemeinsam fiel nicht mehr ein, als einen Test über unsere potentielle „Kommunikationsbereitschaft" durchzuführen. Dieser sollte in der Zusendung einer zur Veröffentlichung bestimmten Resolution, worin das Entsetzen des Fachbereichsrates über die Störung des Lübbe-Auftritts bekundet wurde, bestehen. Daran, ob sich die Resolution dann in der nächsten Ausgabe der Fachschaftszeitung wiederfände oder nicht, würde mensch ablesen können, wie es um uns bestellt sei. Dabei war den Herren wohl so einiges entgangen, und der Umstand, daß Zeitungsredaktion und Fachschaftskollektiv keineswegs deckungsgleich sind, war wohl noch das Geringste davon. Auch ihre am Ende der Debatte wiederkehrende Einigkeit in der Frage, ohne Polizei eigentlich „hilflos" zu sein, hatte bei Thomas keinen sonderlich aufgeweckten Eindruck hinterlassen.

Das der Sitzung folgende Protokoll diagnostizierte ein *„untaugliches Erklärungsmodell von Wirklichkeit"*, basierend auf einer *„dogmatisch-schematischen Einteilung von Welt und Menschen"*. Interessant zu sehen, wie all diese Elfenbeinturmschöngeister, die stundenlang über die absurdesten Thesen diskutieren konnten – wenn der Urheber nur weiß, männlich und entweder tot oder akademischer Titelträger, am besten aber beides, war – die Wirklichkeit als Argument entdeckten. Sie mußten dabei übersehen, daß sich die meiste Wirklichkeit außerhalb ihrer akademischen Zirkel abspielt, wo Gewalt keine Metapher für strukturelles Ungleichgewicht ist, sondern verletzt und tötet.

Aber es ging den Herren ja nicht um Wirklichkeit, sondern um Erklärungsmodelle und zwar solche, die was taugten. Sie mußten funktionieren, um den akademischen Dialog aufrechtzuerhalten, um Strukturen gleichzeitig flexibel und stabil zu halten. Nicht Modelle, die wir geliefert hätten, sondern die Wirklichkeit selbst, die wir ihnen vor Augen hielten, erschreckte sie. Sie kompensierten das durch Albernheiten. Das Protokoll strotzte nur so davon. *„Zu sehen, wie mit den Störaktionen einiger weniger das grunddemokratische Prinzip des* audiatur et altera pars *mißachtet würde, löse ebenso 'Betroffenheit' (Sonnemanns) aus, wie es auf der operationalen Ebene eine Hilflosigkeit zeitigen würde, der schwerlich zu entkommen wäre. [...] Herr König sieht hier einen Ansatz in der Trennung von Sach- und Beziehungsebene innerhalb der Kommunikation; mit Bezug auf den Beziehungsaspekt nämlich könne er Passagen aus dem* philfalt-EXTRA-*Artikel durchaus als 'Suche nach Anerkennung' interpretieren.* "[234]

Es kam nicht von ungefähr, daß König sich auf den Artikel in der *philfalt EXTRA*[235] bezog, und sein Plappern erhielt dadurch einen ernsten Hintergrund. Schon wenige Tage nach der Verhinderung des Vortrags Lübbes hatte Prof. Kuhlmann ein Rundschreiben an sämtliche Professoren des Fachbereiches gesandt.[236] *„Hiermit schicke ich Ihnen einen Text, den ich einer Publikation unserer Fachschaft ('Die Feierlichkeiten sind nicht betroffen') entnehme. In diesem Text wird das Argument formuliert, mit dessen Hilfe sowohl die bisher (kürzlich) stattgefundenen, wie auch mögliche zukünftige Veranstaltungsstörungen gerechtfertigt werden sollen. Die Schrift ist nach meiner Auffassung das zentrale Legitimationspapier für alle derartigen Vorhaben. Die Kenntnis des Papiers scheint mir wichtig zu sein für die Diskussion in der nächsten Fachbereichsratssitzung, für die der Dekan einen entsprechenden Tagesordnungspunkt vorgesehen hat. Ich denke, es wäre außerdem nicht schlecht, das Papier in den Lehrveranstaltungen mit möglichst vielen Studenten zu diskutieren, damit diese sehen, wie schwach, abstrakt*[237] *und*

---

[234] Niederschrift der 137. Fachbereichsratssitzung der Philosophischen Fakultät vom 08.05.1996, S.4

[235] Es geht hier um den Artikel 'Über die Notwendigkeit zu handeln', der an Stelle von Lübbes Vortrag in Auszügen (5 Minuten lang) vorgetragen wurde.

[236] Allerdings ohne der Fachschaft davon Kenntnis zu geben, aus deren Publikation er hunderte von Kopien gefertigt hatte und gegen die er im folgenden hetzte. Uns ist das Schreiben über Umwege zugeleitet worden.

[237] Was ein Philosophielehrer an der Abstraktheit eines Arguments genau auszu-

unzureichend die Argumente sind, aufgrund derer in ihrem Namen agiert wird." Im Anhang der genannte Text in Kopie.

Hatten sich die Professoren bisher gegen vermeintliche oder tatsächliche Angriffe noch in direkter Antwort gewehrt, setzte Kuhlmann nun offenbar auf aggressive Negativpropaganda innerhalb der Fakultät. Sein Ziel mag allein die Schädigung unseres Rufes gewesen sein. Mit dem Wissen, daß an der TH auch Gestalten studieren, die vor Überfällen auf die Fachschaft nicht zurückschrecken, kam das einer Art Freibrief mindestens für die nächsten eingeschlagenen Fenster gleich. So folgte mensch im Fachbereichsrat und wer weiß, wo noch, Kuhlmanns Aufforderung, den Text unter der genannten Themenstellung zu besprechen. Doch die hetzerische Dimension von Kuhlmanns Schreiben war kein Diskussionspunkt, wurde wahrscheinlich nicht einmal bemerkt.

Im Zweifel für den Angeklagten, daher gehe ich davon aus, daß Kuhlmann nicht regelmäßig die *Europa Vorn* liest, und so nicht wußte, daß er mit seinem Schreiben eine Koalition mit militanten Neonazis einging. In der Nummer 102 fanden wir einen Artikel, der von einem Anwerbeversuch eines organisierten Rechtsextremisten für den Verfassungsschutz berichtete: „*2. Besuch: 08.02.1996, 14.00 Uhr. Die beiden VS'ler stehen schon wieder vor der Tür. Nur die Art der Zusammenarbeit sollte diesmal anders aussehen. Ich sollte die Fachschaft Philosophie der Uni Aachen und ihre Mitglieder beobachten. Sie wollten Namen, Treffpunkte und Veranstaltungen mitgeteilt bekommen.*"[238] Wir werteten den Artikel vor allem als in diesen Kreisen nicht unüblichen Versuch, uns einzuschüchtern, zumal der oben bereits erwähnte Neonazi schon vor Erscheinen dieses Artikels die Fachschaftsräume fotografiert hatte. Damals war er von Menschen, die gerade in der Fach-

---

setzen hat, wird sein Geheimnis bleiben.

[238] Schon um die Jahreswende 1995/96 hatte es, wie neofaschistische Medien berichteten, einen Anwerbeversuch des Verfassungsschutzes in Aachen gegeben. Er galt dem Anti-Antifa-Funktionär Sascha Wagner, dem u.a. angeboten wurde, bereits begangene und künftige Straftaten als Spesen mit der Behörde abzurechnen. Lediglich Brandanschläge oder Körperverletzung würden das Maß übersteigen. Als Vorschuß wurden ihm 1000 DM übergeben. So stünde der von *Europa Vorn* gemeldete Anwerbeversuch im Februar 1996 keineswegs isoliert da. Auch er hätte, wie dort behauptet wurde, zunächst dem '*Junge Freiheit* Leserkreis' gegolten. Erst später hätte der Verfassungsschutz den Anzuwerbenden, dessen Name nicht genannt wird, gegen die Fachschaft einsetzen wollen..

schaft waren, zur Rede gestellt worden und hatte sich aufgrund der Mithilfe scheinbar unbeteiligter BügerInnen samt Film davonmachen können.

Der Verfassungsschutz jedenfalls hätte einen solchen Umweg über organisierte FaschistInnen nicht nötig gehabt, die Strukturen unserer Fachschaft sind dafür zu offen. Möglich wäre natürlich auch, daß der Verfassungsschutz einen Freibrief für 'kleinere Vergehen' ausgestellt hatte. Auch das wäre ja nicht das erste Mal gewesen, hätte im speziellen Fall jedoch einen Eingriff in die Hochschulautonomie bedeutet. Dies schloß die Möglichkeit einer Absprache mit der Hochschule ein. Die Aachener VVN[239] richtete eine diesbezügliche Anfrage an das Rektorat, doch das hüllte sich in Schweigen.

Nicht irre machen lassen, solche Erfahrungen sind Alltag in der antirassistischen und antifaschistischen Arbeit. Ohne Paranoia wachsam bleiben, das muß mensch eben üben.

---

[239] Vereinigung der Verfolgten des Naziregimes/Bund der AntifaschistInnen.

BILANZ NACH EINEM JAHR

Jahrestag

Kaiser Karl gibt Pappkameraden ein Obdach – der SS fehlt das Rückgrat – Tina freut sich über Besuch.

Die Auseinandersetzungen um Hermann Lübbe hatten uns bei den Vorbereitungen unserer Ausstellung stark aufgehalten, doch jetzt nahmen wir uns die Zeit, das Versäumte nachzuholen. Da die Aachener Öffentlichkeit sich immer mehr für den Fall Schneider interessiert hatte als die Hochschule, überlegten wir uns, es wäre schöner, unsere Ausstellung 'Der Fall Schneider – Bilanz nach einem Jahr' in einem städtischen Gebäude zu zeigen, als in irgendwelchen Hochschulräumen. Eigentlich kam hier nur die Aula Carolina, eine alte Kirche, die mittlerweile als Aula und Turnhalle des Kaiser-Karls-Gymnasiums genutzt wird, in Frage. Da am 27. April, dem Jahrestag der öffentlichen Enttarnung, dort ein Konzert stattfinden sollte, sagte uns das Schulamt für den 28. April zu. Wir hatten die Aula Carolina schon früher für Veranstaltungen genutzt und nichts für den Raum gezahlt, daher wunderten wir uns nicht schlecht, als der Mensch vom Schulamt erklärte, die Miete würde 220 Mark pro Stunde betragen plus Hausmeisterkosten. Um von der Miete befreit zu werden, sollten wir uns an das Kulturamt wenden – wenn es sich um eine kulturelle Veranstaltung handle, könne die Miete erlassen werden. Nach mehreren Telefonaten mit VertreterInnen der Aachener Bürokratie bekamen wir schließlich die Zusage, die Aula Carolina kostenlos für unsere Ausstellung nutzen zu dürfen.

Mit dieser Zusage fing dann die Arbeit richtig an. Irgendwie wollten wir ja die Seilschaften darstellen, aber lange fehlte uns die zündende Idee. Weil Thomas seine Ausstellung vom Oktober überarbeiten mußte, hatte er nicht viel Zeit, sich um die Darstellung der Seilschaften zu kümmern; doch er wußte am besten, wie die einzelnen SS- und SD-Männer zueinander standen. Darius wollte einen Pressespiegel zusammenstellen und stand damit vor dem Problem, daß wir im Laufe der Zeit aufgehört hatten, die Berichte systematisch zu ordnen, da es zu viele geworden waren. Schließlich hatte Alex dann die

Idee, doch ein braunes Netz mitten in den Raum zu stellen, um die Seilschaften zu visualisieren. Hierfür sollten schwarz angemalte Pappkameraden jeweils einen Lebenslauf auf den Bauch geklebt bekommen und anschließend mit Schnüren untereinander verbunden werden. Unter erheblichem Zeitdruck wurden alle drei Teile der Ausstellung fertiggestellt, noch bis tief in die Nacht arbeiteten wir am Tag vor der Präsentation an ihnen.

Die Pappkameraden bereiteten uns besonderen Schrecken. Nicht nur war es viel Arbeit, zehn lebensgroße SS-Männer auszuschneiden, anzumalen und sie in Ermangelung eines Rückgrates an Holzständer zu nageln. Nachdem sie fertig waren, fühlten wir uns in der Fachschaft nicht mehr ganz wohl, denn immer wieder hatten wir das Gefühl, nicht allein zu sein und von den SS-Männern beobachtet zu werden. Häufig schreckten wir auf, weil wir dachten, es stünde tatsächlich jemand neben uns.

Anders als bei unseren früheren Veranstaltungen war die Resonanz auf die Ausstellung sehr gut. Den Auftakt bildete eine Lesung aus unserem Manuskript für dieses Buch: Alex, Darius und ich lasen jeweils ein Kapitel, Thomas würde später mit Renke den neuesten Recherchestand darstellen. Aus Erlangen waren Claudia und Oliver von der StuVe angereist. Oliver berichtete vom Umgang mit dem Fall Schneider an ihrer Hochschule:

„Als wir vor einem Jahr vom Fall Schneider/Schwerte gehört haben, sah Rektor Jasper nach eigenen Angaben keinen Handlungsbedarf für die Friedrich-Alexander-Universität. Das sahen wir als Anti-Rassismus-Referat [der StuVe] anders, zumal auch von einigen Professoren, die mit uns Kontakt aufgenommen hatten, die Forderung gestellt wurde, Schwerte die in Erlangen erworbene Promotion abzuerkennen. [...] Unser Ziel war es vor allem, eine öffentliche Auseinandersetzung der Uni Erlangen mit dem Thema zu erreichen und die braune Vergangenheit zu durchleuchten, während wir den Schwerpunkt nicht auf eine Promotionsaberkennung legen wollten."

Er erzählte von ihrer eigenen Veranstaltung in Dezember, auf der auch wir gesprochen hatten und die er als Erfolg wertete, und äußerte sich dann zum Symposium im Februar:

„Gebracht hat diese Veranstaltung keine kritische Auseinandersetzung mit der eigenen Vergangenheit und der Rolle von Nazis an den Unis in der Nachkriegszeit, sondern vielmehr einen Versuch, möglichst rücksichtsvoll mit Schwertes Vergangenheit und seinem 'Wandel' umzugehen und Zusammenhänge zu verschleiern. Wenn Schneider nicht so schlimm war und es ansonsten sowieso nach '45 keine Nazis mehr gab, braucht man natürlich selber auch nichts zu unternehmen."

Nachdem Oliver seinen Vortrag beendet hatte, meldete sich ein ehemaliger Student der RWTH zu Wort. Er hatte anscheinend unsere Ankündigung mißverstanden und dachte, es handele sich um eine offizielle Veranstaltung der Hochschule. Daher war er ziemlich verärgert über unsere Darstellungen. Er beschimpfte uns und sagte, es seien höchstens zehn Prozent unserer Ausführungen objektiv und daher richtig, bei den restlichen neunzig Prozent handele es sich ausschließlich um unsere bösartigen Wertungen, das könne unmöglich die Ansicht der RWTH sein. Er habe die Philosophische Fakultät immer als Bereicherung der technischen Fächer angesehen und gerne auch hin und wieder an Veranstaltung dieses Fachbereichs teilgenommen. Aber wenn das, was wir vorgetragen hatten, die offizielle Meinung der Hochschule wäre, fände er es besser, „wenn die Philosophische Fakultät sofort geschlossen würde".

Voll wurde es noch einmal gegen Abend, als Thomas und Renke ihren Vortrag hielten. Immer wieder wurden wir gefragt, was uns dazu bewogen hatte, eigene Recherchen anzustrengen. Die Leute waren interessiert an unserer Arbeit und unserer Wertung, auch wenn sie nicht alle Zusammenhänge nachvollziehen konnten und unsere Meinung nicht in allen Punkten teilten.

Eine Bilanz, die wir nach einem Jahr ziehen konnten, war, daß die Presse sich seit den ersten Tagen nach der Enttarnung immer an unseren Fragen orientiert hatte. So wurden im Laufe der Zeit die meisten Fragen, die wir in unserem ersten Flugblatt gestellt hatten, beantwortet. Auch beim Hochschuljubiläum hatten wir die Themen vorgegeben, zu denen die Presse Rektor Habetha und Dekan Debus befragte – nur kamen wir nicht mehr selbst zu Wort. Allerdings hatte die Beantwortung unserer Fragen und das Aufdecken der Seilschaften, deren Existenz von niemandem mehr bezweifelt wurde, zu keinerlei Konsequenzen für die Beteiligten in ProfessorInnen- und Ministeriumskreisen geführt.

Diplomatie

Die Ministerin hat keine Perlen – Genossen sind über jeden Verdacht erhaben – Thomas erstattet Bericht.

Auf seiner Sitzung vom 8. Mai beschäftigte sich der Fachbereichsrat mit der neuesten Entwicklung in Sachen Schneider. Sobald dieser Tagesordnungspunkt aufgerufen war, trat eisige Stille ein. In diese Stille hinein erläuterte Prof. Jäger sein Vorhaben, im nächsten Semester einen Workshop zu organisieren, in dem er gemeinsam mit der Untersuchungskommission des Ministeriums und uns sämtliche Rechercheergebnisse zusammentragen und diskutieren könne. Offenbar suchte er die Zusammenarbeit mit anderen, weil er im ProfessorInnenkreis mit seinen Recherchen zur Berufungsgeschichte 'Schwertes' und den daran beteiligten Personen recht isoliert dastand. Er sprach von einem „juristischen Gestrüpp" drohender Klagen, das eine Veröffentlichung seiner Recherchen behindere.

Ein Teil der KollegInnen ließ keinen Zweifel daran, daß ihnen an Jägers Recherche, vor allem aber an einer Veröffentlichung oder auch nur einem nicht-öffentlichen Austausch der Ergebnisse in einem wissenschaftlichen Workshop nichts gelegen sei. Nein, konkrete Personen sollten ebensowenig wie die genaue Berufungsgeschichte erforscht werden. Prof. König brachte diese Haltung auf den Punkt, als er die Verstrickung der Fakultät kurzerhand für nicht untersuchbar erklärte. Lediglich über das bereits Veröffentlichte dürfe gesprochen werden, wofür nicht zuletzt unsere nun plötzlich hochgelobte Ausstellung verwendet werden könne. Alles weitere sollte geheim bleiben, worin offenbar Übereinstimmung mit dem Ministerium bestand.

Seit einiger Zeit gab es Andeutungen, die Veröffentlichung eines Zwischenberichtes der ministerialen Untersuchungskommission stünde unmittelbar bevor. Aber wann immer auf dieser Sitzung über den Bericht gesprochen wurde, herrschte Einigkeit darin, daß es sich um einen vertraulichen Bericht handeln würde. Was würde – oder könnte – in dem Bericht stehen, das eine solche Geheimhaltung begründete?

Kaum hatten wir uns diese Frage gestellt, suchte das nordrhein-westfälische Ministerium für Wissenschaft und Forschung Kontakt zu uns und lud uns zu einer Verhandlung ein. Offenbar hatte unser Artikel für die *Junge Welt*, in dem wir erstmals die Rechercheergebnisse zu einem Bild gefügt und die Seilschaften umfassend dargestellt hatten, dort Aufmerksamkeit erregt. Näheres wußten wir allerdings nicht.

Nach dem Austausch einiger Begrüßungsfloskeln gab Monika Lengauer sich beeindruckt von unserer Arbeit und bewunderte unseren Mut, den wir in der Auseinandersetzung mit der Hochschule aufgebracht hätten. Nun, war das nicht ein bißchen viel Honig, den sie uns da ums Maul schmierte? Unsere AußenseiterInnenposition an der RWTH war ihr, wie sie durchblicken ließ, nicht entgangen, und wie läßt sich eine Verhandlung mit AußenseiterInnen besser beginnen, als sie anzuerkennen und sich selbst als Vertrauensperson zu präsentieren? So erklärte sie die lückenlose Aufklärung des Falles auch prompt zu ihrem persönlichen Interesse. Das gleiche gelte für die Ministerin Anke Brunn, die nebenan gerade dem Spiegel ein Interview über Studiengebühren gab, und ihren persönlichen Referenten Peter Marx, der wenig später den Raum betrat. Spielte die Pressesprecherin von nun an eher eine untergeordnete Rolle, so war Marx von seiner Chefin offensichtlich mit einem gewissen Verhandlungsspielraum ausgestattet – und darauf bedacht, hiervon taktischen Gebrauch zu machen.

Sie hatten Schwierigkeiten, uns einzuordnen und unsere Interessen einzuschätzen. Welche Spuren hatten wir gefunden? Auch dies war ihnen unklar. Wie weit hatten wir sie verfolgt, und wonach würden wir weiterhin suchen? Sie wollten Einsicht nehmen in unsere Dokumente, ohne uns auch nur die geringste Auskunft über die ihrigen zu geben. Wenn sie damit gerechnet hatten, naive StudentInnen zu treffen, die den verständnisvollen Leuten vom Ministerium all das berichteten, was an der Hochschule für Ärger sorgte, so merkten sie nun, daß es so einfach nicht war. Wir hätten in den Archiven unterschreiben müssen, unsere Akten nicht an Dritte weiterzugeben, erklärten wir und fügten hinzu, wir seien ohnehin nicht gewillt, sie wie Land gegen Glasperlen einzutauschen. Die Pressesprecherin räumte ein, uns nicht einmal Glasperlen anbieten zu können, sondern einzig und allein ihr Ehrenwort, daß nichts davon in falsche Hände geraten würde. Aber was war ein Ehrenwort ausgerechnet aus einem Ministerium wert, entgegnete Alex. Und wer garantiere uns, daß nicht auch das Ministerium etwas zu verbergen habe, fragte Renke.

Peter Marx und Monika Lengauer versuchten nun, zumindest unseren Recherchestand auszuloten. Ihre Fragen an uns glichen Testfragen, die ermitteln sollten, wo die Schwerpunkte unserer Arbeit lagen. An der Reaktion auf unsere Antworten merkten wir, daß den möglichen Schwerpunkten ein unterschiedliches Gewicht beigemessen wurde. Ging es lediglich um die NS-Zeit oder die Verhältnisse in Aachen, so bestärkten sie uns weiterzumachen, ja sogar immer weiter Druck auf die Hochschule auszuüben. Die Berufungsgeschichte von 1965 spielten sie hingegen herunter. Um so mehr war die Nervosität unserer GesprächspartnerInnen spürbar, als wir unser Interesse an den Beziehungen 'Schwertes' zur Landesregierung und zur SPD seit den 70er Jahren andeuteten. Immerhin hatte 'Schwerte' ja gute, wenn nicht gar freundschaftliche Kontakte zu Johannes Rau und Herbert Schnoor gepflegt. Dieser Aspekt war nicht zuletzt aufgrund des Informationsmanagements Monika Lengauers bald nach Schneiders Enttarnung wieder aus den Medien verschwunden, und auch jetzt erklärte sie jegliche Vermutung in diese Richtung sofort für völlig absurd und an den Haaren herbeigezerrt. Wir nicht, stellte Renke klar.

Aber was wollten sie nun eigentlich? Waren unsere Recherchen wirklich so einzigartig, wie sie behaupteten? Oder waren die Ergebnisse der ministerialen Untersuchungskommission derart mager, daß sie mit unserer Hilfe aufgepäppelt werden sollten, um nicht peinlich zu wirken? Vielleicht waren wir auch, womöglich ohne es zu wissen, auf eine Spur gestoßen, die aus Düsseldorfer Sicht noch einmal unangenehm werden konnte. Um es zu beurteilen, hätten wir zumindest den aktuellen Stand der Untersuchungskommission kennen müssen, doch auch hierüber erhielten wir keine Auskunft. Dies hatte die Pressesprecherin schon zu Beginn des Gesprächs unmißverständlich gesagt. Doch hatte sie immerhin erklärt, daß die Veröffentlichung des Zwischenberichtes um mehrere Monate verschoben worden sei, nachdem zwischenzeitlich der 8. Mai als Stichtag zur Diskussion gestanden hatte. Doch werde der Bericht, ganz im Gegensatz zu den

Aussagen im Fachbereichsrat, auf jeden Fall öffentlich sein. Wie aber paßte das zusammen? Oder sollte es am Ende zwei Versionen des Berichtes geben, eine öffentliche und eine vertrauliche? Wie auch immer, sie würden es uns wohl kaum sagen.

Das Gespräch ging in die dritte Stunde, und die Untersuchungskommission wurde nun selbst zum Verhandlungsgegenstand. Wir hatten erklärt, daß wir in einer Zusammenarbeit mit untergeordneten Ministerialangestellten keinen Sinn sähen, sehr wohl jedoch an einem Kontakt mit der Kommission interessiert seien. Allerdings dürfe sich auch dies nicht darauf reduzieren, unser Wissen für einen Bericht zur Verfügung zu stellen, über dessen Inhalt wir nicht das Entfernteste wüßten, geschweige denn Einfluß darauf nehmen könnten. Also müsse unsere mögliche Zusammenarbeit eine gleichberechtigte sein. Denn allen Mitgliedern der Kommission müßten sämtliche Dokumente zur Verfügung stehen, dem Ministerium die unseren und uns die des Ministeriums. Hierüber deuteten Marx und Lengauer Verhandlungsbereitschaft an, und am Ende des Gesprächs sagten wir zu, eine kleine Auswahl an Dokumenten vorzulegen, die wir ohnehin in unserem Artikel für die *Junge Welt* zitiert hatten. Die Ministerin würde dann entscheiden, ob sie der Kommission einen Kontakt zu uns nahelegen würde. Natürlich könne er einer solchen Entscheidung nicht vorgreifen, betonte Peter Marx, doch halte er unsere Mitarbeit in der Kommission keineswegs für ausgeschlossen.

Eine absurde Vorstellung, nachdem in Düsseldorf die Kriterien, die Alex vor einem Jahr im Senat für die Einsetzung dieser Kommission formuliert hatte, vollständig ignoriert worden waren.

Die Einsicht, daß es nicht so leicht war, unser Material ohne Gegenleistung abzuziehen, reichte aus, um das Interesse an uns zu verlieren. Unsere bereits veröffentlichten Ergebnisse – das wußten wir – hatte sich der Forschungsreisende der Düsseldorfer Kommission, Rusinek, über andere Wege besorgt und so den Kontakt mit uns vermieden. Telefonisch bescheinigte Lengauer Renke ihr Desinteresse, nicht ohne sich eine Hintertür offenhalten zu wollen. Zwar sei der Bericht der Kommission nun fast abgeschlossen, doch plane man einen Workshop, der sich mit der Frage „Wie weiter im Fall Schneider?" beschäftigen solle und zu dem – möglicherweise – auch wir hinzugezogen werden sollten. Dies entsprach in keiner Weise dem, was wir gefordert hatten und hatte für uns keinerlei Wert. Sollten wir am Ende lediglich einen längst abgeschlossenen Untersuchungsbericht durch unsere Teilnahme an der ExpertInnenrunde auch von studentischer Seite legitimieren? Sollten wir zustimmen, wenn der Fall Schneider fortan zu einem wertfreien Forschungsgegenstand einer distanzierten Fachwissenschaft erklärt wird? Man würde unsere Fähigkeit, ungewöhnliche Fragen zu formulieren, dazu nutzen, das von uns hinterfragte System zu perfektionieren.

Aufklärung

Es gibt keine Gründe, aber doch ein Bemühen – Dienstwege sind Holzwege – Darius sieht klarer.

Das Gespräch im Ministerium hatte – wenn es auch sonst recht sinnlos geblieben war – Alex und Thomas die Gelegenheit geboten, aus einer gewissen zeitlichen Distanz zu erfahren, wie es um das alte Berufungsverfahren Komparatistik nun letztlich bestellt sei. Doch auch hier gab es keine großen Ergebnisse: Richards sei nun eben in Wuppertal. Darüber hinaus bestätigte Peter Marx lediglich, Richards sei tatsächlich derjenige gewesen, von dem sie die ersten ausführlichen Informationen über 'Schwertes' Vergangenheit im November 1994 erhalten haben. Unaufgefordert hatte Marx dann die Enthüllungsgeschichte so dargestellt, wie wir sie auch von Richards kannten. Aussagen, die zueinander paßten – zunächst beruhigte das, aber bald kamen uns doch wieder Zweifel. Wenn also Richards wirklich der vorbildliche Informant war, warum hatte die Ministerin ihn dann nicht auf seine Wunschstelle nach Aachen berufen?

Die Presse stellte die Zusammenhänge ganz einfach dar (s. Abb.) Debus, so hörten wir, war sehr verärgert über diese Darstellung. Nur wer es ohnehin genauer wußte, würde bemer-

Brunn: Fach Komparatistik streichen

AZ, 18.6.96

Aachen/Düsseldorf. Das Fach Komparatistik an der RWTH Aachen wird nach heutigem Beratungsstand gestrichen und durch eine neue Disziplin, „Vergleichende Literatur- und Kulturwissenschaften", ersetzt. Die Philosophische Fakultät sehe darin eine Verbesserung gegenüber dem früheren „Einmannstudiengang" des pensionierten Professors Hugo Dyserinck. Das ist die Kernaussage von NRW-Wissenschaftsministerin Anke Brunn auf eine parlamentarische Anfrage der Grünen Gisela Nacken. Mit der Neuerung erledigt sich die Diskussion um einen Nachfolger auf dem Komparatistik-Lehrstuhl von selbst. Nach der offiziellen Berufungsliste wäre das der Amerikaner Earl Jeffrey Richards gewesen, der den früheren TH-Rektor Hans Schwerte als SS-Hauptsturmführer Hans Ernst Schneider entlarvte. Bei diesem Vorgang wurde, wie der damalige Prodekan Günther Debus am 19. Juli 1994 in den Akten formulierte, „die Vertrauensbasis" zwischen dem auserkorenen Kandidaten und der Fakultät entscheidend gestört.

Zum Fall Schwerte/Schneider selbst versichert die Ministerin, daß die „Fachkommission zur Klärung der Hintergründe" an einem „Zwischenbericht" arbeitet – mittlerweile seit über einem Jahr. Der Schwerpunkt soll bei der „SS-Karriere und bei dem Identitätswechsel im Jahre 1945 liegen".

Die brisante Frage nach Mitwissern in Aachen wird bei den amtlichen Untersuchungen mithin höchstens am Rande verfolgt. (hok)

255

ken, daß nur angedeutet und eben nicht eindeutig gesagt ist, Richards sei nicht nach Aachen berufen worden, *weil* er Schneider enttarnt habe. – Für diesen Eindruck war Debus zu einem guten Teil selbst verantwortlich, darüber waren wir uns schnell einig, aber auch wenn selbst die Presse das nun so brachte, hatten wir nachwievor Zweifel an dieser einfachen Erklärung.

Zwei Gesprächstermine kamen uns da nur recht. Zum einen wollte uns Prof. Dyserinck sprechen, weil er wohl von unserem Buchprojekt erfahren hatte. Zum anderen versprachen wir uns nun, wo die heftigsten Auseinandersetzungen vorbei waren, endlich ein paar Auskünfte von Dekan Debus.

Was Dyserinck Thomas und mir dann erzählte, war im wesentlichen nicht neu, neu war vielmehr, *wie* er es erzählte. In seiner Schilderung erschien Richards nun als ungestümer Amerikaner, der kein Gespür für die 'deutschen' Verhältnisse und die Folgen seiner Anschuldigungen hätte. Es war nur zu offensichtlich, daß nach einem Jahr Schneider-Schwerte-Skandal auch das Verhältnis zwischen dem Altprofessor und seinem Wunschnachfolger gebrochen war.

Für eine andere Überraschung sorgte das Gespräch mit Dekan Debus, den wir alle vier – wenn auch, ohne uns als AutorInnenkollektiv vorzustellen – aufsuchten. Erstmals erfuhren wir, daß Debus, schon sehr früh nachdem er von den Gerüchten gehört hatte, den Rektor nicht nur über deren Existenz, sondern schriftlich auch über den Inhalt der Gerüchte unterrichtet hatte. Sein Fehler war offenbar die Annahme gewesen, das Rektorat würde sich dann auch ernsthaft darum kümmern. Auch davon, daß Debus monatelang versuchte herauszufinden, was genau die Untersuchungskommission des Ministeriums bearbeiten wolle, hörten wir zum ersten Mal, und daß er immer wieder – vergeblich – darauf hingewiesen hatte, auch die aktuellen Vorgänge müßten geklärt werden: ob es MitwisserInnen an der Fakultät gegeben habe und was rund um das Berufungsverfahren geschehen ist. Gegen Richards übrigens habe er persönlich überhaupt nichts, er habe ja stets nur die Aufklärung der Vorkommnisse am Rande des Verfahrens – und eben vor dessen Abschluß – gefordert.

Ein neues Bild. Wer war denn jetzt wirklich noch gegen Richards? War jetzt 'persönlich' niemand mehr gegen ihn, und es glaubte nur jeder, die jeweils anderen hätten Einwände? Waren die Karten gänzlich neu gemischt: Dyserinck gegen ihn, also jetzt die anderen dafür? Nein, eher sahen alle – außer uns – den Fall als erledigt (oder als nie wirklich abzuschließen) an, und weil keine 'Gefahr' mehr bestand, daß Richards nach Aachen käme, brauchte auch niemand mehr gegen ihn zu sein.

Parallel waren die Pläne zur Umstrukturierung des Komparatistik-Studiums, mit denen 1991 auch meine Fachschaftsarbeit begonnen hatte, nun so weit gediehen, daß in der Fakultät wieder Konsens darüber hergestellt werden konnte. Die Einschreibung für das Fach würde demnächst wieder zugelassen werden, die Sorge vor Abschaffung des Faches war vom Tisch. Auf meiner letzten Fachbereichsratssitzung – denn im Wintersemester 1996/97 würden endlich andere den Job übernehmen – fand mit einem einstimmigen Beschluß zur Zukunft der Komparatistik meine fünfjährige Arbeit in den akademischen Gremien einen Abschluß.

Bitter war der Nachgeschmack, den das Gespräch mit Debus hinterlassen hatte. Nun stand Debus, der monatelang im Zentrum unserer Kritik gestanden hatte, eher als tragische Figur da. Ihn hatten Hochschule und Ministerium alle Prügel beziehen lassen, während er glaubte, die 'zuständigen Stellen' würden dem Fall nachgehen. Dem Dienstweg hatte er sich anvertraut, aber das überzeugte ja keine Öffentlichkeit. So konnten Ministerium und Rektorat seine Diskretion ausnutzen, indem sie uns gegen die Fakultät ausspielten und uns wie ihn von ihrer Rolle ablenkten. Hätte er uns ein einziges Mal sehen lassen, was er letztlich doch alles unternommen hat, wäre gewiß ein wesentlicher Teil der Konfrontation zwischen ihm und uns unnötig gewesen. Sein Versuch, mit den Mitteln der Bürokratie, und ohne Einflüsse der Öffentlichkeit, Aufklärung einzufordern, wäre nicht unser Weg gewesen, aber wir hätten parallel, statt gegeneinander, öffentlich Druck machen können.

Preisverleihung

Die Königin erhält einen Preis für die Besatzung – der Herzog lobt den Kaiser – Europa stinkt im Kern nach Fisch – Thomas fällt es schwer, besorgte Staatsmänner zu unterscheiden.

Inzwischen war der Himmelfahrtstag näher gerückt. Das ist der Tag, an dem in Aachen Jahr für Jahr Ausnahmezustand herrscht. Auch diesmal bevölkerten hunderte Sicherheitskräfte den Hubschrauberlandeplatz am Stadtrand und die Altstadt rund um das Rathaus, den mittelalterlichen Nachfolgebau der Kaiserpfalz Karls des Großen. Hinter den Zinnen des Rathausdaches, umweht von riesigen Fahnen der Stadt, Deutschlands und Europas, hockten olivgrün vermummte Scharfschützen und zielten zuweilen auf alles, was ihnen auf dem zur Hälfte abgesperrten Marktplatz verdächtig erschien. Hier, wo Zivilpolizei eine Menschenmenge simulierte, schwenkten wenige JubelbürgerInnen nach der Regie eines Pressefotografen orange Fähnchen oder liefen mit Pappkronen zwischen den Absperrgittern hin und her. Ihr Interesse galt der nicht enden wollenden Schar von Staatsoberhäuptern, MinisterInnen und Abgeordneten, Kulturschaffenden und ManagerInnen, HochschulprofessorInnen und BürgermeisterInnen, die, von ihren Leibwachen umsäumt, dem Rathausportal zustrebten. Irgendwo inmitten dieser Szenerie standen auch wir und posierten für ein Foto, das der Unrast-Verlag für die Vorankündigung des Buches benötigte.

Wieder einmal wurde oben im Krönungssaal des Rathauses der Karlspreis verliehen, diesmal an die niederländische Königin Beatrix. Wir konnten uns des Eindrucks nicht erwehren, daß nicht allein der Umstand, daß die meisten Staatsoberhäupter Mitteleuropas schon mit der Medaille bedacht worden waren, diese Wahl begründete. War der diesjährige Karlspreis nicht vielleicht auch eine ebenso verlogene wie pompöse Entschuldigung für den SS-Besatzungsfunktionär Schneider?

Noch ein anderer Umstand hinterließ einen bitteren Nachgeschmack. Als ich vor unserem Fototermin aus Langeweile schon einmal über den Markt geschlendert war, hatte oben im Krönungssaal gerade Roman Herzog seine Festrede begonnen. Seine Würdigung der „ersten europäischen Einigung" unter Kaiser Karl berieselte über die Außenlautsprecher auch den Platz. Er sprach von *„Karls Erfolgen bei der Gestaltung einer einheitlichen Außen- und Sicherheitspolitik und im Bereich des Inneren und der Justiz"*, und schlug Brücken in die Gegenwart: *„Zu Zeiten Karls des Großen war militärische Gewalt weitgehend das einzige Mittel, um großer Probleme, etwa der unerwünschten Migration oder des mit Feuer und Schwert nach Europa eindringenden Islam, Herr zu werden. Was wir Europäer in der zweiten Hälfte des 20. Jahrhunderts im Weg des Dialogs, der Verhandlungen, der Kompromisse zu lösen versuchen, wurde damals meist in Schlachten entschieden."*

Herzog stellte Karls Verdienst um die Einigung der 'Stämme', ohne daß ihr Wesenskern dabei angetastet worden wäre, heraus. *„Karl wollte, wie wir heute, die Vielfalt der Stammeskulturen erhalten und* *gleichzeitig zusammenführen.*" Wie oft hatten wir solche Formulierungen in den Akten des Germanischen Wissenschaftseinsatzes gelesen? Damals hatte der völkische Wesenskern der Stämme noch 'Ahnenerbe' geheißen. Und wie oft hatten wir die These von der völkischen Verschiedenartigkeit, die es zu bewahren gelte, in der Propaganda der Neuen Rechten wiedergefunden, die hierfür den etwas moderner klingenden Begriff 'Ethnopluralismus' salonfähig gemacht haben? Nun hob also der amtierende Bundespräsident den Standpunkt einer europäischen Einigung auf völkischer Grundlage hervor. Wieder einmal diente der Aachener Karlskult dazu, eine passende tausendjährige Tradition hinzuzufügen. Der Frankenkaiser war erneut zum Vorkämpfer der deutschen Europapolitik geworden.

Schnell leitete Herzog von Karls großfränkischem Reich zu den aktuellen Herausforderungen an die Europäische Union über, die es auf der Regierungskonferenz zur Revision des Maastrichter Abkommens zu meistern galte. Diese war vor knapp zwei Monaten in Turin eröffnet worden und für eine Dauer von mindestens einem Jahr angelegt. So war nun das entscheidende Stichwort gegeben, und es war offensichtlich, daß der diesjährige Karlspreis auch und vor allem eine Werbeaktion für einen zentralen Verhandlungsgegenstand dieser Mammutkonferenz war: die langfristige Absicherung eines Kerneuropas. Es soll dort darum gehen, die Europäische Union nach außen hegemoniefähig zu machen und zugleich die Machtverteilung im Innern zu klären. Beide Fragen waren in diesem Jahrhundert Gegenstand zweier Weltkriege, in denen Deutschland die politische und militärische Führungsrolle in Europa erfolglos zu erkämpfen versuchte und sich infolgedessen gezwungen sah, auf eine wirtschaftliche Führung umzusatteln, die für ihre außenpolitische und militärische Ausweitung des Bündnisses mit dem 'Führungspartner' Frankreich bedarf. So ist die Grundlage gelegt für ein 'Kerneuropa', zu dem aufgrund ihrer geographischen Lage und wirtschaftlichen Leistungsfähigkeit auch die Niederlande gehören. Die Schaffung eines solchen Führungskerns war deutsches Interesse vor 1933, nach 1945 und in den Jahren dazwischen. Sie war keineswegs an die nationalsozialistische Ideologie oder gar die SS gebunden. Diese hatten vielmehr einen besonders rücksichtslosen Versuch ihrer Durchsetzung ermöglicht und legitimiert. Genau daran hatten Schneider, Six und andere SS-Strategen bis in die Gegenwart hinein mitgewirkt, und genau hier erfuhr ihr Lebenswerk eine beängstigende Fortsetzung.

Zwischen Polizeisperren und Übertragungswagen erreichten wir den hinter dem Rathaus gelegenen Katschhof, an dessen anderem Ende sich der Dom, die ehemalige Pfalzkapelle Karls, erhebt. Der Platz war voller Buden. Die Europäische Union warb für die große Konferenz. Käse-, Tulpen-, Fisch- und Holzschuhstände sollten die 'Identität' der Niederlande veranschaulichen. Folkloristische und kulturelle Darbietungen aus der Nachbarprovinz Limburg vermittelten grenzübergreifende Zusammengehörigkeit. Schunkelmusik und Bierstände sorgten für Volksfeststimmung. Auch hierhin tönten die Reden aus dem Krönungssaal. Und über allem wehten die Fahnen.

Eine von ihnen zeigte auf weißem Grund ein Symbol, das wir vor wenigen Wochen im Zusammenhang mit Hermann Lübbe gesehen hatten. Es hatte einen Konferenzbericht der Europäischen Akademie der Wissenschaft und Künste geschmückt. Die Konferenz war eine jener Tagungen, wo prominente Konservative ihre Ideen mit VertreterInnen der Neuen Rechten austauschen. Ein kritischer Dozent hatte eine Tagung dieser in Salzburg ansässigen Denkfabrik beobachtet und entsetzt feststellen müssen, mit welcher Selbstverständlichkeit neurechte Konzepte hier auf hoher politischer Ebene konsensfähig waren. Im Mittelpunkt stand die künftige europäische Kulturpolitik. Es ging dabei nicht allein um die Konstruktion einer 'kulturellen Identität' für eine Nation Europa, in der das, was früher 'völkisch' hieß, nun mit dem Begriff 'kulturell' umschrieben wurde. Die Kultur trat in diesen Vorstellungen darüberhinaus – scheinbar – an die Stelle der Politik. Genauer gesagt, sollte die Mitwirkung an einer angeblich gemeinsamen kulturellen Identität die Einmischung in die real existierende Politik ersetzen, die fortan einer dafür bestimmten Elite obliegen würde. Am Vorabend der Karlspreisverleihung hatte die Akademie auch im Aachener Rathaus eine Tagung zum Thema 'Kultur als verbindendes Element für Europa' abgehalten. Die Tagung war der programmatische Abschluß eines mehrwöchigen – selbstverständlich kulturellen und in Teilbereichen durchaus kritischen – Begleitprogramms.

Mir fiel ein Zitat ein, das ich während der Schneider-Recherche gelesen hatte. *„Den Bemühungen der um Europa echt besorgten Staatsmänner muß vielmehr ein breiter Wachstumsprozeß von unten entgegenkommen, aus den Menschen und Völkern selbst heraus."* Wer hatte es noch mal gesagt? Schneider 1944? 'Schwerte' und Spengler 1954? Lübbe 1996? Herzog?

Wir nahmen die letzten Fotos auf. Durch die Polizeisperren hindurch gelangten wir zurück zur Fachschaft.

Ende

Ein Mythos hat sich überlebt – ein offenes Grab ist eine Frage der Perspektive – ein Professor wird erschossen – Alex zieht (k)einen Schlußstrich.

Hier endet unser Bericht. Ein wenig mehr als ein Jahr ist vergangen, seit SS-Hauptsturmführer Schneider auferstand und vom linksliberalen Hochschulrektor Schwerte nur ein blasser Schatten zurückblieb. Der in aller Eile in den ersten Maitagen 1995 kreierte Mythos vom großen Reformer und überragenden Germanisten hat sich überlebt. Um so deutlicher sehen wir die Biographie einer geradlinigen technokratischen Führerpersönlichkeit vor uns, eines 'Gestalters unserer Zeit', dem Ordnung und Hierarchie wesentliche Orientierungspunkte waren. Er war keiner nationalsozialistischen Ideologie, keinem demokratischen Ideal verbunden, sondern der Herrschaft als Prinzip, war zu jeder Zeit viel mehr Politiker als Wissenschaftler und genoß als solcher bei den wechselnden Regierungen und in der gleichgebliebenen akademischen Welt Anerkennung. Sein doppeltes Lebenswerk hat nicht eine Schrift von wissenschaftlichem Wert hervorgebracht. Seine hochgelobte Ideologiekritik 'Faust und das Faustische' hat jedoch unzweifelhaft eine über die Germanistik hinausgehende strategische Bedeutung: Sie soll den kommenden Generationen den Nationalsozialismus erklären. Soll sie lehren, ihn als die totale Irrationalität zu begreifen und ihnen den Abscheu vor der Ideologie nahebringen. Kurz, sie soll ein Bild zeichnen, das so richtig wie falsch zugleich ist, nicht weil es auf der einen Seite lügt, sondern auf der anderen verschweigt. Es ist wie eine alte Fotografie, wahr ohne Zweifel, ein Ausschnitt, wie jede Beschreibung nur ein Ausschnitt sein kann, doch gestochen scharf. Was wir dabei nur nebensächlich wahrnehmen, ist das eigentliche Problem: Es ist eine schwarz-weiße Welt, die uns präsentiert wird. Nicht so sehr, daß sie keine Zwischentöne zuließe, doch sie unterscheidet sich ganz wesentlich von der Welt, in der wir leben. Wenn die Zeiten düster werden, wenn Wachsamkeit und Widerstand gefragt sind, blühen die Rosen grau, nicht rot. Darauf sollen wir uns verlassen, wie unsere Großeltern das taten und den Schrecken erst wahrnahmen, als sie die Bilder aus den Lagern sahen, schwarz-weiß. Weitgehend hat dieses Bild sich durchgesetzt. Nicht nur Leute wie Schneider oder Lübbe haben daran mitgewirkt, sondern auch jene, die wie die StudentInnen 1968 das unsagbare Grauen des Nationalsozialismus thematisierten und sich gegen jeden Versuch der Verharmlosung wehrten. Das war richtig und wertvoll und hat diese Zeit doch aus der Welt genommen, mystifiziert. So kämpfen wir heute gegen die bösartigen wie die gutgemeinten Dogmen. Unter dem Geschriebenen von 50 Jahren suchen wir eine einfache Wahrheit: Sie haben 6 Millionen JüdInnen umgebracht und dabei Kartoffeln geschält und Klavier gespielt. Vor so einer Wahrheit steht mensch wie vor einem offenen Grab, für die TotengräberInnen ein Geschäft, für die Trauernden ein Abgrund. Es bleibt eine Frage der Perspektive.

Trauernde TotengräberInnen mag es geben, doch die bleiben insbesondere in wissenschaftlichen Kreisen die Ausnahme. HistorikerInnen und SozialwissenschaftlerInnen wollen sich das Privileg sichern, die eigene Geschichte selbst zu interpretieren und ihre Institutionen als einzigen Ort des Begreifens und Interpretierens von Geschichte bewahren. Damit sichern sie sich erstens Macht und machen sich zweitens unentbehrlich. Ganz wie Schneider, der die Ideologie ebenso wie die Ideologiekritik geprägt hat.

Daher ist die Geschichte, die wir hier erzählen, nicht zu Ende. Sie spricht von Strukturen und Prinzipien, die fortbestehen und zum Beispiel in den Lehrinhalten der Hochschulen an die StudentInnen weitergegeben werden. Das nächste Ahnenerbe sitzt schon in den Startlöchern. Kleine Schneiders, Sievers', Wüsts skrupellos, unpolitisch, manche ein bißchen blöd, alle grenzenlos loyal. Graham Greene hat daraus schon 1939 den Stoff für einen Roman gemacht:

„D. lachte auf, er konnte nicht anders, aber der Ekel stand hinter seinem Gelächter. Wenn das die Zivilisation der Zukunft war, das die künftige Gelehrtenwelt... Er sagte: 'Es hat für mich etwas Tröstliches, Erbauendes, zu denken, daß ich, wenn ich Sie töte, Professor K. töte.' Eine scheußliche Vision einer Welt von Dichtern, Musikern, Gelehrten, Künstlern stand vor ihm, alle trugen stahlgeränderte Brillen, hatten gerötete Augen und ausgeleierte alte, verräterische Gehirne – elende Überlebende einer überalterten, erschöpften, ausgeronnenen Welt, und die lehrten nun die jungen Leute das nützliche Fach der Verräterei und der Kriecherei. Er zog den Revolver hervor. Sagte: 'Bin nur neugierig, wen die an Ihre Stelle

berufen werden.' Aber er wußte, daß es da Hunderte gab, unter denen die nur zu wählen hatten. "[240]

Wozu also das Ganze? Ein Altnazi mehr ist aufgeflogen, 30 Jahre zu spät. Ein bißchen zu spät haben die Hochschule, die Landesregierung sich verblüfft gegeben, ein bißchen zu spät haben ein bißchen zu wenige StudentInnen ein bißchen revoltiert. Aachen ist eben Provinz, erzkonservative Provinz, die Uhren am Rathaus sind etwas langsam. Oder doch? Hat sich nicht vielleicht doch etwas verändert? Ein ausgeleiertes Hirn einen Anstoß bekommen? War es unser Ziel, diese Hirne anzustoßen – weil Erschießen nur die nächste Generation heraufbringt? Wir haben das nie so richtig besprochen, doch letzten Endes haben wir die Arbeit und den Streit ganz selbstverständlich auf uns genommen, es wäre unerträglich gewesen, es nicht zu tun. Es geht nicht so sehr um den konkreten Erfolg, der doch am Ende immer zweifelhaft bleibt. Wir haben einfach dafür gesorgt, daß Aachen ein nicht ganz so trauriger Ort ist, weil es da einen Haufen Leute gibt, die mit einem Jahr schlechtem Benehmen so viel Wind machen können, daß es sich lohnt, ein Buch darüber zu schreiben.

Auf seine Art hat Prof. König die Zusammenfassung geschrieben: *„Die Studenten finden bestätigt, was sie – zu Unrecht – immer schon vermutet hatten.* "[241]

In dieser scheinbar absurden Aussage spiegelt sich sehr viel dessen, was dieses Jahr ausgemacht hat, wider. Zunächst einmal bestätigt sie, daß wir in die richtige Richtung gefragt und geforscht haben. Viele der Fragen in unserem ersten Flugblatt haben sich inzwischen geklärt, häufig waren sie zentrale Diskussions- und Streitpunkte.

„Wer an der Hochschule wußte oder ahnte etwas von Schwertes Vergangenheit und seit wann?

Warum wurde geschwiegen?

Warum wurde seitens des Rektorats und des Wissenschaftsministeriums nicht energischer nachgeforscht? [...]

Wie konnte es H. E. Schneider gelingen, in die Position des Rektors der RWTH Aachen zu kommen?

Wer war ihm bei dieser Hochschulkarriere behilflich?

---

[240] Graham Greene: Jagd im Nebel. Hamburg 1986, S. 123f.
[241] AZ vom 17.4.1996.

Wie kann es sein, daß einige Studenten und Studentinnen der Fach-
schaft in wenigen Tagen mehr über Schneider herausfinden konnten, als
Prof. Habetha seit August 1994 bzw. die Hochschule seit 1967?"
Nur noch wenige werden leugnen, daß es Sinn gemacht hat, diese
Fragen zu stellen. Dennoch wird es uns bis heute übelgenommen, daß
wir es taten. Wir haben „zu Unrecht vermutet". Das kann nach Fak-
tenlage nicht heißen, daß unsere Vermutungen aus der Luft gegriffen
waren, obwohl mensch den Satz zunächst so lesen möchte. Völlig
abwegige Vermutungen findet mensch aber nicht bestätigt. Es muß
also gemeint sein, daß wir kein Recht gehabt hätten, diese Fragen zu
stellen. Die Anklage lautet auf Nestbeschmutzerei.

Glossar

Aachener Nachrichten (AN), Aachener Volkszeitung (AVZ): Lokale Tageszeitungen (beide aus dem selben Verlag). Seit März 1996 heißt die *AVZ 'Aachener Zeitung' (AZ)*.

Ahnenerbe (Forschungs- und Lehrgemeinschaft 'Das Ahnenerbe' e.V.): Von der SS kontrollierte Organisation zur Ausdehnung ihres Herrschaftsanspruchs auf den kulturellen und wissenschaftlichen Bereich. Der nach außen hin als gelehrte Gesellschaft für frühgermanische Forschungen auftretende Verein war dem →Persönlichen Stab Reichsführer-SS angegliedert und arbeitete eng mit dem →Sicherheitsdienst zusammen. Präsident: Heinrich Himmler, Reichsgeschäftsführer: Wolfram Sievers, Kurator: Walter Wüst.

Antifa-Projekt: Studentisches Antifaschistisches Projekt der FH Aachen.

AStA: Allgemeiner StudentInnen-Ausschuß. Oberstes Gremium (sozusagen die Regierung) der StudentInnenschaft, gewählt durch das StudentInnenparlament (SP).

Auslandswissenschaftliche Fakultät: Nach Kriegsbeginn an der Berliner Humboldt-Universität eingerichtete Fakultät, deren Ziel die Herausbildung eines außenpolitischen Führungsnachwuchses war und die der Hochschule für Politik, einer politikwissenschaftlichen Kaderschmiede, angegliedert war. →Dekane der Fakultät waren Franz Alfred Six und Karl Heinz Pfeffer.

Berlin Document Center (BDC): Amerikanisches Dokumentationszentrum in Berlin. Seit der Wiedervereinigung angeschlossen an das Bundesarchiv als 'Abteilung Potsdam'.

Berufungsverfahren: Verfahren zur Neubesetzung von ProfessorInnen-Stellen. Eine *Berufungskommission* schlägt normalerweise drei BewerberInnen für die *Berufungsliste* vor, die dann nacheinander vom Fachbereichsrat und vom Senat beschlossen werden muß, bis sie dem Wissenschaftsministerium als *Berufungsvorschlag* vorgelegt wird. Das Ministerium beruft dann in der Regel nach Listenreihenfolge die erste noch zur Verfügung stehende Person.

Bundesnachrichtendienst (BND): 1956 aus der 'Organisation Gehlen' hervorgegangener Auslandsnachrichtendienst der BRD. Die Organisation Gehlen war ein im Frühjahr 1945 von Reinhard Gehlen, dem Chef der *Abteilung Fremde Heere Ost*, zusammengefaßter Stab von MitarbeiterInnen als Kern eines Auslandsnachrichtendienstes für einen Nachkriegsstaat. Die Organisation konnte unmittelbar nach Kriegsende in Zusammenarbeit mit den USA ihre Arbeit beginnen und wurde 1956 in den Bundesnachrichtendienst umgewandelt, dessen erster Präsident Reinhard Gehlen wurde. Dieser wirkte zugleich beim Aufbau des Verfassungsschutzes (Inlandsnachrichtendienst) und des Militärischen Abschirmdienstes maßgeblich mit.

De Spade: →Frankische Werkgemeenschap 'De Spade'.

DekanIn: Eine Professorin oder ein Professor, die oder der vom Fachbereichsrat für die Geschäftsführung des Fachbereichs gewählt wird. Die Amtszeit beträgt laut Gesetz 4 Jahre, meist gibt es aber Absprachen über Rücktritt und Neuwahlen nach der Hälfte der Zeit. Veraltete Anrede ist 'Spectabilis' (unter ProfessorInnen) bzw. 'Spectabilität' (von Untergebenen).

Deutsche Soziologie: Nationalsozialistische Strömung in der Soziologie. Vertreter: Karl Heinz Pfeffer, Helmut Schelsky, Hans Freyer, Gunter Ipsen u.a.; die Deutsche Soziologie basiert u.a. auf der Philosophie Arnold Gehlens, der deshalb dazu gerechnet wird. Ihre Vertreter nahmen entscheidenden Einfluß auf die Entwicklung des Faches in der Nachkriegszeit.

Deutsches Auslandswissenschaftliches Institut (DAWI): 1940 als außenpolitische Kaderschmiede gegründete Forschungseinrichtung, deren Personal weitgehend der →Auslandswissenschaftlichen Fakultät der Berliner Humboldt-Universität entstammte. Das Institut verband die Planungselite der NSDAP und ihrer Gliederungen, des Staates, der Wehrmacht sowie der Industrie und Großbanken. Es wurde von der SS dominiert.

Europa-Seminar: 1944/45 regelmäßig tagender Arbeitskreis maßgeblicher Europastrategen des NS-Staates. Leiter: Karl Heinz Pfeffer.

Fachbereich: Die Hochschule teilt sich nach Fächergruppen in verschiedene Fachbereiche (früher *Fakultäten*). So heißt die Philosophische Fakultät, die alle Geistes- und Gesellschaftswissenschaften umfaßt, offiziell 'Fachbereich 7'. Die Verwaltung eines Fachbereichs ist das *Dekanat*.

Fachbereichsrat: Das Entscheidungsgremium eines Fachbereichs. Ihm gehören zur Hälfte ProfessorInnen an, die übrigen Stimmrechte teilen sich StudentInnen sowie wissenschaftliche und 'nichtwissenschaftliche' MitarbeiterInnen. In vielen Fällen sind die Stimmrechte der NichtprofessorInnen zusätzlich eingeschränkt oder weitere ProfessorInnen stimmberechtigt, z.B. bei der Beschlußfassung über Berufungsvorschläge. Vorsitz und ausschlaggebende Stimme bei Pattsituationen hat der oder die DekanIn.

Fachschaft: Die Gesamtheit der StudentInnen eines Faches, an der RWTH oft mehrerer Fächer zusammen. Die Fachschaft Philosophie (7/1) der RWTH umfaßt alle Magister- und Lehramtsstudiengänge (Sek.IIa). Zur Organisation wird auf einer Vollversammlung ein *Fachschaftskollektiv* gewählt, das oft ebenfalls einfach Fachschaft genannt wird. Häufig sind mit Fachschaft auch die Räumlichkeiten gemeint.

Fakultät: →Fachbereich.

Frankische Werkgemeenschap 'De Spade': niederl.: Fränkische Arbeitsgemeinschaft 'Der Spaten'. Der →Volkschen Werkgemeenschap unterstehender heimatkundlicher Tarnverein des →Germanischen Wissenschaftseinsatzes für die südlichen Niederlande.

Generalkommissare: →Reichskommissar für die besetzten Niederlande.

Germaansche Werkgemeenschap: →Volksche Werkgemeenschap.

Germanische Arbeitsgemeinschaft: Auf einer Konferenz des →Germanischen Wissenschaftseinsatzes 1943 gegründete Gruppe der wichtigsten wissenschaftlichen Kollaborateure aus den →'germanischen Randländern' für die ideologische Begründung eines 'germanischen Reichs'.

Germanische Freiwilligen Leitstelle (Germanische Leitstelle; Amtsgruppe 6 im SS-Hauptamt): 1941 aus einer Rekrutierungszentrale für Freiwillige der →Waffen-SS hervorgegangene Abteilung im →SS-Hauptamt zum Aufbau der Waffen-SS und der Allgemeinen SS in den →'germanischen Randländern'; zunehmend auch mit der politischen Planung für ein 'germanisches Reich' betraut.

germanische Randländer: SS-Bezeichnung für die als 'germanisch' eingestuften besetzten Länder, die zu einem 'germanischen' Reich im Zentrum einer europäischen Gemeinschaft mit dem Deutschen Reich verbunden werden sollten.

Germanischer Wissenschaftseinsatz: 1942 eingerichtete Abteilung des →Ahnenerbes zur Durchsetzung der kulturellen und wissenschaftlichen Interessen der SS in den 'germanischen Randländern'. Sie war eng mit der →Germanischen Freiwilligen Leitstelle verbunden und zur Zusammenarbeit mit dem →Sicherheitsdienst verpflichtet. Leiter: Hans Ernst Schneider.

Gestalter unserer Zeit: 1954 im Stalling-Verlag begonnene Buchreihe über die ideologischen, politischen, sozialethischen, ökonomischen und technologischen Leitbilder in den einzelnen europäischen Staaten. Herausgeber: 'Hans Schwerte', Wilhelm Spengler. Lektor im Verlag: Hans Rössner.

Heimat (Monatsschrift für Maasland, Eifel und Ardennen): Vom Institut für Grenzlandkunde der →Rheinisch-Westfälischen Technischen Hochschule seit 1940 koordinierte völkische Propagandazeitschrift. Schriftleiter: Georg Scherdin.

Höherer SS- und Polizeiführer (HSSPF) Nordwest: Höchster Vertreter der SS in den besetzten Niederlanden mit Befehlsgewalt über die niederländische SS, →Waffen-SS, →Sicherheitsdienst, Sicherheitspolizei und Ordnungspolizei. Der Höhere SS- und Polizeiführer, Hanns Albin Rauter, war zugleich Generalkommissar für das Sicherheitswesen beim →Reichskommissar für die besetzten niederländischen Gebiete und maßgeblich verantwortlich für die Durchführung der JüdInnendeportationen.

KanzlerIn: Der oder die VertreterIn des Wissenschaftsministeriums an der Hochschule, leitet die Hochschulverwaltung und gehört damit zum Rektorat.

Kernforschungsanlage (heute: 'Forschungszentrum') Jülich (KFA): Eines der zwölf Großforschungszentren der BRD. 1975 als gemeinsames Atomforschungszentrum der Hochschulen des Landes NRW unter dem Namen 'Gesellschaft zur Förderung der Kernphysikalischen Forschung e.V.' gegründet. 1961 umbenannt in KFA. Seit den 80er Jahren neugegründete oder erweiterte Abteilungen beschäftigen sich mit Fragen des Umweltschutzes, der Medizin, der Biotechnologie und zukünftigen Energieträgern.

Klenkes: Alternatives Stadtmagazin in Aachen.

Konvent: Oberstes Beschlußgremium der Hochschule, wählt vor allem den oder die RektorIn, tritt ansonsten selten zusammen, weil die Entscheidungen im Senat gefällt werden.

Kurator: Aufsichtführende Person über eine Stiftung, einen Verein usw., im →Ahnenerbe vor allem der Repräsentant nach außen. Kurator des Ahnenerbes war der Münchener Universitätsrektor Walter Wüst, der seinen Einfluß zunehmend an Reichsgeschäftsführer Wolfram Sievers abtrat.

Loch in der Zensur (LiZ): Aachener Monatszeitschrift, entstanden als Informationssammlung im Golfkrieg, dann Themenschwerpunkte auf (Anti-)Faschismus, Rassismus und Repression.

Magnifizenz: →RektorIn.

Nürnberger Prozesse: Verfahren vor dem Internationalen Militärgerichtshof bzw. amerikanischen Militärgerichten. Auf das Hauptverfahren gegen die

NS-Hauptkriegsverbrecher folgten 12 Nachfolgeprozesse, die u.a. die Menschenversuche an KZ-Häftlingen zum Gegenstand hatten. Insgesamt erfolgten 24 Todesurteile, von denen jedoch nur die Hälfte vollstreckt wurde. SS, →Sicherheitsdienst, Gestapo und Führerkorps der NSDAP wurden zu verbrecherischen Organisationen erklärt.

Persönlicher Stab Reichsführer-SS: Aus dem Adjutanten-Stab Himmlers gebildetes Hauptamt der SS, das die wichtigsten Verbindungsleute zu den Himmler unterstellten Organisationen, den übrigen Parteigliederungen sowie den staatlichen Stellen umfaßte. Der Persönliche Stab bildete damit die Zentrale der SS. Darüber hinaus umfaßte er mehrere SS-Einrichtungen, die nicht in den Bereich eines anderen Hauptamtes paßten. Hierzu gehörte auch das Amt →Ahnenerbe. Leiter: Karl Wolff.

Persönlicher Stab: Allgemeine Bezeichnung für einen Stab von Adjutanten, SekretärInnen, Fachkräften und Verbindungsleuten zu anderen Organisationen.

philfalt: Zeitung für die →Fachschaft Philosophie. Während die *philfalt* eine eigenständige Redaktion hat, veröffentlicht das Fachschaftskollektiv in der Reihe *philfalt EXTRA.*

Philosophische Fakultät: →Fachbereich.

Physikalisch-Technische Reichsanstalt: Vorgängerorgansiation der Physikalisch Technischen Bundesanstalt als staatlicher Behörde mit Zuständigkeit für das Meß- und Eichwesen und der Zulassung von Geräten.

Rasse- und Siedlungshauptamt (RuSHA): Für die Entwicklung und Koordination der rassistischen Ideologie und Politik der SS zuständiges Hauptamt der SS, die als nationalsozialistischer Führerorden auf Grundlage rassistischer Auslese verstanden wurde. Dazu gehörten die Rasse-Überprüfung der SS-Bewerber und SS-eigene Siedlungsprojekte. Für die Durchführung der rassistischen Bevölkerungspolitik und der damit verbundenen Massenvernichtung im Zweiten Weltkrieg wurden zusätzliche Hauptämter geschaffen.

Reichsforschungsrat: 1937 als Untergliederung der Deutschen Forschungsgemeinschaft (DFG) gegründetes staatliches Gremium zur Koordination sämtlicher kriegswichtiger Forschung u.a. mit dem Mittel der Finanzzuteilung.

Reichsführer SS (RF-SS): Heinrich Himmler in seiner Funktion als Leiter der →Schutzstaffel (SS).

Reichskommissar für die besetzten niederländischen Gebiete: Beauftragter der Reichsregierung bei der Angliederung der besetzten Gebiete, vergleichbar einem Gouverneur. Es war der ehemalige österreichische Bundeskanzler Arthur Seyß-Inquart. Ihm unterstanden die vier Generalkommissare für *„Verwaltung und Justiz"*, *„zur besonderen Verwendung"*, für *„Finanz und Wirtschaft"* sowie das *„Sicherheitswesen"*. Letzterer war identisch mit dem →Höheren SS- und Polizeiführer Nordwest.

Reichssicherheitshauptamt (RSHA): Organisationsbezeichnung für die Zusammenfassung von →Sicherheitsdienst und Sicherheitspolizei (die ihrerseits Gestapo und Kriminalpolizei umfaßte). Dem Leiter des RSHA (Reinhard Heydrich, Ernst Kaltenbrunner) unterstand faktisch das gesamte Polizeiwesen. Ab 1941 war das RSHA u.a. auch für die Durchführung der 'Endlösung der Judenfrage' in den besetzten Gebieten verantwortlich und verfügte über mobile Einsatzgruppen zur 'Gegnerbekämpfung'. Es war damit federführend an der Massenvernichtung beteiligt.

RektorIn: LeiterIn der Hochschule, wird vom Konvent gewählt, sitzt dem →Senat vor. Die ihm oder ihr unterstellten Dezernate und Abteilungen bilden das *Rektorat*. Die StellvertreterInnen sind bestimmten Bereichen zugeordnet und heißen dann z.B. *ProrektorIn für Lehre, Studium und Studienreform.*

Rheinisch-Westfälische Technische Hochschule (RWTH): 1870 als *„Königlich-rheinisch-westfälische Polytechnische Schule"* gegründete preußische Hochschule in Aachen, die als westlichster 'Vorposten' der deutschen Wissenschaft durch Rüstungsforschung, Annexionsplanungen und Propaganda die Ziele des Ersten und Zweiten Weltkrieges unterstützte. Von 1937 bis 1945 unter Leitung von Rektoren in SS-Führerrängen. Heute die Hochschule mit der größten Finanzunterstützung aus Industrie und Wirtschaft in der BRD.

Rijksinstituut voor Oorlogsdokumentatie (RIOD): niederl.: Reichsinstitut für Kriegsdokumentation. Zentrales Archiv in Amsterdam mit Dokumenten über die deutsche Besatzung in den Niederlanden.

Senat: Das zentrale Entscheidungsgremium der Hochschule. Dem Senat gehören VertreterInnen aller vier Statusgruppen an, also ProfessorInnen, wissenschaftliche und sog. 'nichtwissenschaftliche' MitarbeiterInnen sowie StudentInnen. Hinzu kommt der/die →RektorIn, die →DekanInnen aller Fachbereiche, die Frauenbeauftragte und der oder die →AStA-Vorsitzende als SprecherIn der StudentInnen.

Seniorat: Da die →Fachschaft Philosophie der RWTH für etwa zwanzig Fächer zuständig ist, gibt es in vielen Instituten zusätzlich Seniorate, (früher von älteren StudentInnen gebildete) Vertretungen der Studierenden eines einzelnen Institutes. Das Seniorat Germanistik vertritt die StudentInnen des größten Instituts des Fachbereichs, das Seniorat Komparatistik vertritt das kleinste.

Sicherheitsdienst (SD): Ursprünglich Nachrichtendienst gegen abweichende Strömungen in der NSDAP. Ab 1936 war der SD offizieller Nachrichtendienst des Deutschen Reiches unter Leitung von Reinhard Heydrich. Im Reichssicherheitshauptamt war der SD seit 1939 zusätzlich mit der Geheimen Staatspolizei (Gestapo) und Polizei zusammengeschlossen. Er verfügte während des Krieges über einen Inlandsnachrichtendienst (Leiter: Ohlendorf), Auslandsnachrichtendienst (Schellenberg), Militärnachrichtendienst (Schellenberg) sowie die Abteilung Gegnererforschung (Six). Dem Inlandsnachrichtendienst unterstand u.a. eine Kulturabteilung (Spengler) mit ihren Unterabteilungen Wissenschaft (Turowski) und Volkskultur und -kunst (Rössner). Dem SD gehörten auch die *Einsatzgruppen* an, die die Massenvernichtung in den besetzten Gebieten durchführten.

Spectabilis, Spectabilität: →DekanIn.

SS (Schutzstaffel): Aus der SA-Wachabteilung zum persönlichen Schutz Hitlers 1934 hervorgegangene NS-Gliederung unter Leitung Heinrich Himmlers. Die SS war zunächst in drei Hauptämter untergliedert (→SS-Hauptamt, →Rasse- und Siedlungshauptamt, →Sicherheitsdienst-Hauptamt), deren Zahl nach Kriegsbeginn auf zuletzt 12 erhöht wurde.

SS-Hauptamt (SS-HA): Als ältestes Hauptamt der SS vor dem Zweiten Weltkrieg zuständig für alle Bereiche, die nicht das →Rasse- und Siedlungshauptamt oder den →Sicherheitsdienst betrafen. Während des Krieges maßgeblich mit der →Waffen-SS betraut.

Stille Hilfe (Stille Hilfe für Kriegsgefangene und Internierte e.V.): Von ehemaligen SS-Funktionsträgern durchsetzte Organisation zur Unterstützung von NS-Verbrechern. Als Teil eines Netzwerkes, das Fluchthilfe, neue Identitäten, juristische Betreuung und gegenseitige Kontakte organisierte, 1951 offiziell als Verein gegründet. Der Verein organisierte vorrangig die Zusammenarbeit mit kirchlichen UnterstützerInnen und warb in öffentlichen Kampagnen für die Rehabilitation von NS-Verbrechern. Leiter der Presseabteilung in den 50er Jahren: Wilhelm Spengler.

Studienführer (Schriftenreihe zur Einführung in das gesamte wissenschaftliche Studium, Winters Studienführer): Beim Heidelberger *Winter-Verlag* erschienene Buchreihe, die Inhalt und Verlauf sämtlicher Einzelwissenschaften beeinflussen sollte. Es war das einzige derart umfassende Wissenschaftsprojekt im Nationalsozialismus und stand ab etwa 1942 faktisch unter Kontrolle der SS. Die Herausgabe der Reihe wurde bis in die 50er Jahre fortgesetzt. Herausgeber: Kubach, Scheel. Der Studienführer war in mehrere Fachbereiche unterteilt, darunter u.a. Kulturwissenschaft (Leitung: Wüst), Naturwissenschaften und Mathematik (Kubach), Technik (Buntru) und Auslandswissenschaften (Six).

StuVe: Studentische Versammlung. Da es (u.a.) an bayrischen Hochschulen keinen →AStA gibt, existiert an der Erlanger Universität die offiziell nicht anerkannte StuVe (an anderen Hochschulen auch *UStA*, *StuRa* u.ä.).

Vergeltungswaffe 2 (V 2): Propagandistische Bezeichnung für die von der *Heeresversuchsanstalt Peenemünde* im Zweiten Weltkrieg entwickelte Flüssigkeitsrakete A 4. Für den Bau der Fertigungsanlagen wurden KZ-Häftlinge eingesetzt, die zum Großteil den Tod fanden. Die Rakete war gegen die Zivilbevölkerung bestimmt. Die als angebliche 'Wunderwaffe' bezeichnete Rakete wird bis heute als technologische Leistung gefeiert.

Volksche Werkgemeenschap (Germaansche Werkgemeenschap): niederl.: Völkische (bzw. Germanische) Arbeitsgemeinschaft. Vom →Germanischen Wissenschaftseinsatz kontrollierter Tarnverein des →Ahnenerbes in den Niederlanden. 1943 Umbenennung von Volksche in Germaansche Werkgemeenschap.

Waffen-SS: SS-Formationen, die als militärische Verbände sowie als Wachmannschaften in den Konzentrationslagern eingesetzt wurden (u.a. *SS-Totenkopfverbände*). Die Waffen-SS wurde während des Krieges durch nichtdeutsche, aber 'germanische', später zunehmend auch durch nicht-'germanische' Verbände aufgestockt und sollte perspektivisch die Wehrmacht ersetzen.

Wannsee-Villa: Villa des →Reichssicherheitshauptamtes am Berliner Wannsee. Ort zahlreicher Tagungen, darunter am 20. Januar 1942 einer Konferenz von Spitzenvertretern oberster Reichs-, SS- und Parteidienststellen zur Koordination der 'Endlösung der Judenfrage'.

Abkürzungsverzeichnis

a.a.O.	am angegebenen Ort
AN	Aachener Nachrichten
AStA	Allgemeiner StudentInnen-Ausschuß
AVZ	Aachener Volkszeitung (seit März 1996 Aachener Zeitung)
AZ	Aachener Zeitung
BA	Bundesarchiv
BDC	Berlin Document Center
BND	Bundesnachrichtendienst
DAWI	Deutsches Auslandswissenschaftliches Institut
ebd.	ebenda
FH	Fachhochschule
FPÖ	Freiheitliche Partei Österreichs (jetzt: 'Die Freiheitlichen')
FR	Frankfurter Rundschau
Gestapo	Geheime Staatspolizei
HSSPF	Höherer SS- und Polizeiführer
KFA	Kernforschungsanlage (heute: 'Forschungszentrum') Jülich
LiZ	Ein Loch in der Zensur
NRW	Nordrhein-Westfalen
NSB	Nationaal-Socialistische Beweging (Nationalsozialistische Bewegung)
NSDAP	Nationalsozialistische Deutsche Arbeiterpartei
o.O.	ohne Ortsangabe
PA	Personalakte
RF-SS	Reichsführer-SS
RIOD	Rijksinstituut voor Oorlogsdokumentatie (Reichsinstitut für Kriegsdokumentation, Amsterdam)
RSHA	(ab 1939:) Reichssicherheitshauptamt; (vor 1939:) Rasse- und Siedlungshauptamt
RuSHA	Rasse- und Siedlungshauptamt
RWTH	Rheinisch-Westfälische Technische Hochschule
SA	Sturmabteilung
SD	Sicherheitsdienst
SP	StudentInnenparlament
SS	Schutzstaffel
SS-HA	SS-Hauptamt
StuVe	Studentische Versammlung (Erlangen)
TH	Technische Hochschule
TU	Technische Universität
V2	Vergeltungswaffe 2

Personenregister

A

Aly, Götz (Historiker) 211

B

Beatrix (Königin der Niederlande) 258

Beck, Götz (Germanist) 42-48; 54

Becker, Björn (AStA-Vorsitzender) 180; 182; 188

Beier, Henning (Reproduktionsbiologe) 79- 81

Benn, Gottfried (Schriftsteller) 102

Benoist, Alain de (Neue Rechte) 84

Berger, Gottlob (SS-General) 20; 222

Bergstraesser, Arnold (Politologe) 102

Biermann, Wolf (Barde) 8

Bindels, H. H. (De Spade) 111

Boettcher, Alfred Richard (Hauptsturmführer) 136-143; 198-203; 206; 228; 233; 235

Bohmers, Assien (Archäologe) 72

Borchling (Germanist) 72

Bormann, Martin (NS-Parteikanzlei) 222

Bosma, Koos (Historiker) 111

Böttcher, Winfried (Politologe) 57; 126; 203

Brandt, Rudolf (Pers. Refernt Reichsführer-SS) 122; 146

Breuer, Dieter (Germanist) 39

Breuer, Helmut (Geograph) 55

Breuer, Ulrich (KFA) 202

Brunn, Anke (Wissenschaftsministerin) 49; 56; 129; 133; 135f; 184; 252; 254f

Buck, Theo (Germanist) 28; 98

Buntru Alfred (SS-Rektor) 104; 125; 176ff; 186; 220; 227f; 270

Burger, Heinz Otto (Germanist) 99; 224

C

Conring, Hermann (Besatzungsfunktionär) 72

Curtius, Ernst Robert (Romanist) 227

D

Debus, Günter (Dekan) 17; 19f; 34f; 41; 54ff; 69; 82f; 128; 131; 161ff; 178; 190; 194-197; 215; 251; 255ff

Dijk, Ton van (Journalist) 26; 69

Dolezalek, Alexander (SS-Europaplaner) 223

Dönitz, Karl (Reichspräsident) 159

Driesch, Hans (Philosoph) 122

Dücker, Karl-Heinz (Konvent) 27

Dyserinck, Hugo (Komparatist) 16-19; 35-38; 55f; 59; 127ff; 174; 256

E

Ehrenberg, Hans (SS-Rektor) 104f

Einstein, Albert (Physiker) 167; 199

Esau, Abraham (Physiker) 139-142

F

Feuchtwanger, Lion (Schriftsteller) 33

Flegler, Eugen (Rektor) 177

Frank, Anne (Tagebuchautorin) 124; 169

Freyer, Hans (Soziologe) 156f; 228; 266

Friedrich II (König von Preußen) 218

G

Gehlen, Arnold (Soziologe) 11; 105; 112ff; 122-125; 156f; 159-164; 166; 175; 177f; 180f; 186; 217; 225; 227f; 231; 233; 266

Gehlen, Reinhard (BND) 124; 231; 265

W

Wagner, Sascha (Junge Nationaldemokraten) 246
Weber (Dozent) 224
Werner, Helmut (Daimler Benz) 184
Weydt, Günther (Germanist) 210; 225; 226ff
Willems, Johann (De Spade) 109
Wimmer, Toni (RWTH-Pressesprecher) 25; 88; 89; 165
Wittermans (SS-Arzt) 119
Witzleben, Erich von (Generalfeldmarschall) 104

Wolff, Karl (Pers. Stab Reichsführer-SS), 70; 268
Wolfram, Richard (Ahnenerbe) 123
Worringer (Dozent) 224
Wüst, Walther (Ahnenerbe) 73; 114; 125; 176; 227; 265; 267; 270

Z

Zehrer, Hans (Konservative Revolution) 102
Zondergeld, Gjald Reinder (Historiker) 68-75; 95; 105; 109; 110; 114f; 122; 137ff; 166; 200; 217; 234

FANTIFA Marburg

Kameradinnen
Frauen stricken am Braunen Netz

145 Seiten, 2-farbiger Umschlag,
30 Abbildungen, DM 19.80
ISBN 3-928300-25-3

Wenig beachtet ist bislang die Beteiligung von Frauen am
neuen deutschen Rechtsruck. Faschismus gilt schließlich
als ausdrücklich männlich-patriarchale Ideologie.

Hier setzen sich die Autorinnen mit der Attraktivität faschistischer Ideologie für Frauen, Organisierten Neofaschistinnen in der BRD, dem Weiblichkeitskonzept im neugermanischen Heidentum, Rechtsextremen Funktionärinnen und Schreiberinnen, etc. grundlegend auseinander.

Redaktionsgruppe
20 Jahre radikal
Geschichte und Perspektiven autonomer Medien

240 Seiten, Großformat, 4-farbig
viele Abbildungen, 29.80 DM
ISBN 3-928300-44-X

Das Buch nimmt *20 Jahre radikal* zum Anlaß, einige Fragen zur
Geschichte und Perspektive autonomer Medien zu stellen ...

Im Buch werden die verschiedenen Phasen und Brüche in
der Geschichte der radikal geschildert, dokumentiert und „historisch-kritisch" kommentiert. Ausgewählte Artikel aus 20 Jahren – die ihre Bedeutung bis heute nicht
verloren haben – werden im Faksimile dokumentiert.

Markus Kampkötter
Emiliano Zapata
Vom Bauernführer zur Legende. Eine Biographie

176 S., Broschur
60 Abb., Großformat
29.80 DM, ISBN 3-928300-40-7

Emiliano Zapata, ein kleiner Pferdehändler bäuerlicher Herkunft, geboren am
8. August 1879 in Anenecuilco im Staat Morelos, war einer der wesentlichen
Aktivisten der Mexikanischen Revolution von 1910-1921. Nach einem erfolgreichen Aufstand in Morelos wurde er zum Kommandanten der „südlichen Befreiungsarmee" gewählt und führte ca. 20.000 bewaffnete Bauern zum Sieg ... Am 19.4.1920
wurde er in einen Hinterhalt gelockt und ermordet, um die Revolution zu beenden.

Texte zur antifaschistischen Diskussion
hrsg. vom Antifaschistischen AutorInnenkollektiv

Band II: *Neuer Nationalismus*
80 Seiten, Broschur, DM 9.50, ISBN 3-928300-12-1

**Neuer
Nationalismus**

Das Ende des 20. Jh. erscheint als das Zeitalter der "wieder-
entdeckten" Nationalismen. Dabei erstarken Begriffe wie
Ethnozentrismus, Regionalismus und Partikularismus zu
Schlagwörtern der Neuen wie Alten Rechten.
In vier Artikeln geht es um die 'Erfindung' der Nation,
Nationalismus in BRD und DDR, Nationalismus und
Antisemitismus in Osteuropa, Nationalismus, Populismus
und Partikularismus in ihrer Bedeutung für das Kapital.

Texte zur antifaschistischen Diskussion II

Band I: *Rassismus*

72 Seiten., Broschur, DM 9.50, ISBN 3-928300-11-3

In drei Aufsätzen werden hier Funktion, Wirkung und Bedingungen des Phänomens Rassismus diskutiert. Der Blickwinkel entstammt dabei jeweils einem anderen nationalen
Zusammenhang:: Deutschland - historisch und aktuell, Spanien und den USA.

Rassismus

Anares-Medien Nord (Hg.)
Antifaschistische Literaturliste
Kommentierte Auswahlbibliographie
80 Seiten, Broschur, DM 7, ISBN 3-928300-37-7

Texte zur antifaschistischen Diskussion I

Die aktuelle Zusammenstellung und Besprechung von über
300 Buchtiteln gibt dem Leser/ der Leserin einen umfassenden Überblick über die zur
Zeit erhältlichen Publikationen, in denen sich mit Faschismus in seinen verschiedenen
historischen und gegenwärtigen Erscheinungsformen auseinandergesetzt wird.

Jedes Jahr neu:
Antifaschistischer Taschenkalender
365 Tage gegen Rassismus, Faschismus, Sexismus
240 Seiten, Hosentachenformat, DM 12

Neben den typischen Servicefunktionen eines guten und übersichtlichen Taschenkalen-
ders bietet der Antifa-Kalender eine Reihe von Texten, die sich mit Geschichte und
aktueller Situation der antifaschistischen Bewegung auseinandersetzen.
Im Serviceteil bietet der handliche Begleiter einen geordneten und aktualisierten Überblick über antifaschistische Gruppen, Initiativen und Zeitschriften, Rechtshilfetips, aus-
reichenden Platz für eigene Adressen und Notizen, Kurzlexikon zu faschistischen Parteien und Gruppierungen ...

Ulrike Behnen (Hg.)

In einem Fremdenland

Flüchtlinge und Deutsche
erzählen

238 Seiten, 4-farb. Broschur
4 farb. Abbildungen
24.80 DM
ISBN 3-928300-30-X

„Ich bin in einem Fremdenland" – dahinter verbergen sich häufig Gefühle der Hilflosigkeit, Einsamkeit, Heimweh und Hoffnungslosigkeit. Der Alltag der Flüchtlinge ist geprägt von Unsicherheit und Angst. Es ist eine Angst vor der ungewissen Zukunft, vor einer Zurückweisung in das Elend der Verfolgung, des Hungers und des Krieges, dem sie eben entkommen sind. Es ist auch die Angst, in diesem „fremden" Land angegriffen, verbrannt oder ermordet zu werden. Viele der Erzählungen und Gedichte der Flüchtlinge in diesem Buch berichten von diesen Ängsten und Belastungen. Sie sind aber auch von einer vielfältigen Lebendigkeit, überraschen durch die sehr persönliche Sichtweise und nicht zuletzt durch menschliche Stärke und Souveränität.
Hier sprechen Flüchtlinge über sich selbst und ihre Vorstellungen. Wer sonst, wenn nicht sie selbst, könnte Auskunft geben über das, was in ihnen vorgeht.
„Fremd im eigenen Land" könnte ein Untertitel dieses Buches sein, denn neben den Flüchtlingen kommen auch Deutsche zu Wort, die sich für Flüchtlinge einsetzen mit all dem, was dazu gehört - mit eigenen Grenzen und Vorurteilen, mit Enttäuschungen und Überlastung, mit Anfeindungen aus der nächsten Umgebung und oft auch mit dem Gefühl, fremd im eigenen Land zu sein. Diese Texte stehen als Ergänzung zur „Asyldiskussion" aus deutscher Sicht.

UNRAST

Gesamtverzeichnis beim Verlag:
UNRAST-Verlag * Postfach 8020 * 48043 Münster
Tel.: 0251 / 666293 * Fax: 0251 / 666120

assoziation Linker Verlage

Wir machen Bücher zum Thema !

Atlantik Verlag ☆ ag spak ☆ Hitit Verlag ☆ IBDK Verlag

KomistA ☆ Neuer ISP Verlag ☆ PALETTE Verlag

Schmetterling Verlag ☆ UNRAST-Verlag

Liebe Leser/innen kritischer Bücher,

in der *assoziation Linker Verlage* (aLiVe) haben sich eine Reihe von Kleinverlagen mit einem politisch engagiertem Programm zusammengeschlossen.
Politische Alternativen sind in den letzten Jahren oft zuerst in sozialen Be-
wegungen entwickelt worden; in den gesellschaftskritischen Kleinverlagen
fanden sie die Möglichkeit, neue Ideen öffentlich zu machen und kontrovers
zu diskutieren. So ist durch jahrelange kontinuierliche Arbeit eine Kompetenz entstanden, die wir Kleinverlage den Branchenriesen voraus haben,
die kritische Themen meist erst dann aufgreifen, wenn sie "in" werden.
Nun ist es aber so, daß sich mit unseren Titeln kaum Geld verdienen läßt.
Deshalb führen die aktuellen Konzentrationsprozesse im Buchhandel dazu,
daß unsere kritischen Titel immer weniger geführt werden – und mit unseren Büchern verschwindet für das Publikum ein weiteres Stück kritischer
Gegenöffnetlichkeit.
Diesem Trend wollen wir mit unserem Zusammenschluß entgegenwir-
ken. Durch unsere engere Zusammenarbeit können wir unsere Kräfte ef-
fektiver einsetzen und wieder mehr Energie darauf verwenden Teil einer
lebendigen linken Kultur zu sein. Daß dieses Land eine solche heute mehr
denn je braucht, steht für uns außer Frage!

Infos und der Gemeinschaftskatalog von aLiVe können angefordert werden über:

aLiVe, c/o IBDK, Postfach 167, 63703 Aschaffenburg